十三經注疏

注 趙岐 疏 孫奭

공동번역 崔彩基 梁基正

譯註 孟子注疏 1

맹자주소

전통문화연구회

國譯委員

共同飜譯　崔彩基　梁基正
潤　　文　朴勝珠　南賢熙　李孝宰　田炳秀
校　　訂　金曉東
出　　版　金主賢
管　　理　咸明淑
普　　及　徐源英

東洋古典飜譯編輯委員會

委 員 長　宋載卲
委　　員　金慶浩　柳浚弼　李東哲　張元泰　田好根　河元洙

任　員

常任顧問　李漢東
顧　　問　琴章泰　宋載卲　安炳周　李龍兌　李澤徽　李廷燮
　　　　　鄭愚相　鄭太鉉
會　　長　李啓晃
副 會 長　金千式　成百曉　宋丙大　李戊澈
理 事 長　趙富英
理　　事　權五春　金東柱　金　炫　文福姬　朴錫興　徐形來
　　　　　宋基采　吳圭根　李建一　李光虎　李英姬　全廣鎭
　　　　　田好根　趙源喆　崔三龍　韓熙喆　咸明淑　許鎬九
監　　事　金炳愛　李殷澤

東洋古典現代化와 十三經注疏 譯註

본회가 東洋古典의 飜譯과 教育, 情報化 등 古典現代化 사업을 시작한 지 어느덧 25년이 되었다. 그간 우리나라의 고전국역 상황을 보면, 東洋古典에 대한 번역문제는 1960년 중반에 한국고전번역을 정부에서 추진하면서 우선 四書五經 등 기본고전을 모범 번역하자는 논의가 있었지만 우리 고전이 아니라고 무산되었다.

1980년대에 韓國學 연구와 한국고전번역의 先決課題는 물론, 國際政治 관계나 經濟상의 이유로도 필요하다는 논의가 제기되었다. 그 후 1988년 본회가 발족하면서 東洋古典 번역을 착수하여, 1990년대 말경 본회에서 소위 '新注'의 四書三經을 註까지 懸吐完譯함으로써 東洋學과 韓國學徒들의 袖珍本이 되고 教育界와 文化界까지 파급되었다.

그 후 본회 창립 20주년이 되면서 다시 대화의 과제와 목표를 논의하면서, 단순한 韓國學의 선결과제를 넘어 東洋文化에 대한 源泉的이며 體系的인 檢討의 필요성이 대두되었으니, 이제 우리는 東洋文化의 先導的 역할을 담당할 준비를 갖추고 21세기에 先進文化强國 건설로 새 歷史를 이루자는 것이었다.

일반적으로 十三經은 核心的 儒家經典의 總稱이지만, 이는 東洋文化의 뿌리라 하겠다. 우리 역사상으로 十三經은 저 멀리 삼국시대에 이미 高句麗의 太學에서 기본 교과로 채택하였고, 百濟에서는 五經博士 制度를 두었고, 新羅 薛聰은 九經을 方言으로 읽었고, 高麗에서는 國子監이나 九齋學堂에서 교육하였으며, 朝鮮朝 成均館과 鄕校, 書堂과 書院에서는 四書五經 등을 교육하여 人材 등용과 국가정책에 절대적 영향을 끼쳤다.

이 十三經의 代表的 註釋書는 漢・唐 시기의 '古注'라 일컬어지는 十三經注疏와, 그 후 宋代의 朱子的 世界觀이 반영된 '集註'와 '集傳' 등의 '新注'가 두 개의 軸이라 할 수 있다.

그런데 우리는 조선조에서부터 朱子學 일변도의 學風으로 경도되어, 그 偏向性이 오늘에까지 이르렀음은 심히 不幸이라 하겠다. 中國에서는 明・淸 시기에 訓詁學, 考證學이라는 學風이 일어 十三經注疏가 經學研究의 標準이 되었고, 日本에서는 反朱子的 見解와 陽明學의 영향을 받아 明治維新 때 이미 漢文大系 등의 古典整理 사업으로 '古注' 연구가

一般化된 사실을 간과해서는 안 되겠다.

이에 東洋文化의 核心이라 할 수 있는 十三經注疏를 譯註하고, 이를 통해 우리 文化의 傳統에 대해 體系的으로 이해하고 復元함으로써, 그간 편협했던 학술 風土를 넘어 多樣性과 客觀性을 모색하고, 아울러 古典現代化의 水準을 높이고 融合的이고 自生的인 韓國學을 진작시켜야 할 것이다.

오늘날 중국과 일본에서 번역하지 못한 십삼경주소를 본회에서 130여 책으로 10년 안에 完譯하고, 이와 이울러 韓中日 三國의 東洋古典語彙 情報網을 구축함으로써, 우리의 東洋學과 韓國學 연구에 礎石과 架橋가 되어 우리나라가 先進文化强國으로 昇華되고 世界文化 발전에까지 기여하기를 기대한다.

이 十三經注疏의 번역은 三經과 三禮와 春秋三傳과 ≪論語≫, ≪孟子≫, ≪孝經≫, ≪爾雅≫ 등의 十三經을 經은 물론이요 注와 疏까지 譯註하는 것으로, 原典의 傳統性과 번역의 現代性을 기본으로 하여 漢學元老와 新進學者의 協同研究飜譯으로 추진하고자 한다.

또한 註釋은 宋代의 소위 '新注'와 비교하고, 明清代의 注와 韓國 先賢의 注와 見解, 그리고 日本의 注를 가급적 반영하며, 深度 있는 研究解題를 하기로 하였다. 한편 古典의 우리식 讀解文法인 懸吐를 經과 注에 달고 방대한 疏에는 편의상 構文을 이해할 수 있는 標點을 달며, 經·注·疏 전체에 대한 內容索引을 할 계획이다.

끝으로 오랫동안 飜譯과 校閱에 종사하여 오신 元老漢學者와 10여 년 이상 漢學을 연수한 新進學者로서, 이 십삼경주소의 연구번역에 참여하여 難解한 注疏의 譯註에 헌신하시는 모든 분들께 무한한 감사를 드린다.

또한 고전현대화에 대한 政府의 지대한 關心과 支援에 감사를 드리며, 그간 직간접으로 지도편달하여 주신 학계와 교육계 및 문화계 인사 여러분께 심심한 謝意를 표하며, 앞으로도 따뜻한 관심과 엄정한 叱正을 부탁드리며 내내 평강과 행복을 기원한다.

社團法人 傳統文化研究會 會長 李啓晃

解題

梁基正[*]

1. 序言

≪孟子注疏≫는 東漢 때 趙岐가 지은 古注인 ≪孟子章句≫에 송나라 때 孫奭이 疏를 붙인 책이다. 모두 14권으로, ≪孟子正義≫라고도 한다.

孟子

孟子는 孔子의 손자인 子思의 門人에게 배우고,[1] 공자의 사상을 계승 발전시켜 후대에 亞聖으로 추앙을 받았다. ≪孟子≫는 맹자가 문인들과 함께 지었다는 설과 맹자가 세상을 떠난 뒤에 문인들이 편찬한 것이라는 설이 있다. 司馬遷이 ≪史記≫에서 "孟軻는 자사의 문인에게 수업하였다. 道를 이미 통한 뒤에 가는 곳마다 제후들과 뜻이 맞지 않자 물러나 萬章의 門徒들과 함께 ≪詩經≫과 ≪書經≫을 서술하고 仲尼의 뜻을 계승하여 ≪맹자≫ 7편을 지었다."라고 한 말은 ≪맹자≫라는 책이 맹자 생전에 저술된 것이라는 설이 나온 근원이다. 하지만 책 이름에도 알 수 있듯이 자신을 존칭한 '孟子'로 제목을 삼은 점, 맹자가 만났던 梁 惠王, 梁 襄王, 齊 宣王, 鄒 穆公, 滕 文公, 魯 平公 등을 모두 謚號로 기록한 점, 公都子와 樂正子의 경우처럼 맹자의 弟子를 '子'로 존

---

*) 한국고전번역원 책임연구원.

1) ≪史記≫ 〈孟子荀卿列傳〉에는 "孟軻는 騶 사람으로, 子思의 門人에게 수업하였다.〔孟軻 騶人也 受業子思之門人〕"라고 하였고, 趙岐의 〈孟子題辭〉에서는 "커서는 孔子의 손자인 자사를 스승으로 섬기며 儒家의 道를 공부하여 五經에 통달하였는데, ≪詩經≫과 ≪書經≫에 더욱 뛰어났다.〔長師孔子之孫子思 治儒術之道 通五經 尤長於詩書〕"라고 하여 자사의 문인에게 배웠다는 설과 자사에게 직접 배웠다고 하는 설이 있다.

칭한 점 등은 맹자 사후에 문인들에 의해 저술되었다는 설을 뒷받침한다.

≪맹자≫는 본래 〈梁惠王〉, 〈公孫丑〉, 〈滕文公〉, 〈離婁〉, 〈萬章,〉 〈告子〉, 〈盡心〉의 7편으로 이루어졌다. 조기가 ≪맹자장구≫를 편찬하면서 각 편을 上下로 나누어 현재의 모습인 14편이 되었다. 한편 ≪漢書≫ 〈藝文志〉에는 ≪맹자≫를 11편이라고 著錄하였다. 이에 대해 조기는 〈孟子題辭〉에서 "外書 4篇이 있으니, 〈性善〉, 〈辯文〉, 〈說孝經〉, 〈爲正〉이다. 그 내용은 웅대하거나 심원하지 않아 內篇과는 비슷하지 않다. 맹자의 眞品이 아닌 듯하고, 후세에 모방하여 가탁한 것이다."라고 하였다. 漢나라 때에는 ≪맹자≫가 7편 이외에 외서 4편이 더 있었으나, 이 4편을 後人이 가탁하여 지은 僞書로 판단한 조기는 ≪맹자장구≫를 저술하면서 대상에서 제외하였던 것이다.

≪맹자≫는 본래 ≪莊子≫, ≪荀子≫ 등과 같이 諸子로 분류된 책이었다. 이 책이 經書의 반열에 끼게 된 것은 南宋 때 朱熹가 ≪論語≫, ≪孟子≫, ≪大學≫, ≪中庸≫을 四書로 編定하면서부터이다. 이를 계기로 儒家를 대표하는 聖人을 지칭할 때에 공자와 맹자를 병칭하게 되었다.

2. ≪孟子注疏≫의 저자

1) 趙岐

趙岐(108~201)는 자가 邠卿으로, 東漢 말기 京兆 長陵 사람이다. 본래 이름은 嘉였고, 御史臺에서 태어났다고 하여 자를 臺卿이라 하였다. 환난을 당해 피신하면서 이름을 岐, 자를 邠卿으로 바꾸었다. 학문의 전통이 깊은 집안에서 태어나 경서에 능통하였고, 才藝가 뛰어났다. 성격은 매우 介潔하고 강직하여 타협을 몰랐다. 당대의 학자인 馬融의 조카와 혼인하였는데, 외척이자 권문세가인 마융이 조기를 깔보고 만나주지 않았다고 한다.

30세 때는 중병을 얻어 7년을 병석에 누워 지냈다. 죽을 운명이라 생각한 조기는 자신의 長兄에게 이러한 유언을 남겼다. "대장부가 세상에 태어나 은거하면서 箕子의 지조도 없었고 벼슬하여 伊尹이나 呂望의 공적도 세우지 못했습니다. 하늘이 나에게 기회를 주지 않으니, 내가 뭐라 할 말이 없습니다. 내 무덤 앞에 둥근 비석 하나 세우고, '漢나라에 숨어 산 사람이 있었으니, 성은 趙이고 이름은 嘉였다. 뜻은 있었으나 天時를 얻지 못하였다. 운명이 그러하니 어찌하랴.'라고 새겨주시오." 그런데 운명적으로 병이 나았다.

47세이던 154년에 司空掾에 제수되어 관직생활을 시작한다. 大將軍 梁冀의 참모가 되었을 때 능력을 인정받아, 皮氏縣의 수령에 제수되어 선정을 베풀었다. 마침 河東太守 劉祐가 사직하고 中常侍 左悺의 형 左勝이 새 태수로 부임해오니, 평소 宦官의 전횡을 미워하던 조기는 당일로 사직하고 洛陽으로 돌아갔다. 그러자 京兆尹 延篤이 불러 功曹로 삼았다.

조기가 京兆의 功曹가 되기 전에, 中常侍 唐衡의 형인 唐玹이 자기 형의 권력을 등에 입고 虎牙都尉에 임명되자, 조기와 조기의 從兄 趙襲이 당현을 폄하한 일이 있었다. 조기가 51세 되던 158년에 당현이 경조윤에 임명되어 조기의 上官으로 온 일은 조기에게 불행의 시작이었다. 조기에게 원한을 품고 있던 당현이 조기와 조기 일족를 제거하려고 하였던 것이다.

조기는 달아나 이름을 숨기고 사방을 전전하다가 北海에서 떡을 팔며 살았다. 이때 孫嵩이라는 인물이 조기의 비범함을 알아보고 자신의 집으로 데려와 극진히 대접하고 벽장 속에 숨겨주었다. 조기는 여기서 몇 년을 머무르며 곤경에 처한 자신의 신세를 〈戹屯歌〉라는 노래를 지어 읊고, ≪孟子章句≫를 저술하였다.

당현이 죽고 나서야 조기는 세상에 나오게 되는데, 166년에 匈奴, 烏桓, 鮮卑 등이 변경에서 변란을 일으키자 조정에서 조기를 并州刺史로 임명하였다. 하지만 오래지 않아 1차 黨錮에 연루되어 면직되었고, 이어 2차 당고에 연투되었을 때에는 10여 년 동안 禁錮를 당하였다.

190년 董卓이 정권을 농단하고 長安으로 遷都하면서 조기를 議郎에 임명하였다가 다시 太僕에 임명하였다. 192년 李傕과 郭汜가 정권을 잡자 馬日磾를 파견하여 천하를 按撫하면서 조기를 副官으로 삼았다. 이때 袁紹, 曹操, 公孫瓚이 冀州를 차지하기 위해 각축을 벌이고 있었는데, 조기가 온다는 소식을 듣고 모두 전쟁을 멈추고 그를 영접하였다고 한다.

194년에 獻帝가 다시 洛陽으로 천도하기에 앞서 衛將軍 董承에게 皇宮의 再建을 맡겼다. 조기가 동승에게 荊州刺史 劉表의 도움을 받을 것을 건의하자, 동승이 조기를 荊州로 파견하니, 조기는 유표를 설득하여 황궁의 재건을 적극적으로 지원하게 만들었다. 이후에 太常에 이르고, 201년 형주에서 세상을 떠났다.

그는 세상을 떠날 때에도 비상한 일화를 남겼다. 죽기 전에 자신의 무덤을 조성하였는데, 그 안에 季札, 子産, 晏嬰, 叔向 4인의 肖像을 賓客의 자리에 그려놓고 자신의 초상은 주인의 자리에 그린 다음에, 칭송하는 노래를 지어 벽에 써놓았다. 그리고 아들에게 유언하기를 "내가 죽는 날에 묘 안에 모래를 쌓아 침상을 만들고 대자리를 깔아라. 시신은 흰 옷을 입히고 머리는 풀어헤치며, 그 위에 홑이불을 덮어라. 당일로 시신을 무덤에 넣고, 넣은 뒤에 바로 무덤을 봉해라." 하였다.

≪後漢書≫에는 조기의 저술로 ≪孟子章句≫와 ≪三輔決錄≫이 전한다는 기록이 있으나, ≪삼보결록≫은 현재 남아 있지 않다.2)

2) 孫奭

孫奭(962~1033)은 자가 宗古로, 宋나라 博州 博平 사람이다. 어려서 同鄕의 학자 王徹에게 五經을 배웠다. 총명하고 배움을 좋아하여 성취가 매우 빨랐다. 왕철이 세상을 떠난 뒤에는 동문 학생들이 그를 스승으로 삼아 배웠다고 한다.

27세 때이던 989년에 응시한 과거시험에서 九經으로 급제하여 莒縣主簿에 제수되었다가 大理評事로 승진하였다. 國子監直講으로 있을 때에는 宋 太宗이 國子監에 직접 행차하여 그가 하는 ≪書經≫ 강의를 듣고 크게 칭찬하였다는 일화가 전한다.

眞宗 때 工部郞中, 龍圖閣待制가 되었다. 진종이 左丞의 天門에서 天書를 얻자 직접 거둥하여 천서를 맞이하려고 하였다. 거동에 앞서 신하들에게 의견을 물으니, 재상인 王旦은 "하늘이 符命을 내렸으니, 실로 盛德에 대한 응답입니다."라고 하면서 진종의 뜻에 영합하였다. 하지만 아부하거나 영합하지 않는 강직한 성품을 지녔던 손석은 "신은 '하늘은 어떤 말도 하지 않는다.'는 말을 들었으니, 어찌 하늘이 글을 내리는 일이 있겠습니까?"라고 하면서 홀로 반대하였다.

1011년에는 진종이 汾陽에 가서 后土에 大祭를 거행하려고 하였다. 이때에 마침 큰 가뭄이 들어 도성 부근의 穀價가 앙등하자 백성들이 큰 곤란을 겪었다. 손석이 상소를 올리기를 "지금 국가의 토목공사가 몇 년 동안 그치지 않고, 홍수와 가뭄의 재해가 발생하여 백성이 제대로 삶을 영위할 수 없는 상황입니다. 폐하께서는 社稷의 安危를 돌보지 않으시고 백성을 수고롭게 만들고 財政을 축내면서 고집스레 도성을 떠나 분양에서 제사를 거행하고자 하시니, 이는 단지 漢 武帝와 唐 明皇(玄宗)이 명승지를 巡行하며 자신의 공덕을 비석에 세워 이름을 남기려던 일을 본받는 것에 불과합니다." 하였다. 간언이 받아들여지지 않자, 손석은 부친이 연로하다는 핑계로 사직하고 낙향하려고 하였다. 진종

2) 이상은 ≪後漢書≫ 〈吳延史盧趙列傳〉에 근거하여 정리한 것이다.

은 그의 사직을 받아들이지 않고 그를 密州刺史에 임명하였다.

몇 년이 흐른 뒤에 朱能이라는 사람이 진종에게 天書를 바치는 일이 있었다. 손석은 이번에도 상소를 올려 "주능은 간악한 일개 小人입니다. 폐하께서 끝내 그의 말을 믿고 至尊을 굽혀 맞이하시니, 위로는 조정에서부터 아래로 백성에 이르기까지 모두들 번민하고 있습니다. 漢나라 때에 文成將軍이라는 자가 몰래 소에게 책을 먹이고서, 사람들에게 소의 뱃속에 奇書가 있다고 속였습니다. 소를 죽여 배를 가르고 책을 발견한 사람들은 모두 다 그것을 기서라고 믿었으나, 天子만은 믿지 않고 문성장군의 속임수임을 간파했습니다. 이에 천자는 문성장군을 죽이고 유언비어를 바로잡았습니다. 지금 주능이 하는 짓은 문성장군과 똑같습니다."라고 간언하였다.

仁宗이 즉위한 뒤에 손석은 翰林侍讀學士에 임명되었다. 손석은 講席에서 역사상 혼란기에 국가를 망하게 만든 君臣을 논할 때마다 반복하여 인종에게 諷刺의 規諫을 올렸으며, 인종이 講讀에 정신을 집중하지 않을 때에는 강독을 멈추고 인종의 정신이 돌아올 때까지 공손히 기다렸다. 이후에 太子太傅에 올라 致仕하고, 1033년 72세로 세상을 떠났다. 인종이 그의 죽음을 듣고 매우 슬퍼하였으며, 左僕射에 추증하였다. 시호는 宣이다.

손석은 經學家로서 많은 저술을 남겼다. 五經에서 治道에 긴요한 부분을 발췌하여 ≪經典徽言≫ 50권을 편찬하였고, 이외에 ≪崇祀錄≫, ≪樂記圖≫, ≪五經節解≫, ≪五服制度≫, ≪孟子音義≫ 등을 저술하였으며, 邢昺, 杜鎬, 舒雅, 李慕淸, 崔偓佺 등과 함께 ≪周禮≫, ≪儀禮≫, ≪公羊傳≫, ≪穀梁傳≫, ≪春秋傳≫, ≪孝經≫, ≪論語≫, ≪爾雅≫의 義疏를 校定하는 일에 참가하기도 하였다.[3)]

3) ≪孟子注疏≫의 저자에 대한 논란

南宋 때의 藏書家인 陳振孫(1186~1262)이 편찬한 ≪直齋書錄解題≫에는 ≪孟子正義≫ 14권을 著錄하고 孫奭이 지었다고 기록하였다.[4)] 진진손이 이 목록을 편찬한 것은 손석

---

3) 이상은 ≪宋史≫ 〈孫奭列傳〉과 ≪欽定四庫全書總目≫ 권35 〈孟子正義〉에 근거하여 정리한 것이다.

4) ≪直齋書錄解題≫ 卷3. "孫奭이 지었다. 序에 '그것에 注를 지은 사람으로는 趙岐, 陸善經이 있다. 그 이후로 나온 해설은 비록 약간의 차이는 있지만, 모두 趙氏를 宗主로 삼았다. 지금 이 책도 오직 趙岐의 注를 바탕으로 삼았다.'라고 하였다.〔孫奭撰 序言爲之注者 有趙岐陸善經

이 세상을 떠난 지 이미 200여 년이 지난 시점이었다. ≪직재서록해제≫의 기록은 당시에 ≪孟子注疏≫의 저자가 손석이라고 세상에 널리 알려져 있었음을 시사한다.

하지만 ≪맹자주소≫의 저자에 대한 논란은 진진손 당시부터 이미 있었다. 그보다 조금 앞서 살았던 朱熹(1130~1200)는 ≪맹자주소≫의 저자를 邵武의 어느 士人이라고 주장하며 다음과 같이 말하였다.

"≪孟子疏≫는 소무의 어느 사인이 假託하여 지은 것이다. 蔡季通(蔡元定)이 그 사람을 알고 있다. 孔穎達의 시대에는 ≪孟子≫를 숭상하지 않고, ≪論語≫와 ≪孝經≫만 숭상하였다. ≪맹자소≫의 疏는 기존 疏의 형식과 전혀 달라서 名物制度에 대한 풀이를 하지 않고, 단지 趙岐의 설에 부연만 했을 뿐이다."5)

≪四庫全書總目≫에도 주희의 주장을 인용한 뒤에, 손석이 저자가 아니라는 증거 몇 가지를 제시하였다.

"≪宋史≫ 〈邢昺傳〉을 상고하니, '邢昺이 咸平 2년(999)에 詔書를 받들어 杜鎬, 舒雅, 孫奭, 李慕淸, 崔偓佺 등과 ≪周禮≫, ≪儀禮≫, ≪春秋公羊傳≫, ≪春秋穀梁傳≫, ≪孝經≫, ≪論語≫, ≪爾雅≫의 義疏를 校定했다.'라고 하였고, ≪맹자정의≫는 언급하지 않았다. ≪涑水記聞≫에는 손석이 저술한 책으로 ≪論語正義≫, ≪孝經正義≫, ≪爾雅正義≫가 있다고 기록하였으나, 역시 ≪맹자정의≫가 있다고 하지 않았으니, 손석의 손에서 나온 책이 아니라는 사실을 확실히 믿을 수 있다. 그 疏의 내용은 모두 敷衍하는 말투로 마치 시골 서당의 講義와 비슷하다."6)

疏는 南北朝 시대 이후로 출현하였다. 經文을 해설한 것이 注라면, 각종 자료를 바탕으로 經文과 注文에 나오는 典章制度, 名物, 故事 등을 상세하게 설명하는 것이 疏이다. 唐나라 때에 이르러 孔穎達, 顔師古 등이 황제의 조칙을 받들어 편찬한 五經正義는 이러한 주소의 典型을 보여준다. 朱熹와 四庫全書를 편찬했던 학자들이 이런 의심을 갖게 된 데

其所訓說 雖小有異同 而共宗趙氏 今惟據趙注爲本]"

5) ≪朱子語類≫ 권19.

6) ≪欽定四庫全書總目≫ 권35 〈孟子正義〉.

에는 ≪맹자주소≫가 疏가 가지는 그러한 체례를 지니지 못한 데서 기인한 것이었다.

≪사고전서총목≫에서는 이와 관련하여 ≪맹자주소≫의 문제점을 보여주는 구체적인 사례 몇 가지를 제시하였다.

"趙岐의 注는 古事를 용례로 삼는 것을 좋아했는데, 疏에서 대부분 그 근거를 밝히지 못하였다. 이를테면 注에서 '禮가 아닌 禮는 陳質이 장가를 들었는데 妻의 나이가 더 많으니 처에게 절을 한 것 같은 경우이고, 義가 아닌 義는 交遊의 힘을 빌려 원수를 갚는 것 같은 경우이다.'라고 한 것은 정말 그 出典을 찾을 수 없다. 하지만 單豹가 내면의 정신을 수양하였으나 호랑이가 외면의 몸뚱이를 잡아먹은 고사는 ≪莊子≫에 나오는데, 이 역시 언급하지 못하였으니, 식견이 너무나 좁았던 것이다. 朱彝尊의 ≪經義考≫에는 〈疏에서 인용한〉 '西施를 보려고 하는 사람은 金錢 1文을 내어야 했다.'는 고사가 ≪史記≫에 나오는 것으로 잘못 말한 것을 지적하였다. 지금 상고하니, 注에서 尾生을 예상하지 못한 칭찬〔不虞之譽〕의 사례로 삼고, 陳不瞻을 완전함을 구하다 받는 비방〔求全之毁〕의 사례로 삼았는데, 疏에서는 이 또한 모두 ≪사기≫를 출전이라고 하였다. 하지만 미생의 사실은 ≪장자≫에 보이고 진불첨의 사실은 ≪說苑≫에 보이니, 모두 ≪사기≫에 없는 고사이다. 이와 같은 부류는 더욱이 假託하여 지은 근거가 없는 책이라 하겠으나, 學官에서 오랫동안 쓰였으니 우선 舊本에 의거하여 기록한다."[7]

〈離婁 下〉 제6장의 "禮가 아닌 禮와 義가 아닌 義를 大人은 하지 않는다.〔非禮之禮 非義之義 大人弗爲〕"에 대해 조기는 "禮가 아닌 禮는 진질이 장가를 들었는데 妻의 나이가 더 많으니 처에게 절을 한 것 같은 경우이고, 義가 아닌 義는 交遊의 힘을 빌려 원수를 갚는 것 같은 경우이다."라고 注를 달았데, 이에 대해 疏는 "이것은 아마 史傳의 글에서 그렇게 일컬은 것인 듯하다."라고 설명하였다. 疏가 注에 나오는 典故의 출처를 밝히고 의미를 설명하는 것이 기능이라는 점에서 볼 때, 疏의 역할을 전혀 하지 못한 것이라 할 수 있다.

또한 전거의 출전을 잘못 기술한 사례로 미생과 진불첨의 고사를 들었다. 〈盡心 下〉 제35장에 "마음을 기르는 데 욕심을 적게 하는 것보다 좋은 것은 없다. 사람이 욕심이 적다면 비록 목숨을 보존하지 못하는 자가 있더라도 적을 것이다.〔養心莫善於寡欲 其爲人也寡欲 雖有不存焉者 寡矣〕"에 대해 조기는 "비록 욕심이 적은데도 죽는 자라는 것은 不意의

7) ≪欽定四庫全書總目≫ 권35 〈孟子正義〉.

재앙을 당한 경우로 예를 들면 單豹가 자신의 정신을 수양하였으나 호랑이가 그의 신체를 잡아먹은 경우이다. 하지만 그런 경우는 또한 적다."라고 注를 달았는데, 이에 대해 疏에는 "미생과 진불첨의 일에 대한 조기의 주는 모두 ≪사기≫의 글을 근거로 말한 것인데, 그 일이 번다하여 거듭 기술하지 않았다."라고 하였다. 미생의 고사는 ≪莊子≫ 〈盜跖篇〉, ≪戰國策≫ 〈燕策〉, ≪史記≫ 〈蘇秦傳〉 등에 보이는데, 疏에서는 ≪사기≫만 말했으니, 1차 전거를 제시했다고는 할 수 없다. 진불첨의 고사는 ≪春秋左氏傳≫과 ≪新書≫에 보이고, ≪사기≫에는 보이지 않는다.

앞에서 열거한 ≪맹자주소≫의 미비점과 오류는 저자가 손석이 아닐 것이라는 주장을 낳았다. 손석은 앞에서 열거한 수준 높은 저술을 다수 남긴 당대의 박식한 학자였다. 하지만 ≪맹자주소≫의 내용이 이러한 대학자에게서 기대할 만한 수준에 못 미칠 뿐만 아니라, 여타 문헌에서도 손석의 저술로 ≪맹자주소≫를 언급하지 않았다는 이유로 朱熹를 비롯한 많은 사람들이 손석을 가탁하여 다른 사람이 지은 책이라고 의심하게 되었던 것이다.

이밖에도 ≪孟子注疏題辭解≫의 疏文에 "皇朝(宋)의 ≪崇文總目≫에 이르면, ≪맹자≫는 趙岐가 注를 단 14권과 唐나라 陸善經이 注를 단 ≪맹자≫ 7권만 남아 총 2家 21卷이다."라는 말이 나온다. 이 구절은 ≪맹자주소≫의 저자가 손석이 아니라는 증거의 하나로 자주 거론된다. ≪숭문총목≫은 송나라 때 편찬된 官撰目錄으로, 1041년에 완성되었다. ≪맹자주소제사해≫의 疏文의 말은 ≪맹자주소≫의 저자 자신이 ≪숭문총목≫을 보고 기록한 것이니, ≪맹자주소≫는 1042년 이후에 저작된 것임을 추론할 수 있다. 손석은 1033년에 세상을 떠났으므로, ≪맹자주소제사해≫ 疏文의 해당 구절이 後人이 첨가한 것이 아닌 이상, 손석이 ≪맹자주소≫의 저자가 될 수 없는 사실이 명백하다.

3. ≪孟子注疏≫의 版本

1) 八行本

南宋 이전의 十三經은 經, 注, 疏가 각기 따로 板刻되어 유통되었다. 經, 注, 疏가 합쳐져 판각된 合刻本이 나타난 것은 남송 초기에 이르러서이다. 黃唐이 紹興의 兩浙東路茶鹽司에서 간행한 ≪毛詩≫, ≪禮記≫, ≪周易≫, ≪尙書≫, ≪周禮≫의 합각본과 紹興知府에서 간행한 ≪春秋左氏傳≫의 합각본이 바로 그것이다. 이를 소흥의 古號인 越州를

붙여 '越州本六經'이라고 부른다. 모두 半葉이 8行이어서 '越刊八行本'이라고도 부른다. 앞의 6經을 이어서 ≪論語注疏≫와 ≪孟子注疏≫의 八行本도 간행되었는데, 이것이 ≪맹자주소≫ 최초의 版本이다. 현재 전하는 八行本 ≪맹자주소≫는 모두 宋刻元修本 혹은 元刻明修本이다.

2) 十行本

八行本이 나온 뒤에 南宋 建陽 지방에서 半葉이 10行인 坊刻本이 간행되었다. 모두 陸德明의 ≪音義≫를 붙였으므로 '建刻附釋音本'이라고도 부른다. 뒤에 閩本과 阮刻本의 祖本이 되었다. 현전하는 十行本으로는 당시 건양의 저명한 書坊인 一經堂의 主人 劉叔剛이 간행한 ≪附釋音毛詩注疏≫, ≪附釋音春秋左傳注疏≫와 國子監에서 간행한 ≪監本附音春秋穀梁注疏≫가 있다. 지금 전하는 十行本 ≪맹자주소≫ 역시 모두 宋刻元修本 혹은 元刻明修本이다.

3) 閩本

元나라를 거쳐 明나라에 이르면서 十行本은 重刻과 補修를 거치다가 刻板이 南京 國子監으로 옮겨졌다. 명나라 嘉靖 연간(1522~1566)에 李元陽은 이 板本을 바탕으로 十三經注疏를 새로 판각하였다. 이 판본은 半葉이 9行으로, 閩本, 嘉靖本, 九行本 등으로 불린다. 萬曆 연간(1573~1620)에 이 민본을 바탕으로 중각한 것이 北監本(萬曆本)이고, 崇禎 연간(1628~1644)에 汲古閣의 毛晉이 북감본을 祖本으로 삼아 중각한 것이 毛本(崇禎本)이다. 淸나라 乾隆 연간(1736~1795)에는 武英殿에서 ≪十三經注疏附考證≫을 간행하였는데, 이는 북감본을 조본으로 삼은 것이다. 북감본, 모본, 무영전본이 모두 민본에서 파생되어 나온 판본이다. 이 가운데 모본이 가장 많이 飜刻되어 통용되었으나, 訛誤가 비교적 많은 편이다.

4) 阮刻本

淸나라 嘉慶 20년(1815)에서 21년 사이에 阮元이 당시 傳存되던 南宋의 十行本과 單疏本을 底本으로 삼아 十三經注疏를 重刻하였다. 이것을 '阮元校刻本', 줄여서 '阮刻本'이라고 부른다. 이에 앞서 완원은 李銳, 徐養原, 顧廣圻, 臧庸, 洪震煊, 嚴杰 등을 초빙하고 그들과 함께 여러 판본을 바탕으로 十三經注疏를 교감하여 ≪十三經注疏校勘記≫를 완성하였다.

〈孟子注疏校勘記序〉의 기록을 통해 ≪孟子注疏≫는 이예가 對校를 수행하였고, 완원이 校勘을 담당하였다는 것을 알 수 있다. 완원은 완각본을 간행하면서 이 ≪校勘記≫를 分卷하여 각 經의 正文 뒤에 나누어 수록하고 정문 중 해당 부분 옆에 동그라미(○) 표시를 하여 쉽게 찾을 수 있도록 하였다. 완각본은 底本이 善本이고, 교감이 정밀하여 출간된 이후 기존의 毛本을 대신하여 널리 유통되었다. 이 본이 바로 본 번역서의 저본이다.

4. ≪孟子注疏≫의 篇章 구분 및 구성 방식

1) 篇章 구분

≪맹자주소≫는 14篇으로 이루어져 있다. 본래 ≪맹자≫는 〈梁惠王〉, 〈公孫丑〉, 〈滕文公〉, 〈離婁〉, 〈萬章〉, 〈告子〉, 〈盡心〉의 7편이었다. 趙岐가 7편을 상편과 하편으로 나누어 14편으로 再編하고, 章句를 나누어 ≪孟子章句≫를 지었다. ≪맹자주소≫는 ≪맹자장구≫의 편차를 따랐다. 다만 朱熹의 ≪孟子集註≫는 ≪孟子注疏≫보다 한 章이 적다. 이는 ≪맹자주소≫ 〈盡心章句 上〉의 제36장과 제37장이 내용상 이어지는 장이므로 ≪맹자집주≫에서는 하나의 장으로 합쳤기 때문이다. 7편의 篇名은 ≪論語≫의 편명처럼 해당 편이 시작하는 첫 글자를 딴 것이다.

篇 名	章 數
梁惠王章句 上	7장
梁惠王章句 下	16장
公孫丑章句 上	9장
公孫丑章句 下	14장
滕文公章句 上	5장
滕文公章句 下	10장
離婁章句 上	28장
離婁章句 下	33장
萬章章句 上	9장
萬章章句 下	9장
告子章句 上	20장
告子章句 下	16장
盡心章句 上	47장
盡心章句 下	38장
14편	261장

2) 구성 방식

≪맹자주소≫는 매 篇의 첫머리인 篇首에 篇名과 그것을 설명하는 注와 疏가 달려 있고, 그 아래에 딸린 章마다 經文과 해당 경문을 설명하는 注가 句 단위로 끊어져 수록되어 있으며, 한 章의 경문과 注가 완결되면 이어서 해당 경문과 注를 설명하는 疏가 나온다. 〈梁惠王章句 上〉의 篇首와 첫 번째 章 및 〈梁惠王章句 下〉의 편수를 예로 들어 설명하면 다음과 같다.

① 篇首

매 上篇의 篇名 아래에는 편명에 대해 설명하는 趙岐의 注가 나온다. 그 注에 이어서 나오는 疏가 있어 먼저 해당 篇의 意義와 章數를 밝히고, 각 章의 章指를 설명하고, 앞의 注에 대해 설명을 한다. '梁惠王章句上'은 疏에서 설명하려는 범위를 제시한 것이고, '正義曰'은 疏에서 설명을 시작할 때 쓰는 투식이다.

> 梁惠王章句上 凡七章
>
> 梁惠王者, 魏惠王也. 魏, 國名. 惠, 諡也. 王, 號也. 時天下有七王, 皆僭號者, 猶春秋之時, 吳楚之君稱王也. 魏惠王居於大梁, 故號曰梁王. 聖人及大賢有道德者, 王公侯伯及卿大夫咸願以爲師. 孔子時, 諸侯問疑質禮, 若弟子之問師也. 魯衛之君, 皆專事焉, 故論語或以弟子名篇, 而有衛靈公季氏之篇. 孟子亦以大儒爲諸侯師, 是以梁惠王滕文公題篇, 以公孫丑等而爲之, 一例者也.
>
> 【疏】'梁惠王章句上' ○正義曰：自此至盡心, 是孟子七篇之目及次第也. 摠而言之, 則孟子爲此書之大名, 梁惠以下爲當篇之小目. 其次第蓋以聖王之盛, 唯有堯舜, 堯舜之道, 仁義爲首, 故以梁惠王問利國對以仁義, 爲七篇之首也. 此篇凡二十三章, 趙氏分爲上下卷. 此上卷只有七章, 一章言治國以仁義爲名. 二章言聖王之德, 與民共樂, 恩及禽獸. …… 凡此二十三章旣以梁惠王問利國爲章首, 遂以梁惠王爲篇名. 公孫丑以下諸篇, 所以次當篇之下, 各有所說. 云章句者, 章, 文之成也, 句者, 辭之絶也. 又言章者, 明也, 摠義包體, 所以明情

者也. 句必聯字而言, 句者局也, 聯字分疆, 所以局言者也.

매 下篇의 경우에는 篇名을 다시 설명할 필요가 없으므로 注가 없이 바로 疏가 나온다. 疏마다 첫 머리에 本篇이 앞의 篇을 나누어 下篇이 된 것이라는 사실과 해당 편의 章數를 밝힌 다음, 章指를 설명하는 것이 특징이다.

梁惠王章句下 凡十六章

【疏】○ 正義曰 : 此卷趙氏分別爲第二卷也. 故云'梁惠王章句下'. 今據此卷章指, 凡十六章. 一章言人君田獵以時, 鍾鼓有節, 與民同樂. 二章譏王廣囿專利, 以嚴刑陷民. …… 凡十六章合上卷七章是梁惠王篇有二十三章矣. 故各於卷首總列其章目, 而分別其指焉.

② 本文

본문은 經文을 句 단위로 끊고, 해당 경문 아래에 趙岐의 注를 달았다.

孟子見梁惠王

孟子適梁, 魏惠王禮請孟子見之.

王曰 叟不遠千里而來 亦將有以利吾國乎

曰, 辭也. 叟, 長老之稱, 猶父也. 孟子去齊, 老而之魏, 王尊禮之曰 : "父, 不遠千里之路而來, 此亦將有以爲寡人興利除害者乎?"

孟子對曰 王何必曰利 亦有仁義而已矣

孟子知王欲以富國强兵爲利, 故曰 : "王何以利爲名乎? 亦有仁義之道可以爲名." 以利爲名, 則有不利之患矣. 因爲王陳之.

王曰 何以利吾國 大夫曰 何以利吾家 士庶人曰 何以利吾身 上下交

> **征利 而國危矣**
>
> 征, 取也. 從王至庶人, 故言上下交爭, 各欲利其身, 必至於簒弑, 則國危矣. 論語曰 : "放於利而行, 多怨." 故不欲使王以利爲名也. 又言交爲俱也. ……

한 章의 경문과 注가 다 끝나면 이어서 경문을 설명하는 疏가 나온다. 맨 앞에는 '孟子見梁惠王至何必曰利'와 같이 ≪맹자≫ 한 章 전체의 경문 범위를 제시하고, '正義曰'이라는 말로 疏의 해설임을 밝히 뒤에 한 章의 大義를 논한다. 이어 설명하려는 경문의 범위를 '孟子見梁惠王者'와 같이 '○○○者'의 형태로 제시하고 해설하였다.

> **【疏】** '孟子見梁惠王'至'何必曰利' ○ 正義曰 : 此章言治國之道, 當以仁義爲名也. '孟子見梁惠王'者, 是孟子自齊至梁見惠王也. '王曰 叟不遠千里而來 亦將有以利吾國乎'者, 王, 號也, 以業爲言也. 曰, 發語詞也. 叟, 尊老之稱也, 言惠王尊老孟子也. 惠王尊孟子, 曰 叟, 不遠千里之路而至此, 相將亦有以利益我國乎. 云亦與乎者, 況外物不可必, 又非可止於一事耳, 故云亦・乎, 與論語云"不亦說乎"・"不亦樂乎"同. '孟子對曰 王何必曰利 亦有仁義而已矣'者, 是孟子答惠王也. 言王何必特止曰財利, 我亦有仁義之道, 以利益而已. 上利以財利爲言, 下利以利益爲言.……

경문을 설명하는 疏가 끝나면 이어서 注를 설명하는 疏가 나온다. 경문을 설명하는 것과 같은 형식으로, 먼저 설명하려는 注의 범위를 제시한 뒤에 '正義曰'이라는 말을 붙여 疏임을 밝히고 해설하였다.

> **【疏】** ○ 注云'孟子'至'見之' ○ 正義曰 : 案魏世家云"惠王三十五年, 惠王以厚幣招賢者, 鄒衍・淳于髡・孟子皆至梁"是也.
>
> **【疏】** ○ 注'曰辭也'至'之魏' ○ 正義曰 : 詞也, 從口乙聲, 亦象口氣出也. 劉熙曰"叟, 長老之稱, 依皓首之言父, 矩也, 家長率教者." 云'去齊之魏'者, 案史記列傳

> 云"孟子事齊宣王, 宣王不能用, 乃適魏"是也.
>
> 【疏】○注'征取也'至'俱也' ○正義曰 : 征, 正也. 蓋言君子至於利也, 非釋之而弗取也, 特不可交征而正取之爾, 猶季氏聚斂以弱魯, 趙孟資之傾晉之類故也. 引論語曰"放於利而行, 多怨"者, 證其上下交征利而國危亡之意也. 孔曰 "放, 依也. 每事依利而行, 取怨之道也." 云 "交, 俱也", 蓋云俱, 皆也. ……

5. ≪孟子注疏≫의 가치와 영향

저자에 대한 논란과 관련하여 ≪맹자주소≫에 대한 많은 비판이 있어왔다. 하지만 ≪맹자주소≫의 학술적, 역사적 가치는 적지 않다.

송대 이전의 ≪맹자≫는 경서가 아니었으므로 연구하는 학자가 많지 않았으며, 이 때문에 趙岐의 ≪孟子章句≫ 이후 주석서로는 東漢 때 鄭玄의 ≪孟子注≫, 劉熙의 ≪孟子注≫, 梁나라 때 綦毋邃의 ≪孟子注≫, 唐나라 때 陸善經의 ≪孟子注≫, 張鎰의 ≪孟子音義≫, 丁公著의 ≪孟子手音≫ 정도를 꼽을 수 있을 뿐이다. 다양한 주석서가 풍부하게 산출된 五經과 같은 경서에 비하면 매우 적은 편이다.

이러한 쉽지 않은 여건에서 나온 ≪맹자주소≫이기에 그 가치는 더욱 높게 평가받을 만하다. 주석서가 거의 없다시피 한 상황에서 ≪맹자주소≫ 정도의 주석서가 출현한 사실만 하더라도 孟子學의 측면에서 매우 중요한 사건인 것이다. 또한 맹자가 송나라 때에 이르러 경서의 지위에 올라 '십삼경'의 구성을 완성했으며, '십삼경주소'의 형태로 간행되어 후세에 큰 영향을 끼쳤다는 점도 간과해서는 안 될 것이다.

朱熹는 ≪맹자주소≫에 대해 "기존 疏의 형식과 전혀 달라서 名物制度에 대한 풀이를 하지 않고, 단지 趙岐의 설에 부연만 했을 뿐이다."[8]라고 폄하한 바 있다. 하지만 전체적으로 놓고 보았을 때, ≪맹자주소≫의 소는 기존 주소의 방식을 그대로 따름으로써 疏體의 규범에 부합하고 있으며, 상당히 엄정함을 유지하고 있다. 내용을 보면 비록 독창적인 견해를 제시한 것은 많지 않지만, 설명이 쉽고 유창하고 명확하여 초학자들에게 큰 도움

---

8) ≪朱子語類≫ 권19.

이 된다.

≪맹자주소≫는 글자와 어구의 해석에 있어 비판을 받은 부분도 적지 않지만, 정밀한 해석으로 다른 주석가들이 밝혀내지 못한 부분을 정확하게 밝힌 부분도 상당히 많다. 예를 들면, 〈離婁章句 下〉의 "天下之言性也 則故而已矣"에 대한 풀이이다. 이 부분은 난해하기로 유명한 구절인데, 趙岐, 朱熹, 焦循 등도 원만한 해설을 내놓지 못한 반면에, ≪맹자주소≫는 '故'자를 '事'자로 풀이하고 명쾌한 설명을 하여 독자들이 정확한 이해를 할 수 있게 하였다.9)

6. 우리나라의 ≪孟子≫ 주석서

≪孟子≫가 우리나라에 들어온 것이 언제인지는 명확치 않다. 삼국시대부터 국가 교육기관에서 五經과 ≪論語≫, ≪孝經≫ 등을 가르쳤다는 기록이 ≪三國史記≫에 남아 있는 것으로 보아, 당시에는 經書가 아니었을지라도 儒家 중요 문헌의 하나로서 ≪맹자≫가 널리 읽혀졌을 가능성이 높다. 통일신라 때 崔致遠이 지은 몇몇 和尙의 碑文에 ≪맹자≫를 전거로 하는 문장이 다수 보이는 것이 이를 뒷받침한다.10) 고려에 이르러 ≪맹자≫에 대한 언급이나 내용의 인용이 처음 보이는 문집은 李奎報의 ≪東國李相國集≫이다.11)

---

9) ≪맹자주소≫의 가치와 영향은 주로 董洪利의 논문 〈孟子注疏與孫奭孟子學〉을 바탕으로 정리한 것이다.(董洪利, 〈孟子注疏與孫奭孟子學〉, ≪北京大學學報≫ 제43집, 2006.)

10) 崔致遠의 ≪孤雲集≫ 권2 〈無染和尙碑銘〉에 실려 있는 "물고기는 나무 위에 올라가서 구할 수 있는 것이 아니다.〔魚非緣木可求〕……舜은 어떤 사람이고 나는 어떤 사람인가?〔舜何人哉 余何人也〕"라는 말은 각각 ≪孟子≫ 〈梁惠王 上〉의 '緣木求魚' 고사와 〈滕文公 上〉의 "순은 어떤 사람이고, 나는 어떤 사람인가? 나도 순처럼 하면 또한 그렇게 되는 것이다.〔舜何人也 予何人也 有爲者亦若是〕"라는 구절에서 온 말이다.

11) 李奎報의 ≪東國李相國集≫ 권26 〈答全履之論文書〉에 "孟子는 孔子에 미치지 못하고, 荀子와 揚子는 맹자에 미치지 못합니다. 그러나 공자 다음에는 공자와 똑같은 사람이 없이 홀로 맹자가 본받아 거의 공자 수준에 도달했고, 맹자 다음에는 맹자와 같은 사람이 없이 순자와 양자가 가까웠습니다.〔孟子不及孔子 荀楊不及孟子 然孔子之後 無大類孔子者 而獨孟子效之而庶幾矣 孟子之後 無類孟子者 而荀楊近之〕"라는 말이 나온다. 같은 책 권26 〈上趙太尉書〉에는 "≪맹자≫에 이르기를 '누구나 일찍이 벼슬하지 않으려는 사람은 없으나, 道에 맞지 않게 벼슬에 나아가는 사람은 구멍 뚫는 도둑의 유인 것이다.' 하였다.〔孟子曰 人未嘗不欲仕 仕不由其道而往者 鑽穴隙之類也〕"라고 하였는데, ≪맹자≫ 〈滕文公 下〉에 "옛사람이 일찍이 벼슬하지 않고자 한 것은

≪동국이상국집≫이 현전하는 고려 문집 중에 가장 이른 시기의 것이라는 점을 감안하면, 고려 全般에 걸쳐 ≪맹자≫가 지식인 사이에 널리 읽혔던 문헌이었던 것을 짐작할 수 있다.

朱熹가 1190년 漳州에서 ≪四書章句集注≫를 처음으로 간행하고, 얼마 되지 않아 우리나라에도 性理學과 함께 이 책이 들어왔다. 麗末鮮初에 ≪맹자≫는 크게 세 가지 측면에서 읽히고 활용되었다.

첫째는 정치 경제의 측면에서 ≪맹자≫를 읽고 활용하였다. 王朝가 바뀌는 시기를 맞아 경제적인 방면에서 ≪맹자≫는 토지 문제에 대한 중요한 논의의 거점이 되었고, 仁政과 王道의 구현이라는 정치적인 이슈에 대해서도 가장 주요한 논리로 원용될 수 있는 근거를 제공했던 것이다. 李齊賢, 趙浚, 權近, 鄭道傳 등이 여기에 해당한다.

둘째는 성리학 본연의 자기 수양의 측면이다. 마음에 대한 탐구와 수양의 목표와 방법으로서의 ≪맹자≫의 논리는 그 자체에 내장된 논리와 일부 성리학적 요소가 결합되어 활용되었다. 李穀, 李崇仁, 李穡 등의 글에서 이러한 측면을 엿볼 수 있다.

셋째는 闢異端의 측면이다. 당시 유학자들의 벽이단의 대상은 당연히 佛敎였다. 불교는 여말선초에도 여전히 적지 않은 사상적, 사회적 영향력을 행사하고 있었다. 그러므로 성리학을 자신의 학문과 신념의 정체성으로 삼는 유학자들에게는 불교에 대한 강력한 비판이 요청되었는데, 정도전은 ≪맹자≫ 에서 제시된 사례를 벽이단의 논법에 매우 전략적으로 활용한 바 있다.[12]

조선시대에 ≪맹자≫에 대한 본격적인 연구가 수행되기 시작한 것은 李滉(1501~1570) 이후부터이다. 조선시대에 주요한 ≪맹자≫ 주석서를 남긴 학자로는 이황 이외에 金長生(1548~1631), 朴世堂(1629~1703), 李瀷(1681~1763), 丁若鏞(1762~1836) 등이 있다.

李滉은 ≪孟子釋義≫를 통해 조선의 학자로는 드물게 경전 본문의 정확한 字意와 구절의 해석에 주의하는 訓詁學的 자세를 보여주었다. 그는 문맥에서 한 자 한 자의 뜻에 집중하여 경전의 原義를 살리려고 하였으며 경전의 해석에서 빚어질 수 있는 의미의 차이를 文勢와 語勢에 기초하여 바로잡으려 하였다. 朱熹의 해석을 수용하면서도 정확한 訓

아니었으나 또한 도를 따르지 않음을 미워하였으니 그 도를 따르지 않고 가는 것은 구멍의 틈을 뚫고 엿보는 것과 같은 것이다.〔古之人 未嘗不欲仕也 又惡不由其道 不由其道而往者 與鑽穴隙之類也〕"라고 한 데서 온 말이다.

12) 함영대, 〈麗末鮮初 ≪맹자≫ 이해의 주제와 관심사〉, ≪대동한문학≫ 48집, 2016, 155~156쪽.

詁를 통해 경전의 본지를 추구하였던 것이다.

金長生의 ≪孟子辨疑≫는 경서의 해석에서 논란이 되는 구절에 대한 국내외 일류 학자들의 견해를 소개하고 字意와 문맥의 정확한 의미에 대해 그 핵실한 의미를 찾기 위해 노력했다. 하지만 ≪맹자변의≫의 최종적인 목표가 경전 자체의 본지보다는 주희가 파악한 본지의 추구에 있었기 때문에 그 논의의 범위가 주희의 해석을 넘어서지 못하는 한계를 남겼다. 이 책에서 나타난 ≪맹자≫ 해석의 방향 즉 주희의 견해에 대한 정확한 이해와 면밀한 논증의 경향은 西人들이 대부분을 차지했던 栗谷學統의 학술적인 흐름이 되어 후대의 宋時烈과 韓元震으로 이어졌다[13]

朴世堂의 ≪孟子思辨錄≫은 경전 본문에 집중하여 그 本意를 찾는 데 주의하였으며, 그 경전 자체의 의미를 충분히 通得하는 것을 목표로 삼았다. 그런 다음 본격적으로 경전의 본문에 대해 編簡과 字句를 바로잡고 箋註解說의 오류를 분별했다. 특정인의 견해에 기초하여 경전을 이해하려고 한 것이 아니라, 먼저 경전의 본문에 나아가 자신의 견해로 정리한 다음 경전의 본문과 주석을 참고했다는 점이 주목된다. ≪孟子集註≫에 대한 비판적 이해라고 할 수 있는 그의 경전해석은 그 餘脈이 星湖學派로 이어졌다.[14]

李瀷은 ≪孟子疾書≫에서 철저한 문헌고증을 통해 다양한 자료를 제시하고, 이황의 경전 해석 방식을 계승하여 語勢와 文意를 통해 ≪맹자≫의 本意를 추구하였다. 이익은 ≪맹자질서≫ 연구를 통해 經書의 본질적 의미를 탐구하면서 경서 자체에도 문제가 있을 수 있다고 생각하는 개방적이고 적극적인 학문 자세를 견지하였으며, 터득한 지식을 경세에 활용하려는 실천적 태도를 지녔다.[15]

丁若鏞의 ≪孟子要義≫는 ≪맹자≫ 經文 260장 중 153장을 선별하여 趙岐와 朱熹 이후 宋・明・淸나라 주석가들의 다양한 주석을 소개하고 자신의 견해를 밝힌 책이다. 기존의 관념적이고 사변적인 주석에서 벗어나 본인의 창의적인 해석을 전개하였으며, 경세에 목표를 둔 합리적이고 실증적인 특성을 보이고 있다.[16]

고려 말에 성리학이 수입된 이후 조선은 500년 동안 주희의 四書集註가 표준 주석이

---

13) 함영대, 〈訓詁의 관점에서 바라본 성립기의 朝鮮 孟子學 - ≪四書釋義・孟子≫와 ≪四書辨疑・孟子≫를 중심으로-〉, ≪漢字漢文教育≫, 2008, 484쪽.

14) 함영대, 〈西溪 朴世堂의 학술정신과 ≪孟子思辨錄≫〉, ≪韓國漢文學研究≫ 72집, 2018, 113쪽.

15) 함영대, 〈星湖 李瀷의 ≪孟子疾書≫에 대한 일고찰〉, ≪漢文古典研究≫ 15집, 2007, 177쪽.

16) 김조영, 〈≪孟子要義≫에 나타난 茶山의 經學觀 연구〉, ≪漢文古典研究≫ 35집, 2017, 234쪽.

되어왔다. 이에 따라 많은 ≪맹자≫ 주석서가 ≪맹자집주≫의 범위 안에서 주희의 本旨를 탐구하거나 敷衍하는 데 그쳤다. 하지만 앞에서 일별한 것처럼 이황, 박세당, 이익, 정약용으로 이어지는 ≪맹자≫ 주석서는 經文 字句의 정확한 해석을 바탕으로 경전의 本意에 접근하고자 하는 訓詁學的 연구 방법을 계승 발전시켰다. 이 가운데 정약용은 ≪맹자요의≫에서 다양한 학자의 주석을 소개하면서 ≪맹자주소≫를 인용한 점이 주목된다.

참고문헌

1) 한국서 및 논문

- 김용옥, ≪맹자, 사람의 길 상・하≫, 통나무, 2014.
- 김조영, 〈≪孟子要義≫에 나타난 茶山의 經學觀 연구〉, ≪漢文古典研究≫ 35집, 2017.
- 함영대, 〈西溪 朴世堂의 학술정신과 ≪孟子思辨錄≫〉, ≪韓國漢文學研究≫ 72집, 2018.
- ———, 〈星湖 李瀷의 ≪孟子疾書≫에 대한 일고찰〉, ≪漢文古典研究≫ 15집, 2007.
- ———, 〈星湖學派 ≪孟子≫ 解釋의 關心과 그 意味〉, ≪동양철학연구≫ 61집, 2010.
- ———, 〈麗末鮮初 ≪맹자≫ 이해의 주제와 관심사〉, ≪대동한문학≫ 48집, 2016.
- ———, 〈鄭道傳의 ≪맹자≫ 해석에 대한 일고〉, ≪한국고전연구≫ 32집, 2015.
- ———, 〈조선 맹자학의 두 경로, ≪孟子釋義≫와 ≪孟子疾書≫〉, ≪국학연구≫, 23집, 2013.
- ———, 〈退溪 李滉 이전의 맹자학 연구 – 鮮初에서 성종대의 경우 –〉, ≪대동한문학≫ 50집, 2017.
- ———, 〈퇴계의 ≪孟子釋義≫와 조선 전기의 맹자해석 – 퇴계의 맹자학의 성격과 지향〉, ≪국학연구≫ 25집, 2014.
- ———, 〈浦渚 趙翼의 학문관과 경학 – "持敬"과 ≪孟子淺說≫을 중심으로 –〉, ≪동방한문학≫ 34집, 2008.
- ———, 〈訓詁의 관점에서 바라본 성립기의 朝鮮 孟子學 – ≪四書釋義・孟子≫와 ≪四書辨疑・孟子≫를 중심으로 –〉, ≪漢字漢文教育≫ 21집, 2008.

2) 중국서 및 논문

• ≪十三經注疏 標點本≫, 北京大學出版社, 1999.
• 董洪利, 〈孟子注疏與孫奭孟子學〉, ≪北京大學學報≫ 第43輯, 2006.
• 董洪利・王耐剛, 〈從孟子注疏校勘記看段玉裁與十三經注疏校勘記修纂之關係〉, ≪國學學刊≫, 2015.
• 魏慶彬, 〈阮刻孟子注疏校勘記〉, 南京師範大學 碩士論文, 2013.
• 兪林波, 〈孟子注疏作者考論〉, ≪文學遺産≫, 2011.
• 李峻岫, 〈試析八行本≪孟子注疏解經≫的版本價値〉, ≪儒家典籍與思想硏究≫, 2013.
• 張舜徽, ≪張舜徽集≫, 華中師範大學出版社, 2004.

凡 例

1. 본서는 十三經注疏 중 ≪譯註 孟子注疏≫의 제1책이다.
2. 본서의 底本은 阮元 校刻本 ≪孟子注疏≫(淸 嘉慶 21년(1816) 阮元 校刻 十三經注疏, 中華書局, 2009, 이하 '阮刻本'으로 약칭)로 하되, 北京大 整理本 ≪孟子注疏≫(十三經注疏整理委員會 整理, 北京大學出版社, 2000, 이하 '北京大本'으로 약칭)를 참고하였다.
3. 본서는 원전의 傳統性과 번역의 現代性을 구현하기 위해 노력하였다.
4. 原文의 經과 注는 우리나라 전통 방식으로 懸吐하고, 疏는 간략히 標點만 하였다.
5. 原文은 저본의 體制에 따라 經, 注, 疏를 구분하고, 經은 大字로 표기하고 注과 疏는 【注】와 【疏】로 표시하여 구분하였다.
6. 原文의 分節은, 經과 注는 저본의 분절을 따르고, 疏는 단락이 길 경우 의미 단락에 따라 역자 재량으로 분절하였다.
7. 저본의 反切 注는 생략하되, 문맥을 이해하기 위해 필요한 경우에만 살리고, 讀音이 특수하거나 僻字인 경우에는 ( ) 속에 한글로 音을 달아주었다.
8. 疏에서 설명 대상으로 인용한 經과 注의 단어나 구절은 번역하지 않고 원문 그대로 〔 〕 속에 넣어주었다.

   예 〔孟子見梁惠王〕 맹자가 齊나라에서 梁으로 가서 惠王을 만난 것이다.
9. 飜譯은 原義에 충실하게 하되, 이해가 어려운 부분은 意譯 또는 補充譯을 하였다.
10. 飜譯文은 한글과 漢字를 混用하였으며, 맞춤법과 띄어쓰기는 한글 맞춤법과 표준어 규정을 따르는 것을 원칙으로 하였다.
11. 譯註는 故事, 官職, 校勘, 難解語, 역사적 사건, 人物, 인용문의 出典, 전문용어, 制度, 異說 등에 관한 사항을 밝혔다.
12. 校勘은 원문의 誤字, 脫字, 衍字, 倒文 등을 대상으로 하였다.
13. 校勘은 저본인 阮刻本의 校勘記 중 꼭 필요한 것만 선택하여 譯註에 반영하였다. 그 외에도 北京大本을 비롯한 여러 原典 자료를 참고하였으며, 이를 譯註에 밝혔다.

14. 阮刻本에서 校勘에 참고한 書目의 略稱은 다음과 같으며, 본서의 校勘註에도 약칭으로 표기하였다.

- 監本 : 明나라 神宗(1563~1620) 시기 北國子監 刊行本
- 孔本 : 淸나라 乾隆 38년(1773) 孔繼涵·微波榭 刊行本
- 毛本 : 明나라 崇禎(1628~1644) 연간 毛晉의 汲古閣 校刊本
- 閩本 : 明나라 嘉靖(1522~1566) 연간 福建巡撫 李元陽이 宋十行本을 바탕으로 重刊한 본
- 北宋蜀大字本 : 章邱 李氏 所藏本을 何焯(1661~1722)이 校正한 本
- 宋本 : 宋나라 劉氏 丹桂堂 巾箱本을 何焯(1661~1722)이 校正한 本
- 宋石經殘本 : 南宋 孝宗 淳熙 4년(1177)에 완성한 石刻本의 殘本
- 宋十行本 : 南宋(1127~1279) 시기 刊行本
- 岳本 : 相州 岳氏 刊行本을 何焯(1661~1722)이 校正한 本
- 廖本 : 元나라 때 重刊한 廖氏 世綵堂本을 何煌(1668~1745)이 校正한 本
- 日本國古本 : 日本 享保 15년(1735) 物觀이 지은 ≪七經孟子考文補遺≫에서 인용
- 足利本 : 日本 享保 15년(1735) 物觀이 지은 ≪七經孟子考文補遺≫에서 인용
- 韓本 : 淸나라 乾隆 46년(1781) 韓岱雲 刊行本

15. 본서의 校勘에 사용된 符號는 다음과 같다.

( )〔 〕 : (저본의 誤字)〔교감한 正字〕

〔 〕 : 저본의 脫字 보충

( ) : 저본의 衍字 삭제

16. 본서에 사용된 주요 符號는 다음과 같다.

" " : 對話, 각종 引用

' ' : " " 안에서 再引用, 强調

「 」 : ' ' 안에서 再引用, 强調

( ) : 원문에서는 讀音이 특수한 글자나 僻字의 音
번역문에서는 간단한 譯註

〔 〕 : 번역문과 뜻은 같으나 音이 다른 漢字나 句節, 譯註에서 인용한 原文, 疏에서 설명 대상으로 제시한 經이나 傳의 단어나 구절

≪ ≫ : 書名이나 典據

〈 〉: 篇章名, 作品名, 補充譯

【 】: 傳과 疏의 표시

○ : 저본에 사용된 단락 구분 표시 遵用

17. 본서의 標點은 한국에서 재래로 사용해오던 방식을 보완하여, 文理의 이해를 돕는 정도로 간략히 하였다. 본서에 사용된 標點符號는 다음과 같다.

. : 문장의 종결

, : 한 문장 안에서 句나 節의 구분이 필요한 곳

· : 대등한 명사나 구절의 병렬

" ": 1차 인용, 대화

' ': 2차 인용, 대화, 강조, 經과 注의 단어나 구절을 인용한 부분

「 」: 3차 인용, 2차 인용 안에서 대화·강조

: : 疏 내용을 포괄하는 '正義曰' 뒤에 사용

參考文獻

◇ 底本 및 주요 참고도서

- ≪孟子注疏≫, 阮元(淸) 校刻, 十三經注疏(淸 嘉慶刊本), 中華書局, 2009.
- ≪孟子注疏≫, 十三經注疏整理委員會 整理, 北京大學出版社, 2000.

◇ 十三經注疏

- ≪論語注疏≫, 阮元(淸) 校刻, 十三經注疏(淸 嘉慶刊本), 中華書局, 2009.
- ≪毛詩正義≫, 阮元(淸) 校刻, 十三經注疏(淸 嘉慶刊本), 中華書局, 2009.
- ≪尙書正義≫, 阮元(淸) 校刻, 十三經注疏(淸 嘉慶刊本), 中華書局, 2009.
- ≪禮記正義≫, 阮元(淸) 校刻, 十三經注疏(淸 嘉慶刊本), 中華書局, 2009.
- ≪儀禮注疏≫, 阮元(淸) 校刻, 十三經注疏(淸 嘉慶刊本), 中華書局, 2009.
- ≪爾雅注疏≫, 阮元(淸) 校刻, 十三經注疏(淸 嘉慶刊本), 中華書局, 2009.
- ≪周禮注疏≫, 阮元(淸) 校刻, 十三經注疏(淸 嘉慶刊本), 中華書局, 2009.
- ≪周易正義≫, 阮元(淸) 校刻, 十三經注疏(淸 嘉慶刊本), 中華書局, 2009.
- ≪春秋穀梁傳注疏≫, 阮元(淸) 校刻, 十三經注疏(淸 嘉慶刊本), 中華書局, 2009.
- ≪春秋公羊傳注疏≫, 阮元(淸) 校刻, 十三經注疏(淸 嘉慶刊本), 中華書局, 2009.
- ≪春秋左傳正義≫, 阮元(淸) 校刻, 十三經注疏(淸 嘉慶刊本), 中華書局, 2009.
- ≪孝經注疏≫, 阮元(淸) 校刻, 十三經注疏(淸 嘉慶刊本), 中華書局, 2009.

◇ 기타 원전자료

- ≪經典釋文≫, 陸德明(唐) 撰, 上海古籍出版社, 1985.
- ≪經傳釋詞≫, 王引之(淸) 撰, 臺灣商務印書館, 1968.
- ≪孔子家語≫, 王肅(魏) 編, 學民文化社.
- ≪管子校正≫, 尹知章(唐) 注, 戴望(淸) 撰, 世界書局, 1990.

- ≪國語≫, 左丘明(周) 撰, 學民文化社.
- ≪論語譯注≫, 楊伯峻 譯注, 中華書局, 1980.
- ≪論語集註大全≫, 朱憙(宋) 集註, 胡廣(明) 等編, 成均館大 大東文化研究院.
- ≪道德經≫, 王弼(魏) 注, 文淵閣四庫全書, 臺灣商務印書館, 1986.
- ≪白虎通義≫, 班固(漢) 撰, 臺灣商務印書館, 1968.
- ≪史記≫, 司馬遷(漢) 撰, 裴駰(南朝 宋) 集解, 司馬貞(唐) 索隱, 張守節(唐) 正義, 中華書局, 1997.
- ≪司馬法譯注≫, 李零 譯注, 河北人民出版社, 1992.
- ≪尙書大傳≫, 伏勝(漢) 撰, 文淵閣四庫全書, 臺灣商務印書館, 1986.
- ≪書傳大全≫, 蔡沈(宋) 集傳, 胡廣(明) 等編, 朝鮮內閣本, 學民文化社.
- ≪說文解字注≫, 許愼(漢) 撰, 段玉裁(淸) 注, 上海古籍出版社, 1981.
- ≪水經注≫, 酈道元(北魏) 撰, 文淵閣四庫全書, 臺灣商務印書館, 1986.
- ≪荀子集解≫, 王先謙(淸) 集解, 中華書局, 1988.
- ≪詩傳大全≫, 朱憙(宋) 集傳, 胡廣(明) 等編, 學民文化社.
- ≪新序≫, 劉向(漢) 撰, 臺灣商務印書館, 1968.
- ≪禮記集說大全≫, 陳澔(元) 集說, 胡廣(明) 等編, 學民文化社.
- ≪爾雅≫, 郭璞(晉) 注, 中華書局, 1985.
- ≪莊子集釋≫, 莊周(周) 撰, 郭象(西晉) 注, 陸德明(唐) 釋文, 成玄英(唐) 疏, 郭慶藩(淸) 輯, 王孝魚 點校, 中華書局, 1961.
- ≪周禮今註今譯≫, 林尹 譯注, 臺灣商務印書館, 1997.
- ≪周易傳義大全≫, 程頤(宋) 傳, 朱憙(宋) 本義, 胡廣(明) 等編, 學民文化社.
- ≪中庸章句大全≫, 朱憙(宋) 章句, 胡廣(明) 等編, 成均館大 大東文化研究院.
- ≪晉書≫, 房玄齡(唐) 等撰, 中華書局, 1997.
- ≪春秋經傳集解≫, 左丘明(周) 撰, 杜預(晉) 註, 保景文化社.
- ≪春秋釋例≫, 杜預(晉) 撰, 文淵閣四庫全書, 臺灣商務印書館,
- ≪太平御覽≫, 李昉(宋) 等撰, 中華書局, 1960.
- ≪韓非子集解≫, 王先愼(淸) 集解, 中華書局, 1998.
- ≪漢書≫, 班固(漢) 撰, 顔師古(唐) 注, 中華書局, 1997.
- ≪後漢書≫, 范曄(南朝 宋) 撰, 李賢(唐) 等注, 中華書局, 1997.

- ≪淮南子≫, 劉安 撰, 高誘 注, 文淵閣四庫全書 臺灣商務印書館, 1986.

◇ 번역서 및 주석서

〔韓國〕

- ≪국역 孟子≫, 유교문화연구소, 성균관대학교출판부, 2006.
- ≪신완역 孟子≫, 차주환 역, 명문당, 1988.
- ≪孟子≫, 홍인표 역, 서울대학교출판부, 1992.
- ≪맹자 사람의 길≫, 김용옥, 통나무, 2012.
- ≪孟子註譯≫, 김중식 역, 한국인쇄주식회사, 1956.
- ≪역주 茶山 孟子要義≫, 정약용, 현대실학사, 1994.
- ≪우리말 사서 : 논어 · 대학 · 중용 · 맹자≫, 금장태, 지식과 교양, 2013.
- ≪한글 맹자≫, 이을호 역, 전남대학교출판부, 1958.
- ≪현토완역 孟子集註≫, 성백효, 전통문화연구회, 1998.

〔中國〕

- ≪孟子≫, 金良年 詳解, 上海古籍出版社, 2010.
- ≪孟子今註今譯≫, 史次耘, 臺灣商務印書館, 1978.
- ≪孟子譯注≫, 楊伯峻 譯注, 中華書局, 1960.
- ≪孟子正義≫, 焦循 撰, 中華書局, 1987.
- ≪孟子集註大全≫, 朱熹(宋) 集註, 胡廣(明) 等編, 成均館大 大東文化硏究院.
- ≪十三經直解≫, 朱安群, 江西人民出版社, 1993.

〔日本〕

- ≪孟子≫, 金谷治 譯, 東京, 岩波新書, 1966.
- ≪孟子≫, 渡辺卓 譯, 東京, 明德出版社, 1982.
- ≪孟子≫, 貝塚茂樹 譯, 東京, 中央公論新社, 2006.
- ≪新釋孟子全講≫, 宇野精一, 東京, 學燈社, 1959.
- ≪漢文大系≫, 富山房編輯部, 東京, 富山房, 1984.

〔기타〕

- Mencius, D.C. Lau., London, Penguin, 2004.
- Mencius, David Hinton, Washington, D.C., Counterpoint, 1999.
- Mencius, James Legge, New York, BiblioBazaar, 2008.
- The essential Mengzi : selected passages with traditional commentary, Bryan W. Van Norden, Indianapolis, Ind. : Hackett Pub. Co., 2009.

◇ 電子文獻 및 Web DB

- 동양고전종합DB (http://db.cyberseodang.or.kr)
- 한국고전종합DB (http://db.itkc.or.kr)
- 상우천고 (http://www.s-sangwoo.kr)
- 電子版 文淵閣四庫全書, 上海古籍出版社

目 次

欽定四庫全書總目 孟子正義十四卷

漢趙岐注라 其疏則舊本에 題宋孫奭撰이라하다 岐는 字가 邠卿이니 京兆長陵人이라 初名은 嘉요 字는 臺卿이라 永興二年에 辟司空掾하고 遷皮氏長하니라 延熹元年에 中常侍唐衡兄玹이 爲京兆尹이러니 與岐夙隙[1]이라 岐避禍하여 逃避四方하여 乃自改名字라 後에 遇赦得出하여 拜幷州刺史나 又遭黨錮[2]十餘歲하다 中平元年에 徵拜議郎하고 擧燉煌太守라 後에 遷太僕이라가 終太常이라 事蹟具後漢書本傳이라 奭은 字가 宗古이니 博平人이라 太宗端拱中에 九經으로 及第하여 仁宗時에 官至兵部侍郎龍圖閣學士라 事蹟具宋史本傳이라

1) 與岐夙隙 : 延熹 元年(158)에 中常侍 唐衡의 형인 唐玹이 京兆尹이 되었다. 唐玹이 京兆尹이 되기 전에 京兆 虎牙都尉가 되었는데, 郡人들이 아우인 中常侍 唐衡의 권력을 힘입은 것이라고 그를 모멸하였다. 趙岐와 從兄인 趙襲도 唐玹을 좋지 않게 평가하자, 唐玹이 원한을 품게 되었다.(≪後漢書≫ 卷94 〈趙岐列傳〉)

2) 黨錮 : 後漢의 桓帝와 靈帝 시기에 官僚 士大夫들이 宦官의 專橫에 맞서다가 禁錮를 당한 사건을 가리킨다. '錮'는 종신토록 관직에서 배제하는 것이다. 이 '黨錮'의 政爭은 延熹 9년(166)부터 中平 원년(184)까지 지속되었다. 자세한 내용은 다음과 같다. 桓帝 때에 宦官들이 권력을 잡고 專橫을 일삼자 太尉 陳蕃, 司隷校尉 李膺 등이 太學生들과 연합하여 宦官들을 맹렬히 공격하였는데, 宦官들은 으히려 그들이 붕당을 지어 조정을 비난했다고 무고하였다. 그 결과 李膺, 杜密, 陳寔 등 200여 명이 체포되어 黨人으로 지목되고 禁錮의 형을 받았다. 그 후 靈帝 때에 大將軍 竇武가 李膺 등을 다시 기용하여 宦官들을 謀殺하려 하였으나, 일이 사전에 누설되어 竇武, 陳蕃 등 100여 명이 被殺되었으며, 그 후로도 宦官의 무고로 수많은 사람이 체포되어 수난을 겪었다.

〈≪孟子正義≫ 14권은〉 漢나라 趙岐가 注를 달았고, 그 疏는 舊本에 "宋나라 孫奭이 찬하다.〔宋孫奭撰〕"라고 되어 있다. 趙岐는 자가 邠卿이고, 京兆 長陵 사람이다. 初名은 嘉이고, 初字는 臺卿이다. 永興 2년(154)에 司空掾의 직책에 천거되었다가 皮氏縣의 長으로 옮겼다. 延熹 원년(158)에 中常侍 唐衡의 형인 唐玹이 京兆尹이 되었는데, 趙岐와는 진작부터 원한이 있던 사이였다. 趙岐가 禍를 피해 여러 곳으로 도망을 다니다가 마

침내 스스로 이름과 字까지 바꾸었다. 나중에 赦免을 받아 세상에 나올 수 있었다. 幷州刺史에 제수되었으나 다시 10여 년 동안 黨錮를 당하였다. 中平 원년(184)에 徵召되어 議郞에 제수되고 燉煌太守에 발탁되었다. 나중에 太僕으로 옮겼다가 太常의 직책에서 세상을 떠났다. 事蹟이 ≪後漢書≫ 本傳에 갖추어 실려 있다.

孫奭의 자는 宗古이고, 博平 사람이다. 太宗 端拱 연간(988~989)에 九經으로 及第하였다. 仁宗 때에 관직이 兵部侍郞 龍圖閣學士에 이르렀다. 事蹟이 ≪宋史≫ 本傳에 갖추어 실려 있다.

是注는 卽岐避難北海時에 在孫賓家夾柱中所作[1]이라 漢儒注經할새 多明訓詁名物이러니 惟此注는 箋釋文句하니 乃似後世之口義[2]요 與古學稍殊라 然이나 孔安國馬融鄭(元)〔玄〕[3]之注論語 今載於何晏集解者도 體亦如是라 蓋易書文은 皆最古하니 非通其訓詁면 則不明하고 詩禮語는 皆徵實하니 非明其名物이면 亦不解라 論語孟子는 詞旨顯明하여 惟闡其義理而止니 所謂言各有當也라

1) 在孫賓家夾柱中所作 : 唐玹이 京兆尹이 되자, 위험이 닥쳐올 것을 예감한 趙岐는 도망쳐 姓名을 바꾸고 여러 곳을 떠돌아다녔다. 그 사이 唐玹은 趙岐의 가족과 친척을 重罪로 몰아 몰살시켰다. 趙岐가 지금의 山東省인 北海 부근에 이르렀을 때에 시장에서 떡을 팔며 연명하였는데, 마침 安邱 사람 孫嵩이 시장에서 떡을 파는 趙岐를 발견하고는 비상한 인물이라는 것을 알아차렸다. 그리고는 자기 집에 데리고 가서 二重壁 사이에 숨어 살게 해주었다. 趙岐는 여기서 몇 년을 머물며 ≪孟子≫의 注를 저술했다.(≪後漢書≫ 卷94 〈趙岐列傳〉) 여기서 '孫賓'이라고 한 것은 '孫賓石'의 착오인 듯하다. 孫嵩의 字가 賓石이다.
2) 口義 : 經義를 口述한 것을 말한다. 스승이 經義를 口述한 것을 제자가 기록한 경우 그 책의 이름을 '○○口義'라고 붙이기도 하였고, 唐나라 때 明經科에서 經義를 口述하던 것을 지칭하기도 한다.
3) (元)〔玄〕 : 저본에는 '元'으로 되어 있으나, 淸 聖祖 愛新覺羅의 이름인 '玄燁'을 避諱한 것이므로 원래 글자인 '玄'으로 되돌려놓았다.

이 注는 趙岐가 北海로 피난했을 때에 孫賓 집 기둥 사이에 숨어살며 지은 것이다. 漢나라 학자들은 經에 注를 달 때 訓詁와 名物에 대해 설명하는 경우가 많은데, 이 注만은 文句를 풀이하니 후세의 口義와 유사하고, 옛날 학문과는 조금 다르다. 하지만 지금 何晏의 ≪論語集解≫에 실려 있는 孔安國, 馬融, 鄭玄이 ≪論語≫에 단 注도 그 體例가 역시 이것과 같다. 대개 ≪易經≫과 ≪書經≫의 글은 모두 가장 오래된 것이어서 그 訓詁

에 통달하지 않으면 내용을 알 수가 없고, ≪詩經≫과 禮經의 말은 모두 구체적인 사실을 표현한 것이어서 그 名物에 밝지 않다면 또한 이해할 수가 없다. 〈이에 비해〉 ≪論語≫와 ≪孟子≫는 말뜻이 분명해서 단지 의미를 밝히는 정도에서 그칠 뿐이니, 이른바 "말에는 각기 마땅한 바가 있다."라는 것이다.

其中에 如謂宰予子貢有若緣孔子聖德高美而盛稱之러니 孟子知其太過라 故貶謂之汚下[1]之類는 紕繆殊甚이요 以屈原憔悴로 爲徵於色하고 以甯戚叩角으로 爲發於聲[2]之類도 亦比擬不倫이라 然이나 朱子作孟子集注或問에 於岐說不甚掊擊이라 至於書中人名하여는 惟盆成括告子는 不從其學於孟子之說[3]하고 季孫子叔은 不從其二弟子之說[4]하고 餘皆從之라 書中字義하여는 惟折枝訓按摩[5]之類不取其說하고 餘亦多取之라 蓋其說이 雖不及後來之精密이나 而開闢荒蕪하여 俾後來得循途而深造하니 其功要不可泯也니라

1) 宰予子貢有若緣孔子聖德高美而盛稱之……故貶謂之汚下 : 〈公孫丑 上〉 제2장에서 맹자가 孔子의 제자들이 孔子를 극찬한 말을 인용하기에 앞서 "宰我, 子貢, 有若은 지혜로움이 聖人을 충분히 알만 하니, 비록 저속하다 해도 좋아하는 사람에게 아부하는 지경에는 이르지는 않았을 것이다.〔宰我子貢有若 智足以知聖人 汚不至阿其所好〕"라고 한 것에 대한 注를 가리킨다.

2) 以屈原憔悴……爲發於聲 : 〈告子 下〉 제15장의 "사람은 항상 잘못을 저지른 뒤에야 고칠 줄을 알고, 마음이 괴롭고 생각한 대로 되지 않은 뒤에야 분발하게 되고, 남의 안색에 징험되고 남의 음성에 나타난 뒤에야 깨닫게 되는 것이다.〔人恒過然後能改 困於心衡於慮而後作 徵於色發於聲而後喩〕"라고 한 것에 대한 注에 "징험이 안색에 드러나는 것은 예를 들면 굴원이 초췌해 있자 어부가 그것을 보고 괴이하게 여겼던 경우이고, 음성에 나타난 뒤에야 깨닫게 되는 것은 예를 들면 영척이 뿔을 두드리며 노래하자 환공이 기이하게 여긴 경우이다.〔徵驗見於色 若屈原憔悴 漁父見而怪之 發於聲而後喩 若甯戚角歌 桓公異之〕"라고 하였다.

굴원은 전국시대 楚나라의 三閭大夫였다가 모함을 받고 湘江 가로 쫓겨난 인물로, 그가 지은 〈漁父辭〉에 "굴원이 쫓겨나 강가에서 노닐고 못가를 거닐며 시를 읊조릴 적에 안색이 초췌하고 형용이 비쩍 말라 있었다. 어부가 그를 보고 묻기를 '그대는 삼려대부가 아니요? 무슨 이유로 여기에 이르렀소?' 하니, 굴원이 말하기를 '온 세상이 모두 혼탁할 때 나 혼자 맑았고, 대중이 모두 취했을 때 나 혼자만 깨어 있었소. 그래서 쫓겨났다오.〔屈原既放 游於江潭 行吟澤畔 顏色憔悴 形容枯槁 漁父見而問之曰 子非三閭大夫與 何故至於斯 屈原曰 擧世皆濁 我獨淸 衆人皆醉 我獨醒 是以見放〕"라는 구절이 있다.

甯戚은 춘추시대 衛나라 사람이다. 그가 미천했을 때, 齊 桓公에게 등용되기를 바랐

다. 齊 桓公의 행차가 지나가기를 기다렸다가 그 옆에서 쇠뿔을 두드리며 노래하자, 桓公이 그 노랫소리를 듣고 그를 賢者로 여겨 등용하였다. 그 노래는 다음과 같다. "남산은 빛나고, 백석은 깨끗하도다. 태어나서 서로 선양하던 요순시대를 못 만나, 짧은 베 홑옷은 겨우 정강이만 가릴 뿐인데, 이른 새벽부터 한밤중까지 소를 먹이노니, 긴 밤이 지루해라 언제나 아침이 올거나.〔南山矸 白石爛 生不逢堯與舜禪 短布單衣適至骭 從昏飯牛薄夜半 長夜漫漫何時旦〕"(≪呂氏春秋≫ 〈擧難〉, ≪風雅翼≫ 권9)

3) 惟盆成括告子 不從其學於孟子之說 : 分盛括은 〈盡心 下〉 제29장에 나오는 인물로, 그가 齊나라에 벼슬하자 맹자가 "죽겠구나, 分盛括이여!"라고 말하였다. 趙岐는 注에서 分盛括에 대해 "일찍이 맹자에게 배우려고 하여 道를 물었으나 道를 이해하지 못한 채 떠났다. 나중에 齊나라에 벼슬하였다."라고 하였다.

 告子는 맹자와 人性에 대해 논쟁을 벌였던 인물이다. 〈告子 上〉 첫머리의 注에서 趙岐는 "〈告子는〉 이름이 不害이다. 儒家와 墨家의 道를 겸하여 공부했다. 일찍이 맹자에게 배웠으나 性命의 이치에 대해 완전히 통달하지는 못하였다."라고 하였다.

4) 季孫子叔 不從其二弟子之說 : 季孫과 子叔은 모두 〈公孫丑 下〉 제10장에 나오는 인물이다. 趙岐는 이들이 맹자의 제자라고 하였다.

5) 折枝訓按摩 : 〈梁惠王 上〉 제7장에서 孟子가 齊 宣王에게 "왕께서 王道를 행하지 않으시는 것은 折枝와 같은 부류의 일입니다.〔王之不王 是折枝之類也〕"라고 한 구절에 대한 注에 "折枝는 按摩를 통해 손마디를 주무르거나 피곤한 四肢를 풀어주는 것이다."라고 하였다.

注의 내용 중에 이를테면, "宰予, 子貢, 有若이 孔子의 聖德이 높고 아름다운 것으로 인해 성대하게 칭송하였는데, 맹자는 그들이 너무 지나쳤다는 것을 알았기 때문에 폄하하여 '저속하다.〔汚下〕'라고 한 것이다."라고 한 것은 오류가 너무 심한 것이고, 屈原이 憔悴했던 것을 '안색에 징험되는 것〔徵於色〕'의 사례로 삼고, 甯戚이 뿔을 두드리며 노래한 것을 '음성에 나타난 것〔發於聲〕'의 사례로 삼은 따위도 비유가 적절하지 않은 것이다.

하지만 朱子는 ≪孟子集注≫와 ≪孟子或問≫을 지으면서 趙岐의 說에 대해 그다지 배격하지 않았다. 책 속 人名의 경우, 盆成括과 告子가 맹자에게 배웠다는 설을 따르지 않았고, 季孫과 子叔이 맹자의 두 弟子라는 說을 따르지 않았을 뿐이고, 나머지는 모두 따랐다. 책 속 字義의 경우, 折枝를 按摩라고 풀이한 것만 趙岐의 설을 따르지 않았고, 나머지는 또한 대부분 취하였다. 대개 그 說이 비록 후대의 정밀함에는 미치지 못하지만 未開地를 개척하여 후인으로 하여금 그 길을 따라 깊이 나아갈 수 있도록 하였으니, 그 공은 요컨대 사라질 수 없는 것이다.

胡爌拾遺錄[1)]에 據李善文選注引孟子曰墨子兼愛摩頂致於踵하고 趙岐曰致至也라하니 知今本經文及注均與唐本不同이라 今證以孫奭音義[2)]所音이 岐注亦多不相應하니 - 語詳孟子音義條下[3)]라 - 蓋已非舊本이라 至於盡心下篇夫子之設科也하여는 注稱孟子曰夫我設教授之科云云하니 則顯爲予字어늘 今本乃作夫子라 又萬子曰句하여는 注稱萬子萬章也라하니 則顯爲子字어늘 今本乃作萬章이라 是는 又注文未改而經文誤刊者矣라

1) 胡爌拾遺錄 : 胡爌은 明나라 때의 학자로, 字는 闇翁이고 南昌 사람이다. 자세한 행적은 미상이다. 저서로 ≪拾遺錄≫과 ≪家規輯要≫가 있다. ≪拾遺錄≫은 ≪論語≫, ≪孟子≫, ≪孝經≫ 등에 나오는 잡다한 오류를 다양한 근거를 통해 바로잡은 것이다. 본래 10권이었는데, 화재를 입어 ≪四庫全書≫에는 1권만 전하고 있다.
2) 音義 : 孫奭이 지은 ≪孟子音義≫이다. 宋 眞宗이 孫奭으로 하여금 ≪孟子≫ 趙岐 注를 교정하게 하였다. 孫奭은 唐나라 張鎰이 지은 ≪孟子音義≫에 누락된 것이 많고, 丁公著가 지은 ≪孟子丁氏字音≫에 오류가 적지 않은 것을 발견하고 趙岐의 注를 底本으로 삼고 앞의 두 책을 참고하여 ≪孟子音義≫를 저술하였다. 이 책의 序文의 전반부는 세상에서 孫奭이 지었다고 말하는 ≪孟子正義≫의 序文과 완전히 같다. 이 때문에 ≪四庫全書總目≫에서는 "≪孟子正義≫의 가짜 序文은 바로 이 ≪孟子音義≫의 序文을 고친 것이다."라고 하였다. 이 책의 풀이는 趙岐 注를 기준으로 지은 것이라 하였는데, 지금 전하는 ≪孟子音義≫와 趙岐의 注를 서로 비교해보면 서로 맞지 않은 부분이 많다. 예를 들면, ≪孟子音義≫에서 언급한 〈梁惠王 上〉의 集穆・太平・譎, 〈梁惠王 下〉의 恂・無墮・夫將 등 총 69개 條目은 현재 통용본의 趙岐 注에는 없는 것이다.
3) 語詳孟子音義條下 : 孫奭이 지은 ≪孟子音義≫에 대한 ≪四庫全書總目提要≫의 내용을 가리킨다. 해당 提要에는 당시 通行本 趙岐 注가 孫奭이 ≪孟子音義≫에서 音義를 단 趙岐 注와 비교하여 다른 부분 69개 條目을 열거하고, 이를 근거로 ≪孟子正義≫가 孫奭이 지은 책이 아닌 邵武의 士人이 지은 僞書라고 주장하였다.

胡爌의 ≪拾遺錄≫을 보면, 胡爌은 李善의 ≪文選注≫에서 "≪孟子≫의 '墨子는 兼愛를 하였으니, 정수리를 갈아 발꿈치에 이르더라도〔墨子兼愛 摩頂致於踵〕……'라는 구절에 대해 趙岐는 '致는 이름이다.〔致 至也〕'라고 하였다."라고 인용한 것을 근거로 지금 本의 經文과 注가 모두 唐나라 本과 다르다는 것을 알았다. 지금 孫奭의 ≪孟子音義≫에서 音을 단 것을 가지고 실증한 결과, 趙岐의 注와 서로 맞지 않는 것이 또한 많은 것으로 보아 - 이것에 대해서는 ≪孟子音義≫ 條 아래에 자세히 말하였다. - 아마도 이미 舊本이 아닌 듯하다.

〈盡心 下〉의 '夫子之設科也'라는 구절에 대해서는 注에서 "맹자가 '내가 教授하는 科目

을 설정하였는데……'라고 말한 것이다."라고 하였으니, 〈'子'자는〉 분명히 '予'자인데, 지금 本에는 '夫子'라고 되어 있다. 또 '萬子曰'이라는 구절에 대해서는 注에서 "萬子는 萬章이다."라고 하였으니, 분명히 '子'자인데, 지금 본에는 '萬章'이라고 되어 있다. 이것은 또한 注의 글은 고쳐지지 않았는데, 經文은 잘못 수정된 것이다.

其疏雖稱孫奭作이나 而朱子語錄則謂邵武士人假託이니 蔡季通[1]識其人이라하다 今考宋史邢昺傳하니 稱昺이 於咸平二年에 受詔하여 與杜鎬舒雅孫奭李慕淸崔偓佺等으로 校定周禮儀禮公羊穀梁春秋傳孝經論語爾雅義疏라하고 不云有孟子正義라 涑水紀聞[2]載奭所定著한대 有論語孝經爾雅正義나 亦不(聞)〔云〕[3]有孟子正義라 其不出奭手가 確然可信이라

1) 蔡季通 : 宋나라 建州 建陽 사람 蔡元定(1135~1198)이다. 季通은 그의 字이다. 호는 西山, 諡號는 文節이다. 朱熹의 제자로서 학식이 뛰어나 주희가 四書와 ≪詩傳≫, ≪易傳≫, ≪資治通鑑綱目≫에 注를 달 때 모두 그와 의논하였다. ≪律呂新書≫, ≪西山公集≫ 등의 저서가 있다.
2) 涑水紀聞 : 宋나라 때의 문신이자 학자인 司馬光(1019~1086)이 지은 역사서이다. 宋太祖부터 神宗 때까지 사대부들의 雜事 및 逸事를 기록하였다. 모두 16권이다.
3) (聞)〔云〕 : 저본에는 '聞'으로 되어 있으나, 四庫全書本에 의거하여 '云'으로 바로잡았다.

그 疏가 비록 孫奭이 지은 것이라고 말하지만, ≪朱子語錄≫에서는 "邵武의 어느 士人이 假託한 것으로, 蔡季通이 그 사람을 안다."라고 하였다. 지금 ≪宋史≫ 〈邢昺傳〉을 상고하니 "邢昺이 咸平 2년(999)에 詔書를 받들어 杜鎬, 舒雅, 孫奭, 李慕淸, 崔偓佺 등과 ≪周禮≫, ≪儀禮≫, ≪春秋公羊傳≫, ≪春秋穀梁傳≫, ≪孝經≫, ≪論語≫, ≪爾雅≫의 義疏를 校定했다."라고 하였고, ≪孟子正義≫가 있다고 언급하지 않았다. ≪涑水記聞≫에는 孫奭이 저술한 책으로 ≪論語正義≫, ≪孝經正義≫, ≪爾雅正義≫가 있다고 기록하였으나, 역시 ≪孟子正義≫가 있다고 하지 않았으니, 孫奭의 손에서 나온 책이 아니라는 사실을 확실히 믿을 수 있다.

其疏는 皆敷衍語氣니 如鄕塾講章이라 故朱子語錄謂 其全不似疏體라 不曾解出名物制度하고 只繞纏趙岐之說이라하니라 至岐注好用古事爲比러니 疏多不得其根據라 如注謂非禮之禮는 若陳質娶妻而長拜之요 非義之義는 若藉交報讐[1]라한대 此誠不得其出典이라 －案藉交報讐以謂藉交游之力以報讐니 如朱家郭解[2]요 非有人姓藉名交也라 疑不能明하니 謹附識於此라－

至於單豹養其內而虎食其外[3)]하여는 事出莊子어늘 亦不能擧하니 則弇陋太甚이라 朱彝尊經義考에 摘其欲見西施者人輸金錢一文事에 詭稱史記[4)]라 今考注에 以尾生으로 爲不虞之譽하고 以陳不瞻으로 爲求全之毁[5)]러니 疏亦竝稱史記라 尾生事는 實見莊子하고 陳不瞻事는 實見說苑하니 －案說苑하니 作陳不占이라 蓋古字同音이니 假借라－ 皆史記所無라 如斯之類는 益影撰無稽矣나 以久列學官이니 姑仍舊本하여 錄之爾라

1) 非禮之禮……若藉交報讐 : 〈離婁 下〉 제6장에 "禮가 아닌 禮와 義가 아닌 義를 大人은 하지 않는다.〔非禮之禮 非義之義 大人弗爲〕"라고 한 것과 그에 대한 注를 가리킨다.

2) 朱家郭解 : 朱家는 秦漢 교체기의 俠客이다. 季布가 漢 高祖에게 쫓길 때 머리를 깎고 목에 칼을 써 죄인처럼 위장하여 朱家에게 팔려 갔는데, 朱家가 그 사람됨을 알고는 잘 대우해주고 벼슬길까지 열어주었다고 한다.(≪史記≫ 권100 〈季布列傳〉)

郭解는 漢 武帝 때의 俠客이다. 豪俠을 좋아하여 증오하는 사람은 반드시 죽였는데 뒤에 행실을 고쳐 사람들의 존경을 받았다. 그 뒤 자신의 門客이 郭解를 욕하는 儒生을 살해하는 일이 발생했는데, 곽해는 그 일과 관련이 없었으나 국법을 확립해야 한다는 조정의 논의에 따라 大逆無道罪로 처형되었다.(≪漢書≫ 권92 〈游俠傳〉)

3) 單豹養其內而虎食其外 : 〈盡心 下〉 제35장에 "마음을 기르는 데 욕심을 적게 하는 것보다 좋은 것은 없다. 사람이 욕심이 적다면 비록 목숨을 보존하지 못하는 자가 있더라도 적을 것이다.〔養心莫善於寡欲 其爲人也寡欲 雖有不存焉者 寡矣〕"라고 한 것에 대한 注에 "비록 욕심이 적은데도 죽는 자라는 것은 不意의 재앙을 당한 경우로, 예를 들면 單豹가 자신의 정신을 수양하였으나 호랑이가 그의 신체를 잡아먹은 경우이다. 하지만 그런 경우는 또한 적다."라고 하였다.

單豹는 ≪莊子≫ 〈達生〉에 나오는 인물이다. 田開之란 사람이 周 威公에게 "내가 스승에게서 들으니, 양생을 잘하는 사람은 羊을 치는 것과 같이 하여 그 뒤처진 놈을 보고 채찍질을 가한다고 하였습니다."라고 하자, 威公이 그 까닭을 물었다. 田開之가 대답하기를 "魯나라에는 單豹란 자가 있어 바위굴에 은거하면서 물만 마시고 속세의 이끗을 다투지 않았습니다. 나이가 칠십이 되어도 마치 어린애 같았는데, 불행히 굶주린 호랑이를 만나서 호랑이가 그를 잡아먹었습니다. 또 張毅라는 사람은 부잣집이나 가난한 집을 두루 쫓아다니며 〈名利를 얻기에 급급했는데,〉 그는 나이 사십에 속으로 열병이 나서 죽었습니다. 그러고 보면 單豹는 내면의 정신만 기름으로써 호랑이가 외면의 몸뚱이를 잡아먹었고, 장의는 외면의 몸뚱이만 기름으로써 열병이 내면을 침범한 것이니, 이 두 사람은 모두 그 뒤처진 놈을 채찍질하지 못한 것입니다.〔魯有單豹者 巖居而水飮 不與民共利 行年七十而猶有嬰兒之色 不幸遇餓虎 餓虎殺而食之 有張毅者 高門縣薄無不走也 行年四十而有內熱之病以死 豹養其內 而虎食其外 毅養其外 而病攻其內 此二子者 皆不鞭其後者也〕"라고 하였다.

4) 朱彝尊經義考……詭稱史記 : 〈離婁 下〉 제25장에 "西子가 불결한 것을 뒤집어쓰고 있으면, 사람들이 모두 코를 막고 지나간다.〔西子蒙不潔 則人皆掩鼻而過之〕"라고 하였고, 그 注에 "西子는 옛날의 미녀 西施이다."라고 하였는데, 疏에는 "≪史記≫에 '西施는 越나라의 미녀이다. 越王 句踐이 吳王에게 바치니, 夫差가 매우 총애하였다. 시장에 들어갈 때마다 보기를 원하는 사람은 먼저 金錢 1文을 바쳐야 했다.'라고 하였으니, 이 사람이 西施이다."라고 하였다. 이에 대해 朱彛尊(1629~1709)의 ≪經義考≫에는 "≪史記≫를 상고하니 전혀 이런 내용이 없으니, 무엇을 근거했는지 알 수 없다. 朱子가 ≪孟子正義≫는 邵武의 士人이 지은 것이라고 하였으므로 의심할 만한 점이 있는 듯하고, ≪孟子音義≫의 충실함만 못하다."라고 하였다.
   朱彝尊은 明末淸初의 문신이자 학자로 字는 錫鬯, 號는 竹坨이다. 康熙 18년(1679) 博學鴻詞科에 선발되어 翰林院 檢討에 제수되었으며, ≪明史≫ 편찬에 참여하였다. 古學에 정통하여 金石考證 및 古文詩詞에 밝았다. ≪經義考≫는 歷代의 經義를 고증하고 책마다 앞에 撰者의 이름과 卷數를 기록하고, 다음에는 存, 闕, 佚, 未見으로 列記했으며, 그 다음에는 原書의 序跋과 諸儒들의 논설을 싣고, 자신이 고증한 것을 맨 뒤에 붙였다. 經籍을 고증한 문헌 중에 뛰어난 저작으로 평가를 받는다.
5) 以尾生……爲求全之毁 : 〈離婁 上〉 제21장에 "예상하지 못한 칭찬이 있으며, 완전함을 구하다가 받는 비방이 있다.〔有不虞之譽 有求全之毁〕"라고 하였는데, 그 注에 "時勢를 예상하지 못하고서도 명예를 얻은 경우가 있다. 예를 들면 尾生이 어떤 女人과 다리 아래에서 만나기로 약속했는데, 洪水가 갑자기 닥칠 것이라 생각하지 못하다가 마침내 물에 빠져 죽음으로써 信義를 지켰다는 칭찬을 얻은 경우이다. 완전함을 구하다가 받는 비방은 陳不瞻이 군주가 당한 戰亂에 달려가려고 하였으나 징과 북소리를 듣고는 넋이 빠져 죽은 것으로, 절개를 온전히 지키려고 하였으나 도리어 怯弱하다는 비방을 받게 된 경우이다."라고 하였다. 尾生의 고사는 ≪莊子≫ 〈盜跖〉에 나오고, 陳不瞻(陳不占)의 고사는 ≪新序≫ 권8 〈義勇〉에 나온다. 본 提要에서 陳不瞻의 고사가 ≪說苑≫에 보인다고 한 것은 착오로 보인다.

그 疏의 내용은 모두 敷衍하는 말투로 마치 시골 서당의 講義와 비슷하다. 그래서 ≪朱子語錄≫에서는 "전혀 疏의 文體 같지 않다. 名物과 制度를 해설하지 않은 채 단지 趙岐의 說에 매여 있을 뿐이다."라고 하였다. 趙岐의 注는 古事를 용례로 삼는 것을 좋아했는데, 疏에서 대부분 그 근거를 밝히지 못하였다. 이를테면 注에서 "禮가 아닌 禮는 陳質이 장가를 들었는데, 妻의 나이가 더 많으니 처에게 절을 한 것 같은 경우이고, 義가 아닌 義는 交遊의 힘을 빌려 원수를 갚은 것 같은 경우이다."라고 한 것은 정말 그 出典을 찾을 수 없다. - 상고하건대, '藉交報讐'는 交遊의 힘을 빌려 원수를 갚은 것을 일컫는 말로,

朱家나 郭解와 같은 경우이지, 姓이 藉이고 이름이 交인 사람이 있는 것이 아니다. 의문을 해결할 수 없으므로 조심스레 여기에 붙여 기록한다. - 하지만 單豹가 내면의 정신을 수양하였으나 호랑이가 외면의 몸뚱이를 잡아먹은 고사는 ≪莊子≫에 나오는데, 이 역시 근거를 들지 못하였으니, 식견이 너무나 좁았던 것이다.

朱彝尊의 ≪經義考≫에는 〈疏에서〉 "西施를 보려고 하는 사람은 金錢 1文을 내어야 했다."는 고사가 ≪史記≫에 나오는 것으로 잘못 말한 것을 지적하였다. 지금 상고하니, 注에서 尾生을 '예상하지 못한 칭찬〔不虞之譽〕'의 사례로 삼고, 陳不瞻을 '완전함을 구하다 받는 비방〔求全之毁〕'의 사례로 삼았는데, 疏에서는 이 또한 모두 ≪史記≫를 출전이라고 하였다. 하지만 尾生의 일은 실제 ≪莊子≫에 보이고 陳不瞻의 일은 실제 ≪說苑≫에 보이니, - 상고하건대 ≪說苑≫에는 '陳不占'이라고 되어 있다. 古字가 同音이므로 假借한 듯하다. - 모두 ≪史記≫에 없는 고사이다. 이와 같은 부류는 더욱이 날조하여 지은 근거가 없는 것이라 하겠으나, 學官에서 오랫동안 쓰였으니 우선 舊本 그대로 기록한다.

孟子正義序

朝散大夫尙書兵部郎中充龍圖閣待制知通進銀臺司兼(曰)〔門〕[1]下封駁事兼判國子監上護軍賜紫金魚袋臣孫奭撰

1) (曰)〔門〕: 저본에는 '曰'로 되어 있으나, 嘉靖本·汲古閣本에 의거하여 '門'으로 바로잡았다.

朝散大夫 尙書兵部郎中 充龍圖閣待制 知通進銀臺司 兼門下封駁事 兼判國子監 上護軍 賜紫金魚袋 臣 孫奭이 撰함.

夫總群聖之道者는 莫大乎六經이요 紹六經之敎者는 莫尙乎孟子라 自昔仲尼旣沒로 戰國初興에 至化陵遲하고 異端竝作이라 儀衍[1]은 肆其詭辯하고 楊墨[2]은 飾其淫辭하여 遂致王公納其謀以紛亂於上하고 學者循其踵以蔽惑於下하니 猶洚水懷山하여 時盡昏墊이라 繁蕪塞路를 孰可芟夷리오

1) 儀衍 : 전국시대의 縱橫家인 張儀와 公孫衍을 가리킨다. 張儀는 6國의 合從을 깨뜨리고 秦나라가 6國과 각기 동맹을 맺는 連橫說을 관철시켰다. 公孫衍은 6國이 힘을 합쳐 秦나라에 대항하자는 合從說을 주장하였다.
2) 楊墨 : 전국시대 사상가인 楊朱와 墨翟이다. 楊朱는 魏나라 출신으로, 字는 子居이다. 맹자가 "털 하나를 뽑아 온 천하가 이롭게 된다 하더라도 하지 않는다."라고 비판한 爲我說을 주장하였다. 개인주의자이며 쾌락주의자라는 평가를 받았다. 墨翟은 魯나라 출신으로, 원래 孔子의 가르침을 따르던 유학자였으나 유교가 儀禮를 지나치게 강조하고 종교적 가르침을 소홀히 한다고 생각하여 독자적인 길을 걷게 되었다. 유교의 繁禮厚葬을 반대하고, 보편적 사랑인 兼愛를 강조하였으며 전쟁을 반대하는 평화주의를 견지하였다.

뭇 聖人의 道를 총괄한 것으로는 六經보다 훌륭한 것이 없고, 六經의 가르침을 계승한 분으로는 맹자보다 뛰어난 분이 없습니다. 옛날 仲尼께서 세상을 떠나신 뒤로 戰國

시대가 처음 시작되었을 때 지극한 教化가 허물어지고 異端이 함께 일어났습니다. 張儀와 公孫衍이 거짓 변론을 자행하고 楊朱와 墨翟이 황당한 말을 꾸며대자, 마침내 王公들은 그들의 계략을 수용하여 위에서 혼란하고, 학자들은 그들의 발자취를 따라 아래에서 미혹되는 지경에 이르렀으니, 마치 洪水가 산을 삼키자 당시 사람들이 다 물에 빠진 것과도 같았습니다. 무성한 잡초가 길을 막고 있는 듯했으니, 누가 베어낼 수 있었습니까?

惟孟子挺名世之才하여 秉先覺之志하니 拔邪樹正하고 高行厲辭라 導王化之源하여 以救時弊하고 開聖人之道하여 以斷群疑라 其言은 精而贍하고 其旨는 淵而通하니 致仲尼之教는 獨尊於千古라 非聖賢之倫이면 安能至於此乎아

오직 맹자께서 세상의 이름난 인재 가운데 빼어나 先覺者의 뜻을 지녔으니, 不正한 것을 뽑아버리고 正道를 세웠으며, 행실을 고상하게 하고 말을 가다듬었습니다. 王化의 근원을 이끌어 時弊를 구제하였고, 聖人의 道를 열어 대중의 의혹을 끊었습니다. 그 말은 정밀하면서도 넉넉했고 그 뜻은 깊고도 通暢했으니, 仲尼의 가르침을 실천한 점에서는 홀로 千古에 우뚝하였습니다. 聖賢의 무리가 아니라면 어떻게 이러한 경지에 이를 수 있겠습니까.

其書가 由炎漢[1]之後로 盛傳於世하니 爲之注者는 則有趙岐陸善經[2]하고 爲之音〔者〕[3]는 則有張鎰[4]丁公著라[5] 自陸善經已降으로 其所訓說이 雖小有異同이나 而共宗趙氏라 惟是音釋二家撰錄은 俱未精當이니 張氏則徒分章句요 漏落頗多하고 丁氏則稍識指歸나 僞謬時有하니 若非(再加)[6]刊正이면 詎可通行이리오

1) 炎漢 : 漢나라가 스스로 火德으로 왕이 되었다고 여겼으므로 이렇게 불렸다.

2) 陸善經 : 唐나라 때의 학자이다. 經史에 博通하였다. 玄宗 연간에 蕭嵩의 천거로 集賢院에 들어가 國史를 편찬했다. 뒤에 集賢院 直學士가 되어 ≪唐六典≫을 편찬했으며, ≪周易≫, ≪三禮≫, ≪春秋三傳≫, ≪論語≫, ≪孟子≫, ≪列子≫, ≪古文尚書≫ 등에 注를 달았다. 뒤에 集賢院 學士, 國子 司業 등을 역임했다. 저서로 ≪古今同姓名錄≫이 있다.

3) 〔者〕: 저본에는 없으나, ≪孟子音義≫ 〈序〉에 의거하여 '者'를 보충하였다.(阮元의 〈校勘記〉 참조)

4) 張鎰 : ?~781. 字는 季權・公度이고, 吳郡 昆山 사람이다. 蔭補로 관직에 올라 濠州

刺史, 汴滑節度使, 中書侍郎, 同中書門下平章事 등을 역임하였다. 저술로 ≪三禮圖≫, ≪五經微旨≫, ≪孟子音義≫가 있다.

5) 丁公著 : 762~826. 字는 平子이고, 江蘇 蘇州 사람이다. 3세에 모친을 잃고 어려서부터 학문에 정진하여 21세에 五經으로 及第하였다. 集賢殿 直學士, 浙江西道都團練觀察使, 吏部尙書 등을 역임하였다. 저술로 ≪皇太子諸王訓≫, ≪禮志≫, ≪孟子手音≫ 등이 있다.

6) (再加) : 저본에는 있으나, ≪孟子音義≫ 〈序〉에 의거하여 衍文으로 처리하였다.(阮元의 〈校勘記〉 참조)

그 책이 炎漢 이후로 세상에 성대하게 전해져서 注를 지은 사람으로는 趙岐와 陸善經이 있었고, 音釋을 지은 사람으로는 張鎰과 丁公著가 있었습니다. 陸善經 이후로는 의미를 해설한 것이 비록 조금은 차이가 있을지라도 모두 趙氏를 宗主로 삼았는데, 오직 音釋을 지은 두 사람의 撰述만은 모두 정밀하고 합당하지 않았습니다. 張氏는 한낱 章句를 나누었을 뿐 누락된 것이 꽤 많았고 丁氏는 조금 방향을 알았으나 잘못된 것이 때로 있었으니, 바로잡지 않는다면 어떻게 세상에 유통될 수 있겠습니까.

臣奭前奉勅하여 與同判國子監王旭 國子監直講馬龜符 國子監說書吳易直馮元等으로 作音義二卷하여 已經進呈이라 今에 輒罄淺聞하여 隨趙氏所說하고 仰效先儒釋經하여 爲之正義라 凡理有所滯와 事有所遺는 質諸經訓하여 與之增明이라 雖仰測至言이나 莫窮於奧妙니 而廣傳博識하여 更俟於發揮라 謹上하노이다

臣 孫奭이 이전에 勅命을 받들어 同判國子監 王旭, 國子監直講 馬龜符, 國子監說書 吳易直·馮元 등과 ≪孟子音義≫ 2권을 지어 이미 진상한 바 있습니다. 지금 문득 저의 보잘것없는 식견을 다하여 趙氏가 설명한 것을 따르고 先儒들이 經을 해석한 것을 본받아 ≪孟子正義≫를 지었습니다. 무릇 이치가 통하지 않는 것이 있거나 사실이 빠진 것이 있으면 經의 해설과 비교하여 바로잡아 더욱 의미를 밝혔습니다. 비록 지극한 말을 헤아려보기는 하였으나 오묘한 뜻은 궁구하지 못하였으니, 博識한 자에게 널리 전하여 오묘한 뜻을 천명할 수 있기를 다시 기다립니다. 삼가 아룁니다.

孟子注疏題辭解

題辭解

【疏】正義曰：案史記云"孟軻, 受業子思門人[1]. 道既通, 所(干)〔如〕[2]者不合, 退與萬章之徒序詩・書, 述仲尼之意, 作孟子七篇."[3] 至嬴秦[4]焚書坑儒, 孟子之徒黨自是盡矣. 其七篇書號爲諸子, 故篇籍得不泯絶. 漢興, 高皇未遑庠序[5]之事, 孝惠雖除挾書之律[6], 然而公卿皆武力功臣, 亦莫以爲意. 及孝文皇帝廣遊學之路, 天下衆書往往稍出, 由是論語・孟子・孝經・爾雅皆置博士, 當時乃有劉歆九種孟子凡十一篇[7]. 炎漢之後, 盛傳於世, 爲之注者, 西京趙岐[8]出焉. 至于李唐, 又有陸善經出焉. 自陸善經已降, 其所訓說雖小有異同, 而咸歸宗於趙氏. 隋志云"趙岐注孟子十四卷, 又有鄭(亢)〔玄〕[9]注孟子七卷, 在梁時又有綦毋邃孟子九卷."[10] 唐書藝文志又云"孟子注凡四家, 有三十五卷."[11] 至于皇朝崇文總目[12], 孟子獨存趙岐注十四卷・唐陸善經注孟子七卷, 凡二家二十一卷. 今校定仍據趙注爲本. 今以爲主題辭者, 趙岐謂此書孟子之所作, 所以題號孟子之書, 其題辭爲孟子而作, 故曰'孟子題辭'.

1) 受業子思門人：子思는 孔子의 손자 孔伋이다. 아래 趙岐의 〈題辭〉에는 맹자가 子思에게 직접 배운 것으로 되어 있어 자사의 문인에게 수업하였다는 ≪史記≫의 기록과 다르다.

2) (干)〔如〕: 저본에는 '干'으로 되어 있으나, ≪史記≫ 〈孟子列傳〉에 의거하여 '如'로 바로잡았다.

3) 史記云……作孟子七篇：≪史記≫ 권74 〈孟子列傳〉에는 다음과 같이 되어 있다. "孟軻는 騶나라 사람이다. 子思의 門人에게 수업하였다. 道를 이미 통한 뒤에, 齊 宣王에게 가서 섬겼으나 宣王이 제대로 등용하지 못하였고, 梁나라에 갔으나 梁 惠王도 그가 말한 것을 실행하지 못하였으니, 迂闊하여 實情에 맞지 않다고 여겨진 것이었다. 당시에 秦나라는 商君을 등용하여 富國强兵하게 되었고, 楚나라와 魏나라는 吳起를 등용하여 전쟁에서 승리하여 敵을 약하게 만들었으며, 齊나라에서는 威王과 宣王이 孫子와 田忌의 무리를 등용하자 제후들이 동쪽을 바라보고 齊나라에 조회하였다. 천하가 바야

흐로 合從과 連橫에 힘을 써서 攻伐하는 것을 훌륭한 일로 여겼는데, 맹가가 이에 唐虞와 三代의 德을 말하니, 이로 인해 가는 곳마다 뜻이 맞지 않았다. 마침내 물러나 萬章 등 門徒들과 함께 ≪詩經≫과 ≪書經≫을 정리하고 仲尼의 뜻을 계승하여 ≪孟子≫ 7편을 지었다.〔孟軻 騶人也 受業子思之門人 道旣通 遊事齊宣王 宣王不能用 適梁 梁惠王不果所言 則見以爲迂遠而闊於事情 當是之時 秦用商君 富國强兵 楚魏用吳起 戰勝弱敵 齊威王宣王用孫子田忌之徒 而諸侯東面朝齊 天下方務於合從連衡 以攻伐爲賢 而孟軻乃述唐虞三代之德 是以所如者不合 退而與萬章之徒序詩書 述仲尼之意 作孟子七篇〕"

4) 嬴秦 : 秦나라 군주의 姓이 嬴이므로 秦나라를 '嬴秦'이라고 불렀다.

5) 庠序 : 고대에 지방 학교를 이르는 말로 殷나라에서는 序라 하였고 周나라에서는 庠이라고 하였다. 여기서는 교육이라는 의미이다.

6) 挾書之律 : 秦 始皇이 李斯의 건의에 따라 ≪詩經≫, ≪書經≫ 및 百家의 서적을 사사로이 소장하는 것을 금지한 법령이다. 漢 惠帝 4년(B.C. 191)에 이르러 폐지되었다.

7) 劉歆九種孟子凡十一篇 : 漢나라 때의 劉歆(B.C. 52~A.D. 23)이 皇室 圖書를 정리하여 그 目錄인 ≪七略≫을 지었는데, 圖書를 六藝略, 諸子略, 詩賦略, 兵書略, 術數略, 方技略으로 분류하고, 六藝略에는 ≪易≫, ≪詩≫, ≪書≫, ≪禮≫, ≪樂≫, ≪春秋≫, ≪論語≫, ≪孝經≫ 및 小學의 9種을 著錄하였다. 疏에서 말한 '九種'은 이것을 가리키는 듯하다. 하지만 이후에 散佚되어 버린 ≪七略≫의 체재를 그대로 계승한 ≪漢書≫ 〈藝文志〉에는 ≪孟子≫가 諸子略 儒家에 수록되어 있는 점을 근거할 때, 疏에서 '九種'에 ≪孟子≫가 있었다고 한 것은 착오로 보인다.

8) 西京趙岐 : 東漢의 수도 洛陽에 대칭하여 西漢의 수도 長安을 가리키는 말이다. 趙岐는 京兆 長陵 출신인데, 長安이 바로 京兆이므로 '西京의 趙岐'라고 호칭한 것이다.

9) (亢)〔玄〕 : 저본에는 '亢'으로 되어 있으나, ≪隋書≫ 〈經籍志〉에 의거하여 '玄'으로 바로잡았다.

10) 隋志云……在梁時又有綦毋邃孟子九卷 : ≪隋書≫ 卷34 〈經籍志〉에는 다음과 같이 되어 있다. "≪孟子≫ 14卷 齊卿 孟軻 撰, 趙岐 注. ≪孟子≫ 7卷 鄭玄 注. ≪孟子≫ 7卷 劉熙 注. 梁나라 때 綦毋邃가 撰한 ≪孟子≫ 9卷이 있었으나 망실됨.〔孟子十四卷齊卿孟軻撰趙岐注 孟子七卷鄭玄注 孟子七卷劉熙注 梁有孟子九卷綦毋邃撰亡〕"

11) 唐書藝文志又云……有三十五卷 : ≪新唐書≫ 卷59 〈藝文志〉에는 다음과 같이 되어 있다. "趙岐 注 ≪孟子≫ 14卷【孟軻】. 劉熙 注 ≪孟子≫ 7卷. 鄭玄 注 ≪孟子≫ 7卷. 綦毋邃 注 ≪孟子≫ 7卷.〔趙岐注孟子十四卷【孟子】劉熙注孟子七卷 鄭玄注孟子七卷 綦母邃注孟子七卷〕"

12) 崇文總目 : 宋 仁宗이 王堯臣, 歐陽脩 등에게 명하여 편찬하게 한 官藏目錄이다. 宮中의 昭文館, 史館, 集賢館, 秘閣 도서를 모아 편찬하였다. 분량은 66卷이다. 도서를 4部로 분류하여 3,445種 30,669卷을 수록하였다.

正義曰 : ≪史記≫에 "孟軻는 子思의 門人에게 수업하였다. 道를 이미 통한 뒤에 가는 곳마다 제후들과 뜻이 맞지 않자 물러나 萬章 등 門徒들과 함께 ≪詩經≫과 ≪書經≫을 정리하고 仲尼의 뜻을 계승하여 ≪孟子≫ 7편을 지었다."라고 하였다.

嬴秦에 이르러 책을 불사르고 학자를 땅에 묻자 맹자학파의 門徒들이 이로부터 사라졌는데, ≪孟子≫ 7편은 諸子에 속하는 책이라 하여 篇籍이 사라지지 않을 수 있었다. 漢나라가 건국된 뒤로는, 高皇帝는 庠序의 일에는 신경 쓸 겨를이 없었고, 孝惠帝 때에 비록 挾書律을 없앴다지만 公卿들이 모두 武力을 쓰는 功臣들이었으므로 또한 뜻을 둔 이가 없었다. 孝文皇帝 때에 이르러 遊學의 길을 넓히니, 천하의 많은 책들이 여기저기서 차츰 세상에 나오기 시작했다. 이로 말미암아 ≪論語≫, ≪孟子≫, ≪孝經≫, ≪爾雅≫에 모두 博士를 두었다. 당시 劉歆의 九種에 ≪孟子≫ 총 11편이 있었다.

炎漢 이후로 세상에 성대히 전해지니 注를 지은 사람으로, 西京의 趙岐가 배출되었고, 李唐에 이르러서 다시 陸善經이 배출되었다. 陸善經 이후로는 의미를 해설한 것이 비록 조금은 차이가 있을지라도 모두 趙氏를 宗主로 삼았다. ≪隋書≫ 〈經籍志〉에는 "趙岐 注 ≪孟子≫ 14권이 있고, 또 鄭玄 注 ≪孟子≫ 7권이 있으며, 梁나라 때에 다시 綦毋邃의 ≪孟子≫ 9권이 있다."라고 하였다. ≪唐書≫ 〈藝文志〉에는 "≪孟子≫ 注를 낸 사람이 모두 4家이고, 35권이 있다."라고 하였다. 皇朝의 ≪崇文總目≫에 이르면, ≪孟子≫는 趙岐가 注를 단 14권과 唐나라 陸善經이 注를 단 ≪孟子≫ 7권만 남았으니, 총 2家 21卷이다. 지금 이 책의 校定은 趙岐 注를 근거하여 底本을 삼았다. 지금 생각건대, '題辭'라고 주장한 것은 趙岐가 이 책이 맹자가 지은 것이라 여겼기 때문에 ≪孟子≫라는 책에 題號한 것이고, 그 題辭는 ≪孟子≫를 위해 지은 것이므로 '孟子題辭'라고 한 것이다.

孟子題辭者는 所以題號孟子之書니 本末指義文辭之表也라

〈孟子題辭〉라는 것은 ≪孟子≫라는 책에 題號한 것이니, 이 책의 本末, 意義, 文辭를 드러낸 글이다.

【疏】 '孟子'至'表也' ○ 正義曰 : 此敍孟子題辭爲孟子書之序也. 張鎰釋云 "孟子題辭卽序也. 趙注尙異, 故不謂之序而謂之題辭."

〔孟子〕에서 〔表也〕까지

○ 正義曰 : 이것은 〈孟子題辭〉가 ≪孟子≫ 책의 서문이 됨을 서술한 것이다. 張鎰은 音釋에서 "〈孟子題辭〉는 서문이다. 趙岐의 注는 기이한 것을 숭상하였으므로 '序'라고 부르지 않고 '題辭'라고 부른 것이다."라고 하였다.

孟은 姓也라

孟은 성이다.

【疏】 正義曰 : 此敍孟氏之所自也. 案魯史, 桓公之後, 桓公適子莊公爲君, 庶子公子慶父・公子叔牙・公子季友. 仲孫是慶父之後, 叔孫是叔牙之後, 季孫是季友之後. 其後子孫皆以仲・叔・季爲氏. 至仲孫氏後世, 改仲曰孟. 又云, 孟, 庶長之稱也. 言己是庶, 不敢與莊公爲伯・仲・叔・季之次, 故取庶長爲始也. 又定公六年有"仲孫何忌如晉", 左傳卽曰"孟懿子往",[1] 是孟氏爲仲孫氏之後改孟也.

1) 定公六年有仲孫何忌如晉 左傳卽曰孟懿子往 : ≪春秋≫ 定公 6년의 經에 "여름에 季孫斯와 仲孫何忌가 晉나라에 갔다.〔夏 季孫斯仲孫何忌如晉〕"라고 한 것과, 그에 대한 左丘明의 傳에 "陽虎가 강제로 孟懿子를 보내어 晉定公의 夫人에게 報答의 幣帛을 올리게 하였다.〔陽虎强使孟懿子往報夫人之幣〕"라고 한 것을 가리킨다. 孟懿子의 본래 이름이 仲孫何忌이다.

正義曰 : 이것은 孟氏의 根源을 서술한 것이다. 魯나라 역사를 상고하건대, 桓公 이후에 桓公의 適子인 莊公이 군주가 되었고, 庶子로는 公子 慶父・公子 叔牙・公子 季友가 있었다. 仲孫은 慶父의 후손이고, 叔孫은 叔牙의 후손이고, 季孫은 季友의 후손이다. 그 뒤로 자손들이 모두 仲・叔・季로 氏를 삼았다. 仲孫氏의 후대에 이르러 仲을 고쳐 孟이라 하였다. 또 말하기를, 孟은 庶子 중에 맏이를 일컫는 말이다. 자신이 庶族이었으므로 감히 莊公과 함께 伯・仲・叔・季의 차례를 쓸 수 없었다. 그러므로 庶子 중에 맏이를 일컫는 호칭을 취해 처음을 삼은 것이다. 또 定公 6년에 "仲孫何忌가 晉나라에 갔다."라고 하였는데, 左氏의 傳에는 "孟懿子가 갔다."라고 했으니, 孟氏는 仲孫氏가 나중에 孟으로 고친 것이다.

子者는 男子之通稱也라

'子'라는 것은 남자의 通稱이다.

【疏】 正義曰：此敍凡稱子之例也. 案經傳, 凡敵者相謂皆言吾子, 或直言子, 稱師亦曰子. 是子者, 男子有德之通稱也. 公羊傳云'子沈子曰', 何休[1]云"沈子稱子冠氏上者, 著其爲師也. 不但言'子曰'者, 辟孔子也". 然則後人稱先師, 則以子冠氏上, 所以明其爲師也. 如子公羊子・子沈子之類是也. 凡書傳直言'子曰'者, 皆指孔子, 以其師範來世, 人盡知之, 故不必言氏也. 孟軻有德, 亦足以師範來世, 宜其以氏冠子, 使後人知之. 非獨云有孔子, 又有孟子稱爲子焉.

1) 何休：129~182. 後漢 말기의 학자로 字는 邵公이며, 벼슬은 諫議大夫를 지냈다. 학문이 깊어 六經을 정밀히 연구하였으며 특히 ≪春秋公羊傳≫을 깊이 연구하여 ≪春秋公羊傳解詁≫를 저술하였다.

正義曰：이것은 무릇 '子'를 칭한 사례를 서술한 것이다. 經傳을 상고하건대, 무릇 지위가 대등한 자가 서로를 일컬을 때 모두 '吾子'라고 하거나 혹은 바로 '子'라고 한다. 스승을 부를 때도 '子'라고 한다. '子'라는 것은 남자로서 德이 있는 사람에 대한 通稱이다. ≪春秋公羊傳≫에 '子沈子曰'이라고 하였는데, 何休가 말하기를 "沈子에 '子'를 칭하면서 氏 위에 붙인 것은, 그가 스승인 것을 드러낸 것이다. 그냥 '子曰'이라고 하지 않은 것은 孔子를 피휘한 것이다." 하였다. 그렇다면 後人들이 先師를 부를 경우에 '子'를 氏 위에 붙이는 것은 그가 스승이라는 것을 밝힌 것이다. '子公羊子'와 '子沈子' 같은 따위가 그것이다. 무릇 典籍에서 곧바로 '子曰'이라고 한 것은 모두 孔子를 가리킨다. 후세에 師表가 되어 사람들이 모두 그를 지칭한다는 것을 알았기 때문에 氏를 언급할 필요가 없던 것이다. 孟軻는 德이 있어서 또한 충분히 후세에 師表가 될 수 있었으므로 마땅히 氏를 '子' 위에 붙여 후인으로 하여금 그 사실을 알게 해야 했다. 孔子의 사례가 있었을 뿐만 아니라, 孟子도 '子'라고 칭한 사례가 있었던 것이다.

此書는 孟子之所作也라 故總謂之孟子라하니라

이 책은 맹자가 지은 것이다. 그러므로 총칭하여 ≪孟子≫라고 부르는 것이다.

【疏】 正義曰：此敍孟子所作此書, 故總名號爲孟子也. 唐林愼思[1]續孟子書二卷以謂"孟子七篇, 非軻自著, 乃弟子共記其言." 韓愈[2]亦云"孟軻之書, 非軻自著, 軻旣沒, 其徒萬章・公孫丑相與記軻所言焉." 今趙氏爲'孟子之所作, 故總謂之孟子'者, 蓋亦有由爾.

1) 林愼思 : 844~880. 唐나라 때 文人으로, 福州 長樂 사람이다. 자는 虔中이다. 懿宗 咸通 연간에 進士에 급제하고 다시 宏詞科에 합격하였다. 校書郎, 水部郎中 등을 역임하였다. 黃巢가 난을 일으켜 長安에 들어왔을 때 그에게 관직을 주었으나 받지 않고 죽었다. ≪續孟子≫, ≪伸蒙子≫ 등의 저술이 있다.

2) 韓愈 : 768~824. 唐나라 때 文人으로, 자는 退之, 시호는 文이다. 憲宗 때 〈佛骨表〉를 올렸다가 潮州刺史로 좌천되었고, 이어 袁州刺史로 옮겼다. 뒤에 吏部侍郎에 이르렀다. 昌黎伯에 봉해졌고 문장에 뛰어났다. 唐宋八大家의 한 사람이다. 저서에 ≪昌黎集≫이 전한다.

正義曰 : 이것은 맹자가 이 책을 지었으므로 총괄한 명칭을 ≪孟子≫라고 하였음을 서술한 것이다. 唐나라 사람 林愼思가 지은 ≪續孟子≫ 2卷에 "≪孟子≫ 7篇은 孟軻가 스스로 지은 것이 아니라, 제자들이 함께 그의 말을 기록한 것이다."라고 하였다. 韓愈도 "孟軻의 책은 孟軻가 스스로 지은 것이 아니라, 孟軻가 죽은 뒤에 그의 門徒인 萬章과 公孫丑가 서로 함께 孟軻가 말한 것을 기록한 것이다."라고 하였다. 지금 여기서 趙氏가 "맹자가 지은 것이므로 총칭하여 ≪孟子≫라고 부른다."라고 한 것은 아마도 또한 이유가 있을 것이다.

其篇目則各自有名이라

그 편목에는 각기 이름이 있다.

【疏】 正義曰 : 此敍孟子七篇各有名目也. 故梁惠王・公孫丑・滕文公・離婁・萬章・告子・盡心是也.

正義曰 : 이것은 ≪孟子≫ 7篇에 각각 名目이 있음을 서술한 것이다. 〈梁惠王〉, 〈公孫丑〉, 〈滕文公〉, 〈離婁〉, 〈萬章〉, 〈告子〉, 〈盡心〉이 그것이다.

孟子는 **鄒人也**라 **名**은 **軻**이고 **字則未聞也**라 **鄒**는 **本春秋**邾**子之國**이러니 **至孟子時**하여 **改曰鄒矣**라 **國近魯**하니 **後**에 **爲魯所幷**이라 **又言** 邾는 **爲楚所幷**이요 **非魯也**라 **今鄒縣**이 **是也**라하니라

맹자는 鄒나라 사람이다. 이름은 軻이고, 字는 들어보지 못했다. 鄒나라는 본래 춘추시대 邾子의 나라였는데, 맹자 시대에 이르러 鄒로 이름을 바꾸었다. 鄒나라

는 魯나라에 가까워 나중에 魯나라에 병합되었다. 또 누군가는 말하기를, "邾나라는 楚나라에 병합된 것이지, 魯나라에 병합된 것이 아니다. 지금의 鄒縣이 그곳이다."라고 한다.

【疏】正義曰：此敍孟子姓字及所居之國也. 案史記列傳云 "孟軻, 鄒人也", 不紀其字, 故趙氏云"字則未聞"焉. 後世或云 "字子輿". 云'鄒本春秋邾子之國'至'是也'者, 案春秋隱公元年書"公及邾儀父盟于蔑", 杜[1]注云 "邾, 今魯國鄒縣是也". 儀父事齊桓以奬王室, 王命以爲邾子. 說文[2]云 "鄒, 孔子鄕也." 一云 "鄒, 魯附庸之國[3]." 云'國近魯'者, 案左傳哀公七年"公伐邾, 及范門, 猶聞鍾聲". 又曰 '魯擊柝, 聞於邾", 杜注云 "范門, 邾郭門也", 是爲魯所幷. 云'爲楚所幷'者, 案史記云"魯頃公二十四年, 楚考烈王伐滅魯", 是又爲楚所幷.

1) 杜：杜預(224~284)이다. 晉나라 武帝 때의 名將이자 學者로 字는 元凱이다. 鎭南大將軍이 되어 吳나라를 정벌하는 데에 큰 공을 세웠으며, 말년에는 학문에 진력하여 경서에 두루 통달하였다. 특히 ≪春秋左氏傳≫에 밝아 ≪春秋左氏經傳集解≫를 저술하였는데, 十三經注疏 중의 ≪春秋左傳正義≫의 注가 바로 이것이다.
2) 說文：後漢 때 許愼이 편찬한 字典인 ≪說文解字≫이다. 그 당시 통용된 모든 한자 9,353字를 540部로 분류하고, 親字에는 小篆의 字體를 싣고, 그 각 字에 字義와 字形을 설명하였고, 小篆과 字體가 다른 或體字는 重文으로 1,163字를 수록하였다.
3) 附庸之國：春秋戰國시대에 큰 제후국에 복속된 작은 제후국을 附庸國이라고 하였다. ≪孟子≫〈離婁 下〉에 "天子의 제도는 땅의 넓이가 사방 1,000리이고 公과 侯는 모두 사방 100리이고 伯은 70리이고 子와 男은 50리이니, 모두 네 등급이었다. 50리가 못 되는 작은 나라는 직접 天子國에 통할 수가 없어서 인근의 제후국에 붙으니, 이것을 附庸이라 한다.〔天子之制地方千里 公侯皆方百里 伯七十里 子男五十里 凡四等 不能五十里 不達於天子 附於諸侯 曰附庸〕"라고 하였다.

正義曰：이것은 맹자의 姓, 字와 살던 나라를 서술한 것이다. ≪史記≫〈孟子列傳〉에 "孟軻는 鄒나라 사람이다."라고 하였고, 그의 字는 기록하지 않았다. 그러므로 趙氏가 "字는 들어보지 못했다."라고 말한 것이다. 후세에 혹자는 字가 '子輿'라고 하였다.

〔鄒本春秋邾子之國〕에서 〔是也〕까지

≪春秋≫ 隱公 元年에 "公과 邾儀父가 蔑에서 會盟하였다."라고 기록하였는데, 杜預의 注에 "邾는 지금의 魯나라 鄒縣이 이곳이다."라고 하였다. 邾儀父가 齊 桓公을 섬겨 周나

라 王室을 보좌하니 왕이 명하여 邾子로 삼았다. ≪說文解字≫에는 "鄒나라는 孔子의 고향이다."라고 하였고, 一說에는 "鄒나라는 魯나라의 附庸國이다."라고 하였다.

〔國近魯〕 ≪春秋左氏傳≫ 哀公 7년에 "公이 邾나라를 정벌하여 范門에 이르렀을 때 여전히 종소리가 들렸다."라고 하였고, 또 "魯나라 夜警꾼이 치는 딱따기 소리가 邾나라까지 들린다."라고 하였는데, 杜預의 注에 "范門은 邾나라 外郭의 門이다."라고 하였으니, 이것은 魯나라에 병합된 것이다.

〔爲楚所幷〕 ≪史記≫에 "魯 頃公 24년에 楚 考烈王이 魯나라를 정벌하여 멸망시켰다."라고 하였으니, 이것은 다시 楚나라에 병합된 것이다.

或曰 孟子는 **魯公族孟孫之後**라 **故孟子仕於齊**할새 **喪母而歸葬於魯也**라 **三桓**[1]**子孫旣以衰微**하여 **分適他國**이라하니라

1) 三桓 : 魯 桓公에게는 아들이 넷 있었는데, 첫째인 莊公을 제외한 나머지 세 아들을 시조로 하는 仲孫氏, 叔孫氏, 季孫氏가 魯나라의 유력한 大夫 가문이 되었다. 桓公의 아들이기 때문에 이들을 '三桓'이라고 불렀다. 仲孫氏는 成邑, 叔孫氏는 郈邑, 季孫氏는 費邑을 食邑으로 가지고 國權을 전횡하였다.

혹자는 "맹자는 魯나라의 公族 孟孫氏의 후손이다. 그러므로 맹자가 齊나라에 벼슬했을 때 모친상을 당하자 魯나라로 돌아가 장례를 치렀던 것이다. 三桓의 자손들은 이미 쇠미해졌기 때문에 흩어져 다른 나라로 간 것이다."라고 한다.

【疏】'或曰'至'他國' ○ 正義曰：此敍孟子爲魯公族孟孫之後也. 其說在孟姓之段. 云'仕於齊 葬於魯'者, 公孫丑篇之文也. 春秋定公六年"季孫斯・仲孫何忌如晉", 十年"叔孫〔州〕[1]仇如齊", 哀公二十七年"公患三桓之(後)〔侈〕[2], 欲以諸侯去之", 杜預云"欲求諸侯以逐三桓後". 至魯頃公時, 魯遂絶祀. 由是三桓子孫衰微.

1) 〔州〕: 저본에는 '州'가 없으나, ≪春秋≫의 經文에 의거하여 보충하였다.
2) (後)〔侈〕: 저본에는 '後'로 되어 있으나, ≪春秋左氏傳≫의 傳에 의거하여 '侈'로 바로잡았다.

〔或曰〕에서 〔他國〕까지

○ 正義曰 : 이것은 맹자가 魯나라 公族 孟孫氏의 후손임을 서술한 것이다. 그것에 대

한 說은 孟姓을 설명한 단락에 있다.

〔仕於齊 葬於魯〕〈公孫丑〉의 글이다. ≪春秋≫ 定公 6년에 "季孫斯와 仲孫何忌가 晉나라에 갔다."라고 하였고, 10년에 "叔孫州仇가 齊나라에 갔다."라고 하였고, 哀公 27년에 "哀公이 三桓의 威勢를 걱정하여 諸侯를 이용하여 三桓을 제거하고자 하였다."라고 하였는데, 杜預는 "제후들에게 군대를 청하여 三桓의 후손을 축출하려고 한 것이다."라고 하였다. 魯 頃公 때에 이르러 魯나라에서 마침내 제사가 끊겼다. 이로 인해 三桓의 자손들이 쇠미해졌다.

孟子는 **生有淑質**이라 **夙喪其父**하고 **幼被慈母三遷之敎**라 **長師孔子之孫子思**하여 **治儒述之道**하니 **通五經**이로되 **尤長於詩書**라

子思

맹자는 나면서부터 아름다운 자질이 있었다. 일찍이 부친을 여의고 어려서 자애로운 모친의 '三遷之敎'를 입었다. 커서는 孔子의 손자인 子思를 스승으로 섬기며 儒家의 道를 공부하여 五經에 통달하였는데, ≪詩經≫과 ≪尙書≫에 더욱 뛰어났다.

【疏】'孟子'至'詩書' ○ 正義曰：此敍孟子自幼至長之事也. 案史・列女傳[1]云 "孟軻母, 其舍近墓, 孟子少嬉遊爲墓間之事, 孟母曰'此非吾所以處子也', 乃去. 舍市傍, 其嬉戲乃賈人衒賣之事, 又曰'此非吾所以處子也', 復徙. 舍學宮之傍, 其嬉戲乃設俎豆揖遜進退, 孟母曰'此眞可以居吾子矣', 遂居焉. 及孟子旣學而歸, 孟母問學所至, 孟子自若也. 孟母以刀斷機, 曰'子廢學, 若吾斷機'. 孟子懼, 旦夕勤學不息, 師子思, 遂成名儒." 又案史記云 "孟軻受業於子思之門人, 道旣通, 所(干)〔如〕[2]不合, 退與萬章之徒敍詩・書." 故趙氏云 "尤長於詩・書."

1) 列女傳：前漢의 劉向이 중국 上古 시기부터 漢代에 이르기까지 재능이나 절개가 있던 여인들의 언행을 모아 기록한 책이다. ≪古列女傳≫이라고도 부른다. 원래는 7篇

인데, 頌 1篇을 더해 8篇이다. 班固의 누이인 班昭가 注를 달고 7篇을 14篇으로 나누니, 頌 1편을 더하여 총 15篇이 되었다. 原書 7篇의 편명은 〈母儀傳〉, 〈賢明傳〉, 〈仁智傳〉, 〈貞順傳〉, 〈節義傳〉, 〈辯通傳〉, 〈孽嬖傳〉이다. 孟母의 사적은 〈母儀傳〉에 실려 있다.

2) (干)〔如〕: 저본에는 '干'으로 되어 있으나, ≪史記≫ 〈孟子列傳〉에 의거하여 '如'로 바로잡았다.

〔孟子〕에서 〔詩書〕까지

○ 正義曰 : 이것은 맹자가 어려서부터 장성했을 때까지의 일을 서술한 것이다. 살펴보니, 역사와 ≪列女傳≫에 "孟軻의 모친은 집이 묘지에서 가까웠다. 맹자가 어렸을 때 장사 지내는 일을 하면서 즐기고 놀자 孟母가 '이곳은 내가 자식을 기를 곳이 아니다.'라고 하고는 떠났다. 그리고는 시장 옆에 살았는데, 맹자가 즐기며 노는 것이 장사꾼이 물건을 매매하는 일이었다. 孟母가 다시 말하기를 '이곳은 내가 자식을 기를 곳이 아니다.' 하고는 다시 이사하여 學宮 옆에 살았다. 그러자 맹자가 즐기며 노는 것이 祭器를 진설하고 손님을 접대하고 나아가고 물러나는 등의 禮法이었다. 孟母가 '이곳은 참으로 나의 자식을 기를 만한 곳이다.' 하고는 그곳에서 살았다. 맹자가 공부를 마치고 집에 돌아왔을 때 孟母가 학업이 어느 정도 성취되었는지 물어보니, 맹자의 학업이 이전과 다름이 없었다. 그러자 孟母가 칼로 베틀에서 짜던 베를 자르며 '네가 공부를 그만두는 것은 내가 짜던 베를 자르는 것과 같다.'라고 하였다. 맹자는 두려워하며 아침저녁으로 열심히 공부하여 쉬지 않았다. 그리고 子思를 스승으로 섬기더니 마침내 이름난 학자가 되었다."라고 하였다. 또 ≪史記≫에 "孟軻는 子思의 門人에게 수업했다. 道에 통달하고 난 뒤에, 가는 곳마다 제후들과 뜻이 맞지 않자 물러나 萬章 등 門徒들과 함께 ≪詩經≫과 ≪尙書≫를 정리하였다."라고 하였다. 그래서 趙氏가 "≪詩經≫과 ≪尙書≫에 더욱 뛰어났다."라고 한 것이다.

周衰之末에 戰國이 縱橫[1]하여 用兵爭强하여 以相侵奪이라 當世取士에 務先權謀로 以爲上賢이라 先王大道가 陵遲隳廢하고 異端竝起하니 若楊朱墨翟放蕩之言으로 以干時惑衆者非一이라 孟子閔悼堯舜湯文周孔之業이 將遂湮微하고 正塗壅底하고 仁義荒怠하고 佞僞馳騁하고 紅紫亂朱[2]라

1) 縱橫 : 合從策과 連橫策을 가리킨다. 合從策은 蘇秦이 주창한 것으로 趙, 魏, 韓, 燕, 齊,

楚 등 여섯 나라가 남북으로 연합하여 秦나라에 대항하게 한 계책이고, 連橫策은 張儀가 주창한 것으로 앞의 여섯 나라가 서쪽의 秦나라와 동서로 연합하여 秦나라를 섬기게 한 계책이다.

2) 紅紫亂朱 : 間色인 홍색과 자색이 正色인 붉은색을 어지럽힌다는 것으로, 부정한 것이 正道를 어지럽히는 것을 비유한 말이다. ≪論語≫ 〈陽貨〉에 "〈간색인〉 자색이 〈정색인〉 붉은색의 자리를 빼앗는 것을 미워하며, 정나라의 〈음란한〉 음악이 〈바른〉 아악을 문란하게 하는 것을 미워하며, 말만 잘하는 입이 나라를 뒤엎는 것을 미워한다.〔惡紫之奪朱也 惡鄭聲之亂雅樂也 惡利口之覆邦家者〕"라고 한 데서 온 말이다.

周나라가 쇠미해진 말기에 戰國七雄이 合從이니 連橫이니 하며, 군대를 가지고 강함을 다투면서 서로 침탈하였다. 당시에 인재를 취할 때에는 權謀術數를 힘쓰고 우선시하는 자를 뛰어난 인재로 여겼다. 先王들의 大道가 무너지고 異端이 함께 일어나니, 방탕한 言說을 펼치는 楊朱와 墨翟처럼 시대에 영합하고 대중을 현혹시키는 자들이 한둘이 아니었다. 맹자는 堯임금, 舜임금, 湯王, 文王, 周公, 孔子의 업적이 장차 끝내 인멸되어 쇠미해지고, 正道가 막혀버리고, 仁義가 황폐해지고, 아첨하고 위선하는 자들이 得勢하고, 홍색과 자색이 붉은색을 어지럽히는 것을 근심하고 슬퍼하였다.

堯

舜

【疏】'周衰之末'至'亂朱' ○ 正義曰：此敍周衰戰國縱橫之時, 大道陵遲也. 案太史公[1]曰 "秦紀至犬戎敗幽王, 周東遷洛邑. 秦襄公始封爲諸侯, 作西畤, 用事上帝[2], 於是僭端見矣. 自後陪臣[3]執政, 大夫世祿, 六卿分晉[4]. 及田常弑簡公而相齊國[5], 諸侯晏然不討, 海內爭於戰攻, 於是六國盛焉. 其務在强兵幷敵, 謀詐用而縱橫長短之說[6]起. 故秦用商君[7]富國强兵, 楚・魏用吳起[8]戰勝弱敵, 齊威宣王用孫子[9]・田忌[10]之徒而諸侯東面朝齊. 天下於是方務於合縱連横, 以攻伐爲賢, 而楊朱・墨翟以兼愛自爲, 以害仁義. 孟軻乃述唐虞三代之德, 退敍詩・書, 述孔子之意. 當此之時, 念非孟子有哀憫之心, 則堯・舜・湯・文・周・孔之業將遂沈小, 而正道鬱塞, 仁義荒怠, 佞僞竝行, 紅紫亂朱矣. 楊雄[11]云 "古者楊・墨塞路, 孟子辭而闢之." 云'湮微'者, 湮, 沈也, 微, 小也. 云'壅底'者, 言正道鬱塞而不明也. 云'仁義荒蕪'者, 釋名[12]曰 "仁, 忍也, 好生惡殺, 善(惡)[13]含忍也. 義, 宜也, 裁制事物, 使合宜也." 莊子云 "愛(仁)〔人〕[14]利物之謂仁." 楊子[15]云 "事得其宜謂之義." 尙書云"無怠無荒", 孔[16]注云 "迷亂曰荒, 怠, 懈怠也".[17] 云'佞僞馳騁'者, 論語云"仁而不佞", 孔云 "佞, 口辭捷給, 爲人所憎惡者". 說文云 "僞, 詐也." 馳騁, 奔走. 云'紅紫亂朱'者, 論語云"惡紫之奪朱也", 孔注云 "朱, 正色, 紫, 間色". 案皇氏[18]云 "靑・赤・黃・白・黑, 五方正色也. 不正謂五方間色, 綠・紅・碧・紫・騮黃是也. 靑是東方正, 綠是東方間. 東爲木, 木色靑, 木剋土. 土色黃, 竝以所剋爲間. 故綠色, 靑・黃也. 朱是南方正, 紅是南方間. 南爲火, 火色赤, 火剋金. 金色白. 故紅色, 赤・白也. 白是西方正, 碧是西方間. 西爲金, 金色白, 金剋木. 故碧色, 靑・白也. 黑是北方正, 紫是北方間. 北方水, 水色黑, 水剋火. 火色赤. 故紫色, 赤・黑也. 黃是中央正, 騮黃是中央間. 中央土, 土色黃, 土剋水. 水色黑. 故騮黃色, 黃・黑也. 是正間然.

1) 太史公：≪史記≫의 저자 司馬遷(B.C. 145~?)이다. 아버지 司馬談(B.C. 165~B.C. 110)의 뒤를 이어 漢나라의 太史令을 지냈기 때문에 太史公이라고 부른다.

2) 至犬戎敗幽王……用事上帝：周 幽王이 西都인 豐鎬에서 犬戎의 침입으로 시해되자, 平王이 수도를 東都 洛邑으로 옮겼는데, 이때 秦나라 秦仲의 손자 襄公이 군대를 동원하여 平王을 호송하자, 平王은 襄公을 제후로 봉해주었다. 그리고 洛邑으로 遷都가 완료된 뒤에 西都를 비롯한 岐山의 서쪽 땅을 襄公에게 넘겨주었다. 이때부터 진나라는 西周의 정식 제후국이 되었으며, 周나라 왕실은 권위가 낮아져 제후들과 다를 바 없게 되었다. 西畤는 고대에 帝王이 西方을 관장하는 神인 白帝에게 제사를 올리던

장소이다.

3) 陪臣 : 諸侯의 신하가 天子에게 자기를 이르는 말이다. ≪史記≫ 〈齊太公世家〉에 "周나라 上卿으로서 管仲을 예우하려고 하니, 管仲이 머리를 조아리면서 아뢰기를, '신은 陪臣이니 어찌 감히 그렇게 할 수 있겠습니까.〔周欲以上卿禮管仲 管仲頓首曰 臣陪臣 安敢〕' 라고 하였다."라는 말이 나온다. 또 ≪史記≫ 〈曆書〉에 "유왕과 여왕 이후로 주나라 왕실이 쇠미해져 배신이 정권을 잡으니, 역사에 때를 기록하지 않았고 군주가 곡삭의 예를 행하지 않았다. 그러므로 천문을 담당하는 疇人의 자제들이 흩어져 버렸다.〔幽厲之後 周室微 陪臣執政 史不記時 君不告朔 故疇人子弟分散〕"라는 말이 나온다.

4) 六卿分晉 : 春秋시대 말기에 晉나라의 여섯 卿인 范氏, 中行氏, 知氏, 韓氏, 趙氏, 魏氏가 권력을 잡고 國政 전반을 농락하여 晉나라를 敗亡하게 만들었다. 결국 韓氏, 趙氏, 魏氏가 권력 쟁탈전에서 승리하여 晉나라를 나누어 각각 韓나라, 趙나라, 魏나라를 세웠다.

5) 田常弑簡公而相齊國 : 田常은 本名이 田恒인데, 陳나라 출신이므로 陳恒이라고도 한다. 齊나라의 大臣으로, 齊 簡公을 시해하고 平公을 옹립한 뒤에 재상이 되었다. 田常의 증손인 田和 때에 이르러 天子의 승인을 받고서 정식으로 齊나라의 諸侯가 되었는데, 이것이 바로 '田齊'이다.

6) 縱橫長短之說 : 縱橫家의 遊說術인 長短術을 가리킨다. 한편에서는 단점인 것을 가져다 다른 한편에서는 장점으로 활용하는 論辯術이다.

7) 商君 : 衛나라의 公子 公孫鞅(B.C. 395~B.C. 338)이다. 商에 봉해졌으므로 商君, 또는 商鞅이라 불린다. 刑名의 學을 좋아하여 秦 孝公을 섬겨 재상이 되자, 법령을 고쳐 井田法을 없애고 賦稅를 고치는 등 富强策을 써서 치적이 볼 만하였으나, 법이 너무 준엄하고 貴戚과 大臣의 원망을 사서 孝公이 죽은 후 車裂刑을 받았다.

8) 吳起 : B.C. 440~B.C. 381. 전국시대 魏나라 출신의 兵法家로, 吳子라 일컬어진다. 曾子에게 배우고 魯나라 임금을 섬길 때, 齊나라가 魯나라를 침공하자 魯나라는 그를 장군으로 삼으려고 하였으나, 그의 아내가 齊나라 사람이어서 吳起를 신임하지 못하자 아내를 죽여 충성심을 보여서 魯나라 장군이 되었다.

9) 孫子 : 전국시대 齊나라 兵法家인 孫臏을 가리킨다. 일찍이 龐涓과 함께 鬼谷子에게서 兵法을 배웠다. 먼저 魏 惠王에게 발탁되어 장군이 된 龐涓이 孫臏을 시기하여 누명을 씌워 그의 양다리를 자르고 얼굴에 글씨를 새기는 墨刑을 가하였다. 孫臏은 齊나라로 탈출하여 輜車에 누워 군사를 지휘하였고, 급기야는 아궁이 숫자를 줄이는 계책을 써서 龐涓을 馬陵에서 대패시켰다.

10) 田忌 : 전국시대 齊나라의 名將이다. 齊나라로 망명했던 孫臏을 알아보고 발탁하였다. 魏나라와 싸웠던 桂陵과 馬陵 전투에서 主將이 되어 參謀 孫臏과 함께 출전하여 큰 전과를 거두었다.

11) 楊雄 : B.C. 53~B.C. 18. 前漢 때 成都 사람으로, 字는 子雲이다. 문장으로 이름이 났으며, ≪太玄經≫, ≪法言≫, ≪方言≫, ≪訓纂≫ 등의 저서를 남겼다. 前漢 말엽에 成帝를 섬기다가, 뒤에 新나라가 건국되자 大夫가 되었으므로, 후세에 비난을 받기도 하였다.

12) 釋名 : 後漢의 학자 劉熙가 지은 訓詁字書이다. 모두 8권이다. ≪逸雅≫라고도 한다. 釋天, 釋地, 釋山 등 27類로 나누어 기술하였다.

13) (惡) : 저본에는 있으나, ≪釋名≫에 의거하여 衍文으로 처리하였다.

14) (仁)〔人〕: 저본에는 '仁'으로 되어 있으나, ≪莊子≫에 의거하여 '人'으로 바로잡았다.

15) 楊子 : 楊雄을 가리킨다.

16) 孔 : 孔安國을 가리킨다. 前漢 때 曲阜 사람으로, 孔子의 10대손이다. 字는 子國이다. 申公培에게 ≪詩經≫을 배우고 伏生에게 ≪書經≫을 배웠다. 漢 武帝 때 魯恭王이 집을 증축하려고 孔子의 옛집을 헐다가 벽 속에서 고문으로 된 ≪尙書≫, ≪論語≫, ≪孝經≫을 얻었다. 이것은 蝌蚪文字로 되어 있어서 제대로 읽는 사람이 없었으나 공안국이 今文으로 읽고 조칙을 받아서 ≪書傳≫을 지어 58편을 전하였다.

17) 迷亂曰荒 怠 解怠也 : ≪尙書正義≫의 '無怠無荒'에는 해당 注가 없다. '迷亂曰荒'은 孔安國이 "안으로는 여색에 빠지고, 밖으로는 사냥에 빠진다.〔內作色荒 外作禽荒〕"라는 〈夏書 五子之歌〉의 구절에 注를 단 것이고, '怠解怠也'는 ≪尙書正義≫에 없는 말이다.

18) 皇氏 : 皇侃(488~545)을 가리킨다. 南朝 梁나라 吳郡 사람이다. 皇品이라고 부르기도 한다. 賀瑒을 師事하여 三禮, ≪孝經≫, ≪論語≫에 밝았고, 저서에 ≪論語義疏≫, ≪禮記義疏≫가 있다.

〔周衰之末〕에서 〔亂朱〕까지

○ 正義曰 : 이것은 周나라가 쇠한 말기에 戰國七雄이 合從이니 連橫이니 할 때에 大道가 무너지는 상황을 서술한 것이다. 太史公이 말하기를 "秦나라 역사책을 보니, 犬戎이 幽王을 패배시키자 周나라가 동쪽의 洛邑으로 遷都하였다. 이때 秦 襄公이 비로소 제후에 봉해졌는데, 西畤를 만들어 上帝에게 제사를 올렸으니, 여기서 僭逆의 단서를 볼 수 있다. 그 뒤로 陪臣이 정권을 잡고, 大夫가 대대로 녹을 받았으며, 六卿이 晉나라를 나누어 가졌다. 田常이 簡公을 시해하고 齊나라의 재상이 되었는데도 제후들은 태연히 토벌하지 않았으며, 천하는 전쟁하는 일만을 다투었으니, 이에 六國이 强盛해졌다. 六國이 강한 군대를 육성하여 敵國을 겸병하는 데 힘을 쏟아 권모술수가 橫行하니, 合從家와 連橫家의 長短術이 일어났다. 그래서 秦나라는 商君을 등용하여 부국강병하게 되었고, 楚나라와 魏나라는 吳起를 등용하여 전쟁에서 승리하여 敵國을 약하게 하였으며, 齊나라 威王과 宣王이 孫子와 田忌 무리를 등용하니 제후들이 동쪽을 바라보고 齊

나라에 조회하였다. 천하가 이에 合從策과 連橫策에 힘을 쏟아 공격하고 정벌하는 것을 훌륭하다고 여겼으며, 楊朱와 墨翟은 兼愛說과 爲我說로 仁義에 해를 끼쳤다. 孟軻는 이에 堯舜과 三代의 덕을 계승하고, 물러나 ≪詩經≫과 ≪尙書≫를 정리하였으며, 孔子의 뜻을 계승하였다." 하였다. 당시에 맹자가 슬퍼하고 근심하는 마음을 지니지 않았다면, 堯임금, 舜임금, 湯王, 文王, 周公, 孔子의 업적이 장차 끝내 인멸되어 쇠미해지고, 正道가 막혀버리고, 仁義가 황폐해지고, 아첨과 위선이 得勢하고, 홍색과 자색이 붉은색을 어지럽히게 되었을 것이다. 楊雄이 말하기를 "옛날에 楊朱와 墨翟이 正道를 막았는데, 맹자가 말하여 그들을 물리쳤다." 하였다.

〔湮微〕 湮은 가라앉음이다. 微는 작음이다.

〔壅底〕 正道가 막혀서 밝지 않은 것을 말한다.

〔仁義荒怠〕 ≪釋名≫에 "仁은 참음이니, 살리는 것을 좋아하고 죽이는 것을 미워하며, 잘 참는 것이다. 義는 마땅함이니, 사물을 裁制하여 합당하게 하는 것이다."라고 하였다. ≪莊子≫에 "사람을 사랑하고 사물을 이롭게 하는 것이 仁이다."라고 하였다. 楊子는 "일이 마땅함을 얻는 것을 義라고 한다."라고 하였다. ≪尙書≫에 "게으름이 없고, 황폐함이 없다."라고 하였는데, 孔安國의 注에 "미혹하고 어지러운 것을 荒이라고 한다. 怠는 게으름이다."라고 하였다.

〔佞僞馳騁〕 ≪論語≫에 "仁하지만 말주변이 없다."라고 하였는데, 孔安國은 "佞은 말솜씨가 민첩함이니, 사람들에게 미움을 받는 경우이다."라고 하였다. ≪說文解字≫에 "僞는 거짓이다."라고 하였다. 馳騁은 분주함이다.

〔紅紫亂朱〕 ≪論語≫에 "紫色이 붉은색의 자리를 빼앗는 것을 미워한다."라고 하였는데, 孔安國의 注에 "붉은색은 正色이고, 자색은 間色이다."라고 하였다. 皇氏는 "靑色, 赤色, 黃色, 白色, 黑色은 五方 正色이다. 不正한 것을 五方 間色이라고 하는데, 綠色, 紅色, 碧色, 紫色, 騮黃色이 이것이다. 靑色은 東方 正色이고 綠色은 東方 間色이다. 東方은 木이고 木의 색은 靑色인데, 木이 土를 이긴다. 土의 색은 黃色인데, 이기는 색과 합하여 間色이 된다. 그러므로 綠色은 靑色과 黃色〈을 합한 색〉이다. 赤色은 南方 正色이고 紅色은 南方 間色이다. 南方은 火이고 火의 색은 赤色인데, 火가 金을 이긴다. 金의 색은 白色이다. 그러므로 紅色은 赤色과 白色〈을 합한 색〉이다. 白色은 西方 正色이고 碧色은 西方 間色이다. 西方은 金이고 金의 색은 白色인데, 金이 木을 이긴다. 그러므로 碧色은 靑色과 白色〈을 합한 색〉이다. 黑色은 北方 正色이고 紫色은 北方 間色이다. 北

方은 水이고 水의 색은 黑色인데, 水가 火를 이긴다. 火의 색은 赤色이다. 그러므로 紫色은 赤色과 黑色〈을 합한 색〉이다. 黃色은 中央 正色이고 駵黃色은 中央 間色이다. 中央은 土이고 土의 색은 黃色인데, 土가 水를 이긴다. 水의 색은 黑色이다. 그러므로 駵黃色은 黃色과 黑色〈을 합한 색〉이다. 이것이 正色과 間色이다."라고 하였다.

於是則慕仲尼周流憂世하여 **遂以儒道**로 **遊於諸侯**하니 **思濟斯民**이라 **然**이나 **由不肯枉尺直尋**[1)]하니 **時君咸謂之迂闊於事**하여 **終莫能聽納其說**이라

1) 枉尺直尋 : 1尺을 굽혀서 1尋을 편다는 뜻으로, 손해를 조금 보고서 큰 이익을 얻는 것을 비유하여 이르는 말이다. 1尋은 8尺이다. 맹자의 제자 陳代가 맹자에게 말하기를 "제후를 만나 보지 않는 것은 작은 절조인 듯합니다. 지금 한번 만나 보시면 크게는 王者를 만들 수 있고, 작게는 霸者를 만들 수 있습니다. 또 옛 기록에 '한 자를 굽혀서 여덟 자를 편다.' 하였으니, 의당 해볼 만한 듯합니다.〔不見諸侯 宜若小然 今一見之 大則以王 小則以霸 且志曰 枉尺而直尋 宜若可爲也〕"라고 한 데서 온 말이다.(≪孟子≫ 〈滕文公 下〉)

이에 仲尼가 두루 돌아다니며 세상을 근심하던 일을 흠모하여 마침내 儒家의 道를 가지고 제후들에게 遊說하였으니, 백성들을 구제하려고 생각했던 것이다. 그러나 1尺을 굽혀 8尺을 펴는 일을 하지 않으려 했기 때문에, 당시 군주들은 모두 맹자가 실정에 맞지 않다고 생각하여, 끝내 그의 말을 제대로 수용하는 이가 없었다.

【疏】'於是'至'其說' ○ 正義曰 : 此敍孟子周流聘世, 時君不聽納其說也. 言孟子心慕孔子徧憂其世, 遂以儒家仁義之道歷遊諸侯之國, 思欲救濟天下之民. 然而諸侯不能尊敬之者, 孟子亦且不見也, 雖召之而不往, 以其不肯枉尺以直尋. - 十寸曰尺, 八尺曰尋. - 史記云"孟子道旣通, 遊事齊, 齊宣王不能用. 適梁, 梁惠王不果所言. 是皆以爲迂遠而闊於事情, 而莫有能聽納其說者."

〔於是〕에서 〔其說〕까지

○ 正義曰 : 이것은 맹자가 두루 세상을 떠돌며 찾아다녀 보았으나, 당시 군주들이 그의 말을 수용하지 않았음을 서술한 것이다. 다음과 같은 내용이다. 맹자가 孔子가 세상을 두루 떠돌며 근심하였던 일을 흠모하여 마침내 儒家 仁義의 道로써 제후국을 다니며 유세하였으니, 천하의 백성을 구제하려고 생각했던 것이다. 그러나 제후들이 제대로 그를 존경하지 않자, 맹자도 그들을 만나보려고 하지 않았고 비록 부르더라도 가지

않았으니, 1尺을 굽혀 1尋을 펴는 일을 하지 않으려 했던 것이다. -10寸이 1尺이고, 8尺이 1尋이다.- ≪史記≫에 "맹자가 道를 통하고 난 뒤에 齊나라로 가서 齊 宣王을 섬겼으나 宣王이 등용하지 못하였다. 梁나라에 가니 梁 惠王이 맹자가 말한 것을 실천하지 못하였다. 이는 모두 〈맹자의 주장이〉 실제와 맞지 않고 事情과 거리가 멀다고 여겨서 제대로 그 말을 수용하는 사람이 없었던 것이다.

孟子도 **亦自知遭蒼姬之訖錄**하고 **值炎劉之未奮**이라 **進不得佐興唐虞雍熙之和**요 **退不能信三代之餘風**이니 **恥沒世而無聞焉**[1)]이라 **是故**로 **垂憲言以詒後人**이라 **仲尼有云 我欲託之空言**은 **不如載之行事之深切著明也**[2)]라하니라

1) 恥沒世而無聞焉 : ≪論語≫ 〈衛靈公〉에 "군자는 일생을 마치도록 이름이 알려지지 않는 것을 싫어한다.〔君子疾沒世而名不稱焉〕"라는 孔子의 말이 나온다.

2) 我欲託之空言 不如載之行事之深切著明也 : ≪史記≫ 〈太史公自序〉에서 인용한 孔子의 말로, 거기에는 "나는 부질없는 말에다 의탁하려고 하였지만, 이는 매우 절실하고 분명한 구체적인 사실에다 드러내는 것만 못하다.〔我欲載之空言 不如見之於行事之深切著明也〕"라고 되어 있다. 空言은 포폄의 기능만 하고 당시에는 채용된 적이 없는 언론이나 주장을 말한다. 司馬貞은 ≪史記索隱≫에서, "空言은 포폄과 시비를 말한다. 이런 글을 쓰는 것만으로도 난신적자가 두려워한다.〔空言謂褒貶是非也 空立此文 而亂臣賊子懼也〕"라고 하였다.

맹자도 蒼姬(周나라)의 天命이 이미 끝났다는 것을 스스로 알고 있었고, 그가 살았던 시기는 炎劉(漢나라)가 아직 일어나기 전이었다. 나아가도 堯舜이 펼쳤던 太平聖代의 和樂한 정치를 도와 일으킬 수 없었고, 물러나도 夏, 殷, 周 三代가 남겨 놓은 敎化를 펼칠 수 없어서 죽은 뒤에까지 세상에 알려지지 않을 것을 부끄럽게 생각했다. 이런 까닭에 法度가 될 만한 말을 남겨 후세에 주었다.

仲尼는 이렇게 말하였다. "나는 부질없는 말에다 의탁하려고 하였지만, 이는 매우 절실하고 분명한 구체적인 사실에다 드러내는 것만 못하다."

【疏】'孟子'至'著明也' ○正義曰：此敍孟子自知道不行於世, 恥沒世無名聞, 故慕仲尼託之空言而載之行事也. 言孟子生於六國之時, 當衰周末, 又遇漢之未興. 上不得輔起唐虞二世之治, 下不能伸夏商周三代之風化, 自愧沒一世而無名聞, 所以垂法言以貺後人. 故託慕仲尼周流憂世, 旣不遇, 乃退而與萬章之徒敍詩・書而作此七篇也. 趙氏意其然, 乃引孔子之言而明孟子載七篇之意也. 云'蒼姬'者, 周以木德王, 故號爲蒼姬. 姬, 周姓也. 云'炎劉'者, 漢以火德王, 故號爲炎劉. 劉, 高祖之姓氏也.

〔孟子〕에서 〔著明也〕까지

○ 正義曰 : 이것은 맹자가 儒家의 道가 세상에 행해지지 못할 것을 알고서 일생을 마치도록 세상에 알려지지 않는 것을 부끄럽게 생각했으므로 仲尼가 부질없는 말에 의탁하여 구체적인 사실을 실었던 것을 흠모하였음을 서술한 것이다. 다음과 같은 내용이다. 맹자가 六國시대에 태어났으니, 쇠미해진 周나라의 末期였고, 또 漢나라가 아직 일어나기 전이었다. 위로 堯舜 두 세대의 정치를 도와 일으킬 수 없었고, 아래로 夏, 殷, 周 三代의 교화를 펼칠 수 없어서, 한 평생이 다하도록 알려지지 않는 것을 스스로 부끄러워하였으므로 법도로 삼을 만한 말을 남겨 후세 사람들에게 주었던 것이다. 그러므로 仲尼가 세상을 두루 돌아다니며 근심했던 일을 의탁하고 흠모하였는데, 자신을 등용하는 군주를 만나지 못하자, 물러나 萬章 등 門徒들과 함께 ≪詩經≫, ≪尙書≫를 정리하고 이 ≪孟子≫ 7편을 지었다. 趙氏는 이러한 것을 생각하고 공자의 말을 인용하여 맹자가 ≪孟子≫ 7편에 실은 뜻을 밝혔다.

〔蒼姬〕 周나라는 木德으로 왕이 되었으므로 '蒼姬'라고 부른다. 姬는 周나라의 姓이다.

〔炎劉〕 漢나라는 火德으로 왕이 되었으므로 '炎劉'라고 부른다. 劉는 漢 高祖의 姓氏이다.

於是에 **退而論集所與高第弟子公孫丑萬章之徒難疑答問**하고 **又自撰其法度之言**하여 **著書七篇**하니 **二百六十一章三萬四千六百八十五字**라 **包羅天地**하고 **揆敍萬類**하니 **仁義道德性命禍福**이 **粲然靡所不載**라

이에 물러나 학문이 뛰어난 제자인 公孫丑, 萬章 등 門徒들과 함께 質疑를 問答한 것을 논의하여 모으고, 또 법도가 될 만한 말을 직접 지어 ≪孟子≫ 7篇을 저술하니, 261章 34,685字이다. 天地를 포괄하고 萬物을 헤아려 서술하니, 仁義道德과 性命禍福이 찬란히 갖추어 실려 있지 않음이 없다.

【疏】 '於是'至'不載' ○ 正義曰 : 此敍孟子退而著述篇章之數也. 史記云 "孟子所(干)〔如〕[1]

者不合, 退而與萬章之徒敍詩・書, 述仲尼之意, 作孟子七篇." 云'二百六十一章'者, 合七篇之章數言也. 據趙氏分章, 則梁惠王篇凡二十有三章, 公孫丑篇凡二十有三章, 滕文公篇凡十有五章, 離婁篇凡六十一章, 萬章篇凡十有八章, 告子篇凡三十有六章, 盡心篇凡八十有四章, 總而計之, 是二百六十一章也.[2] 云'三萬四千六百八十五字'者, 合七篇而言也. 今計梁惠王篇凡五千三百三十三字, 公孫丑篇凡五千一百二十字, 滕文公篇凡四千五百三十三字, 離婁篇凡四千二百八十五字, 萬章篇凡五千一百二十字, 告子篇凡五千五百三十五字, 盡心篇凡四千一百五十九字, 總而計之, 是三萬四千六百八十五字也.[3] 云'包羅天地'至'靡所不載'者, 言此七篇之書, 大而至於天地, 微而至於昆蟲草木, 又次而至於性命禍福, 無有不載者也. 然而篇所以七者, 蓋天以七紀[4], 璇璣[5]運度, 七政[6]分離, 聖以布曜[7], 故法之也. 章所以二百六十一者, 三時[8]之日數也. 不敢比易當期之數[9], 故取於三時. 三時者, 成歲之要時, 故法之也. 三萬四千六百八十五字者, 可以行五常[10]之道, 施七政之紀, 故法五七之數而不敢盈也已.

1) (干)〔如〕: 저본에는 '干'으로 되어 있으나, ≪史記≫ 〈孟子列傳〉에 의거하여 '如'로 바로잡았다.

2) 梁惠王篇凡二十有三章……是二百六十一章也 : 疏에서 언급한 篇마다의 章數를 더하면 260章으로, 총합인 261章과 맞지 않는다. 武英殿本과 四庫全書本에는 '盡心篇凡八十有五章'이라고 되어 있는데, 그것이 옳다면 疏에서 말한 261章과 부합한다.

3) 今計梁惠王篇凡五千三百三十三字……是三萬四千六百八十五字也 : 疏에서 언급한 篇마다의 글자 수를 더하면 34,085字으로, 총합인 34,685자와 맞지 않는다. 焦循은 ≪孟子正義≫에서 다음과 같이 말하였다. "陳士元의 ≪孟子雜記≫에 '趙氏는 34,685자라고 하였는데, 지금 字數를 계산해보니, 〈梁惠王〉편은 上・下 모두 5,369자이고, 〈公孫丑〉편은 上・下 모두 5,144자이고, 〈滕文公〉편은 上・下 모두 5,045자이고, 〈離婁〉편은 上・下 모두 4,789자이고, 〈萬章〉편은 上・下 모두 5,125자이고, 〈告子〉편은 上・下 모두 5,255자이고, 〈盡心〉편은 上・下 모두 4 683자이니, 총합하여 계산하면 실제로 35,410자로, 趙氏가 말한 것보다 725자가 많다.'라고 하였다. 趙氏가 注를 단 ≪孟子≫의 經文을 자세히 살펴보면 지금의 本과 차이가 없으니, 趙氏가 아마도 잘못 계산한 듯하다."

4) 天以七紀 : ≪春秋左氏傳≫ 昭公 10년 傳에 나오는 말이다. 하늘은 七로써 數를 기록한다는 말로, 二十八宿를 七宿씩 四方에 分屬한 것을 이른다.

5) 璇璣 : 北斗星 또는 北斗星 가운데 앞의 네 별을 가리킨다.

6) 七政 : 日月과 金, 木, 水, 火, 土의 五星을 합칭한 말이다. 日月과 五星이 하늘에서 운

행할 때 서로 遲速과 順逆이 있어 이것이 마치 임금에게 政事가 있는 것과 같다 해서 七政이라 부른다.

7) 曜 : 七曜로, 日月과 金, 木, 水, 火, 土의 五星을 합칭한 말이다.

8) 三時 : 봄, 여름, 가을을 가리킨다.

9) 易當期之數 : ≪周易≫ 〈繫辭傳 上〉에 "乾의 策數가 216개이고 坤의 策數가 144개이다. 그러므로 모두 360개이니 期年의 日數에 해당하고, 上·下 두 篇의 策數가 11,520개이니 만물의 수에 해당한다.〔乾之策二百一十有六 坤之策百四十有四 凡三百有六十 當期之日 二篇之策 萬有一千五百二十 當萬物之數也〕"라고 하였다. '上·下 두 篇의 策數가 11,520개'라는 것은 ≪周易≫의 上經과 下經을 통틀어 384爻이니, 陰爻와 陽爻가 각각 192爻이다. 乾의 1爻가 36策이니 陽爻의 192와 서로 곱하면 6,912가 되고, 坤의 1爻가 24策이니 陰爻의 192와 서로 곱하면 4,608이 된다. 이를 합하면 11,520이 된다.

10) 五常 : 仁, 義, 禮, 智, 信을 가리킨다. 董仲舒의 〈賢良策 一〉에 "仁, 義, 禮, 智, 信 五常의 道는 王者가 마땅히 닦아야 할 바이다.〔夫仁義禮智信五常之道 王者所當修飭也〕"라는 말이 나온다.

〔於是〕에서 〔不載〕까지

○ 正義曰 : 이것은 맹자가 물러나 저술한 篇章의 수를 서술한 것이다. ≪史記≫에 "맹자가 가는 곳마다 제후들과 뜻이 맞지 않자 물러나 萬章 등 門徒들과 함께 ≪詩經≫과 ≪尙書≫를 정리하고 仲尼의 뜻을 계승하여 ≪孟子≫ 7篇을 지었다."라고 하였다.

〔二百六十一章〕 7篇의 章數를 합하여 말한 것이다. 趙氏의 分章에 따르면, 〈梁惠王〉편은 모두 23장이고, 〈公孫丑〉편은 모두 23장이고, 〈滕文公〉편은 모두 15장이고, 〈離婁〉편은 모두 61장이고, 〈萬章〉편은 모두 18장이고, 〈告子〉편은 모두 36장이고, 〈盡心〉편은 모두 84장이니, 총합하여 계산하면 261장이다.

〔三萬四千六百八十五字〕 7篇을 합하여 말한 것이다. 지금 계산해보면, 〈梁惠王〉편은 모두 5,333자이고, 〈公孫丑〉편은 모두 5,120자이고, 〈滕文公〉편은 모두 4,533자이고, 〈離婁〉편은 모두 4,285자이고, 〈萬章〉편은 모두 5,120자이고, 〈告子〉편은 모두 5,535자이고, 〈盡心〉편은 모두 4,159자이니, 총합하여 계산하면 34,685자이다.

〔包羅天地〕에서 〔靡所不載〕까지

이 7篇의 책이 크게는 天地에 이르기까지 작게는 곤충과 초목에 이르기까지, 또 그 다음으로는 性命禍福에 이르기까지 싣지 않은 것이 없음을 말한 것이다. 하지만 7篇으로 편집한 것은, 하늘은 7로 星次를 나누고, 璇璣의 運行 度數에 따라 七政이 분리되고

聖人이 이것으로 七曜를 배치하므로 그것을 본받은 것이다. 章이 261인 것은 三時의 日數이다. ≪易≫의 期年의 日數에 해당하는 수와 감히 같게 할 수 없었으므로 三時의 日數를 취한 것이다. 三時는 한 해 중에 중요한 시기를 이루므로 그것을 본받은 것이다. 34,685字는 五常의 道를 행하고 七政의 紀를 베풀 수 있기 때문에 5와 7을 곱한 수를 본받은 것인데, 감히 채우지 않은 것일 뿐이다.

帝王公侯遵之면 **則可以致隆平**하고 **頌淸廟**[1)]하리라 **卿大夫士蹈之**면 **則可以尊君父**하고 **立忠信**하리라 **守志厲操者儀之**면 **則可以崇高節**하고 **抗浮雲**하리라

1) 淸廟 : ≪詩經≫ 周頌에 실린 시의 편명으로, 周나라 周公이 洛邑을 완성한 뒤에 제후들에게 조회를 받고 그들을 거느리고 文王에게 제사를 올리는 내용이다. 내용은 다음과 같다. "아, 깊고 그윽한 맑은 사당에 엄숙하고 화락하고 뛰어난 제후들이 와서 도우며, 수많은 신하들은 문왕의 덕을 가슴에 지닌 채 하늘에 계신 분을 마주 대하네. 성대하게 달려와 종묘에서 제사를 도우니, 드러나지 아니하겠는가, 떠받들지 아니하겠는가, 사람들에게 미움 받음이 없으셨도다.〔於穆淸廟 肅雝顯相 濟濟多士 秉文之德 對越在天 駿奔走在廟 不顯不承 無射於人斯〕"

帝王과 公侯가 이 책의 내용을 따르면 태평성대를 이룩하고 〈淸廟〉의 시를 노래할 수 있다. 卿, 大夫, 士가 이 책의 내용을 실천하면 군주와 부친을 존엄하게 만들 수 있고 충절과 신의를 세울 수 있다. 뜻을 지키고 지조를 닦는 자가 이 책의 내용을 본받으면 높은 절개를 드높이고 浮雲과 같은 富貴에 항거할 수 있다.

【疏】'帝王'至'浮雲' ○ 正義曰：此敍孟子之七篇書爲要者也. 言上而帝王遵循之, 則可以興升平之治, 次而公侯遵循之, 則可以頌淸廟. 云'頌淸廟'者, 言公侯可以此助祭于天子之廟也. 詩有淸廟之篇以祀文王, 注云"天德淸明, 文王象焉, 故祭而歌此詩也", 箋云"諸侯有光明著見之德者, 來助祭也". 卿・大夫・士蹈之, 則可以尊欽君父, 主其忠信. 守志厲操者儀而法之, 則可以此崇其高節而抗富貴如浮雲. 云'帝王公侯卿大夫士'者, 蓋帝以德言, 王以業言. 卿有諸侯之卿, 有大夫之卿. 士有中士, 有下士. 公侯是周之爵, 所謂公侯伯子男, 凡有五等是也. 自帝王以下言之, 則有公侯, 自公侯以下, 則有卿, 自卿以下, 則有大夫, 自大夫以下, 則止於有士也.

〔帝王〕에서 〔浮雲〕까지

○ 正義曰 : 이것은 ≪孟子≫ 7篇이 중요한 이유를 서술한 것이다. 위로 帝王이 이것을 준수하면 태평성대의 정치를 일으킬 수 있고, 다음으로 公侯가 이것을 준수하면 〈淸廟〉의 시를 노래할 수 있음을 말한 것이다.

〔頌淸廟〕 公侯가 이것을 가지고 天子의 사당에서 제사를 도울 수 있음을 말한 것이다. ≪詩經≫에 〈淸廟〉편이 있어 文王을 제사하는 데 사용했는데, 그 注에 "하늘의 덕이 맑고 밝은데, 文王이 그것을 닮았다. 그러므로 제사를 지내면서 이 시를 노래한 것이다."라고 하였고, 그 箋에 "제후 중에 밝게 드러난 덕을 지닌 사람이 와서 제사를 도왔다."라고 하였다.

卿, 大夫, 士가 이것을 실천하면 군주와 부친을 존엄하게 만들고 충절과 신의를 주장할 수 있다. 뜻을 지키고 지조를 닦는 자가 이것을 본받으면 이를 통해 높은 절개를 드높이고 浮雲과 같은 富貴에 항거할 수 있다.

〔帝王 公侯 卿 大夫 士〕 帝는 덕을 가지고 말한 것이고, 王은 功業을 가지고 말한 것이다. 卿에는 제후의 卿이 있고, 大夫의 卿이 있다. 士에는 中士가 있고, 下士가 있다. 公侯는 周나라의 작위이니, 이른바 公, 侯, 伯, 子, 男으로, 모두 5等이 이것이다. 帝王 아래로 말하면 公侯가 있고, 公侯 아래로 말하면 卿이 있고, 卿 아래로 말하면 大夫가 있고, 大夫 아래로 말하면 士에서 그친다.

有風人[1)]之託物과 **二雅[2)]之正言**이라 **可謂直而不倨**하고 **曲而不屈[3)]**하니 **命世亞聖之大才者也**라

1) 風人 : 고대에 民謠와 風俗을 채집하여 백성의 교화를 살피던 官員이다. 여기서는 詩人을 가리킨다.

2) 二雅 : ≪詩經≫의 小雅와 大雅를 가리킨다. 政敎에 大小가 있기 때문에 小雅와 大雅의 구분이 있게 되었다는 毛氏의 설과 小雅는 宴享의 음악이고 大雅는 朝會의 음악이라는 朱熹의 설이 있다.

3) 直而不倨 曲而不屈 : 춘추시대 吳나라 季札이 魯나라에 와서 周나라 天子의 음악을 듣다가, 頌에 대해서 "강직하면서도 거만하지 않고, 완곡하면서도 비굴하지 않다.〔直而不倨 曲而不屈〕"라고 평한 내용이 ≪春秋左氏傳≫ 襄公 29년에 나온다.

風人처럼 사물에 가탁한 말과 二雅의 바른 말이 담겨 있었다. 강직하면서도 거만하지 않고 완곡하면서도 비굴하지 않았으니, 세상에 이름 높은 亞聖의 위대한

재목이었다고 할만하다.

【疏】'有風'至'者也' ○ 正義曰：此敍孟子七篇有風人二雅之言, 爲亞聖者也. 如對惠王欲以與民同樂, 故以文王靈臺靈沼爲言[1], 對宣王欲以好貨色與百姓同之, 故以太王厥妃爲言[2], 論仁則託以穀爲喩[3], 論性則託以牛山之木爲喩[4], 是皆有風人之託物言也. 云'二雅之正言'者, 如引"他人有心, 予忖度之"[5], "乃積乃倉"[6], "古公亶父, 來朝走馬"[7], "不失其馳, 舍矢如破"[8], 凡此之類, 是皆有二雅之正言也. 故可謂直其辭而且不失之倨傲, 曲其辭而且不失之屈枉, 而孟子誠爲間世亞聖之大才者也. 言孟子之才比於上聖人之才, 但相王天而已, 故謂亞聖大才.

1) 對惠王欲以與民同樂 故以文王靈臺靈沼爲言：맹자가 梁 惠王을 만났을 때 惠王이 자신의 정원을 자랑하자, 周 文王이 靈臺와 靈沼를 만들어 백성들과 함께 즐겼던 사례를 인용하여 惠王에게 백성들과 함께 즐길 것을 조언하였던 일을 가리킨다.(≪孟子≫〈梁惠王 上〉)

2) 對宣王欲以好貨色與百姓同之 故以太王厥妃爲言：맹자가 齊 宣王을 만났을 때 宣王이 자신은 재물과 女色을 좋아하여 王道를 실천할 수 없다고 하자, 맹자가 周나라의 선조인 公劉가 재물을 좋아하면서도 백성들과 공유했던 사례와 周 文王의 조부인 太王 古公亶父가 女色을 좋아하여 자신의 王妃를 사랑하면서도 백성들과 함께 즐겼던 사례를 들어 宣王에게 조언했던 일을 가리킨다.(≪孟子≫〈梁惠王 下〉)

3) 論仁則託以穀爲喩：〈告子 上〉에 "五穀은 종자 가운데 좋은 것이지만, 만일 익지 못하면 피만도 못하니, 仁 또한 그것을 익숙히 함에 달려 있을 뿐이다.〔五穀者 種之美者也 苟爲不熟 不如荑稗 夫仁亦在乎熟之而已矣〕"라고 한 것을 가리킨다.

4) 論性則託以牛山之木爲喩：〈告子 上〉에 "牛山의 나무가 일찍이 아름다웠는데, 큰 나라의 교외이기 때문에 도끼로 매일 베어 가니, 아름답게 될 수가 있겠는가. 밤에 만물을 생장시키는 원기가 있고 촉촉이 적셔 주는 비와 이슬이 내리므로 싹이 움트지 않음이 없지만, 소와 양이 또 따라서 방목되므로 이 때문에 저와 같이 민둥민둥하게 되었다. 사람들은 그 민둥민둥한 것만을 보고 일찍이 훌륭한 재목이 없었다고 여기니, 이것이 어찌 산의 본성이겠는가.〔牛山之木嘗美矣 以其郊於大國也 斧斤伐之 可以爲美乎 是其日夜之所息 雨露之所潤 非無萌蘖之生焉 牛羊又從而牧之 是以若彼濯濯也 人見其濯濯也 以爲未嘗有材焉 此豈山之性也哉〕"라고 한 것을 가리킨다.

5) 他人有心 予忖度之：≪詩經≫〈小雅 巧言〉 시인데, 〈梁惠王 上〉에서 인용되었다. 釁鍾하러 가는 소를 불쌍히 여겨 양으로 바꾸라고 명령했던 齊 宣王이 자신의 행동을 스스로도 이해 못하다가 맹자의 설명을 듣고 비로소 이해했을 때 인용한 구절이다.

6) 乃積乃倉：≪詩經≫ 〈大雅 公劉〉 시인데, 〈梁惠王 下〉에서 인용되었다. 齊 宣王이 맹자에게 자신이 재물을 좋아하는 병폐가 있어 王道를 실천할 수 없다고 하자, 맹자가 公劉가 재물을 좋아하면서도 백성들과 공유했던 사례를 들며 이 시를 인용하였다. ≪孟子≫에 실려 있는 시는 다음과 같다. "창고에 곡식을 쌓고 말린 양식을 싸서 전대에 넣고 자루에 넣어 백성을 安集할 것을 생각하여 이로써 나라를 빛나게 하네. 활과 화살을 준비하고 방패・창・작은 도끼・큰 도끼를 갖추고 비로소 길을 떠나네.〔乃積乃倉 乃裹餱糧 于橐于囊 思戢用光 弓矢斯張 干戈戚揚 爰方啓行〕"

7) 古公亶父 來朝走馬：≪詩經≫ 〈大雅 緜〉 시인데, 〈梁惠王 下〉에서 인용되었다. 齊 宣王이 맹자에게 자신이 女色을 좋아하는 병폐가 있어 王道를 실천할 수 없다고 하자, 맹자가 古公亶父가 女色을 좋아하면서도 백성들과 함께 즐겼던 사례를 들며 이 시를 인용하였다. ≪孟子≫에 실려 있는 시는 다음과 같다. "古公亶父께서 아침에 말을 달려와서 서쪽 물가를 따라 岐山 아래에 이르러 姜女를 데리고 와서 함께 집터를 살피셨다.〔古公亶父 來朝走馬 率西水滸 至於岐下 爰及姜女 聿來胥宇〕"

8) 不失其馳 舍矢如破：≪詩經≫ 〈小雅 車攻〉 시인데, 〈滕文公 下〉에서 인용되었다. 맹자 제자인 陳代가 맹자에게 절개를 조금 굽혀서라도 제후를 만나보라고 조언하자, 맹자가 춘추시대에 수레를 잘 몰던 것으로 유명했던 王良과 趙簡子의 寵臣인 奚가 함께 수레를 타고 사냥했던 고사를 인용하여 陳代를 꾸짖었는데, 그 고사에서 이 구절이 인용되었다.

〔有風〕에서 〔者也〕까지

○ 正義曰：이것은 ≪孟子≫ 7篇에 風人처럼 가탁한 말과 二雅의 말이 담겨 있어 亞聖이 되었음을 서술한 것이다. 이를테면, 梁 惠王을 만났을 때에 〈맹자가 惠王이〉 백성들과 함께 즐기기를 바랐으므로 文王의 靈臺와 靈沼를 가지고 말하였던 것과, 齊 宣王을 만났을 때에 〈맹자가 宣王이〉 재물과 女色을 좋아하면서도 그것을 백성들과 공유하기를 바랐으므로 太王과 그 妃의 고사를 가지고 말하였던 것과, 仁을 논할 때에 곡식을 비유로 들었던 것과, 性을 논할 때에 牛山의 나무를 비유로 삼았던 것은 모두 風人처럼 사물에 가탁하여 한 말이 있는 것이다.

〔二雅之正言〕 이를테면 "다른 사람의 마음속을 내가 헤아려 안다.", "창고에 곡식을 쌓다.", "古公亶父께서 아침에 말을 달려왔다.", "말 모는 사람이 말 모는 법도를 잃지 않으니, 射手가 화살을 쏘아 깨뜨리는 듯이 명중한다." 등을 인용한 것이니, 무릇 이와 같은 사례는 모두 二雅의 바른 말이 있는 것이다. 그러므로 그 말을 강직하게 하면서도 거만하거나 오만한 잘못을 하지 않고 그 말을 완곡하게 하면서도 비굴하거나 굽히는 잘못을

하지 않았으니 맹자는 진실로 세상에 드문 亞聖의 위대한 재목이었다고 할 수 있다. 맹자의 재목이 높은 수준의 聖人 재목에 비하면 단지 천하에 왕 노릇 하는 것을 돕는 데 그칠 뿐이므로 亞聖의 위대한 재목이라고 말한 것이다.

孔子自衛反魯然後에 **樂正**하여 **雅頌各得其所**어늘 **乃刪詩**하고 **定書**하고 **繫周易**하고 **作春秋**하니라

孔子가 衛나라에서 魯나라로 돌아온 뒤에 음악이 바르게 되어 雅와 頌이 각각 제자리를 찾았다. 그리고는 ≪詩經≫을 산삭하고 ≪尚書≫를 정리하고 ≪周易≫에 傳을 달고, ≪春秋≫를 지었다.

孔子

【疏】'孔子'至'春秋' ○ 正義曰：此敍引孔子退而著述之意也. 案定公十四年, 孔子去魯, 應聘諸國. 哀公十一年, 自衛反魯. 是時道衰樂廢, 孔子來還乃正之. 又哀公十一年, 左傳云 "冬, 衛孔文子將攻太叔[1], 訪於仲尼. 仲尼曰 '胡簋[2]之事則嘗學之, 甲兵[3]之事未之聞也.' 退, 命駕而行, 曰 '鳥則擇木, 木豈能擇鳥.' 文子遽止之, 曰 '圉豈敢度其私, 訪衛國之難也.' 將止, 魯人以幣召之, 乃歸." 杜預曰 "於是自衛反魯, 然後樂正, 雅・頌各得其所"是也. 云'乃刪詩 定書 繫周易 作春秋'者, 案世家云 "魯定公五年, 季氏僭公室[4], 陪臣[5]執國命, 是以魯大夫以下皆(潛)〔僭〕[6]離於正道. 故孔子不仕, 退而修詩・書・禮・樂, 弟子彌衆, 至自遠方, 莫不受業焉. 至哀十一年, 自衛反魯. 乃上采契(설)・后稷[7], 中述商・周之盛, 至幽・厲[8]之缺, 凡三百五篇, 孔子皆弦歌之, 以求合韶・武・雅・頌[9]之音. 禮樂自此可得而述, 以備王道, 成六藝[10]. 孔子晩喜易, 序彖・繫・象・說卦[11]. 孔子以詩・書・禮・樂敎, 弟子蓋三千焉. 哀十四年春, 狩大野[12]. 仲尼視之[13], 曰麟也. 取之. 曰'吾道窮矣', 乃因史記作春秋. 上至隱公, 下訖哀十四年, 十二公. 據魯, 親周, 故商, 運之三代. 約其文辭而指博. 故曰 '後世知丘者, 其惟春秋, 罪丘者, 亦惟春秋.'"

1) 冬衛孔文子將攻太叔 : 孔文子는 衛나라의 大夫 孔圉이다. 文이 諡號이기 때문에 '孔文子'라고 불렸다. 太叔은 衛나라 사람 太叔疾이다. 太叔疾이 처음에 宋나라 子朝의 딸과 결혼했는데, 혼인 때 딸려온 妻의 여동생을 총애하였다. 나중에 子朝가 어떤 사건으로 宋나라에서 달아나자, 孔文子가 太叔疾로 하여금 子朝의 딸들을 쫓아내게 하고는 자신의 딸과 혼인하게 하였다. 하지만 太叔疾은 총애하던 子朝의 딸을 잊지 못해 다른 곳에 집을 마련해주어 살게 하였다. 이에 화가 난 孔文子가 太叔疾을 공격하려고 하였던 것이다.(≪春秋左氏傳≫ 哀公 11년)

2) 胡簋 : 祭器이다. 여기서는 祭祀를 의미한다. 夏나라는 '胡'라 하고, 周나라는 '簋'라 하였다.

3) 甲兵 : 갑옷과 병기이다. 여기서는 전쟁을 의미한다.

4) 季氏僭公室 : 季氏는 魯나라의 권력자 季孫氏를 말한다. 대대로 大夫의 벼슬을 독점하여 막대한 권세와 부를 누렸는데, 孔子 당시에 泰山에 旅祭를 지내고, 뜰에서 八佾舞를 추게 하는 등 참람한 짓을 자행하였다.

5) 陪臣 : 諸侯의 신하가 天子에게 자기를 이르는 말이다. 여기서는 季氏를 가리킨다.

6) (潛)〔僭〕: 저본에는 '潛'으로 되어 있으나, ≪史記≫ 〈孔子世家〉에 의거하여 '僭'으로 바로잡았다.

7) 契后稷 : 契은 帝嚳의 아들로, 舜임금의 신하이다. 司徒가 되어 文敎를 관장하였다. 殷나라의 시조로 전해진다. 后稷은 周나라의 시조인 棄이다. 본래 后稷은 농사를 관장하는 벼슬 이름인데, 棄가 堯임금 때 后稷이 되어 백성들에게 농사짓는 법을 가르쳤기 때문에 이름 대신 后稷으로 불린다.

8) 幽厲 : 周나라의 幽王과 厲王이다. 幽王은 西周의 마지막 왕이다. 褒姒를 총애하여 褒姒가 伯服을 낳자 申后와 태자 宜臼를 폐하였다. 이에 申后의 아버지 申侯가 공격하여 幽王을 죽이고 幽王의 아들 宜臼를 왕위에 세우니 그가 바로 平王이다. 厲王은 周나라의 제10대 왕이다. 榮夷公을 卿士로 삼아 이익만을 좇았으며, 포학하고 오만하여 제후들이 조회하지 않았다. 사람들이 자신을 비방하자 衛巫를 시켜 감시하게 하니 사람들이 서로 말을 하지 않게 되었다. 나중에 난이 일어나자 彘로 달아났고, 14년 후에 그곳에서 죽었다. 모두 暴政으로 나라를 망친 대표적인 君主이다.

9) 韶武雅頌 : 〈韶〉는 舜임금의 음악이라고 전해지는 것이고, 〈武〉는 武王이 지었다고 전해지는 음악이다. 〈雅〉는 朝會·宴享에 쓰였던 음악이고, 〈頌〉은 제사에 쓰였던 음악이다.

10) 六藝 : ≪禮≫, ≪樂≫, ≪書≫, ≪詩≫, ≪易≫, ≪春秋≫이다.

11) 彖繫象說卦 : 〈彖〉은 〈彖傳〉이라고도 한다. 64卦의 卦名과 卦辭의 의미를 설명한 것이다. 〈繫〉는 〈繫辭傳〉이라고도 한다. 卦辭와 爻辭의 의미와 卦象과 爻位를 설명한 것이다. 〈象〉은 〈象傳〉이라고도 한다. 爻辭를 전문적으로 해석한 것이다. 〈說卦傳〉은 八

卦가 변화하는 이치를 설명한 것이다.

12) 大野 : 늪의 이름이다. 나중에 '巨野'라고 불렀다. 공자 당시에 魯나라 영토로, 曲阜 서쪽에 있었다.

13) 仲尼視之 : ≪史記≫ 〈孔子世家〉에는 이 구절 앞에 "숙손씨의 수레몰이꾼 鉏商이 짐승을 잡았는데, 사람들이 상서롭지 못하다고 여겼다.〔叔孫氏車子鉏商獲獸 以爲不祥〕"라는 말이 있다.

〔孔子〕에서 〔春秋〕까지

○ 正義曰 : 이것은 孔子가 물러나 저술한 뜻을 서술하고 인용한 것이다. 定公 14년(B.C. 496)에 孔子가 魯나라를 떠나 여러 나라의 초빙에 응하였다. 哀公 11년(B.C. 484)에 衛나라에서 魯나라로 돌아왔다. 이때에 道가 쇠퇴하고 음악이 황폐해졌는데, 孔子가 돌아와 비로소 바로잡았다. 또 ≪春秋左氏傳≫ 哀公 11년에 "겨울에 衛나라의 孔文子가 太叔疾을 공격하려고 하면서 仲尼에게 물었다. 仲尼가 '胡簋의 일이라면 일찍이 배웠지만, 甲兵의 일이라면 아직 듣지 못하였습니다.'라고 말한 뒤에 물러나와 수레에 말을 메우라고 명하고는 떠나면서 말하기를 '새는 나무를 선택해 앉을 수 있지만, 나무가 어찌 새를 선택할 수 있겠는가.'라고 하였다. 孔文子가 급히 만류하며 말하기를 '내가 어찌 감히 나 개인의 이익을 꾀하겠습니까. 衛나라의 禍難에 대해 諮問하려 했던 것입니다.' 하였다. 그러자 仲尼가 머물려 하였는데, 魯나라에서 幣帛을 보내어 부르므로 이에 魯나라로 돌아왔다."라고 하였는데, 杜預는 "이때 衛나라에서 魯나라로 돌아오니, 그 뒤에야 음악이 바르게 되어 雅와 頌이 각각 제자리를 찾았다."라고 한 것이 그 사례이다.

〔乃刪詩 定書 繫周易 作春秋〕 ≪史記≫ 〈孔子世家〉에 "魯 定公 5년에 季氏가 王室에 분수에 넘치는 짓을 자행하고 陪臣이 나라의 정권을 잡았으므로 魯나라 大夫 이하가 모두 참람하게 正道에서 벗어난 짓을 저질렀다. 그래서 孔子가 벼슬을 하지 않고 물러나 ≪詩≫, ≪書≫, ≪禮≫, ≪樂≫을 정리하니 弟子가 더욱 늘어났는데, 먼 곳에서 찾아와 모두들 학업을 전수 받았다. 哀公 11년에 이르러 衛나라에서 魯나라로 돌아왔다. 그리고는 上古시대 契과 后稷 때의 詩를 채집하고, 中古시대 商나라와 周나라의 성대함을 노래한 시를 계승하였고, 幽王과 厲王의 失政을 노래한 시에 이르렀으니, 모두 305篇으로, 孔子가 모두 연주하며 노래를 불러 〈韶〉·〈武〉, 〈雅〉, 〈頌〉의 音에 합치되도록 하였다. 禮樂이 이로부터 제대로 계승되어 王道가 완비되고 六藝가 이루어질 수 있었다.

공자는 만년에 ≪易≫을 좋아하여 〈彖傳〉, 〈繫辭傳〉, 〈象傳〉, 〈說卦傳〉을 서술하였다.

孔子가 ≪詩≫, ≪書≫, ≪禮≫, ≪樂≫으로 제자를 가르치니, 제자가 대략 3,000명이었다. 哀公 14년 봄에 哀公이 大野에서 狩獵을 하였다. 孔子가 〈수렵한 짐승을〉 보고 麒麟이라고 하니, 魯나라 사람들이 麒麟을 잡아갔다. 그러자 孔子는 '나의 道가 다하였다.'라고 하고는 魯나라의 역사 기록을 바탕으로 ≪春秋≫를 지었다. 위로는 隱公에 이르고 아래로는 哀公 14년에 이르니 12公의 역사이다. 魯나라 역사를 근거로 삼고 周나라를 존중하고 商나라를 본보기로 삼아 夏, 殷, 周 三代의 역사를 관통하였다. 문장은 간결했으나 의미는 심장하였다. 그래서 孔子는 '후대에 나를 알아주는 사람은 ≪春秋≫를 근거로 삼을 것이고, 나를 비판하는 사람도 ≪春秋≫를 근거로 삼을 것이다.' 하였다."라고 하였다.

孟子는 **退自齊梁**하여 **述堯舜之道而著作焉**하니 **此**는 **大賢擬聖而作者也**라

맹자는 齊나라와 梁나라로부터 물러나 堯舜의 道를 계승하여 ≪孟子≫를 저술하였으니, 이것은 大賢인 맹자가 聖人인 孔子를 본받아 지은 것이다.

【疏】'孟子'至'者也' ○ 正義曰：此敍孟子退而擬孔子之聖而著述焉. 案馬遷作列傳云"孟子遊仕齊宣王, 宣王不能用. 適梁, 梁惠王不果所言. 是以退而敍詩・書, 述仲尼之意, 而作孟子七篇也."

〔孟子〕에서 〔者也〕까지

○ 正義曰：이것은 맹자가 물러나 聖人인 孔子를 본받아 〈≪孟子≫를〉 저술하였음을 서술한 것이다. 司馬遷이 지은 ≪史記≫ 〈孟子列傳〉에 "孟子가 齊나라로 가서 齊 宣王을 섬겼으나 宣王이 등용하지 못하였다. 梁나라에 가니 梁 惠王이 맹자가 말한 것을 실행하지 못하였다. 그래서 물러나 ≪詩經≫과 ≪書經≫을 정리하고 仲尼의 뜻을 계승하여 ≪孟子≫ 7편을 지었다."라고 하였다.

七十子之疇가 **會集夫子所言**하여 **以爲論語**라 **論語者**는 **五經之**錧鎋(관할)[1]이요 **六藝之喉衿**[2]**也**라

1) 五經之錧鎋(관할)：五經은 ≪詩≫, ≪書≫, ≪易≫, ≪禮≫, ≪春秋≫이다. 錧鎋은 일반적으로 '輨轄'이라고 쓴다. 수레바퀴 중앙의 바퀴통을 휘두른 휘갑쇠를 뜻하는 輨과 바퀴축이 빠져나가지 못하게 하는 빗장을 뜻하는 轄이 결합하여 關鍵, 樞要의 의미를 지닌다.

2) 六藝之喉衿 : 六藝는 古代에 학생을 가르치는 핵심 과목인 禮, 樂, 射, 御, 書, 數이다. 喉衿은 목구멍과 옷깃으로, 核心・要諦라는 의미이다.

孔門의 高弟 70명 무리가 孔夫子의 말씀을 모아 ≪論語≫를 지었다. ≪論語≫는 五經의 關鍵이고, 六藝의 核心이다.

【疏】'七十子'至'衿也' ○ 正義曰 : 此敍引孔子弟子記諸善言而爲論語也. 案漢書藝文志云 "論語者, 孔子應答弟子時人及弟子相與言而接聞於夫子之語也. 當時弟子各有所記, 夫子旣卒, 門人相與集而論纂, 故謂之論語." 鄭注云 "仲弓・子遊・子夏等撰述. 論者, 綸也, 以此書可以經綸世務, 故曰論也." 語者, 鄭注周禮云 "答述曰語". 此書所載, 皆仲尼答弟子及時人之辭, 故曰'語', 而在論字下. 錧鎋者, 車軸頭鐵也, 說文云 "車鍵也". 喉衿者, 說文云 "喉, 咽也", "衿, 衣領也". 言論語爲五經六藝之要, 如此錧鎋與夫喉衿也.

〔七十子〕에서 〔衿也〕까지

○ 正義曰 : 이것은 孔子의 제자들이 〈孔子의〉 여러 훌륭한 말을 기록하여 ≪論語≫를 지었음을 서술하고 인용한 것이다. ≪漢書≫ 〈藝文志〉에 "≪논어≫라는 책은 공자가 제자 및 당시 사람들과 응답한 말과, 제자들이 서로 함께 말하고 공자에게 직접 들은 말을 기록한 책이다. 당시 제자들이 각자 기록한 것이 있었는데, 孔夫子가 세상을 떠난 뒤에 門人들이 서로 함께 모여 의논하여 편찬한 것이다. 그런 까닭에 ≪論語≫라고 부른다." 라고 하였다. 鄭玄의 注에 "仲弓, 子遊, 子夏 등이 撰述하였다. '論'이라는 것은 經綸함이다. 이 책을 가지고 세상의 일을 經綸할 수 있으므로 '論'이라고 한 것이다."라고 하였다. '語'라는 말에 대해 鄭玄은 ≪周禮≫에 단 注에서 "답하여 서술하는 것을 '語'라고 한다." 라고 하였다. 이 책에 실려 있는 내용이 모두 仲尼가 제자와 당시 사람들에게 답한 말이므로 '語'라고 하고, '論'자 아래에 붙인 것이다. 錧鎋은 수레바퀴의 축 머리에 끼는 쇠이다. ≪說文解字≫에는 "수레 빗장이다."라고 하였다. 喉衿은 ≪說文解字≫에 "喉는 목구멍이다."라고 하고, "衿은 옷깃이다."라고 하였다. ≪論語≫가 五經과 六藝의 要諦가 되는 것이 이 錧鎋과 저 喉衿 같다는 말이다.

孟子之書는 則(칙)而象之라

≪孟子≫라는 책은 ≪論語≫을 기준으로 삼아 본뜬 것이다.

【疏】○ 正義曰：此敍孟子作此七篇之書而儀象論語之書，是亦錧鎋喉衿.

○ 正義曰：이것은 맹자가 이 7篇의 책을 지으면서 ≪論語≫라는 책을 기준으로 삼아 본떴으니, 이 또한 關鍵이 되고 核心이 되는 책임을 서술한 것이다.

衛靈公이 問陳於孔子하니 孔子答以俎豆[1)]라 梁惠王이 問利國하니 孟子對以仁義[2)]라 宋桓魋欲害孔子하니 孔子稱天生德於予[3)]시니라하니라 魯臧倉이 毁鬲孟子하니 孟子曰臧氏之子 焉能使予不遇哉[4)]리오하니라 旨意合同이니 若此者衆이라

1) 衛靈公問陳於孔子 孔子答以俎豆：衛 靈公이 孔子에게 陳法을 묻자, 공자가 "俎豆에 관한 일은 일찍이 들었지만 군대에 관한 일은 배우지 못하였습니다.〔俎豆之事 則嘗聞之矣 軍旅之事 未之學也〕"라고 하고는 다음날 떠났다.(≪論語≫ 〈衛靈公〉) 俎豆는 祭器로, 祭祀를 의미한다.

2) 梁惠王問利國 孟子對以仁義：梁 惠王이 맹자를 초빙하여 국가를 이롭게 만들 방법을 묻자, 맹자가 "왕께서는 어찌하여 굳이 이로움을 말씀하십니까? 또한 仁義가 있을 따름입니다.〔王何必曰利 亦有仁義而已矣〕"라고 하였다.(≪孟子≫ 〈梁惠王 上〉)

3) 宋桓魋欲害孔子 孔子稱天生德於予：孔子가 宋나라에 가서 제자들과 함께 큰 나무 밑에서 禮를 익히고 있을 때에 宋나라의 司馬 桓魋가 孔子를 죽이려고 그 나무를 뽑아 버렸다. 제자들이 孔子에게 속히 떠나야 한다고 말하자, 孔子가 "하늘이 나에게 덕을 내려주셨으니, 환퇴가 나를 어찌하겠는가.〔天生德於予 桓魋其如予何〕"라고 하였다.(≪論語≫ 〈述而〉)

4) 魯臧倉毁鬲孟子 孟子曰臧氏之子焉能使予不遇哉：魯 平公이 맹자를 만나러 가려고 하자, 平公이 총애하는 宦官인 臧倉이 맹자가 禮를 지키지 않는다는 이유로 반대하였다. 맹자의 제자이자 그 만남의 주선자였던 樂正子가 이 사실을 맹자에게 고하자, 맹자가 "오려고 했던 것도 하늘이 시킨 것이고 멈춘 것도 하늘이 멈추게 만든 것이었으니, 오거나 멈추는 것은 사람이 능히 할 수 있는 일이 아니다. 내가 魯나라 군주를 만나지 못한 것은 天命이니 臧氏 집의 애송이가 어찌 능히 나로 하여금 魯나라 군주를 만나지 못하게 할 수 있겠는가.〔行或使之 止或尼之 行止非人所能也 吾之不遇魯侯天也 臧氏之子焉能使予不遇哉〕"라고 하였다.(≪孟子≫ 〈梁惠王 下〉)

衛 靈公이 孔子에게 陳法을 묻자, 孔子는 俎豆를 가지고 답하였다. 梁 惠王이 국가를 이롭게 하는 방법을 묻자, 孟子는 仁義를 가지고 답하였다. 宋나라의 桓魋가 孔子를 해치려고 하자, 孔子는 "하늘이 나에게 덕을 내려주셨다."라고 하였다. 魯

나라의 臧倉이 맹자를 비방하여 이간질하자, 맹자는 "臧氏 집안의 애송이가 어찌 나로 하여금 군주를 만나지 못하게 할 수 있겠는가."라고 하였다. 의미가 일치하니, 이와 같은 경우가 많다.

【疏】'衛靈公'至'遇哉' ○正義曰：此敍孟子作七篇則象論語之旨意也. 衛靈公問陳於孔子, 孔子對曰俎豆之事, 此論語之文也. 案左傳哀公十一年云云, 在孔子自衛反魯段[1]. 云'俎豆'者, 案明堂位云 "俎, 有虞氏以梡, 夏后氏以嶡, 商以椇, 周以房俎", 鄭注云 "梡, 斷木爲四足而已. 嶡之言蹷也, 謂中足爲橫距之象, 周禮謂之距. 椇之言枳椇也, 謂曲橈之也. 〔房〕[2]謂足下跗也, 上下兩間有似於堂房, 魯頌曰'籩豆大房'[3]". 又曰 "夏〔后〕[4]氏以楬豆, 商玉豆, 周獻豆", 鄭注云 "楬, 無異物之飾也. 獻, 疏刻之. 齊人謂無髮爲禿楬". 其委曲制度, 備在禮圖[5]. 梁惠王問利國, 孟子對以仁義, 說在梁惠王篇. 宋桓魋欲害孔子, 孔子稱天生德於予, 是亦論語之文也. 案世家, 孔子適宋, 與弟子習禮大樹下. 宋司馬桓魋欲殺孔子, 拔其樹. 孔子去. 弟子曰"可速矣", 故孔子發此語. 言'天生德於予'者, 言孔子謂"天授我以德性, 德合天地, 吉無不利, 桓魋必不能害我", 故曰 "其如予何". 云'魯臧倉毁鬲孟子 孟子曰臧氏之子焉能使予不遇哉'者, 說在惠王下篇, 凡此者是皆旨意合, 若此類者甚衆, 故不特止此而已.

1) 案左傳哀公十一年云云 在孔子自衛反魯段：衛나라의 大夫 孔文子가 太叔疾을 공격하려고 하면서 仲尼에게 전쟁에 대해 물으니, 공자가 "胡簋의 일이라면 일찍이 배웠지만, 甲兵의 일이라면 아직 듣지 못하였습니다."라고 대답하였다. 그리고는 물러나와 "새는 나무를 선택해 앉을 수 있지만, 나무가 어찌 새를 선택할 수 있겠는가."라고 하였다. 그 일이 있은 지 얼마 안 되어 魯나라에서 공자를 부르자 魯나라로 돌아갔다.(≪春秋左氏傳≫ 哀公 11년)
2) 〔房〕: 저본에는 '房'이 없으나, ≪禮記注疏≫에 의거하여 보충하였다.
3) 魯頌曰籩豆大房：≪詩經≫〈魯頌 閟宮〉에 "가을에 嘗祭祀를 올려야 하는지라 여름에 소뿔에 가로 나무를 대니, 흰 숫짐승과 붉은 희생이며 犧尊이 엄정하며, 털을 그슬러 굽고 산적을 만들고 국을 올리며 籩豆와 大房에 있거늘, 萬으로 춤을 춤이 洋洋하니 孝孫이 경사가 있도다.〔秋而載嘗 夏而楅衡 白牡騂剛 犧尊將將 毛炰胾羹 籩豆大房 萬舞洋洋 孝孫有慶〕"라고 하였다.
4) 〔后〕: 저본에는 '后'가 없으나, ≪禮記≫에 의거하여 보충하였다.
5) 禮圖：중국 고대의 禮制를 그림과 설명을 곁들여 편찬한 ≪三禮圖≫를 가리킨다. 한

나라 鄭玄 이후로 6種의 ≪三禮圖≫가 전래하였으나, 송나라의 학자 聶崇義가 기존의 ≪三禮圖≫를 참고하여 ≪三禮圖集注≫를 편찬한 이후로는 6種의 ≪三禮圖≫가 점차 사라져 현재는 ≪三禮圖集注≫만 전한다.

〔衛靈公〕에서 〔遇哉〕까지

○ 正義曰 : 이것은 맹자가 7篇을 지으면서 ≪論語≫의 의미를 본뜬 것임을 서술한 것이다. 衛 靈公이 陳法을 孔子에게 묻자 孔子가 俎豆의 일을 가지고 대답한 것은 ≪論語≫의 글이다. ≪春秋左氏傳≫ 哀公 11년에서 云云한 것을 상고하니, 孔子가 衛나라에서 魯나라로 돌아간 내용의 단락에 그 일이 수록되어 있다.

〔俎豆〕 ≪禮記≫ 〈明堂位〉에 "俎는, 有虞氏는 梡을 썼고, 夏后氏는 嶡을 썼고, 商나라는 椇를 썼고, 周나라는 房俎를 썼다."라고 하였는데, 鄭玄의 注에 "梡은 나무를 잘라 네 다리를 만든 것이다. 嶡이라는 말은 蹷의 의미이니, 다리 중간에 가로지른 발 모양으로 만든 것을 일컫는다. ≪周禮≫에서는 距라고 하였다. 椇라는 말은 枳椇의 의미이니, 굴곡지게 만든 것을 일컫는다. 房은 발 아래에 받침이 있는 것을 일컫는다. 上下 두 칸 사이에 堂房과 유사한 것이 있는 것이니, ≪詩經≫ 魯頌에서 '籩豆와 大房이 있다.'라고 한 것이 이것이다."라고 하였다. 또 〈明堂位〉에 "하후씨는 楬豆를 썼고, 商나라는 玉豆를 썼고, 周나라는 獻豆를 썼다."라고 하였는데, 정현의 주에 "楬은 특별한 기물의 장식이 없는 것이다. 獻은 드문드문 새긴 것이다. 제나라 사람들은 머리카락이 없는 것을 '禿楬'이라고 불렀다."라고 하였다. 자세한 제도는 ≪三禮圖≫에 갖추어져 있다.

梁 惠王이 나라를 이롭게 할 방법을 묻자, 맹자가 仁義를 가지고 대답한 것은 그 말이 〈梁惠王〉편에 보인다. 宋나라 桓魋가 孔子를 해치려고 하자, 孔子가 "하늘이 나에게 덕을 내려주셨다."라고 한 것도 ≪論語≫의 글이다. ≪史記≫ 〈孔子世家〉에 의하면, 孔子가 宋나라에 갔을 때 제자들과 큰 나무 아래에서 禮를 익혔는데, 宋나라 司馬 桓魋가 孔子를 죽이려고 하여 그 나무를 뽑아버렸다. 孔子가 그곳을 떠나자 제자들이 "서둘러야 합니다."라고 하였으므로 공자가 이 말을 하였던 것이다.

〔天生德於予〕 孔子는 "하늘이 나에게 훌륭한 德性을 부여하였는데, 그 덕이 天地와 부합하여 吉하고 불리함이 없기 때문에 환퇴는 결코 나를 해칠 수 없다."라고 생각하였다. 그러므로 "나를 어떻게 할 수 있겠는가."라고 말한 것이다.

〔魯臧倉毁鬲孟子 孟子曰臧氏之子焉能使予不遇哉〕 이 말은 〈梁惠王 下〉에 보인다.

이러한 것들은 모두 의미가 일치하는 경우이니, 이와 같은 종류가 매우 많아서 이 몇 가지 정도에서 그치지 않는다.

又有外書四篇하니 **性善辯文說孝經爲正**이라 **其文不能弘深**하여 **不與內篇相似**라 **似非孟子本眞**이요 **後世依放而託之者也**라

또한 外書 4篇이 있으니, 〈性善〉, 〈辯文〉, 〈說孝經〉, 〈爲正〉이다. 그 내용은 웅대하고 심원하지 않아 內篇과는 비슷하지 않다. ≪孟子≫의 본래 모습이 아니고, 후세에 모방하여 가탁한 것인 듯하다.

【疏】 正義曰：凡此外書四篇, 趙岐不尙, 以故非之. 漢中劉歆九種孟子有十一卷, 時合此四篇.

正義曰：이 外書 4篇은 趙岐가 중요시하지 않았으므로 폄하한 것이다. 漢나라 때 劉歆의 九種에 孟子가 11卷이라고 著錄하였으니, 당시에는 이 4편을 합편하였던 것이다.

孟子旣沒之後에 **大道遂絀**(출)이러니 **逮至亡秦**에 **焚滅經術**하고 **坑戮儒生**하니 **孟子徒黨**이 **盡矣**라 **其書**는 **號爲諸子**라 **故**로 **篇籍得不泯絶**[1]이라

1) 其書號爲諸子 故篇籍得不泯絶：이 구절에 의하면 ≪孟子≫가 諸子에 속하는 책이라 하여 焚書의 禍를 면하였다고 하였으나, ≪史記≫〈秦始皇本紀〉에 나오는 李斯의 建議에는 “史官이 지닌 역사책 중에 秦나라의 역사가 아니면 모두 불사르게 하시고, 博士官이 관장하는 책이 아닌데 세상에서 감히 ≪詩≫, ≪書≫와 諸子百家의 책을 소장하는 경우가 있으면, 그 책을 모조리 郡守와 郡尉에게 보내 한꺼번에 불사르게 하소서. 없애지 않을 것은 오직 醫書, 卜書, 種藝書입니다.”라고 하여 諸子에 해당하는 책도 焚書의 대상임을 밝혔다. 趙岐의 기록과 ≪史記≫의 기록이 서로 모순되지만, ≪맹자≫가 焚書를 면했던 사실만은 분명해 보인다.

맹자가 세상을 떠난 뒤에 大道가 마침내 쇠락하였고, 망해버린 秦나라에 이르러 經術의 책을 불살라 없애고 儒生을 묻어 죽였으므로 맹자의 門徒들이 다 사라졌다. 그런데 ≪孟子≫는 諸子로 불렸기 때문에 篇籍이 泯滅되지 않을 수 있었다.

【疏】 ‘孟子’至‘泯絶’ ○ 正義曰：此敍孟子之書得其傳也. 蓋孟子生於六國之時, 憫道之不行, 遂著述, 作七篇之書. 旣沒之後, 先王之大道遂絀而不明于世. 至嬴秦幷六國,號爲秦始皇帝, 因李斯[1]之言, 遂焚書坑儒, 自是孟子徒黨盡矣. 秦紀云 "秦皇三十四年, 丞相李斯曰 '五帝[2]不相復, 三代不相襲. 今陛下創大業, 是萬世之功, 固非愚儒所知. 且越言三代之事[3], 〔何足法也.〕[4] 臣請史官非秦紀皆燒之, 非博士官所職, 天下敢有藏詩・書・百家語者, 悉詣守・尉雜燒之. 所不去者, 惟有醫・卜・種藝之書.'" 故孟子之書號爲諸子, 以故篇籍不亡而得傳於世.

1) 李斯 : 戰國시대 法家 사상가로 楚나라 사람이다. 秦나라에서 벼슬하여 客卿이 되었으며, 秦 始皇이 六國을 통일한 후 封建制에 반대하여 郡縣制를 진언하고 丞相에 올라 焚書坑儒를 단행하였다. 始皇帝가 죽은 후 宦官 趙高와 공모하여 시황제의 막내아들 胡亥를 2세 황제로 옹립하고 始皇帝의 長子 扶蘇와 將軍 蒙恬을 자살하게 하였는데, 얼마 후 趙高의 譖訴를 받고 투옥되어 咸陽의 시장터에서 처형되었다.

2) 五帝 : 上古시대 전설상의 다섯 帝王이다. 일반적으로 黃帝, 顓頊, 帝嚳, 唐堯, 虞舜을 가리킨다.

3) 越言三代之事 : 越은 淳于越을 가리킨다. 그는 戰國시대 齊나라의 博士였다가 秦나라에서 僕射의 벼슬을 지냈다. 李斯와 매우 친하였다. 秦 始皇이 천하를 통일하자, 淳于越은 秦 始皇에게 封建制를 시행할 것을 건의하면서 "옛 제도를 본받지 않으면 장구하게 지속될 수 없다."라고 하였으나, 李斯의 공박을 받았다. 나중에 焚書를 반대하다 刑을 받고 죽었다.

4) 〔何足法也〕 : 저본에는 '何足法也'가 없으나, ≪史記≫ 〈秦始皇本紀〉에 의거하여 보충하였다.

〔孟子〕에서 〔泯絶〕까지

○ 正義曰 : 이것은 ≪孟子≫라는 책이 傳承될 수 있었음을 서술한 것이다. 맹자가 六國의 시대에 태어나 道가 행해지지 않는 것을 근심하여 마침내 저술 활동을 통해 ≪孟子≫ 7篇을 지었다. 〈맹자가〉 세상을 떠난 뒤에 先王의 大道가 마침내 쇠락하여 세상에 밝혀지지 않았다. 嬴秦이 六國을 병탄함에 이르러 秦 始皇帝라고 부르는 군주가 李斯의 말로 인해 마침내 焚書坑儒를 자행하니, 이후로 맹자의 門徒들이 다 사라졌다.

≪史記≫ 〈秦始皇本紀〉에 "秦 始皇 34년에 丞相 李斯가 아뢰기를 '五帝는 서로 제도가 같지 않았고, 三代도 서로 제도를 因襲하지 않았습니다. 지금 폐하께서 大業을 開創하시니, 이러한 萬代의 위대한 功業은 진실로 어리석은 儒者가 알 수 있는 것이 아닙니다. 그리고 淳于越이 말한 三代의 일이 어찌 본받을 만한 것이겠습니까. 신은 청컨대 史官이 지닌 역사책 중에 秦나라의 역사가 아니면 모두 불사르게 하시고, 博士官이 관장하는 책이 아닌데 세상에서 감히 ≪詩≫, ≪書≫와 諸子百家의 책을 소장하는 경우가 있으

면, 그 책을 모조리 郡守와 郡尉에게 보내 한꺼번에 불사르게 하소서. 없애지 않을 것은 오직 醫書, 卜書, 種藝書(農書)입니다.' 하였다."라고 하였다. 이런 까닭에 ≪孟子≫라는 책이 諸子로 불려서 篇籍이 없어지지 않고 세상에 전해질 수 있었다.

漢興에 **除秦虐禁**하고 **開延道德**이라 **孝文皇帝**가 **欲廣遊學之路**하여 **論語孝經孟子爾雅**에 **皆置博士**[1]러니 **後**에 **罷傳記博士**하여 **獨立五經而已**라 **訖今諸經通義**에 **得引孟子以明事**하니 **謂之博文**이라

1) 博士 : 戰國時代 말기부터 있던 관직이다. 지금의 專任敎授와 비슷하다. 秦 始皇 때에는 諸子, 詩賦, 術數, 方伎에 博士를 두어 博士가 70명에 이르렀다. 漢나라도 秦나라의 博士 제도를 계승하였다. 漢 文帝는 처음에 ≪書≫와 ≪詩≫에만 각각 一經博士를 두었다가, 이후에 ≪論語≫, ≪孝經≫, ≪孟子≫, ≪爾雅≫와 諸子傳記에도 博士를 두었다. 武帝 때에 이르러서는 諸子百家를 배척하고 儒家만을 존숭하게 되면서 ≪易≫, ≪詩≫, ≪書≫, ≪禮≫, ≪春秋≫의 五經博士로 축소되었다.

漢나라가 건국되자, 秦나라의 포악한 禁令을 제거하고 道德을 지닌 인재를 널리 등용하였다. 孝文皇帝는 학생들이 首都로 와서 공부하는 길을 넓히려고 하여 ≪論語≫, ≪孝經≫, ≪孟子≫, ≪爾雅≫에 모두 博士를 설치하였다. 나중에 傳記博士를 폐지하고 오직 五經만 박사를 두었다. 지금까지도 여러 經書의 의미를 이해할 때에 ≪孟子≫를 인용하여 사리를 밝힐 수 있으니, 해박한 문헌이라고 할 수 있다.

【疏】'漢興'至'博文' ○ 正義曰 : 此敍孟子之書自漢而行也. 案漢書云 "高皇帝誅項羽, 引兵圍魯, 魯中諸儒尙講習禮, 弦歌之音[1]不絶, 豈非聖人遺化好學之國哉. 於是喟然興於學. 然尙有干戈, 平定四海, 亦未遑庠序之事. 至孝惠, 乃除挾書之律[2], 然公卿皆武力功臣, 莫以爲意[3]. 至孝文, 始使掌故晁錯(조)從伏生受尙書[4]. 尙書出于屋壁[5], 詩始萌芽[6]. 天下衆書往往頗出, 猶廣立於學官, 爲置博士[7]." 由是論語·孟子·孝經·爾雅皆置博士. 及後, 罷傳記博士, 以至于後漢, 惟有五經博士. 博士, 秦官, 掌通古今, 秩比六百石, 員多至數十人. 漢武建元五年, 初置五經博士, 宣帝黃龍(九)〔元〕[8]年, 增員(二十)〔十二〕[9]人. 自是之後, 五經獨有博士. 訖於西京趙岐之際, 凡諸經通義, 皆得

引孟子以明事, 故謂之博文也.

1) 弦歌之音 : 거문고와 비파 등의 악기를 연주하며 詩歌를 읊는 소리로, 禮樂을 익히는 것을 의미한다.
2) 挾書之律 : 秦 始皇이 李斯의 건의에 따라 ≪詩經≫, ≪書經≫ 및 百家의 서적을 사사로이 소장하는 것을 금지한 법령이다. 漢 惠帝 4년(B.C. 191)에 이르러 폐지되었다.
3) 高皇帝誅項羽……莫以爲意 : ≪漢書≫ 〈儒林傳〉에 나오는 말이다.
4) 始使掌故晁錯從伏生受尙書 : 漢 文帝 때에 ≪書經≫의 학문을 복구하기 위하여 ≪書經≫을 잘 아는 사람을 천하에 구했으나 없었다. 이때 마침 伏勝이 잘 안다는 말을 듣고 불러오려 하였으나 伏勝의 나이 이미 90이 넘어 걸음을 걸을 수 없으므로 太常掌故 晁錯에게 명하여 가서 받아오게 하였다. 伏勝이 29篇을 口述하니 이것을 당시에 쓰던 隷書로 썼기 때문에 '今文尙書'라 하였다. 伏生은 이름이 勝이고, 字는 子賤이다. 濟南 사람으로 秦나라 때 博士를 지냈다. 晁錯는 穎川 사람이다. 刑名學을 배웠으며 漢 文帝 때 太中大夫에 발탁되었다. 才辯이 뛰어나서 '智囊'으로 일컬어지기도 했으나, 景帝 때에 이르러 강성해진 제후들을 억제하기 위하여 그들의 封地를 삭감하려는 정책을 세웠는데, 吳·楚 등 七國이 반란을 일으키자, 그 반란의 원인 제공자라는 이유로 斬刑을 당하였다.(≪漢書≫ 권49 〈晁錯傳〉)
5) 尙書出於屋壁 : 晁錯가 伏生에게 ≪尙書≫를 구술받아 ≪今文尙書≫가 완성된 뒤에, 漢 景帝의 아들인 魯恭王이 궁을 넓히기 위해 孔子의 舊宅을 헐었는데, 벽 속에서 ≪書經≫이 나왔다. 이 책은 先秦시대의 蝌蚪文字로 쓰여 있었기 때문에 '古文尙書'라고 불렀다. ≪古文尙書≫는 모두 45篇으로 ≪今文尙書≫보다 16篇이 많다.
6) 詩始萌芽 : 前漢 초기에 ≪詩經≫을 연구하여 전수한 학파로 魯나라 申培의 ≪魯詩≫, 齊나라 轅古生의 ≪齊詩≫, 燕나라 韓嬰의 ≪韓詩≫, 魯나라 毛亨의 ≪毛詩≫가 있었던 것을 가리킨다.
7) 至孝文……爲置博士 : ≪漢書≫ 〈劉歆傳〉에 나오는 말이다.
8) (九)〔元〕 : 저본에는 '九'로 되어 있으나, ≪漢書≫ 〈百官公卿表〉에 의거하여 '元'으로 바로잡았다.
9) (二十)〔十二〕 : 저본에는 '二十'으로 되어 있으나, ≪漢書≫ 〈百官公卿表〉에 의거하여 '十二'로 바로잡았다.

〔漢興〕에서 〔博文〕까지

○ 正義曰 : 이것은 ≪맹자≫라는 책이 漢나라 때부터 세상에 유행됨을 서술한 것이다. ≪漢書≫에 "高皇帝가 項羽를 죽이고 군대를 이끌고 魯나라를 포위하였을 때 魯나라 안의 儒者들은 여전히 禮를 익히며, 弦歌의 소리가 끊이지 않았으니, 어찌 聖人이 教化

를 남긴 학문을 좋아하는 나라가 아니겠는가. 이에 學術이 찬탄할 만큼 흥기하였다. 그러나 여전히 전쟁이 일어나 四海를 평정해야 했으므로 교육 정책에 마음을 쓸 겨를이 없었다. 孝惠帝 때에 이르러 비로소 挾書律을 폐지했지만, 公卿들이 모두 武力을 쓰는 功臣들이었으므로 또한 뜻을 둔 이가 없었다. 孝文皇帝 때에 이르러 처음으로 掌故 晁錯로 하여금 伏生에게 ≪尙書≫를 배우게 하였다. 〈당시에〉 ≪尙書≫가 가옥의 벽에서 발견되었고, ≪詩經≫을 연구하는 학문이 비로소 싹이 트기 시작하였다. 천하의 많은 책들이 여기저기서 많이 세상에 나오자, 學官에다 광범위하게 科目으로 세우고 博士를 설치하였다."라고 하였다. 이로 말미암아 ≪論語≫, ≪孟子≫, ≪孝經≫, ≪爾雅≫에 모두 博士를 설치하였다. 나중에 傳記博士를 폐지하였고, 後漢에 이르러서는 五經博士만 두었다. 博士는 秦나라의 관직으로, 古今에 대한 해박한 지식을 관장하였고, 官秩이 六百石에 준하였으며, 인원이 많게는 수십 인에 이르렀다. 漢 武帝 建元 5년(B.C. 136)에 처음 五經博士를 설치하였고, 宣帝 黃龍 元年(B.C. 49)에는 12인을 증원하였다. 이후로는 五經에만 博士를 두었다. 西京의 趙岐시대에 이르러, 무릇 經書의 의미를 이해할 때에 ≪孟子≫를 인용하여 사리를 밝힐 수 있었으므로 '해박한 문헌'이라고 하였던 것이다.

孟子는 **長於譬喩**하니 **辭不迫切**하고 **而意以獨至**라 **其言曰 說詩者不以文害辭**하며 **不以辭害志**요 **以意逆志**라야 **爲得之矣**니라하니라 **斯言**은 **殆欲使後人**으로 **深求其意**하여 **以解其文**이니 **不但施於說詩也**라 **今諸解者往往摭取而說之**하니 **其說又多乖異不同**이라

맹자는 비유에 뛰어나니, 말이 박절하지 않으면서도 뜻을 매우 뛰어나게 전달하였다. 그가 말하기를 "詩를 해설하는 사람은 文字에 얽매여서 문장 전체의 의미를 해쳐서는 안 되며, 문장의 의미에 얽매여서 作者의 本意를 해쳐서도 안 되며, 해석하는 사람의 생각을 가지고 작자의 本意를 헤아려 보아야 비로소 詩의 바른 의미를 터득하게 된다."라고 하였다. 이 말은 아마도 後人들로 하여금 詩의 의미를 깊이 탐구하여 그 내용을 해석하기를 바랐던 것인데, 단지 詩를 해설하는 것에만 적용되는 것은 아니다. 지금 해석하는 사람들은 여기저기서 주워 모아 해설을 하니, 그 해설에 모순되고 같지 않은 점이 매우 많다.

【疏】 正義曰：此敍孟子作七篇之書長於譬喩，其文辭不至迫切，而趙岐遂引孟子說詩之旨，亦欲使後人知之，但深求其意義，其旨不特止於說詩也．然今之解者摭取而說之，其說又多乖異而不同矣．

正義曰：이것은 맹자가 7篇의 책을 지은 것이 비유에 뛰어났고, 그 글은 박절한 데 이르지 않았음을 서술한 것이다. 그래서 趙岐가 마침내 맹자가 詩를 해설한 뜻을 인용하였으니, 또한 後人들로 하여금 그것을 알게 하고자 한 것이다. 그러나 그 뜻을 깊이 탐구해보면 그 취지는 詩를 해설하는 것에만 그치는 것은 아니었다. 하지만 지금 해석하는 사람들은 이것저것 주워 모아서 해설하니, 그 설에 모순되고 같지 않은 점이 매우 많다.

孟子以來로 五百餘載요 傳之者도 亦已衆多라

≪孟子≫가 세상에 나온 뒤로 500여 년이 흘렀고, 그것을 전하는 사람도 이미 매우 많다.

【疏】 正義曰：此言孟子七篇之書，自孟子旣沒之後，至西京趙岐已五百有餘年．傳七篇之書解者，亦甚衆多也．

正義曰：이것은 ≪孟子≫ 7篇의 책이 맹자가 세상을 떠난 뒤로 西京의 趙岐에 이르기까지 500여 년이 흘렀는데, 7篇의 책을 전하여 해설한 사람도 매우 많음을 말한 것이다.

余는 生西京이라 世尋丕祚면 有自來矣[1)]라 少蒙義方訓하고 涉典文이라 知命[2)]之際에 嬰戚于天하여 遘屯離蹇하니 詭姓遁身하여 經營八紘之內十有餘年이라 心劋形瘵(채)가 何勤如焉가 嘗息肩弛擔於濟岱[3)]之間할새 或有溫故知新雅德君子矜我劬瘁하고 眷我皓首러니 訪論稽古하고 慰以大道라 余는 困吝之中에 精神遐漂하여 靡所濟集이러니 聊欲係志於翰墨하여 得以亂思遺老也라 惟六籍之學은 先覺之士釋而辯之者가 旣已詳矣라 儒家에 惟有孟子閎遠微妙하여 縕奧難見하니 宜在條理之科라 於是에 乃述己所聞하여 證以經傳하고 爲之章句하여

具載本文[4)]하고 章別其旨하여 分爲上下하니 凡十四卷이라 究而言之면 不敢以當達者요 施於新學이면 可以寤疑辯惑이라 愚도 亦未能審於是非라 後之明者가 見其違闕하여 儻改而正諸면 不亦宜乎아

1) 世尋丕祚 有自來矣 : '丕祚'는 帝位를 가리킨다. 趙岐가 趙 靈王의 5대손이고, 그 시조가 顓頊帝이기 때문에 이렇게 말한 것이다.
2) 知命 : 50세를 가리킨다. 孔子가 "나는 30세에 자립하였고, 40세에는 의혹되지 않았고, 50세에는 천명을 알았고, 60세에는 귀로 들으면 그대로 이해되었고, 70세에는 마음에 하고 싶은 바를 따라서 해도 법도를 넘어서지 않았다.〔三十而立 四十而不惑 五十而知天命 六十而耳順 七十而從心所欲 不踰矩〕"라고 한 데서 온 말이다.(≪論語≫ 〈爲政〉)
3) 濟岱 : 濟水와 岱山이다. 濟水는 河南省 濟源에서 발원하여 山東省을 거쳐 渤海로 흐르는 하천이다. 岱山은 泰山의 별칭이다.
4) 具載本文 : 經文을 注解와 함께 수록했다는 말이다. 漢나라 초기 이전까지는 經에 대한 注가 모두 經과는 별도로 유행하였다. 예를 들면, 당시의 石經에 기록된 ≪春秋公羊傳≫은 經文 없이 傳만 기록된 것이었다. 經文과 注가 같이 수록되기 시작된 것은 後漢의 馬融(79~166)이 ≪周禮≫에 注를 달아 같이 수록한 이후부터이다. 그는 ≪周禮≫의 注에서 "학자들이 두 가지 책을 봐야 하는 수고를 덜어주기 위해 본문을 갖추어 실었다.〔欲省學者兩讀 故具載本文〕"라고 하였다.

나는 西京에서 태어났다. 帝位를 대대로 거슬러 찾아보면 나의 근본이 유래한 바가 있다. 어려서는 옳은 도리를 배웠고 經典과 文學을 섭렵하였다. 知天命의 나이에 하늘에 사무치는 슬픈 일을 당하여 큰 곤경에 직면하였다. 姓을 속이고 몸을 숨긴 채 온 천하를 떠돈 지가 10여 년이나 되어 마음과 몸이 피폐해졌으니, 어떤 고생이 이와 같겠는가.

일찍이 濟水와 泰山의 사이에서 어깨를 쉬려고 지고 있던 짐을 내려놓았을 때에 溫故知新의 아름다운 덕을 지닌 君子가 초췌한 나를 불쌍히 여기고 백발이 성성한 나를 돌보아 주었는데, 나와 학문을 토론하고 古人의 일을 상고하면서 大道를 가지고 나를 위로해주었다. 당시에 나는 憂患 속에서 정신이 산만하여 안정할 수 없었으므로 著述에 마음을 붙여 근심에 찬 마음을 다스리고 늙어가는 처지를 잊기라도 하자고 생각했다.

六經의 학문은 먼저 깨달은 학자들이 풀어서 변론한 것에 이미 상세히 갖추어

있었다. 儒家의 책 중에는 오직 ≪孟子≫만이 원대하고 미묘하여 심오한 이치를 이해하기 어려웠으니, 마땅히 조리 있게 분석해야 할 대상이었다. 이에 내가 들었던 것을 기술하고 經書와 注釋을 가지고 증명하였으며, 章句를 만든 뒤에 本文을 갖추어 싣고 章마다 그 章의 의미를 나누어 밝혀 7篇을 上·下로 나누니 모두 14권이다. 총괄하여 말하자면, 통달한 사람에게는 감히 내놓을 수 없지만 初學者에게 활용하면 疑惑을 깨치고 변별할 수 있게 될 것이다. 어리석은 나도 是非를 제대로 밝힐 수 없으니, 후대에 명석한 사람이 잘못되고 빠진 점을 발견하고서 혹시라도 고쳐서 바로잡아준다면 또한 마땅하지 않겠는가.

【疏】'余生'至'不亦宜乎' ○正義曰：此是趙岐自敍己意而爲孟子解也. 言我生自西漢之京. 若以世代根尋其祚, 其先與秦共祖, 皆顓帝之裔孫也. 其後子孫造父爲穆王攻徐偃王, 大破之, 以功封趙城, 後因氏焉. 故其來端有自矣. 在幼少蒙義方敎訓之以先王典籍. 及五十之歲間, 乃零丁嬰戚于天. 是其時遇迍邅之險難, 遂詭詐其姓氏, 逃遁其身, 經營治身於八紘之內. 至十餘年, 心神形色莫不焦瘁疲瘵, 謂何勤如此之甚. 曾因息肩弛負擔於濟岱之地, 或有溫故君子有雅德者, 憐我勤苦焦瘁, 見我頭白, 遂訪我談論, 以稽考古人, 仍慰我以大道. 然於困吝之中, 其精神亦且遐漂, 未有歸定, 聊欲係志於筆墨, 以亂思遺我老也. 思其六經皆得先覺之賢士釋而辯論之, 亦已甚詳. 於儒家獨有孟子七篇之書, 其理蘊奧, 深妙難造, 宜在於聖智條理之科. 於是乃申述己之聞見, 驗以六經之傳, 斷爲章句, 具載本文, 章章別爲意旨, 分七篇作上下篇, 爲十四卷. 究極而言, 雖不敢當於達士, 然於初學者資之, 亦可以曉悟其疑惑. 其有是非得失, 愚亦未敢審實, 後之有明哲者, 如見其違理疑闕者, 改而正之, 是其宜也. -原缺- 云'爲之章句 分爲上下 凡十四卷'者, 各於卷下有說, 此更不言. -原缺- 丁公著[1)] 案漢書趙岐本傳云"趙岐字邠卿, 京兆長陵人也. 嘗遇疾甚, 誡其子曰'吾死之後, 置一圓石安墓前, 刻曰「漢有逸人, 姓趙名岐, 有志無時」'. 後疾瘳, 仕至大僕卿. 嘗仕州郡, 以廉直疾惡見憚焉."

1) 丁公著 : 앞의 결락 때문에 내용을 파악할 수 없으므로 번역하지 않았다.

〔余生〕에서 〔不亦宜乎〕까지

○正義曰 : 이것은 趙岐가 스스로 자신의 뜻을 서술하여 ≪孟子≫의 注解를 지었음을 말한 것이다. 다음과 같은 내용이다. 나는 西漢의 首都에서 태어났다. 세대를 거슬

러 계통의 근원을 찾아보면 先祖는 秦나라와 같은 조상이니, 모두 顓頊帝의 후손이다. 그 뒤에 후손인 造父가 周 穆王을 위해 徐 偃王을 공격하여 크게 무찔렀다. 그 공으로 趙城에 봉해졌고, 나중에 그로 인해 氏로 삼았다. 그러므로 그 근원이 유래한 바가 있는 것이다.

어려서는 先王의 典籍을 통해 올바른 도리에 대한 가르침을 받았다. 50세 무렵에 이르러서는 의지할 데 없이 하늘에 사무치는 큰 슬픔을 당하였다. 당시에 進退兩難의 험난한 상황이었으므로 마침내 姓氏를 속이고 몸을 숨긴 채 온 천하를 떠돌며 몸을 닦았다. 그러한 생활이 10여 년에 이르자 心神과 形色이 초췌하고 병들었으니, 어떤 고생이 이와 같이 심하다고 하겠는가.

언젠가 濟水와 泰山 사이의 지역에서 어깨를 쉬려고 지고 있던 짐을 내려놓았던 일을 계기로, 아름다운 덕을 지닌 溫故知新의 君子가 고생을 겪어 초췌해진 나를 불쌍히 여기고 내가 백발이 성성한 것을 보고는, 마침내 나를 방문하여 학문을 토론하고 古人의 일을 상고하면서 大道를 가지고 나를 위로해주었다. 하지만 나는 憂患 속에서 정신도 산만하여 안정할 수 없었으므로 著述에 마음을 붙여 근심에 찬 마음을 다스리고 늙어가는 처지를 잊기라도 하자고 생각했다.

생각건대, 六經은 모두 먼저 깨달은 賢士들이 풀어서 변론하여 이미 매우 상세하였다. 儒家의 책 중에는 오직 ≪孟子≫ 7篇만이 그 이치가 오묘하여 심오한 경지에 도달하기 어려웠으니, 마땅히 총명한 지혜로 조리 있게 분석해야 할 대상이었다. 이에 내가 듣고 보았던 것을 펼쳐 기술하고 六經의 注釋을 가지고 증명하였으며, 잘라서 章句를 만든 뒤에 本文을 갖추어 싣고 章마다 그 章의 의미를 나누어 밝혔으며, 7篇을 上・下篇으로 나누니 모두 14권이다. 총괄하여 말하자면, 비록 통달한 학자에게는 감히 내놓을 수 없지만, 初學者에게 활용하면 疑惑을 깨치게 할 수 있을 것이다. 이것의 是非와 得失에 대해서는 어리석은 나도 감히 확신할 수 없으니, 후대의 明哲한 사람이 만약 이치에 어긋나거나 빠졌다고 의심되는 점을 발견하여 고쳐서 바로잡아준다면 마땅할 것이다. -원문이 결락되었다.-

〔爲之章句 分爲上下 凡十四卷〕 각기 권 아래에 說이 있는데, 여기서는 더 말하지 않았다. -원문이 결락되었다.-

≪後漢書≫ 〈趙岐本傳〉에 "趙岐는 字가 邠卿이고, 京兆 長陵 사람이다. 언젠가 병이 심해지자, 자신의 아들에게 당부하기를 '내가 죽은 뒤에 내 무덤 앞에다 둥근 비석 하나

를 세우고 「漢나라에 숨어 산 사람이 있었으니, 姓은 趙이고, 이름은 岐이다. 뜻은 있었으나 때를 만나지 못하였다.」라고 새겨라.' 하였다. 나중에 병이 나은 뒤에 벼슬이 太僕卿에 이르렀다. 일찍이 州郡에 出仕하였는데, 청렴하고 강직한 성품으로 惡을 미워하여 사람들에게 忌憚을 받았다."라고 하였다.

孟子注疏解經 卷第一 上

梁惠王章句 上

凡七章

모두 7章이다.

趙氏 注 孫奭 疏

梁惠王者는 魏惠王也라 魏는 國名이요 惠는 諡也요 王은 號也라 時天下有七王이어늘 皆僭號者[1]하니 猶春秋之時에 吳·楚之君稱王也라 魏惠王이 居於大梁이라 故로 號曰梁王이라하니라 聖人及大賢有道德者를 王公侯伯及卿大夫 咸願以爲師하니 孔子時에 諸侯問疑質禮를 若弟子之問師也라 魯·衛之君이 皆(專)〔尊〕[2]事焉이라 故로 論語或以弟子名篇하여 而有衛靈公·季氏之篇이라 孟子亦以大儒爲諸侯[3]師라 是以로 梁惠王·滕文公題篇은 以公孫丑等而爲之一例者也[4]라

1) 者 : 宋本, 孔本, 韓本, 足利本에는 '者' 다음에 '也'가 있다.(阮元의 〈校勘記〉 참조)
2) (專)〔尊〕: 저본에는 '專'으로 되어 있으나, 宋本·孔本·韓本에 의거하여 '尊'으로 바로잡았다.(阮元의 〈校勘記〉 참조)
3) 侯 : 宋本, 孔本, 韓本, 考文古本에는 '侯' 다음에 '所'가 있다.(阮元의 〈校勘記〉 참조)
4) 以公孫丑等而爲之一例者也 : 宋本, 孔本에는 '以'가 '與'로 되어 있고 '而', '之', '者' 3자가 없다.(阮元의 〈校勘記〉 참조)

梁 惠王은 魏 惠王이다. 魏는 國名이요 惠는 諡號이고 王은 稱號이다. 당시 천하에 일곱 왕이 있었는데 모두 〈王이라〉 참람하게 일컬었으니, 이는 春秋時代에 吳나라와 楚나라 군주가 왕을 칭한 것과 같다. 魏 惠王이 大梁에 거처하였으므로 梁王이라 부른 것이다. 道와 德을 갖춘 聖人과 大賢을 王·公·侯·伯 및 卿·大夫가 모두 스승으로 삼기 원하였으니, 孔子 당시에 제후들이 의심난 것이나 예법을 묻기를 마치 제자가 스승에게 묻듯이 하였다. 魯나라와 衛나라 군주가 모두 공자를 받들어 섬겼으므로 ≪論語≫에서

혹 제자의 이름으로 편을 명명하여 〈衛靈公〉과 〈季氏〉의 편명이 있게 된 것이다. 孟子 또한 大儒로서 諸侯들로부터 스승으로 받들어졌으므로, '梁惠王'과 '滕文公'으로 편을 명명한 것은 〈제자의 이름으로 편명을 삼은〉 〈公孫丑〉 등과 같은 예이다.

【疏】 '梁惠王章句上' ○ 正義曰 : 自此至盡心, 是孟子七篇之目及次第也. 摠而言之, 則孟子爲此書之大名, 梁惠以下爲當篇之小目. 其次第蓋以聖王之盛, 唯有堯舜, 堯舜之道, 仁義爲首, 故以梁惠王問利國對以仁義, 爲七篇之首也. 此篇凡二十三章, 趙氏分爲上下卷. 此上卷只有七章, 一章言治國以仁義爲名. 二章言聖王之德, 與民共樂, 恩及禽獸. 三章言王化之本, 在於使民養生喪死之用足備. 四章言王者爲政之道, 生民爲首. 五章言百里行仁, 天下歸之. 六章言定天下者一道而已, 不貪殺人者, 人則歸之. 七章言典籍攸載, 帝王之道, 無傳霸之事. 其餘十六章分在下卷, 各有言說, 大抵皆是君國之要務, 故逑爲篇章之先. 凡此二十三章旣以梁惠王問利國爲章首, 遂以梁惠王爲篇名. 公孫丑以下諸篇, 所以次當篇之下, 各有所說. 云'章句'者, 章, 文之成也, 句者, 辭之絶也. 又言章者, 明也, 摠義包體, 所以明情者也. 句必聯字而言, 句者局也[1], 聯字分疆, 所以局言者也.

1) 句者局也 : '句'는 '區'의 通假字이므로 局과 의미가 서로 통한다.

〔梁惠王章句上〕

○ 正義曰 : 이 편부터 〈盡心〉편까지는 ≪孟子≫ 7편의 제목과 차례이다. 전체를 다 묶어서 말하면 '孟子'가 이 책의 대제목이고 '梁惠王' 이하는 해당 편의 소제목이 된다. 차례를 말하자면, 聖王 가운데 가장 훌륭한 분은 堯舜이며 요순의 도는 仁義를 최고의 가치로 삼았으므로 梁 惠王이 나라를 이롭게 할 방도를 물었을 때 맹자가 仁義로써 대답한 것을 가지고 7편의 첫머리로 삼은 것으로 보인다.

이 편은 모두 23장으로 구성되어 있는 것을 趙氏가 上·下卷으로 나누었다. 이 上卷은 7장으로 구성되어 있다. 제1장에서는 나라를 다스릴 때 仁義를 명분으로 내세울 것을 말했다. 제2장에서는 聖王의 덕은 백성들과 즐거움을 함께하여 은혜가 금수에까지 미치도록 할 것을 말했다. 제3장에서는 王化의 근본은 백성들이 산 사람을 부양하고 죽은 사람을 장사 지내는 데에 드는 비용을 충분히 갖추도록 하는 데에 있음을 말했다. 제4장에서는 王者가 정사를 하는 道는 백성을 최우선으로 하는 데에 있음을 말했다. 제5장에서는 사방 백 리의 땅으로도 仁政을 행하면 천하 사람들이 귀의할 것임을 말했다. 제6장에서는 천하를 안정시키는 것은 하나의 방도일 뿐이니 사람 죽이기를 좋아하지 않으면 사람들이 귀의할 것임을 말했다. 제7장에서는 典籍에 수록된 것은 帝王의 도리에 관한 것이고, 霸者의 사적에 관한 것은 전해지지 않음을 말했다.

그리고 나머지 16장은 下卷에 수록되어 있으며 각 장에서 언급한 내용은 대체로 모두 나라를 다스리는 군주가 실천해야 할 긴요한 일들이다. 그래서 篇章의 앞부분에 기술해 놓았다. 이 23개의 章은 양 혜왕이 나라를 이롭게 할 방도를 질문한 내용을 가지고 章의 첫머리로 삼았으므로 마침내 '양 혜왕'으로 篇名을 삼은 것이다. 〈公孫丑〉 이하 여러 편들은 해당 편명의 아래에 편차하게 된 이유에 대해서 각각 설명해 놓았다.

〈편명에서 언급된〉 '章句'의 '章'은 하나의 완성된 문장 단위이고 '句'는 끊어지는 어절의 단위이다. 또한 '章'은 밝힌다는 뜻으로, 문장 전체의 의미를 포괄적으로 설명하여 그 본뜻을 밝히는 방식이다. '句'는 연이어 붙은 글자로 어절을 만든 것으로, '句'는 구획을 긋는다는 의미가 있다. 즉, 연이어 붙은 글자를 한 단위로 분절하여 그 범위 안에서 설명을 하는 방식이다.

【疏】 ○ 注云'梁惠'至'例者也' ○ 正義曰：案史記世家云"魏之先, 畢公高之後也. 武王伐紂, 而高封於畢, 是[1]爲畢姓. 其後絶封, 爲庶人, 或在夷狄, 其裔曰畢萬, 事晉獻公. 獻公十六年, 以魏封畢萬爲大夫. 卜偃曰, '畢萬之後必大矣. 萬, 滿數也. 魏, 大名也.' 畢萬封十一年, 獻公卒, 畢萬之世彌大, 從其國名爲魏氏. 生武子, 武子生悼, 悼生嬴, 嬴生魏獻子, 子生侈, 侈之孫曰魏桓子, 桓子孫曰文侯, 文侯卒, 子擊立爲武侯, 武侯卒, 子罃立爲惠王. 惠王二十一, 齊・趙共伐我邑, 於是徙都大梁." 然則梁惠王是武侯之子, 名罃, 諡曰惠. 諡法云"愛人好與曰惠." 汲塚紀年[2]云"梁惠成王九年四月甲寅徙都大梁." 字林[3]云"王者天地人, 一貫三爲王, 天下所法也."[4] 是'時天下有七王'者, 魏・趙・韓・秦・齊・楚・燕七雄之王也. 云'論語或以弟子名篇 而有衛靈季氏之篇'者, 如顔淵・子路・子張, 是弟子名篇也, 趙岐所以引而爲例.

1) 是：≪史記≫ 권44 〈魏世家〉에는 '於是'로 되어 있다.
2) 汲塚紀年：춘추시대 晉나라 사관과 전국시대 魏나라 사관이 작성한 편년체 史書로 279년에 不準이라는 도굴꾼에 의해 양 혜왕의 아들인 襄王의 무덤에서 발굴되었다. ≪竹書紀年≫이라고도 하며, 夏나라부터 襄王까지의 중요한 역사적 사건들이 기록되어 있다.
3) 字林：晉나라 때 呂忱이 지은 字書이다. ≪說文解字≫의 540部首의 배열에 따랐다. 散

佚되어 전하지 않는다. ≪隋書≫ 〈經籍志〉에는 7卷이라고 하였다.

4) 王者天地人……天下所法也：淸나라 때 학자 任大椿(1738~1789)이 이미 散佚된 ≪字林≫을 輯佚하여 지은 ≪字林考逸≫에는 "王에서 三은 하늘, 땅, 사람이다. 一이 三을 꿰는 것이 왕이니, 천하 사람들이 본받는 대상이다.〔王三字 天地人 一貫三爲王 天下所法〕"라고 하였다.

注의 〔梁惠〕에서 〔例者也〕까지

○ 正義曰：≪史記≫ 〈魏世家〉에 이르기를, "魏나라의 선조는 畢公高의 후예이다. 武王이 紂王을 정벌할 때 高가 畢지방에 봉해졌으므로 畢姓을 가지게 되었다. 그 후 封爵이 끊어져 庶人이 되었고 그 일부는 夷狄의 땅에서 살았는데, 그 후에 가운데 畢萬이란 사람이 晉 獻公을 섬겼다. 獻公이 재위 16년에 畢萬을 魏지방에 봉하고 대부로 삼으니, 掌卜大夫 郭偃이 이를 보고 '畢萬의 후손이 반드시 크게 번창할 것이다. 萬은 꽉 찬 숫자이고 魏는 크다는 뜻을 가진 글자이기 때문이다.'라고 하였다. 〈그의 말대로〉 필만이 봉해진 지 11년에 獻公이 卒하자 畢萬의 후손들이 더욱 강대해져 그 지방의 이름을 따라 魏氏가 되었다. 〈필만이〉 武子를 낳고, 무자가 悼를 낳고 도가 嬴을 낳고, 영이 魏 獻子를 낳고 위 헌자가 侈를 낳았다. 치의 손자가 魏 桓子요, 환자의 손자가 文侯요, 문후가 졸하자 아들 擊이 왕위에 올라 武侯가 되었고, 무후가 졸하자 그 아들 罃이 왕위에 올라 惠王이 되었다. 혜왕 재위 21년에 齊나라와 趙나라가 我邑을 정벌하자 이에 大梁으로 도읍을 옮겼다."라고 하였다. 그렇다면 梁 惠王은 武侯의 아들로 이름은 '罃'이요 시호는 '惠'이다. 諡法에 이르기를, "남을 사랑하고 주기를 좋아하는 것을 '惠'라고 한다."라고 하였다. ≪汲冢紀年≫에 이르기를, "梁 惠成王 9년 4월 갑인일에 大梁으로 도읍을 옮겼다."라고 하였고, ≪字林≫에 이르기를, "王이란 하늘, 땅, 사람이다. 하나가 세 가지(하늘, 땅, 사람)를 꿰는 것이 王이니, 천하 사람들이 모범으로 삼는 대상이다."라고 하였다.

〔時天下有七王〕 魏·趙·韓·秦·齊·楚·燕 등 일곱 강대국의 왕이다.

〔論語或以弟子名篇 而有衛靈季氏之篇〕 ≪論語≫의 〈顔淵〉·〈子路〉·〈子張〉편은 제자의 이름으로 편명을 삼은 것이다. 그래서 趙岐가 그것을 끌어다 例로 삼았다.

1. 孟子見梁惠王하신대

맹자가 양 혜왕을 만났다.

【注】 孟子適梁하니 魏惠王禮請하여 孟子見之하다

맹자가 梁에 갔을 때 魏 惠王이 예를 갖추어 청하였으므로 맹자가 만난 것이다.

王曰 叟不遠千里而來하시니 亦將有以利吾國乎잇가

왕이 말했다. "어른께서 천릿길을 멀다하지 않고 오셨으니, 또한 장차 내 나라를 이롭게 할 방법을 가지고 계시겠지요?"

【注】 曰은 辭也라 叟는 長老之稱이니 猶父也라 孟子去齊하여 老而之魏하니 王尊禮之曰 父不遠千里之路而來此하니 亦將有以爲寡人興利除害者[1]乎아하니라

1) 者 : 宋本, 孔本, 廖本에는 '者'가 없다.(阮元의 〈校勘記〉 참조)

'曰'은 發語詞이다. '叟'는 長老의 호칭이니 '父'와 같다. 맹자가 齊나라를 떠나 늙은 몸으로 魏나라에 가니 왕이 높이 예우하여 말하기를, "어른께서 천릿길을 멀다하지 않고 여기에 오셨으니 또한 장차 과인을 위해 이로움을 불러오고 해로움을 없앨 수 있는 방법을 가지고 계시겠지요?"라고 한 것이다.

孟子對曰 王은 何必曰利잇고 亦有仁義而已矣니이다

맹자가 대답했다. "왕께서는 어찌하여 굳이 이로움을 말씀하십니까? 또한 仁義가 있을 따름입니다.

【注】 孟子知王欲以富國强兵爲利라 故로 曰 王은 何以利爲名乎잇고 亦有仁義之道하니 可以爲名이라하니라 以利爲名이면 則有不利之患矣라 因하여 爲王陳之하니라

맹자가 왕이 富國强兵하는 것으로 이로움을 삼으려 한다는 사실을 알고 있었다. 그래서 "왕은 어찌하여 이로움을 표방하십니까? 또한 仁義의 道가 있으니 표방할 만합니다."라고 하였다. 이로움을 표방하다 보면 이롭지 않으면 어찌하나 하는 근심이 생기게 된다. 그래서 왕을 위해 이렇게 말한 것이다.

王曰 何以利吾國고하시면 大夫曰 何以利吾家오하며 士庶人曰 何以利吾身고하여 上下交征利면 而國危矣리이다

왕께서 어떻게 하면 내 나라를 이롭게 할 수 있느냐고 묻는다면, 大夫들은 어떻게 하면 내 집안을 이롭게 할 수 있느냐고 물을 것이며, 士와 庶人들은 어떻게 하면 내 몸을 이롭게 할 수 있느냐고 물을 것입니다. 이렇게 윗사람과 아랫사람이 서로 다투어 〈자신들의〉 이익만을 취하려 든다면 나라가 위태롭게 될 것입니다.

【注】 征은 取也라 從王至庶人이라 故로 言上下交爭하여 各欲利其身하여 必至於簒弑면 則國危矣라하니라 論語曰 放於利而行이면 多怨이라하니 故로 不欲使王以利爲名也하니라 又言交는 爲俱也라

征은 취한다는 뜻이다. 왕부터 庶人까지 모두 해당된다. 그러므로 상하가 서로 다투어 각자가 자신의 몸을 이롭게 하고자 하여 반드시 윗사람의 자리를 빼앗거나 시해하는 데에 이르게 되면 나라가 위태롭게 된다고 말한 것이다. ≪論語≫에 "이익을 따라 행동하면 남들에게 많은 원한을 산다."라고 하였다. 그래서 왕이 이로움을 표방하게 만드는 것을 원치 않았다. 다른 곳에서는 交를 '모두〔俱〕'라는 의미로 풀이하기도 한다.

萬乘之國에 弑其君者는 必千乘之家요

萬乘의 나라에 그 군주를 시해하는 자는 반드시 千乘의 집안일 것이고

【注】 萬乘은 兵車萬乘이니 謂天子也요 千乘은 諸侯也라 夷羿之弑夏后는 是以千乘取其萬乘者也라

萬乘은 戰車 1만 乘이니 天子를 가리킨다. 千乘은 諸侯이다. 夷羿가 夏后를 시해한 것은 천승으로 만승을 취한 예이다.

千乘之國에 弑其君者는 必百乘之家니

千乘의 나라에 그 군주를 시해하는 자는 반드시 百乘의 집안일 것이니

【注】 天子는 建國하고 諸侯는 立家라 百乘之家는 謂大國之卿이니 食采邑하여 有兵車百乘之賦者也라 若齊崔・衛甯・晉六卿等이 是以其終亦皆弑君하니 此以百乘取千乘也라 上(下)〔千〕[1)]乘當言國이어늘 而言家者는 諸侯以國爲家요 亦以避萬乘稱〔國〕[2)]故로 稱家니

君臣上下之辭라

1) (下)〔千〕: 저본에는 '下'로 되어 있으나, 孔本·韓本에 의거하여 '千'으로 바로잡았다. (阮元의 〈校勘記〉 참조)

2) 〔國〕: 저본에는 없으나, 嘉靖本·汲古閣本에 의거하여 '國'을 보충하였다.

천자는 나라를 세우고 제후는 집안을 세운다. 百乘之家는 대국의 卿을 가리키니, 采邑에서 租稅를 받아서 전차 1백 승의 병력을 동원할 수 있는 자이다. 齊나라의 崔氏, 衛나라의 甯氏, 晉나라의 六卿 등의 경우, 끝내는 그들 모두 자신의 군주를 시해하였으니, 이는 백승으로 천승을 취한 예이다. 윗 구절에 나오는 千乘의 경우 千乘之國이라 말해야 마땅하거늘 千乘之家라고 말한 것은, 제후들이 자신의 나라를 家라고 불렀고 또 만승의 나라를 國이라고 부르는 것과 혼동을 피하기 위해 家라고 부른 것이니, 군신 간에 상하를 구분하기 위해 그렇게 말한 것이다.

萬取千焉하며 千取百焉이 不爲不多矣언마는

만승 가운데서 천승을 취하고 천승 가운데서 백승을 취하는 것이 많지 않은 것이 아니건만

【注】 周制에 君十卿祿이라하니 君食萬鍾이면 臣食千鍾하니 亦多라 故로 不爲不多矣니라

周나라 제도에서 國君은 卿 봉록의 10배라 하였으니, 國君이 萬鍾을 食邑으로 받으면 臣下인 卿은 千鍾을 받으니 또한 많은 것이다. 그러므로 많지 않은 것이 아니라고 하였다.

苟爲後義而先利면 不奪하여는 不饜이니이다

진실로 의로움을 뒷전으로 하고 이로움을 우선으로 한다면 군주의 자리를 빼앗지 않으면 만족하지 않을 것입니다.

【注】 苟는 誠也라 誠令大臣皆後仁義而先自利면 則不簒奪君位하여는 不足自饜飽其欲矣라

苟는 '진실로'란 뜻이다. 진실로 大臣들로 하여금 모두 仁義를 뒷전으로 하고 자신을 이롭게 하는 데에 우선을 두게 한다면 군주의 자리를 빼앗지 않고서는 자신의 욕심을 충분히 채우지 못할 것이다.

未有仁而遺其親者也며 未有義而後其君者也니이다

어진 마음을 가지고 있으면서 자기 부모를 버리는 경우는 없으며, 의로운 마음을 지니고 있으면서 자기 군주를 뒷전으로 하는 경우는 없습니다.

【注】 仁者는 親親이요 義者는 尊尊이라 人無行仁而遺棄其親也요 無行義而忽後其君長이라

어진 사람은 어버이를 사랑하고 의로운 사람은 높은 이를 잘 받든다. 그러므로 仁을 행하면서 그 어버이를 버리는 사람은 없고, 義를 행하면서 그 군주를 뒷전으로 하는 사람은 없다.

王은 亦曰仁義而已矣시니 何必曰利잇고

왕께서는 오직 仁과 義만을 말씀하셔야 할 것입니다. 어찌 굳이 이로움을 말씀하십니까?"

【注】 孟子復申此者는 重〔嗟〕[1]嘆其禍也니라

1) 〔嗟〕: 宋本·孔本·韓本에 의거하여 '嗟'를 보충하였다.

맹자가 다시 이 말을 한 것은 그 폐해를 거듭 우려하였기 때문이다.

【疏】 '孟子見梁惠王'至'何必曰利' ○ 正義曰: 此章言治國之道, 當以仁義爲名也.[1] '孟子見梁惠王'者, 是孟子自齊至梁見惠王也. '王曰 叟不遠千里而來 亦將有以利吾國乎'者, 王, 號也, 以業爲言也. 曰, 發語詞也. 叟, 尊老之稱也, 言惠王尊老孟子也. 惠王尊孟子, 曰叟, 不遠千里之路而至此, 相將亦有以利益我國乎. 云'亦'與'乎'者, 況外物不可必, 又非可止於一事耳, 故云亦·乎, 與論語云"不亦說乎"·"不亦樂乎"同. '孟子對曰 王何必曰利 亦有仁義而已矣'者, 是孟子答惠王也. 言王何必特止曰財利, 我亦有仁義之道, 以利益而已. 上利以財利爲言, 下利以利益爲言. '王曰 何以利吾國 大夫曰 何以利吾家 士庶人曰 何以利吾身 上下交征利 而國危矣'者, 是孟子託言也. 言惠王今問我曰何以利益我國, 則爲王之大夫必問我曰何以利益我家, 爲大夫既欲利益其家, 則爲王之士庶人亦必問我曰何以利益我身. 假使上至下至於士庶人, 皆且取其利益, 而國必危亂喪亡矣. 王以國爲問, 大夫以家爲問, 士庶人以身爲問者, 王稱國, 故以國問, 大夫稱家, 故以家問, 士庶人無稱, 故以身問而已. '萬乘之國 弑其君者 必千乘之家 千乘之國 弑其君者 必百乘之家'者, 孟子言上下交取其利而國喪亡者, 是萬乘之國, 弑其君者, 必千乘之家所弑也, 無他焉, 則千乘之家欲以萬乘之利爲多也. 千乘之國, 弑其君者, 必百乘之家所弑也, 亦無他焉, 是百乘之家欲以千乘之利爲多也. 云弑者, 自下殺上謂之弑. '萬取千焉 千取百焉 不爲不多'者, 孟子言凡欲天子之萬乘者, 且於其內取千乘, 而爲天子之諸侯, 欲諸侯之千乘者, 且於其內但取百乘而爲之大夫, 是亦不爲少矣, 何必交相爭奪, 慕多爲勝耶. '苟爲後義而先利 不奪不饜'者, 孟子言且令臣庶皆後去其仁義, 而先且以自利, 則不交相殺奪, 故不足自飽饜. 言必殺奪, 如千乘奪取萬乘, 百乘奪取千乘, 然後爲飽足也. '未有仁而遺其親者也 未有義而後其君者也'者, 孟子言未有心存乎仁而遺棄其親者, 亦未有存義而後去其君者. '王亦曰仁義而已矣 何必曰利'者, 孟子重嗟歎其禍, 故曰 王今亦當曰亦有仁義而已矣, 何必特止言其利. 一說云 是惠王悟孟子之言爲是, 而以己言爲非, 故亦應之曰 仁義而已矣, 何必言利.

1) 此章言治國之道 當以仁義爲名也 : 北京大本에는 章指를 "이 장의 章指는 다음과 같다. 나라를 다스리는 道는 마땅히 仁義를 표방해야 한다. 그런 뒤에야 上下가 화친하고 君臣이 화목하다. 하늘은 經이고 땅은 義인 것은 바꿀 수 없는 道이다. 그러므로 이 篇을 세워 처음으로 삼았다.〔此章指言治國之道 明當以仁義爲名 然後上下和親 君臣集穆 天經地義 不易之道 故以建篇立始也〕"라고 하였다.

經의 〔孟子見梁惠王〕에서 〔何必曰利〕까지

正義曰 : 이 장은 나라를 다스리는 도는 마땅히 仁義를 표방해야 함을 말한 것이다.

〔孟子見梁惠王〕 맹자가 齊나라에서 梁으로 가서 惠王을 만난 것이다.

〔王曰 叟不遠千里而來 亦將有以利吾國乎〕 '王'은 稱號이니, 功業을 가지고 말한 것이다. '曰'은 發語詞이다. '叟'는 노인을 높여서 부르는 호칭이니, 惠王이 맹자를 높이 받들었음을 말한 것이다. 혜왕이 맹자를 높이 받들면서 말하기를, "어른께서 천리길을 멀다 하지 않고 여기까지 오셨으니 장차 내 나라를 이롭게 할 방법을 가지고 계시겠지요?"라고 하였다. '亦'과 '乎'를 쓴 것은 그것이 내 의지대로 되지 않는 외적인 것이기에 반드시 그렇게 되리라고 기필할 수가 없는데다 한 가지 일에만 그치는 것이 아니기 때문이다. 그래서 '亦~乎'란 표현을 쓴 것이니, 이는 ≪論語≫에서 '不亦說乎', '不亦樂乎'라고 한 것과 같은 용례이다.

〔孟子對曰 王何必曰利 亦有仁義而已矣〕 맹자가 혜왕에게 대답한 것이다. "왕은 어찌

하여 재물의 이로움에 대해서만 말합니까? 나에게는 또한 仁義의 道가 있어 그것으로 이로움을 줄 수 있을 뿐입니다."라고 한 것이다. 앞에서 나온 '利'는 財利(물질적인 이익)로 말한 것이고, 뒤에 나온 '利'는 이익이 되게 하는 것을 의미하는 말이다.

〔王曰 何以利吾國 大夫曰 何以利吾家 士庶人曰 何以利吾身 上下交征利 而國危矣〕 맹자가 假託해서 한 말이다. "惠王이 지금 나에게 와서 어떻게 하면 자기 나라를 이롭게 할 수 있겠느냐고 묻는다면 왕의 大夫들은 틀림없이 나에게 어떻게 하면 자기 집안을 이롭게 할 수 있겠느냐고 물을 것이며, 대부들이 자기 집안을 이롭게 하려고 한다면 왕의 士와 庶人들 또한 어떻게 하면 자기 몸을 이롭게 할 수 있겠느냐고 나에게 물을 것이다. 만약 위로부터 아래로 士와 庶人에 이르기까지 모두가 자신들의 이익만을 취하려 든다면 나라가 반드시 혼란에 빠지고 망하게 될 것이다."라고 한 것이다. 왕이 나라를 가지고 묻고 대부가 집안을 가지고 묻고 사와 서인이 자신을 가지고 물었는데, 이는 王이 〈다스리는 지역을〉 나라〔國〕라 일컬었으므로 나라를 가지고 물은 것이고, 大夫가 〈다스리는 지역을〉 집안〔家〕이라 일컬었으므로 집안을 가지고 물은 것이고, 士와 庶人은 달리 일컬을 만한 대상이 없으므로 자기 자신을 가지고 물은 것이다.

〔萬乘之國 弑其君者 必千乘之家 千乘之國 弑其君者 必百乘之家〕 맹자가 "윗사람과 아랫사람 사람이 서로 자신들의 이익을 취하려 든다면 나라가 망한다는 것은, 만승의 나라에서 그 군주를 시해하는 경우 반드시 천승의 집안이 주도하게 되는데 이는 다름이 아니라 천승의 집안이라야 만승을 욕심내기 때문이며, 천승의 나라에서 그 군주를 시해하는 경우 반드시 백승의 집안이 주도하게 되는데 이 또한 다름이 아니라 백승의 집안 정도는 되어야 천승을 욕심내기 때문이다."라고 말한 것이다. 여기에서 시해라는 말을 사용하였는데, 아랫사람이 윗사람을 죽이는 것을 시해라고 한다.

〔萬取千焉 千取百焉 不爲不多〕 맹자가 "무릇 만승의 천자가 되려고 하면 우선 그 내부에서 천승을 취하여 천자의 제후가 되어야 하고, 천승의 제후가 되려고 하면 우선 그 안에서 백승을 취하여 대부가 되어야 하는데, 이 역시도 적은 것이 아니거늘 어찌 굳이 서로 빼앗아 많게 불리려 하느냐."라고 말한 것이다.

〔苟爲後義而先利 不奪不饜〕 맹자가 "장차 신하들로 하여금 모두가 仁義를 뒷전으로 하고 자신을 이롭게 하는 것을 우선하게 한다면 서로 죽이고 빼앗지 않고서는 필시 만족하지 못하게 될 것이다."라고 말한 것이다. 즉, 천승의 제후가 천자의 만승을 빼앗고 백승의 대부가 제후의 천승을 빼앗을 때처럼 반드시 죽여서 빼앗은 다음에야 만족한다

는 것이다.

〔未有仁而遺其親者也 未有義而後其君者也〕 맹자가 “어진 마음을 지니고 있으면서 자기 부모를 버리는 경우는 없으며 또 의로운 마음을 지니고 있으면서 자기 군주를 뒷전으로 하는 경우는 없다.”라고 말한 것이다.

〔王亦曰仁義而已矣 何必曰利〕 맹자가 그 폐해를 거듭 우려하였기 때문에 “왕은 지금 마땅히 仁義에 대해서만 말해야지 어찌 굳이 이익만 말씀하십니까?”라고 한 것이다. 일설에 의하면, 이 구절은 혜왕이 맹자의 말이 옳고 자기의 말이 그르다는 것을 깨달았기 때문에 그 또한 “인의가 있을 뿐이니 어찌 굳이 이익을 말할 필요가 있겠는가.”라고 응수한 것이라고 한다.

【疏】 ○ 注云‘孟子’至‘見之’ ○ 正義曰：案魏世家云“惠王三十五年, 惠王以厚幣招賢者, 鄒衍・淳于髡・孟子皆至梁”是也.

○ 注의 〔孟子〕에서 〔見之〕까지

○ 正義曰：≪史記≫ 〈魏世家〉에 이르기를, “惠王 재위 35년에 惠王이 후한 폐백으로 賢者를 초빙하니 鄒衍, 淳于髡, 孟子가 모두 梁에 이르렀다.”라고 한 것이 여기에 해당한다.

【疏】 ○ 注‘曰辭也’至‘之魏’ ○ 正義曰：詞也, 從口乙聲, 亦象口氣出也.[1] 劉熙曰 “叟, 長老之稱, 依皓首之言.” 父, 矩也, 家長率敎者.[2] 云‘云齊之魏’者, 案史記列傳云“孟子事齊宣王, 宣王不能用, 乃適魏”是也.

1) 詞也……亦象口氣出也：≪說文解字≫ 권5 상의 ‘曰’조를 인용한 것이다.
2) 劉熙曰……家長率敎者：劉熙는 후한 말기의 경학자이자 훈고학자로 ≪釋名≫과 ≪孟子注≫를 저술하였다. 그 가운데 ≪釋名≫은 중국의 훈고학에 큰 영향을 주었으며 ≪孟子注≫는 현재 전하지 않는다. 유희의 이 말은 일실된 ≪孟子注≫에 나오는 말로 보인다. ≪史記集解≫에서는 劉熙의 말을 인용하여 “叟 長老之稱 依皓首之言”이라고 하였고, ≪白虎通≫에서는 “父 矩也 以度敎子者也”라 하였다.

○ 注의 〔曰辭也〕에서 〔之魏〕까지

○ 正義曰：〈‘曰’은〉 발어사이다. 刑符는 ‘口’이고 聲符는 ‘乙’이다. 또한 입김이 밖으로 나오는 것을 형상한 것이다. 劉熙가 이르기를, “叟는 長老의 호칭이니 머리가 흰 사람을 가리켜 말한 것이다.”라고 하였다. 父는 法度이니, 집안을 통솔하고 가르치는 家長을 의

미한다.

〔去齊之魏〕≪史記≫〈孟子列傳〉에 "맹자가 齊 宣王을 섬겼으나 宣王이 제대로 등용하지 못하자 魏나라로 갔다."라고 한 것이 이것이다.

【疏】○ 注'征取也'至'俱也' ○ 正義曰：征, 正也. 蓋言君子至於利也, 非釋之而弗取也, 特不可交征而正取之爾, 猶季氏[1]聚斂以弱魯, 趙孟[2]資之傾晉之類故也. 引論語曰"放於利而行, 多怨"者, 證其上下交征利而國危亡之意也. 孔[3]曰 "放, 依也. 每事依利而行, 取怨之道也."[4] 云 "交, 俱也"[5], 蓋云俱, 皆也.

1) 季氏：춘추시대 노나라의 대부이다. ≪論語≫〈先進〉에 "季氏가 周公보다도 부자였는데, 공자의 제자 염구가 계씨를 위해 세금을 많이 거두어들여서 그를 더 부유하게 만들어주니, 공자가 말하기를 '나의 제자가 아니니, 제자들아 북을 치며 그를 성토하는 것이 옳다.' 하였다.〔季氏富於周公 而求也爲之聚斂而附益之 子曰 非吾徒也 小子 鳴鼓而攻之可也〕"라고 하였다.
2) 趙孟：춘추시대 晉나라 대부인 趙盾과 그 직계 후손들을 가리킨다. ≪孟子≫〈告子上〉에, "남이 귀하게 해준 것은 본래 귀한 것이 아니니, 조맹이 귀하게 해준 것은 조맹이 천하게 할 수 있다.〔人之所貴者 非良貴也 趙孟之所貴 趙孟能賤之〕"라고 하였다.
3) 孔：前漢의 학자 孔安國(B.C. 156~B.C. 74)이다. 공자의 10대손으로, 申公에게 ≪詩經≫을 배우고 伏生에게 ≪尙書≫를 배웠다. 漢 武帝 때 諫大夫와 臨淮太守를 지냈다. 당시 공자의 옛집 벽에서 나온 古文으로 된 ≪論語≫, ≪尙書≫, ≪禮記≫, ≪孝經≫을 해독하는 사람이 없었는데 공안국이 今文으로 풀어 읽었다. 황제의 명을 받아 ≪상서≫를 58편으로 정리하여 ≪古文尙書≫를 만들고, 또 주석서인 ≪論語訓解≫와 ≪古文孝經傳≫을 지었다.
4) 放……取怨之道也：≪論語≫〈里仁〉의 '放於利而行'에 대한 孔安國의 주석에 나온다.
5) 交 俱也：≪書經≫〈禹貢〉의 '庶土交正'에 대한 孔安國의 주석에 나온다.

○ 注의 〔征取也〕에서 〔俱也〕까지

○ 正義曰：'征'은 바로잡는 것이다. 이는 군자가 利益을 대할 때 아무런 관심을 두지 않아 취하지 않는 것이 아니라 단지 상하가 서로 바로잡아 주면서 옳은 방법으로 취하지 못하는 것임을 말한 것이다. 季氏가 세금을 많이 거둠으로써 魯나라의 국력을 약화시켰고 趙孟이 권력을 제멋대로 휘둘러 晉나라를 기울게 한 것과 같은 일이기 때문이다. ≪論語≫에서 "이익을 따라 행동하면 남에게 많은 원한을 산다."라고 한 말을 인용한 것은, 상하 사람들이 서로 자신들의 이익만을 취하려 든다면 나라가 반드시 혼란에

빠지고 망하게 될 것〔上下交征利而國危亡〕이라는 말의 의미를 입증한 것이다. 孔安國이 이르기를, "'放'은 '따르다'는 뜻이다. 매사를 이익에 따라 행동하면 남의 원한을 사는 길이다."라고 하였고, 또 "'交'는 '俱'의 의미이다."라고 하였다. 대체로 '俱'는 '모두〔皆〕'라는 의미로 사용된다.

【疏】 ○ 注'萬乘'至'萬乘也' ○ 正義曰：案司馬法云 "六尺爲步, 步百爲畝, 畝百爲夫, 夫三爲屋, 屋三爲井, 井十爲通, 通十爲成, 成方十里, 成十爲終, 終十爲同, 同方百里, 同十爲封, 封十爲畿, 畿方千里. 有稅有賦, 稅以足食, 賦以足兵. 一同百里, 提封萬井, 定出賦六千四百井, 戎馬四百匹, 兵車百乘, 此卿大夫采地之大者也, 是謂百乘之家. 一封三百一十六里, 提封十萬井, 定出賦六萬四千井, 戎馬四千匹, 兵車千乘, 此諸侯之大者也, 是謂千乘之國. 天子畿方千里, 提封百萬井, 定出賦六十四萬井, 戎馬四萬匹, 兵車萬乘, 故稱萬乘之主." 云'夷羿弑夏后'者, 引之以語千乘取萬乘也. 案魯襄四年左傳曰"昔有夏之方衰也, 后羿自鉏遷於窮石, 因夏民以代夏政", 杜預曰"禹孫大康淫放失國, 夏人立其弟仲康, 仲康亦微弱. 仲康卒, 子相立, 羿遂代相, 號曰有窮. 後爲少康所滅". 注云"夷羿"者, 左傳襄四年杜注云"夷, 氏也", 故云夷羿.

○ 注의 〔萬乘〕에서 〔萬乘也〕까지

○ 正義曰：≪司馬法≫에 이르기를, "6尺이 1步이고, 100보가 1畝이고, 100묘가 1夫이고, 3부가 1屋이고, 3옥이 1井이고, 10정이 1通이고, 10통이 1成이니, 1성은 사방 10里이다. 10성이 1終이고, 10종이 1同이니, 1동은 사방 100리이다. 10동이 1封이고, 10봉이 1畿이니, 1기는 사방 1천 리이다. 여기에 稅와 賦를 부과하는데, 稅를 통해 식량을 충족시키고 賦를 통해 군사를 충족시킨다. 1同은 사방 100리로서 합계 1만 정이니, 兵賦 6천 400정, 戎馬 400필, 兵車 100승을 낼 수 있다. 이는 卿大夫의 采地 가운데 가장 큰 것에 속하는 것으로서 이를 '百乘之家'라고 한다. 1封은 사방 316리로서 합계 10만 정이니, 兵賦 6만 4천 정, 戎馬 4천 필・兵車 1천 승을 낼 수 있다. 이는 諸侯의 봉토 가운데 가장 큰 것에 속하는 것으로서 이를 '千乘之國'이라고 한다. 天子의 畿는 사방 1천 리로서 합계 1백만 정이니, 兵賦 64만 정, 戎馬 4만 필, 兵車 1만 승을 낼 수 있다. 이런 까닭에 '萬乘之主'라고 한다."라고 하였다.

"夷羿가 夏后를 시해한 일〔夷羿弑夏后〕"을 말한 것은 그 사실을 인용하여 천승으로 만승을 취한 예를 든 것이다. 상고해보건대, ≪春秋左氏傳≫ 魯 襄公 4년조에, "옛날 夏나라가 쇠퇴하자 后羿가 鉏에서 窮石으로 옮겨와 하나라 백성의 뜻에 따라 하나라 정사를 대신하였다."라고 하였는데, 이에 대한 杜預의 注에 이르기를, "禹王의 손자 太康이 방탕하여 나라를 잃자 하나라 백성들이 그의 아우 仲康을 왕으로 세웠으나 중강 또한 미약하였다. 중강이 죽고 아들 相이 왕위에 오르자 羿가 마침내 相을 대신하였고 나라 이름을 '有窮'이라 하였다. 후에 少康에게 멸망당했다."라고 하였다. 그런데 注에서 '夷羿'라고 한 것은, ≪春秋左氏傳≫ 襄公 4년조 杜預의 注에서 "夷는 氏이다."라고 하였으므로 夷羿라고 한 것이다.

【疏】 ○ 注云'齊崔衛甯晉六卿等' ○ 正義曰：此引之以證百乘取千乘也. 齊崔, 崔杼, 爲齊之大夫, 語云"崔子弑齊君", 襄公二十五年左傳云"崔杼作亂"是也. 衛甯, 甯喜也, 爲衛大夫, 史記世家衛獻公十八年"甯惠子與孫文子逐獻公, 獻公奔齊, 齊置獻公於聚邑, 孫·甯共立定公弟秋爲衛君, 是爲殤公. 殤公十二年, 爲晉平公所執, 獻公復入衛, 後元年誅甯喜", 又襄二十六年書"甯喜弑其君剽"是也. 六卿, 魏獻子與韓宣子·趙簡子·智文子·中行氏子·範獻子六人是也. 史記世表云"昭公二十八年, 六卿誅公族, 分其邑, 各使其子爲大夫"[1)]故也.

1) 史記世表云……各使其子爲大夫：≪史記≫의 〈世表〉가 아니라 〈十二諸侯年表〉에 나오는 말이다. 魯 昭公 28년은 晉 頃公 12년이다.

○ 注의 〔齊崔衛甯晉六卿等〕

○ 正義曰：이는 이들을 인용하여 백승이 천승을 취한 사실을 입증한 것이다. 齊나라의 崔氏는 崔杼를 가리키며 齊나라의 大夫이다. ≪論語≫에 "崔子가 제나라 군주를 시해하였다."라고 한 것과, ≪春秋左氏傳≫ 襄公 25년조에 "崔杼가 반란을 일으켰다."라고 한 것이 바로 이것을 두고 한 말이다.

衛나라의 甯氏는 甯喜를 가리키며 衛나라 大夫이다. ≪史記≫〈衛世家〉의 衛 獻公 18년조에 "甯惠子와 孫文子가 獻公을 축출하여 獻公이 齊나라로 망명하니 齊나라가 獻公을 聚邑에 거처하게 하였다. 손무자와 영혜자가 함께 〈모의하여〉 定公의 아우 秋를 衛나라 군주로 옹립하니, 이 사람이 殤公이다. 殤公은 즉위 12년에 晉나라 平公에게 사로잡히고 이에 따라 獻公이 다시 衛나라로 돌아갔다. 〈獻公이〉 복위한 원년에 甯喜를 주살하였다."라고 한 것과, ≪春秋左氏傳≫ 襄公 26년에 "甯喜가 그 임금 剽를 시해하였다."라고 한 것이 바로 이것을 두고 한 말이다.

六卿은 魏獻子, 韓宣子, 趙簡子, 智文子, 中行氏子, 范獻子 등 6명을 가리킨다. ≪史記≫ 〈世表〉에 이르기를, "昭公 28년에 六卿이 公族을 주살하고 그 邑들을 나누어 가진 다음 각자 그 아들을 大夫로 삼았다."라고 하였기 때문에 그렇게 부른 것이다.

【疏】 ○ 注'周制'至'不多矣' ○ 正義曰 : 周制蓋言周之所制也. 王制云"君十卿祿"是也. 云鍾, 量名也. 晏子曰"齊舊四量, 豆・區・釜・鍾, 四升爲豆, 四豆爲區, 四區爲釜, 釜十爲鍾"是也.

○ 注의 〔周制〕에서 〔不多矣〕까지

○ 正義曰 : '周制'는 周나라에서 만든 제도를 말한다. ≪禮記≫ 〈王制〉에 이르기를, "國君은 卿의 祿俸의 10배이다."라고 한 것이 이것이다. '鍾'은 度量의 단위이다. 晏子가 이르기를, "齊나라는 예로부터 네 종류의 도량, 즉 豆・區・釜・鍾이 있다. 4升이 1豆가 되고 4豆가 1區가 되고 4區가 1釜가 되며, 10釜가 1鍾이 된다."라고 한 것이 이것이다.

【疏】 ○ 注'苟誠也'至'欲矣' ○ 正義曰 : 語云"苟子之不欲"[1]・"苟(能)[2]正其身"[3]之苟同. 云厭者, 說文云"饜, 飽也, 字從厭從食也, 飽則厭食也". 此一章遂爲七篇之首章.

1) 苟子之不欲 : 季康子가 도둑을 근심하여 孔子에게 대책을 묻자, 孔子가 "진실로 그대가 탐욕을 부리지 않는다면 비록 백성에게 상을 주면서 도둑질하게 하더라도 하지 않을 것이다.〔苟子之不欲 雖賞之不竊〕"라고 한 것이 ≪論語≫ 〈顔淵〉에 나온다.
2) (能) : 저본에는 '能'이 있으나, ≪論語≫에 의거하여 衍文으로 처리하였다.
3) 苟(能)正其身 : "爲政者가 진실로 자신을 바르게 한다면 정치하는 데에 무슨 어려움이 있겠으며, 자신을 바르게 할 수 없다면 어떻게 남을 바르게 할 수 있겠는가.〔苟正其身矣 於從政乎 何有 不能正其身 如正人何〕"라는 孔子의 말이 ≪論語≫ 〈子路〉에 나온다.

○ 注의 〔苟誠也〕에서 〔欲矣〕까지

○ 正義曰 : '苟'는 ≪論語≫의 "苟子之不欲(진실로 그대가 탐욕을 부리지 않는다면)", "苟正其身(진실로 자신을 바르게 한다면)"의 '苟'자와 같다. '厭'은 ≪說文解字≫에 이르기를, "'饜'은 배불리 먹는 것이다. 글자의 구성이 '厭'자와 '食'자의 결합으로 되어 있으니, 배불리 먹으면 먹는 것에 싫증이 난다는 뜻이다."라고 하였다. 이 1장은 ≪孟子≫ 7편의 첫 장이다.

2. 孟子見梁惠王하신대 王立於沼上이라가 顧鴻雁麋鹿曰 賢者도 亦樂此乎잇가

맹자가 양 혜왕을 만났다. 왕이 연못가에 서 있다가 크고 작은 기러기와 사슴들을 돌아보며 말씀하셨다. "賢者도 이런 것을 즐깁니까?"

【注】 沼는 池也라 王好廣苑囿하고 大池沼라 與孟子遊觀이라가 乃顧視禽獸之衆多하고 其心以爲娛樂하여 誇咤孟子曰 賢者도 亦樂此乎아

'沼'는 연못이다. 왕이 동산을 넓히고 연못을 크게 만들기를 좋아하였다. 맹자와 함께 거닐며 관람하다가 새와 짐승들이 많이 불어난 것을 둘러보고는 즐거운 마음에 맹자에게 자랑하는 말투로 "현자도 이런 것을 즐깁니까?"라고 물었다.

孟子對曰 賢者而後에 樂此니 不賢者는 雖有此라도 不樂也니이다

맹자가 대답했다. "현자가 된 뒤에야 이런 것을 즐길 수 있습니다. 현자가 아닌 사람은 비록 이런 것을 가지고 있다 하더라도 즐길 수가 없습니다.

【注】 惟有賢者然後에 乃得樂此耳니 謂修堯舜之道하여 國家安寧이라 故로 得有此以爲樂也니라 不賢之人은 亡國破家리니 雖有此라도 亦爲人所奪이라 故로 不得以爲樂也니라

오직 賢者가 된 뒤라야 이러한 즐거움을 누릴 수 있으니, 堯舜의 道를 실천하여 국가가 편안해졌기 때문에 이런 것을 즐길 수 있다는 말이다. 賢者가 아닌 사람은 나라를 망치고 집안을 파탄시킬 것이니, 비록 이런 것을 가지고 있다 하더라도 또한 다른 사람에게 빼앗기게 될 것이므로 즐길 수 없게 된다.

詩云 經始靈臺하여 經之營之하시니 庶民攻之라 不日成之[1)]로다

1) 不日成之 : 朱熹는 "'不日'은 하루를 다하지 않음이다.〔不日 不終日也〕"라고 주해하였다. 그것에 의거하면 "하루가 못되어 완성하였다."라고 번역된다.

≪詩經≫에 이런 시가 있습니다. '靈臺를 지을 계획을 세워 터전을 닦고 일을 시작하니 백성들이 만들었는데, 날짜를 약속하지 않고 와서 완성했네.

【注】 詩는 大雅靈臺之篇也라 言文王始初經營規度此臺하니 衆民이 竝來治作之한대 而不

與之相期日限이로되 自來成之하다

≪詩經≫은 〈大雅 靈臺〉편이다. 文王이 처음 이 영대를 지을 계획을 세우고 공사를 진행하자 백성들이 모두 찾아와서 함께 지어주었는데, 날짜를 서로 약속하고 온 것이 아니라 자발적으로 찾아와서 만든 것이다.

經始勿亟하시나 庶民子來로다

영대 짓는 일을 서두르지 말라고 하셨으나 백성들이 자식같이 모여들었네.

【注】 言文王不督促使之라 亟은 疾也라 衆民自來赴[1]가 若子來爲父使之也라

1) 赴 : 저본에는 '赴'로 되어 있으나, 嘉靖本・汲古閣本・武英殿本에는 '趣之'로 되어 있다.

문왕이 독촉하여 시키지 않았음을 말한 것이다. '亟'은 '빠르다'는 뜻이다. 백성들이 자발적으로 오는 것이 마치 자식이 부모를 위하여 일을 하러 오는 것과 같았다는 말이다.

王在靈囿하시니 麀鹿攸伏이로다 麀鹿濯濯이어늘 白鳥鶴鶴이로다

왕이 靈囿에 계시니 암사슴이 그 앞에 엎드려 있도다. 암사슴은 기름기가 흐르고 백조는 하얗게 빛나도다.

【注】 麀鹿은 牝鹿也라 言文王在囿中하니 麀鹿懷妊하여 安其所而伏不驚動也라 獸肥飽則濯濯하고 鳥肥飽則鶴鶴而澤好而已니라

麀鹿은 암사슴이다. 文王이 靈囿 안에 들어오자 새끼를 밴 암사슴이 평온하게 자리를 잡고서 놀라 도망가지 않았음을 표현한 것이다. 길짐승은 살이 찌면 털에 기름기가 흐르고 날짐승은 살이 찌면 새하얗게 윤기가 흐른다.

王在靈沼하시니 於(오)牣魚躍이라하니

왕이 靈沼에 계시니, 아! 연못 가득 물고기가 뛰는도다.'

【注】 文王在池沼에 魚乃跳躍喜樂하니 言其德及鳥獸魚鱉也라

문왕이 연못가에 나오자 물고기들이 즐겁게 뛰어놀았으니, 그 덕이 금수와 물고기에

까지 미쳤음을 표현한 것이다.

文王이 **以民力爲臺爲沼**하시나 **而民歡樂之**하여 **謂其臺曰靈臺**라하고 **謂其沼曰靈沼**라하여 **樂其有麋鹿魚鱉**하니

문왕이 백성들의 힘으로 누대를 짓고 연못을 만드셨으나 백성들이 기쁘게 받아들여 그 누대를 靈臺라 부르고 그 연못을 靈沼라 부르면서 그 속에 사슴과 물고기들이 사는 것을 즐거워하였으니,

文王

【注】 孟子(謂)〔爲〕[1]王誦此詩하고 因曰文王雖以民力으로 築臺鑿池나 民由[2]歡樂之하여 謂其臺沼若神靈之所爲하여 欲使其多禽獸以養文王者也라

1) (謂)〔爲〕: 저본에는 '謂'로 되어 있으나, 廖本·孔本·韓本·監本·毛本에 의거하여 '爲'로 바로잡았다.(阮元의 〈校勘記〉 참조)
2) 由 : 저본에는 '由'로 되어 있으나, 閩本·監本·毛本에 '猶'로 되어 있다. '由'와 '猶'는 通假字이다.(阮元의 〈校勘記〉 참조)

맹자가 왕을 위해 이 시를 읊은 다음, 이어서 "문왕이 비록 백성들의 힘으로 누대를 쌓고 연못을 파기는 했지만 백성들이 오히려 기쁘게 받아들여 누대와 연못을 마치 神靈이 만든 것처럼 말해서 그 속에 짐승들이 많아져 문왕을 잘 봉양할 수 있게 되기를 바랐다."라고 말한 것이다.

古之人이 **與民偕樂**이라 **故**로 **能樂也**니이다

옛사람들이 백성들과 함께 즐겼기 때문에 이렇게 즐길 수 있었던 것입니다.

【注】 偕는 俱也니 言古賢之君이 與民同樂이라 故로 能得其樂이라

'偕'는 '함께'란 뜻이다. 옛날 어진 군주들이 백성들과 함께 즐겼기 때문에 그 즐거움을 누릴 수 있었음을 말한 것이다.

湯誓曰 時日에 害喪하리니 予及女皆亡[1)]이라하니

1) 時日害喪 予及女皆亡 : 朱熹는 이 구절에 대해 "時는 '이것'이다. 日은 夏의 桀王을 가리킨다. 害은 '어찌'이다. 桀王이 일찍이 스스로 말하기를 '내가 천하를 소유한 것은 하늘에 태양이 있는 것과 같으니, 태양이 없어져야 내가 비로소 망한다.' 하였다. 백성들이 그의 虐政을 원망하였기 때문에 그가 스스로 말한 것을 계기로 그를 지목하기를 '이 해가 언제나 없어지겠는가? 만일 없어진다면 내 차라리 그와 함께 없어지겠다.' 하였으니, 이것은 桀王이 망하기를 몹시 바란 것이다.〔時 是也 日指夏桀 害 何也 桀嘗自言 吾有天下 如天之有日 日亡 吾乃亡耳 民怨其虐 故因其自言而目之曰 此日何時亡乎 若亡則我寧與之俱亡 蓋欲其亡之甚也〕"라고 주해하였다. 그것에 의거하면 "이 해가 언제나 없어질까? 나는 너와 함께 망하겠다."라고 번역된다. '皆'는 閩本・監本・毛本에는 '偕'로 되어 있다.(阮元의 〈校勘記〉 참조)

〈湯誓〉에 이르기를, "이날 桀이 크게 멸망하리니 나와 너희가 함께 가서 멸망시키자."라고 하였으니,

【注】 湯誓는 尙書篇名也라 時는 是也니 〔是〕[1)] 日은 乙卯日也라 害은 大也라 言桀爲無道하여 百姓이 皆欲與湯共伐之한대 湯이 臨士衆誓하여 言是日桀當大喪亡하리니 我與女俱往亡之라하니라

1) 〔是〕 : 阮元의 〈校勘記〉에 의거하여 보충하였다.

〈湯誓〉는 ≪尙書≫의 편명이다. '時'는 '是'이다. '是日'은 乙卯日이다. '害'는 '大'이다. 桀이 무도한 짓을 하여 백성들이 모두 湯임금과 함께 정벌하고자 하니, 탕임금이 군사들 앞에서 맹세하기를, "이날 桀이 크게 멸망하리니 나와 너희가 함께 가서 멸망시키자."라고 한 것을 말한다.

民欲與之皆亡[1)]이면 雖有臺池鳥獸나 豈能獨樂哉리잇고

1) 民欲與之皆亡 : 앞의 '時日害喪 予及女皆亡'을 朱熹의 說대로 해석하면, 이 구절의 '之'는 桀王을 가리키는 것이 되어 '백성들이 그와 함께 망하고자 하였다면'이라고 번역된다.

백성들이 함께 멸망시키려고 하였다면 비록 누대와 연못, 鳥獸가 있다 하나 어찌 홀로 즐길 수 있겠습니까?"

【注】 孟子說詩書之義하여 以感喩王이라 言民欲與湯共亡桀이면 雖有臺池禽獸나 何能獨樂之哉리오하니 復申明上言不賢者雖有此不樂也라

맹자가 ≪詩經≫과 ≪尙書≫의 내용을 풀이하여 왕을 깨우친 것이다. "백성들이 湯임금과 함께 桀을 멸망시키려고 하였다면 비록 누대와 연못, 禽獸를 가지고 있다 한들 어찌 홀로 즐길 수 있겠는가?"라고 말한 것이니, 위에서 말한 현자가 아닌 사람은 비록 이런 것을 가지고 있다 하더라도 즐길 수 없다는 것을 다시 거듭 밝힌 것이다.

【疏】 '孟子見梁惠王'至'豈能獨樂哉' ○ 正義曰：此章言聖王之德, 與民共樂, 恩及鳥獸也.[1)]'孟子見梁惠王 王立於沼上 顧鴻雁麋鹿'者, 是孟子在梁時, 見惠王立於沼之上, 而顧盼鴻雁麋鹿之狀也. '曰 賢者亦樂此乎'者, 是惠王稱譽孟子爲賢者, 問孟子亦樂此池沼之上而顧盼鴻雁麋鹿乎. 云"乎", 意恐孟子樂與不樂, 所以云"乎"而作疑之之辭也. '孟子對曰 賢者而後樂此 不賢者雖有此 不樂也'者, 是孟子答惠王. 言唯有德之賢者爲君, 然後得樂於此, 如君之不賢, 雖有此鴻雁麋鹿之顧, 亦不得其樂也. '詩云 經始靈臺 經之營之 庶民攻之 不日成之 經始勿亟 庶民子來'者至'魚躍', 是孟子爲王誦此靈臺之詩, 以證賢者而後樂此也. 言文王規度, 始於靈臺, 而經營之際, 衆民皆作治之, 故臺不期日而有成, 言其成之速也. 旣成之速, 文王未嘗亟疾使民成之用如此之速也, 是衆民自然若子來如爲父之使耳, 故如此之速也. '王在靈囿 麀鹿攸伏 麀鹿濯濯 白鳥鶴鶴'者, 言文王在靈囿之時, 麀鹿皆安其所而伏臥以懷其妊, 又且不驚動, 非特不驚動, 又且濯濯然而肥飽, 非特麀鹿之肥飽, 其於白鳥又且鶴鶴然而肥澤也. 麀鹿, 牝鹿也. '王在靈沼 於牣魚躍'者, 言文王在靈沼之時, 則魚盈滿乎沼中, 又且跳躍喜樂如也. 言其魚之微物, 亦且得其所也. '文王以民力爲臺爲沼 而民歡樂之 謂其臺曰靈臺 謂其沼曰靈沼 樂其有麋鹿魚鼈'者, 是孟子至此, 又自言文王作臺·沼之意, 而感喩于惠王也. 文王雖以民力爲其臺·沼, 然而民皆喜樂而爲之, 如謂其臺·沼, 則曰靈臺·靈沼也. 以靈臺·靈沼云者, 謂其文王之德化, 亦樂其有之行如神靈之所至, 故謂其臺·沼必曰爲靈臺·靈沼. 凡此者無他焉, 是衆民感文王之德化, 亦樂其有魚鼈禽獸之多以奉養文王也已. '古之人 與民偕樂 故能樂也'者, 言古之賢君如此, 文王與民同其樂, 故能得此臺池之樂也. '湯誓曰 時日害喪 予及女皆亡'者, 是孟子引商書[2]. 謂桀於是時無道, 暴虐百姓, 故百姓皆欲與湯王共伐之. 湯於是往伐, 臨於衆中, 誥誓之曰 "是日桀當大滅, 我與女衆共往滅之". 一云"時日害喪, 予及女皆亡"者, 是桀云, 故湯誓引而言之也, 謂桀云 "天有是日, 猶吾之有民, 日曷有亡哉. 日亡則吾與民亦俱亡矣". '民欲與之皆亡 雖有臺池鳥獸 豈能獨樂哉'者, 是孟子首對惠王曰"不賢者雖有此, 不樂也", 故引此桀而證其言也. 言桀爲不賢之君, 民亦欲與湯共伐之, 雖有臺池・鳥獸, 豈能得獨享其此樂哉. 言不能得樂也.

1) 此章言聖王之德……恩及鳥獸也 : 北京大本에는 章指를 "이 장은 聖王의 德이 백성들과 함께 즐기고 그 은덕이 鳥獸에까지 미친다면 〈백성들이〉 기쁘게 윗사람을 받들어 크게 和平해지고 敎化가 진작될 것이고, 무도한 군주에 대해 백성들이 원망하고 신령이 분노한다면 나라가 멸망하고 제사가 끊어져 즐기는 것을 보존하여 지킬 수 없음을 말하였다.〔此章言聖王之德 與民共樂 恩及鳥獸 則忻戴其上 大平化興 無道之君 衆怨神怒 則國滅祀絶 不得保守其所樂也〕"라고 하였다.

2) 商書 : ≪尙書≫ 가운데 商나라의 역사를 기록한 것으로, 〈湯誓〉를 비롯하여 17편으로 구성되어 있다.

經의 〔孟子見梁惠王〕에서 〔豈能獨樂哉〕까지

正義曰 : 이 장은 聖王의 德이 백성들과 함께 즐기고 그 은덕이 조수에까지 미침을 말한 것이다.

〔孟子見梁惠王 王立於沼上 顧鴻雁麋鹿〕 맹자가 梁에 있을 때, 혜왕이 연못가에 서서 기러기와 사슴을 돌아보고 있는 모습을 본 것이다.

〔曰 賢者亦樂此乎〕 혜왕이 맹자를 賢者로 칭송하면서 맹자에게도 이렇게 연못가에서 기러기와 사슴을 구경하는 즐거움이 있느냐고 물었다. '乎'자를 쓴 것은, 맹자가 이러한 것을 즐기는지 즐기지 않는지 궁금하였으므로 '乎'자를 써서 궁금하다는 표현을 한 것이다.

〔孟子對曰 賢者而後樂此 不賢者雖有此 不樂也〕 맹자가 혜왕에게 대답한 말이다. 오직 덕이 있는 현자가 군주가 된 다음에야 이러한 것을 즐길 수 있으며, 군주가 현자가 아니면 이처럼 기러기와 사슴을 구경하는 일이 있다 하더라도 또한 그 즐거움을 누리지 못할 것임을 말한 것이다.

〔詩云 經始靈臺 經之營之 庶民攻之 不日成之 經始勿亟 庶民子來〕에서 〔魚躍〕까지

맹자가 왕을 위해 이 〈靈臺〉시를 읊어서 현자가 된 다음에야 이러한 것을 즐길 수 있

음을 입증하였다. 문왕이 처음 靈臺를 지을 계획을 세우고 공사를 진행하자 백성들이 모두 나서 함께 지었으므로 영대가 날짜를 약속하지 않고도 완성되었다. 즉, 빨리 완성된 것이다. 이미 빨리 완성되었으므로 문왕이 백성들에게 서둘러 이처럼 빨리 완성하라고 한 적이 없었다. 이는 백성들이 자발적으로 나서서 마치 자식이 와서 아버지가 시킨 일을 하는 것처럼 하였으므로 이렇게 빨랐던 것이다.

〔王在靈囿 麀鹿攸伏 麀鹿濯濯 白鳥鶴鶴〕 문왕이 靈囿에 있을 때 麀鹿이 모두 평온하게 자리를 잡고 새끼를 밴 채 누워 있었고 또 놀라 도망가지도 않았다. 놀라 도망가지 않았을 뿐만 아니라 털에 기름기가 흐르면서 살이 쪄 있었고, 麀鹿들만 살쪘을 뿐 아니라 백조들도 새하얗게 윤기가 흐르면서 살이 쪄 있었다. '麀鹿'은 암사슴이다.

〔王在靈沼 於牣魚躍〕 문왕이 靈沼에 있을 때 물고기가 연못 속에 가득하였고 또한 즐겁게 뛰어놀았다. 물고기 같은 微物 또한 제자리를 얻었음을 말한 것이다.

〔文王以民力爲臺爲沼 而民歡樂之 謂其臺曰靈臺 謂其沼曰靈沼 樂其有麋鹿魚鱉〕 맹자가 여기에 이르러 다시 문왕이 누대와 연못을 만든 뜻을 스스로 말하여 혜왕을 깨우쳐 주었다. 문왕이 비록 백성의 노동력을 동원하여 누대와 연못을 만들었으나 백성들이 모두 즐거운 마음으로 일을 하였으며 그 누대와 연못을 부를 때는 靈臺, 靈沼라 하였다. 靈臺와 靈沼라 부른 것은 文王의 德에 감화를 받아 마치 神靈이 내려서 생긴 것처럼 그 속에 있는 것들을 즐겼기 때문에 그 누대와 연못을 말할 때면 반드시 靈臺, 靈沼라 불렀던 것이다. 이것은 다름이 아니라 백성들이 문왕의 덕에 감화되어 백성들 또한 그 속에 물고기와 짐승들이 많이 자라 문왕을 봉양할 수 있게 된 것을 즐거워한 것이다.

〔古之人 與民偕樂 故能樂也〕 옛날의 어진 군주는 이와 같이 하였으니, 문왕이 백성들과 그 즐거움을 함께하였기 때문에 이 누대와 연못의 즐거움을 누릴 수가 있었음을 말한 것이다.

〔湯誓曰 時日害喪 予及女皆亡〕 맹자가 商書에서 인용하였다. 桀이 이 당시에 무도하여 백성들에게 포학하게 굴었으므로 백성들이 모두 湯임금과 힘을 합쳐 정벌하고자 하였다. 湯임금이 이에 夏나라로 쳐들어가 백성들을 보고 훈시하기를, "이날 桀이 크게 멸망할 것이니 나와 너희들이 함께 가서 桀을 멸망시키자."고 하였다. 일설에 '時日害喪, 予及女皆亡'은 桀이 한 말이기 때문에 〈湯誓〉에서 인용하여 말한 것이라고 하였으니, 桀이 "하늘에 이 태양이 있는 것은 나에게 백성이 있는 것과 같다. 태양이 언제 없어지겠는가? 태양이 없어지면 나와 백성도 함께 없어질 것이다."라고 하였다.

〔民欲與之皆亡 雖有臺池鳥獸 豈能獨樂哉〕 맹자가 惠王에게 처음 대답할 때 "賢者가 아닌 사람은 비록 이러한 것이 있다 하더라도 즐길 수 없다."고 말했으므로 이 桀의 이야기를 인용하여 그 말을 입증한 것이다. 桀이 賢君이 아니고 백성들 또한 湯임금과 함께 정벌하고자 하였으니, 비록 누대와 연못과 鳥獸가 있다 하나 어찌 홀로 이 즐거움을 누릴 수 있겠는가. 즐거움을 누릴 수 없음을 말한 것이다.

【疏】 ○ 注云'詩大雅'至'成之也' ○ 正義曰：周詩[1]大雅篇名, 曰靈臺. 注[2]云 "天子有靈臺者, 所以觀祲象[3], 察氣之妖祥[4]也. 神之精明者稱曰靈, 四方而高曰臺. 文王受命于周, 作邑于豐, 立靈臺. 又案春秋傳曰 '公旣視朔, 遂登觀臺以望, 而書雲物爲備.'[5]"

1) 周詩：≪詩經≫의 별칭이다.
2) 注：≪毛詩≫의 注를 가리킨다.
3) 祲象：태양 주위 구름의 빛깔에 나타나는 길흉의 징후를 일컫는다. ≪周禮≫ 〈春官 保章氏〉에 "다섯 가지 구름의 색깔을 가지고 吉凶과 水災와 旱災, 풍년과 흉년을 내리는 햇무리의 형상을 판단한다.〔以五雲之物 辨吉凶水旱降豐荒之祲象〕"라 하였고, 이에 대한 賈公彦의 疏에 "物은 색깔이니, 이 오색의 구름을 가지고 길흉을 판단한다.〔物 色也 此五色之雲以辨吉凶也〕"라고 하였다.
4) 妖祥：'妖'는 나쁜 징후이고 '祥'은 좋은 징후이다. ≪周禮≫ 〈春官 視祲〉에 "나쁜 징후와 좋은 징후를 관찰하여 길흉을 판단한다.〔以觀妖祥 辨吉凶〕"라고 하였고, 이에 대한 賈公彦의 疏에 "祥은 좋은 징후이고, 妖는 나쁜 징후이다.〔祥是善之徵 妖是惡之徵〕"라고 하였다.
5) 公旣視朔……而書雲物爲備：≪春秋左氏傳≫ 僖公 5년 정월 辛亥日 초하루 기사에 나온다. '視朔'은 천자나 제후가 매월 초하루에 太廟에 제사를 올리고 정사를 보는 것이다.

○ 注의 〔詩大雅〕에서 〔成之也〕까지

○ 正義曰：≪周詩≫ 大雅에 수록된 편명은 〈靈臺〉이다. 注에 이르기를, "천자가 영대를 둔 것은 祲象을 살피고 氣의 妖祥을 살피기 위한 것이다. 신령의 精明함을 '靈'이라 하고 사방이 높이 솟아 있는 것을 '臺'라고 한다. 文王이 周나라에서 천명을 받고 豐에 도읍하여 靈臺를 세웠다. 또 ≪春秋左氏傳≫에 이르기를, '公이 視朔을 한 뒤에 觀臺에 올라 하늘을 바라보며 구름의 모습을 자세히 기록하였다.'라고 하였다."라고 하였다.

【疏】 ○ 注'言文王'至'使也' ○ 正義曰：案靈臺之詩箋云 "亟, 急也. 度始靈臺之基, 衆民各以子成父事而來攻之."

○ 注의 〔言文王〕에서 〔使也〕까지

○ 正義曰 : 〈靈臺〉시의 鄭玄의 箋에 이르기를, "'亟'은 급히 서두르는 것이다. 靈臺의 기초 공사를 시작하자 백성들이 각자 자식이 부모의 일을 하듯 〈자발적으로〉 와서 일을 했다."라고 하였다.

【疏】 ○ 注云'麀鹿'至'澤好' ○ 正義曰 : 毛氏注云"麀鹿, 牝鹿也. 囿, 所以域養禽獸也. 天子百里, 諸侯四十里", 箋云"攸, 所也, 言所遊伏". 毛注云 "濯濯, 娛遊也. 鶴鶴, 肥澤也."

○ 注의 〔麀鹿〕에서 〔澤好〕까지

○ 正義曰 : 毛氏의 注에 이르기를, "'麀鹿'은 암사슴이다. '囿'는 구역을 정해 짐승을 키우는 곳이니, 천자는 100리이고 제후는 40리이다."라고 하였고, 鄭玄의 箋에 이르기를, "'攸'는 '所'의 뜻으로 놀고 숨을 곳을 말한다."라고 하였다. 毛氏의 注에 이르기를, "'濯濯'은 즐겁게 노니는 것이고 '鶴鶴'은 살이 쪄서 윤기가 흐르는 것이다."라고 하였다.

【疏】 ○ 注'文王'至'魚躍' ○ 正義曰 : 詩注云 "沼, 池也. 牣, 滿也", 箋云 "靈沼之魚, 盈滿其中, 皆跳躍, 亦言得其所".

○ 注의 〔文王〕에서 〔魚躍〕까지

○ 正義曰 : ≪詩經≫의 注에 이르기를, "'沼'는 연못이고 '牣'은 가득한 것이다."라고 하였는데, 이에 대해 鄭玄의 箋에 이르기를, "靈沼의 물고기가 그 속에 가득하여 모두 뛰어놀고 있으니, 또한 물고기가 노닐 곳을 찾은 것을 말한 것이다."라고 하였다.

【疏】 ○ 注云'湯誓'至'亡之' ○ 正義曰 : 湯誓, 商書之篇名也. 案史記云 "是日何時喪, 予與女皆亡", 駰注[1]曰 "尙書大傳[2]云 '桀云天之有日, 猶吾之有民, 日有亡哉. 日亡則吾亦亡矣.'" 尙書孔安國注云 "比桀於日, 曰是日何時喪, 我與女皆亡, 欲殺身以喪桀." 是也. 檀弓云"子卯不樂", 鄭注云 "紂以甲子死, 桀以乙卯亡也."

1) 駰注 : 南宋 때 裴駰이 지은 ≪史記集解≫를 가리킨다.
2) 尙書大傳 : ≪尙書≫의 주석서로 漢나라 伏生이 지었다고 전해진다.(≪四庫全書總目≫ 卷12 尙書大傳)

○ 注의 〔湯誓〕에서 〔亡之〕까지

○ 正義曰 : 〈湯誓〉는 ≪尙書≫ 商書의 편명이다. ≪史記≫에 이르기를, "이 태양이 언제나 없어지려나. 내가 너와 함께 없어지리라."라고 한 구절에 대해 裵駰의 注에는 이렇게 말했다. "≪尙書大傳≫에 의하면, 桀이 '하늘에 태양이 있는 것은 나에게 백성이 있는 것과 같다. 태양이 없어지는 일이 있겠는가. 태양이 없어지면 나 또한 없어지리라.'라고 하였다고 한다." 또 ≪尙書≫의 孔安國 注에 이르기를, "桀을 해에다 비유하여, '이 해가 언제 없어지려나. 내가 너와 함께 없어지리라.'라고 하였으니, 자신의 몸을 죽여가면서까지 桀을 없애려고 한 것이다."라고 한 것이 그 예이다. ≪禮記≫ 〈檀弓〉의 "子日과 卯日에는 음악을 연주하지 않았다."란 구절에 대한 鄭玄의 注에, "紂는 甲子日에 죽었고 桀은 乙卯日에 죽었다."라고 하였다.

3. 梁惠王曰 寡人之於國也에 盡心焉耳矣로니

양 혜왕이 말했다. "과인이 나라를 다스리는 일에 온 마음을 다하고 있습니다.

【注】 王侯自稱孤寡니 言寡人於治國之政에 盡心欲利百姓이라 焉耳者는 懇至之辭라

王侯는 자신을 가리켜 '孤' 또는 '寡'라 칭한다. 과인이 나라를 다스리는 정사에 마음을 다해 백성을 이롭게 하고자 한다는 말이다. '焉耳'는 간절하다는 뜻을 지닌 단어이다.

河內[1)]凶이어든 則移其民於河東[2)]하고 移其粟於河內하며 河東凶이어든 亦然하노니

1) 河內 : 당시 魏나라 안에 위치한 黃河의 북쪽 지역이다. 현재의 河南省 濟源縣 일대이다.
2) 河東 : 당시 魏나라 안에 위치한 黃河의 동쪽 지역이다. 현재의 山西省 安邑縣 일대이다.

河內 지방에 흉년이 들었을 때는 그 지방의 백성을 河東으로 옮기고 하동 지방의 곡식을 하내로 옮기며, 하동 지방에 흉년이 들었을 때 역시도 같은 방식으로 대처합니다.

【注】 言凶年에 以此救民也라 魏舊在河東이러니 後爲强國하여 兼得河內也라

흉년에 이런 방식으로 백성을 구제한다는 말이다. 魏나라는 예전에 河東 지방에 있었으나 그 뒤로 강국이 되어 河內 지방을 겸병하였다.

察隣國之政한대 **無如寡人之用心者**로되

이웃 나라의 정사를 보건대 과인처럼 마음을 쓰는 군주가 없는데

【注】 言隣國之君用心憂民이 無如己也라

이웃 나라에 자기만큼 마음을 다해 백성들을 걱정하는 군주가 없음을 말한 것이다.

隣國之民不加少하며 **寡人之民不加多**는 **何也**잇고

이웃 나라의 백성이 더 줄어들지 않고 과인의 백성이 더 늘어나지 않는 것은 무슨 까닭입니까?"

【注】 王自怪爲政有此惠로되 而民人不增多於隣國者는 何也오

정사를 함에 있어 이처럼 혜택을 베풀었음에도 불구하고 백성이 이웃 나라보다 더 늘어나지 않는 것은 무슨 까닭인지 혜왕 스스로 괴이하게 여긴 것이다.

孟子對曰 王好戰하시니 **請以戰喩**하리이다

맹자가 대답했다. "왕께서 전쟁을 좋아하시니 전쟁으로 비유해보겠습니다.

【注】 因王好戰이라 故로 以戰事喩解王意라

왕이 전쟁을 좋아하기 때문에 싸우는 일을 가지고 비유하여 왕의 궁금함을 풀어주겠다는 것이다.

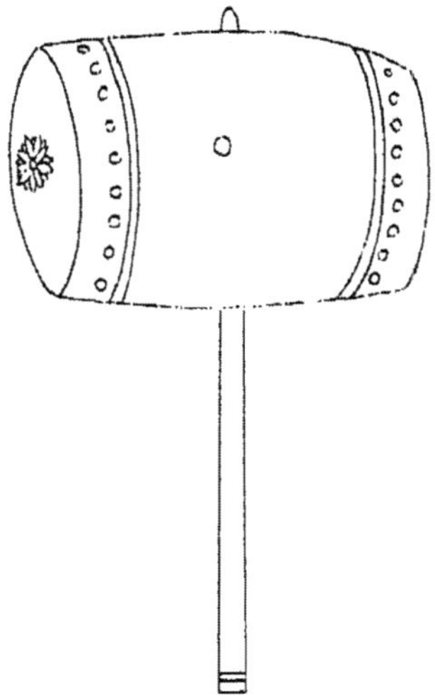

鼓

塡然鼓之하여 **兵刃旣接**이어든 **棄甲曳兵而走**하되 **或百步而後止**하며 **或五十步而後止**하여 **以五十步**로 **笑百步**면 **則何如**하니잇고

둥둥 북을 울려 양쪽의 무기가 서로 맞붙어 싸우다가 진 병사들이 갑옷을 버리고 무기를 끌면서 달아나는데, 어떤 이는 100보를 달아난 뒤에 멈추고 어떤

이는 50보를 달아난 뒤에 멈추었습니다. 이때 50보를 달아나다 멈춘 이가 100보를 달아난 이를 비웃는다면 어떻겠습니까?"

【注】 塡은 鼓音也라 兵은 以鼓進하고 以金退라 孟子問王曰 今有戰者하여 兵刃已交어든 其負者棄甲曳兵而走하여 五十步而止면 足以笑百步者否아

'塡'은 북소리이다. 군대는 북소리에 따라 전진하고 징소리에 따라 후퇴한다. 맹자가 왕에게 "지금 전쟁이 일어나 무기가 서로 맞붙어 싸우다가 싸움에 진 군사들이 갑옷을 버리고 무기를 끌면서 달아나 50보만 가서 멈추었다면 백보를 달아난 자를 비웃을 수 있겠습니까?"라고 물었다.

曰 不可하니 直不百步耳언정 是亦走也니이다

왕이 대답했다. "옳지 않습니다. 단지 100보를 달아나지 않았을 뿐이지 이 또한 달아나기는 마찬가지입니다."

【注】 王曰 不足以相笑也라 是人俱走로되 直爭不百步耳라

왕이 "상대를 비웃을 수 없습니다. 이 사람도 함께 달아난 것입니다. 〈차이가 있다면〉 단지 100보를 가지 않았다는 것뿐입니다."라고 한 것이다.

曰 王如知此시면 則無望民之多於隣國也하소서

맹자가 말했다. "왕께서 이런 이치를 아신다면 백성이 이웃 나라보다 더 많아지기를 기대하지 마십시오.

【注】 孟子曰 王如知此不足以相笑면 王之政猶此也라 王雖有移民轉粟之善政이나 其好戰殘民이 與隣國同이어늘 而獨望民之多하니 何異於[1]五十步笑百步者乎아

1) 於 : 廖本, 孔本에는 '於'자 다음에 '以'자가 있다 (阮元의 〈校勘記〉 참조)

맹자가 "왕께서 만약 이러한 경우에 상대를 비웃을 수 없다는 사실을 안다면 왕의 정사도 이것과 마찬가지입니다. 왕께서 비록 백성을 이주시키고 곡식을 옮겨다주는 선정을 베푼다 하더라도 전쟁을 좋아하여 백성을 해치기로는 이웃 나라와 마찬가지입니다.

그런데도 백성이 늘어나기를 홀로 기대하고 계시니, 이것이 50보 달아난 자가 100보 달아난 자를 비웃는 것과 무엇이 다르겠습니까?"라고 한 것이다.

不違農時면 穀不可勝食也며

농사지을 때를 어기지 않으면 곡식을 이루 다 먹을 수 없게 될 것이며,

【注】 從此已下는 爲王陳王道也라 使民得三時務農하여 不違奪其要時면 則五穀饒穰하여 不可勝食이라

이 단락 이하는 왕을 위해 王道를 설명한 것이다. 백성에게 세 계절 동안 농사에 힘쓰도록 하여 농사의 중요한 시기를 어기고 빼앗지 않는다면 오곡이 풍년이 들어 이루 다 먹을 수 없을 정도로 〈풍족하게〉 된다.

數(촉)罟를 不入洿池면 魚鼈을 不可勝食也며

빽빽한 그물을 연못에 넣지 않으면 물고기를 이루 다 먹을 수 없게 될 것이며,

【注】 數罟는 密網也니 密細之網은 所以捕小魚鼈也라 故로 禁之不得用이라 魚不滿尺이면 不得食이라

'數罟'는 빽빽한 그물이다. 빽빽한 그물은 조그마한 물고기까지 다 잡아들이므로 금지하여 사용하지 못하게 한 것이다. 물고기의 길이가 한 자가 되지 않으면 잡아먹을 수 없다.

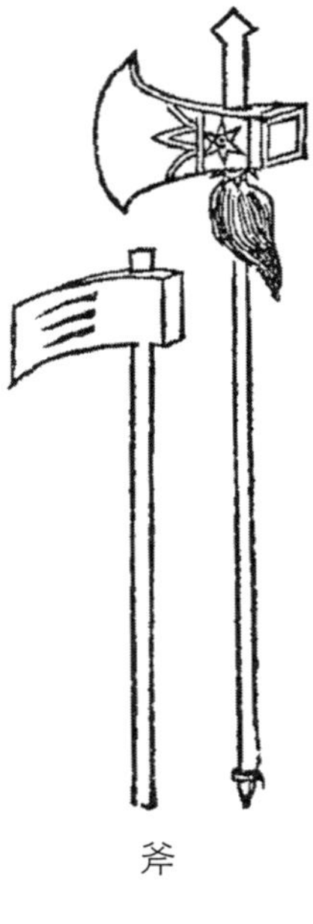

斧

斧斤을 以時入山林이면 材木을 不可勝用也니

도끼를 적절한 시기에 맞춰 산속에 들이게 하면 재목을 이루 다 쓸 수 없게 될 것이니,

【注】 時는 謂草木零落之時니 使材木茂暢이라 故로 有餘니라

'時'는 초목의 잎이 떨어질 때이니, 재목이 울창하게 자라게 하였으므로 넉넉해진 것이다.

穀與魚鱉을 **不可勝食**하며 **材木**을 **不可勝用**이면 **是**는 **使民養生喪死**에 **無憾也**니

곡식과 물고기를 이루 다 먹을 수 없고 재목을 이루 다 쓸 수 없게 된다면, 이는 백성으로 하여금 산 사람을 부양하고 죽은 사람을 장사 지내는 데에 유감이 없게 할 것이니,

【注】 憾은 恨也라 民所用者足이라 故로 無恨이라

'憾'은 불만족한 마음이다. 백성이 사용하는 물건들이 풍족하므로 불만족한 마음이 없는 것이다.

養生喪死에 **無憾**이 **王道之始也**니이다

산 사람을 부양하고 죽은 사람을 장사 지내는 데에 유감이 없게 하는 것이 王道의 시작입니다.

【注】 王道는 先得民心이니 民心無恨이라 故로 言王道之始라

王道는 먼저 백성의 마음을 얻어야 한다. 백성의 마음에 불만족이 없으므로 王道의 시작이라고 말한 것이다.

五畝之宅에 **樹之以桑**이면 **五十者可以衣帛矣**며

5묘의 택지에 뽕나무를 심으면 50살 된 사람이 비단옷을 입을 수 있으며

【注】 廬井邑居에 各二畝半以爲宅한대 (各)〔冬〕[1]入保城二畝半하니 故爲五畝也라 樹桑墻下하니 古者에 年五十이라야 乃衣帛矣라

1) (各)〔冬〕: 저본에는 '各'으로 되어 있으나, 宋本·孔本·韓本에 의거하여 '冬'으로 바로잡았다.(阮元의 〈校勘記〉 참조)

〈농지에 있는〉 廬井과 〈성안에 있는〉 邑居에 각 2.5묘씩 택지를 조성하는데 겨울에는 성안의 2.5묘에 들어가 지낸다. 그러므로 5묘라고 한 것이다. 담장 아래 뽕나무를 심었으니, 옛날에는 50살이 되어야 비단옷을 입을 수 있었다.

雞豚狗彘之畜을 無失其時면 七十者可以食肉矣며

닭, 돼지, 개와 같은 가축을 기를 때 새끼 칠 시기를 놓치지 않으면 70살 된 사람이 고기를 먹을 수 있으며,

【注】 言孕字不失時也라 七十에 不食肉이면 不飽니라

새끼를 배는 시기를 놓치지 말라고 말한 것이다. 70살 된 노인은 고기를 먹지 않으면 배부름을 느끼지 못한다.

百畝之田을 勿奪其時면 數口之家 可以無饑矣며

100묘의 토지에 농사철을 빼앗지 않으면 몇 식구의 가족이 굶주리지 않을 수 있으며,

【注】 一夫一婦가 耕耨百畝하니 百畝之田에 不可以徭役奪其時功이면 則家給人足하리라 農夫는 上中下所食多少에 各有差하니 故로 總言數口之家也라

남편과 아내 한 부부가 100묘의 토지를 경작하는데, 100묘의 토지에 〈농사를 지을 때 남편을〉 徭役에 동원하여 철마다 해야 할 일들을 못하게 하지 않는다면 집집마다 양식이 풍족해지고 사람마다 넉넉하게 될 것이다. 농부는 상, 중, 하로 구분하여 먹는 양에 각각 차이가 있으므로 몇 식구의 가족이라고 싸잡아 말한 것이다.

謹庠序之敎하여 申之以孝悌之義면 頒白者不負戴於道路矣리니

庠과 序의 교육을 엄격하게 하여 孝悌의 도리를 반복해서 가르친다면 반백의 늙은이가 길에서 짐을 지거나 이고 다니지 않을 것입니다.

【注】 庠序者는 敎化之宮也라 殷曰序요 周曰庠이니 謹修敎化하여 申重孝悌之義라 頒者은 班也니 頭半白班班者也라 壯者代老면 心各安之라 故로 頒白者不負戴也니라

庠과 序는 교육을 담당한 학교이다. 殷나라에서는 '序'라 불렀고, 周나라에서는 '庠'이라 불렀다. 즉, 교육을 엄격히 시행하여 孝悌의 도리를 반복해서 가르치는 것이다. '頒'은 '班'과 같은 뜻이니 머리가 반백으로 희끗희끗한 것이다. 장성한 사람이 늙은이 대신

〈힘든 일을〉 하면 각자의 마음이 편안해진다. 그렇기 때문에 반백의 늙은이가 길에서 짐을 지거나 이고 다니지 않게 되는 것이다.

七十者衣帛食肉하며 黎民이 不饑不寒이요 然而不王者는 未之有也니이다

70살 된 노인이 비단옷을 입고 고기를 먹으며, 일반 백성들이 굶주리거나 추위에 떨지 않게 하고서도 천하에 왕 노릇 하지 못한 사람은 있지 않습니다.

【注】言百姓老稚溫飽하여 禮義修行이면 積之에 可以致王也라 孟子欲以風王何不行此잇가 可以王天下하여 有率土之民이어늘 何但望民多於隣國이리오

늙거나 어린 백성들이 따뜻하고 배부르게 지내면서 禮義를 실천하게 한다면 얼마 지나 천하에 왕 노릇 하는 일을 이룰 수 있음을 말한 것이다. 맹자가 왕에게 "어찌 이것을 행하지 않으십니까. 〈이것을 행하면〉 천하에 왕 노릇 하여 천하의 백성을 소유할 수 있는데, 어찌 다만 이웃 나라보다 백성이 많아지기만 바라십니까."라고 諷諫하고자 한 것이다.

狗彘食人食而不知檢하며 塗有餓莩而不知發하고

개와 돼지가 사람 먹을 양식을 먹어도 단속할 줄 모르고 길 위에 굶어 죽은 시체가 널려 있어도 창고의 곡식을 풀 줄 모르고

【注】言人君但養犬彘하여 使食人食하되 不知以法度檢斂也라 塗는 道也라 餓死者曰莩라 詩曰莩有梅라하니 莩는 零落也라 道路之旁有餓死者하되 不知發倉廩以用賑救之也라

임금이 개와 돼지를 키울 줄만 알아서 설사 사람 먹을 양식을 먹어도 법도에 따라 단속할 줄 모름을 말한 것이다. '塗'는 길이다. 굶어 죽은 시체를 '莩'라 한다. ≪詩經≫에서 '莩有梅(떨어지는 매실)'라 하였으니 '莩'는 '零落(시들어 떨어짐)'을 뜻한다. 길가에 굶어 죽은 시체가 널려 있어도 창고를 풀어 구제할 줄 모르는 것이다.

人死어든 則曰 非我也라 歲也라하나니 是何異於刺人而殺之曰 非我也라 兵也리오

사람이 죽으면 곧 '나의 잘못이 아니라 세월 때문이다.'라고 하니, 이는 사람을 찔러 죽여 놓고서 '내가 죽인 것이 아니라 무기가 죽인 것이다.'라고 말하는 것과 무엇이 다르겠습니까.

【注】人死는 謂餓疫死者也라 王政使然이로되 而曰非我殺之라 歲殺之也라하니 此何以異於用兵殺人하고 而曰非我也라 兵自殺之也리오

사람이 죽었다는 것은 굶주림이나 전염병으로 죽은 것을 말한다. 왕의 정사가 그렇게 만들었는데도 "내가 죽인 것이 아니라 세월이 죽인 것이다."라고 말하니, 이는 무기로 사람을 죽여 놓고서 "내가 죽인 것이 아니라 무기가 스스로 죽인 것이다."라고 말하는 것과 무엇이 다르겠는가.

王無罪歲하시면 斯天下之民을 至焉하리이다

왕께서 세월에다 잘못을 돌리지 않는다면 천하의 백성들을 왕에게로 모여들게 할 수 있을 것입니다."

【注】戒王無歸罪於歲하고 責己而改行하면 則天下之民을 皆可致也라

왕이 세월에다 잘못을 돌리지 않고 자기에게 책임을 묻고 행동을 고친다면 천하의 백성들을 모두 모여들게 할 수 있을 것이라고 훈계한 것이다.

【疏】'梁惠王曰'至'民至焉' ○ 正義曰：此章言王化之本，在於使民養生喪死之用足備也.[1] 王侯自稱曰寡. 惠王與孟子曰 "寡人之於國，盡其心而爲民耳矣." "耳矣"者，言至極也. 言河內凶荒，我則移徙民於河東之地，河東粟多，我則移之於河內，河東之地凶荒，我則又如此而移民，故曰亦然也. '察隣國之政 無如寡人之用心'者，察，詳視也，言詳視隣國之君，無有似寡人如此之用心者，然而隣國之人民不加益其損，寡人之人民不加益其多，是如之何. 故曰"隣國之民不加少，寡人之民不加多，何也"，遂以此而問孟子. '孟子對曰 王好戰 請以戰喩'，是孟子答惠王. 言惠王心好征戰，故孟子請以戰事比喩而解王意. '塡然鼓之 兵刃旣接 棄甲曳兵而走 或百步而後止 或五十步而後止 以五十步笑百步 則何如'者，是孟子言戰事之語也. 塡，塞也，又滿也. 趙氏云鼓音，蓋言鼓音之充塞洋洋而盈滿也. 言鼓音旣充塞盈滿於戰陣之際, 則兵刃刀鎗旣以交接, 兵刃旣交接, 乃棄去其甲曳散其兵而反走者, 或百步之間而止, 或五十步之間而止. 以五十步之間而止者, 則笑走至百步之間而止者, 則王以爲如何. '曰 不可 直不百步耳 是亦走也', 惠王答孟子. 言凡征戰之際, 鼓音旣塡然, 則不可棄去其甲曳散其兵而相笑走也. 雖有走或只止於五十步, 或有止於百步, 言其但自棄甲曳兵而反走者, 是雖止於五十步, 不至於百步, 然皆是走也, 豈可以五十步笑百步哉. 故曰"直不百步耳, 是亦走也". '曰 王如知此 則無望民之多於隣國'者, 是孟子答惠王. 言惠王如能知此不可以五十步笑百步, 則王無更望其國民加多於隣國也. 意謂王旣好征戰而殘民, 而以轉粟移民爲盡心, 欲望民加多於隣國, 是亦五十步笑百步之走者也. '不違農時 穀不可勝食'至'不王未之有也'者, 是皆孟子又爲王陳其王道也. 言使民無違奪其春耕・夏耘・秋收三時之要, 則五穀豐盛饒穰, 雖勝食之多, 亦不可盡也, 密細之網不入於洿池, 則魚鼈不可勝食, 斧斤以草木零落之時入山林, 不以草木生長之時入之, 則材木不可勝用也. 穀與魚鼈旣不可勝食, 材木旣不可勝用, 是使民得以養生喪死無怨恨於不足也. 五畝之宅, 栽墻下以桑, 則年至五十之老, 可以着其絹帛. 雞豚狗彘不失其養字之時, 則年至七十之老, 可以食其肉, 百畝之田, 不奪其耕耨之時, 則七八口之家, 可以無飢. 凡云"可"者, 但得過而已, 未至於富足有餘也. 謹庠序敎化之宮, 以申擧孝悌之義, 而富以敎之, 則頭班班然而半白者不自負戴於道塗之間矣. 無他, 人皆知孝悌之義, 爲之壯者必代之爾, 故曰"班白者不負戴於道路矣". 是則五十之老足以衣帛, 七十之老足以食肉, 而黎庶之民故不飢不寒, 然而君上能如此, 而民不歸往而王之者, 必無也. 故曰"未之有也". '狗彘食人食而不知檢 塗有餓莩而不知發 人死 則曰非我也 歲也 是何異於刺人而殺之 曰 非我也 兵也'者, 是孟子以此諷惠王也. 言人君但養其狗彘, 而食人之所食, 而王不知檢斂, 道塗之間有餓死者, 而王不知發倉廩以救賑之, 見其人死, 則推之曰非我之罪, 是歲之罪也. 言是歲之凶荒而疫死之也, 是何異於執其兵器而刺殺人, 而曰非我殺也, 是兵器自殺之類也. '王無罪於歲 則天下之民至焉'者, 是孟子諷之, 而又誡之也. 言王儻人餓死不歸罪於歲, 但責己而改行, 則天下之民莫不歸往而至焉耳. 爲惠王好征戰以糜爛其民, 故以此諷之.

1) 此章言王化之本 在於使民養生喪死之用足備也 : 北京大本에는 章指를 "이 장의 章指는 王化의 근본은 백성들이 산 사람을 부양하고 죽은 사람을 장사 지내는 데에 드는 비용

을 충분히 갖추도록 하는 데 있으니, 그런 뒤에 禮義로 이끌며 자신에게 책임을 묻고 곤궁한 사람을 불쌍히 여기면 백성이 모여든다는 것이다.〔比章指言王化之本 在於使民養生喪死之用足備 然後導之以禮義 責己矜窮 則斯民集矣〕"라고 하였다.

經의 〔梁惠王曰〕에서 〔民至焉〕까지

○ 正義曰 : 이 장은 王化의 근본은 백성들이 산 사람을 부양하고 죽은 사람을 장사 지내는 데에 드는 비용을 충분히 갖추도록 하는 데에 있음을 말한 것이다.

王侯가 자신을 일컬어 '寡'라고 한다. 惠王이 맹자에게 말하기를, "과인이 나라를 다스릴 때 온 마음을 다해 백성들을 위할 뿐이다."라고 하였는데, 여기에서 '뿐이다〔耳矣〕'는 지극함을 의미한다. 河內 지방에 흉년이 들었을 때 자기는 그 지방 백성들을 河東 지방으로 옮겨 살게 하고, 河東 지방에 곡식이 많으면 자기는 그 곡식을 河內 지방으로 옮겨 주었으며, 河東 지방에 흉년이 들었을 때에도 자기는 마찬가지 방식으로 백성들을 옮겨 살게 하였다고 말한 것이다. 때문에 '亦然'이라고 말한 것이다.

〔察隣國之政 無如寡人之用心〕 '察'은 자세히 보는 것이니, 이웃 나라의 군주를 자세히 보니 과인만큼 이렇게 마음을 쓰는 이가 없는데도 이웃 나라 백성의 수가 더 줄어들지 않고 과인의 백성이 더 늘어나지 않으니 무슨 까닭이냐고 말한 것이다. 그래서 "이웃 나라의 백성이 더 줄어들지 않고 과인의 백성이 더 늘어나지 않는 것은 무슨 까닭입니까." 라는 말로 마침내 맹자에게 물은 것이다.

〔孟子對曰 王好戰 請以戰喩〕 맹자가 혜왕에게 대답한 것이다. 혜왕이 전쟁을 내심 좋아하였으므로 맹자가 전쟁 때의 상황으로 비유하여 혜왕의 궁금함을 풀어주겠다고 제안하였음을 말한 것이다.

〔塡然鼓之 兵刃旣接 棄甲曳兵而走 或百步而後止 或五十步而後止 以五十步笑百步 則何如〕 맹자가 전쟁 때의 상황을 말한 것이다. '塡'은 '꽉 차다' 또는 '가득하다'는 의미이다. 趙氏는 북소리라고 하였는데, 이는 아마도 북소리가 꽉 차서 가득하다는 말일 것이다. 북소리가 이미 전장의 진지에 가득한 때라면 칼과 창이 이미 서로 맞붙었다는 것이고 칼날이 서로 맞붙으면 갑옷을 버리고 무기를 끌고서 뒤로 돌아 달아나는 병사가 생기는데 어떤 이는 100보 거리에서 멈추기도 하고 어떤 이는 50보 거리에서 멈추기도 한다. 만약 50보에서 멈춘 자가 100보까지 달아나 멈춘 자를 비웃는다면 왕은 여기에 대해 어떻게 생각하느냐고 물은 것이다.

〔曰 不可 直不百步耳 是亦走也〕 혜왕이 맹자에게 답한 것이다. 전장에 나갔을 때 북소리가 이미 가득해졌다면 갑옷을 버리고 무기를 끌고서 서로 비웃으며 달아나서는 안

된다. 비록 달아난 것이 어떤 이는 50보에 그치기도 하고 어떤 이는 100보에 그치기도 하지만, 단지 자발적으로 갑옷을 버리고 무기를 끌고서 뒤로 돌아 달아난 것만을 가지고 말한다면 비록 50보에서 멈추어 100보까지는 가지 않았다 하더라도 둘 다 달아나기는 마찬가지이다. 어찌 50보 달아났다 하여 100보 달아난 사람을 비웃을 수 있겠는가? 그래서 "단지 100보를 달아나지 않은 것일 뿐 이 또한 달아난 것이다."라고 말한 것이다.

〔曰 王如知此 則無望民之多於隣國〕 맹자가 혜왕에게 답한 것이다. 혜왕이 만약 이렇게 50보로 100보를 비웃어서는 안 된다는 사실을 안다면, 왕은 자기 나라의 백성이 이웃 나라보다 더 많아지기를 더 이상 기대해서는 안 된다고 말한 것이다. 생각건대, 혜왕이 이미 전쟁에 나가기를 좋아하여 백성들을 해쳤거늘 곡식을 옮기고 백성들을 옮기는 일에 마음을 다했다 하여 백성이 이웃 나라보다 더 많아지기를 기대하였으니, 이 또한 50보 달아난 자가 100보를 달아난 자를 비웃는 것이나 마찬가지임을 말한 것이다.

〔不違農時 穀不可勝食〕에서 〔不王未之有也〕까지

이것은 모두 맹자가 다시 혜왕을 위해 王道에 대해 설명해준 것이다. 백성들을 부릴 때 봄에 밭을 갈고 여름에 김을 매고 가을에 수확을 하는 세 계절의 중요한 농사 일정을 빼앗지 않으면 오곡이 풍작을 이루어 많은 사람이 먹어도 다 먹지 못할 정도가 될 것이며, 빽빽한 그물을 연못에 넣지 않으면 물고기를 이루 다 먹을 수 없게 될 것이며, 도끼를 초목의 잎이 떨어질 때에 맞춰 산속에 들이고 초목이 생장할 때에는 들이지 않는다면 재목을 이루 다 쓸 수 없게 될 것이다. 곡식과 물고기를 이루 다 먹을 수 없으며 재목을 이루 다 쓸 수 없게 되었다면 이는 백성들로 하여금 산 사람을 부양하고 죽은 사람을 장사 지내는 데에 있어 부족하여 원망하는 일이 없도록 할 수 있을 것이다.

5묘의 택지에 담장 아래에다 뽕나무를 심는다면 50살이 된 늙은이가 비단옷을 입을 수 있으며 닭, 돼지, 개와 같은 가축을 기를 때 새끼를 양육하는 시기를 놓치지 않으면 70살 된 늙은이가 고기를 먹을 수 있으며, 100묘의 토지에 밭 갈고 김매는 시기를 빼앗지 않으면 일고여덟 식구의 가정이 굶주리지 않을 수 있을 것이다. 일반적으로 '可'라고 말하는 것은 단지 어떤 수준을 넘길 수 있는 정도라는 것일 뿐 풍족하여 여유가 있는 정도에 이른 것은 아니다.

庠과 序의 학교 교육을 엄격히 하여 孝悌의 도리를 반복해서 강조하되 백성들을 부유하게 한 다음에 가르친다면 머리가 희끗희끗 반백이 된 사람이 길 위에서 스스로 짐을 지거나 이고 다니지 않게 될 것이다. 이것은 다름이 아니라 사람들이 모두 孝悌의 도리를 알아서 건장한 사람이 반드시 그 일을 대신하기 때문이다. 그래서 "반백의 늙은이가 길에서 짐을 지거나 이고 다니지 않을 것이다."라고 말한 것이다. 그렇다면 50살 된 늙은이가 비단옷을 충분히 입을 수 있고 70살 된 늙은이가 고기를 충분히 먹을 수 있을 정도가 되어야 일반 백성들이 굶주리지 않고 추위에 떨지 않게 될 것이며, 그러한 상태 위에서 군주가 이와 같이 한다면 백성들이 귀의하여 천하에 왕 노릇 하지 못한 경우는 반드시 없었다. 그렇기 때문에 "있지 않았다."라고 한 것이다.

〔狗彘食人食而不知檢 塗有餓莩而不知發 人死 則曰非我也 歲也 是何異於刺人而殺之曰非我也 兵也〕 맹자가 이 말로 惠王을 풍자한 것이다. 임금이 개와 돼지만 키울 줄 알아서 사람이 먹을 양식을 먹어도 단속할 줄 모르고 길 위에 굶어 죽은 사람이 널려 있어도 창고를 풀어 구제할 줄 모르고, 사람이 죽은 것을 보면 그 책임을 미루어 "나의 잘못이 아니라 세월 때문이다."라고 한다는 말이다. 흉년이나 전염병이 사람을 죽였다고 한다면 이것은 무기를 가지고 사람을 찔러 죽이고서 "내가 죽인 것이 아니라 무기가 저절로 죽인 것이다."라고 하는 것과 무엇이 다르냐는 말이다.

〔王無罪於歲 則天下之民至焉〕 맹자가 惠王을 풍자한 다음 다시 훈계를 한 것이다. 왕이 만약 사람이 굶어 죽는 것을 보고서 세월에다 잘못을 돌리지 않고 단지 자기 자신에게 책임을 묻고 행실을 고친다면 천하의 백성들이 누구나 할 것 없이 귀의하여 모여들 것이다. 혜왕이 전쟁을 좋아하여 백성들을 파탄의 지경에 빠뜨리므로 이런 말로 諷諫한 것이다.

【疏】 ○ 注云'王侯自稱孤寡' ○ 正義曰：禮云 "諸侯與民言, 自稱曰寡人, 在凶服曰孤"[1), 老聃云 "王侯自稱孤・寡・不穀."[2)是也.

1) 諸侯與民言……在凶服曰孤：≪禮記≫ 〈曲禮 下〉에 "제후가 천자를 알현할 때에는 자신을 '臣 아무 나라의 侯 아무'라고 칭하고, 백성들과 말할 때에는 자신을 '寡人'이라고 칭하고, 凶服을 입고 있을 때에는 자신을 '適子孤'라고 칭한다.〔諸侯見天子曰臣某侯某 其與民言自稱曰寡人 其在凶服曰適子孤〕"라고 하였다.
2) 王侯自稱孤寡不穀：≪道德經≫ 제39장에 "侯王自謂孤寡不穀"이라고 하였다.

○ 注의 〔王侯自稱孤寡〕

○ 正義曰：≪禮記≫에 이르기를, "제후가 백성들과 말을 할 때에는 자신을 '寡人'이라고 칭하고, 凶服을 입고 있을 때에는 '孤'라고 칭한다."라 하였고, 老聃이 "王侯는 자신을

일컬어 '孤', '寡', '不穀'이라고 한다."라고 한 것이 그 예이다.

【疏】 ○ 注云'魏舊河東'至'河內' ○ 正義曰：案地理云 "魏地觜觿(자휴)·參(삼)之分野, 其界自高陵以東, 盡河東·河內. 河(東)〔內〕[1]本殷之舊都, 周旣滅殷, 分其(地)[2]畿內爲三國, 詩風邶·鄘·衛是也."

1) (東)〔內〕: 저본에는 '東'으로 되어 있으나, ≪漢書≫ 〈地理志〉에 의거하여 '內'로 바로잡았다.

2) (地) : ≪漢書≫ 〈地理志〉에 의거하여 衍文으로 처리하였다.

○ 注의 〔魏舊河東〕에서 〔河內〕까지

○ 正義曰 : ≪漢書≫ 〈地理志〉에 이르기를, "魏는 〈28개 별자리 가운데〉 觜觿와 參에 해당하는 지역이다. 그 경계는 高陵 동쪽에서부터 河東과 河內 전체를 다 포괄한다. 河內는 본래 殷나라의 옛 도읍지로 周나라가 殷나라를 멸망시킨 후 그 畿內의 땅을 분할하여 세 나라로 만들었는데, ≪詩經≫ 國風에 나오는 邶, 鄘, 衛가 이에 해당한다.

【疏】 ○ 注云'戰事' ○ 正義曰：莊公十一年左傳曰"皆陣曰戰", 杜預云 "堅而有備, 各得其所, 成敗決於志力者也".

○ 注의 〔戰事〕

○ 正義曰 : ≪春秋左氏傳≫ 莊公 11년에 "모두 陣을 친 뒤에 공격하는 것을 '戰'이라고 한다."라고 하였는데, 杜預의 注에 이르기를, "견고하게 상대에 대한 대비를 하면서 각자 지정된 자리에서 싸움을 할 경우에는 그 승패가 군대의 意志와 勇力에 의해 결정된다."라고 하였다.

【疏】 ○ 注'塡 鼓音 兵 以鼓進 以金退' ○ 正義曰：賈逵云 "塡, 塞也, 滿也." 禮云 "色容塡塡."[1] 史云"車馬駢塡." 云'兵 以鼓進 以金退'者, 案周官大司馬"辨鼓鐸鐲鐃之用, 以教坐作進退疾徐疏數(촉)之節", 云"鼓人三鼓, 司馬振鐸, 群吏作旗, 車徒鼓行, 鳴鐲, 車徒皆行, 鳴鐃且卻"是也.

1) 禮云色容塡塡. : ≪禮記≫ 〈玉藻〉에, "居喪할 때에 심정은 고달프고 얼굴빛에 수심이 가득하며, 시선은 두려우면서 암울하고 말투는 미약해야 한다.〔喪容纍纍 色容顚顚 視容瞿瞿梅梅 言容繭繭〕"라 하여, '塡塡'이 '顚顚'으로 되어 있다.

○ 注의 〔塡 鼓音 兵 以鼓進 以金退〕

○ 正義曰：賈逵는 "塡은 꽉 차다, 가득하다는 뜻이다."라고 하였고 ≪禮記≫에 "얼굴빛에 수심이 가득하다."라고 하였고, ≪史記≫에 "車馬가 가득 몰려온다."라고 하였다. "군대는 북소리에 따라 전진하고 징소리에 따라 후퇴한다."라고 한 것은 ≪周官≫ 〈大司馬〉에, "鼓, 鐸, 鐲, 鐃의 용도를 구별하여 坐作, 進退, 疾徐, 疏數의 절도를 가르쳤다."라고 하였고, 또 "鼓人이 세 번 鼓를 울리고 司馬가 鐸을 치면 群吏가 깃발을 세우고 車徒가 鼓에 맞춰 진군하며, 鐲을 울리면 車徒가 모두 진격하며, 鐃를 울리면 퇴각한다."라고 한 것이 이에 해당한다.

【疏】 ○ 注'使民得三時務農 不違奪其要時' ○ 正義曰：王制云 "用民之力, 歲不過三日." 周禮(內)〔均〕[1]人職云 "凡均力政, 以歲上下, 豐年則公旬[2]用三日焉, 中年則公旬用二日焉, 無年則公旬用一日焉." 語云"使民以時", 包注曰"作〔事〕[3]使民必以其時, 不妨奪農務". 荀卿曰"春耕夏耘, 秋收冬藏, 四者不失時, 故五穀不絶, 而百姓有餘食"[4], 是五穀不可勝食也.

1) (內)〔均〕：저본에는 '內'로 되어 있으나, ≪周禮≫에 의거하여 '均'으로 바로잡았다.
2) 旬：≪周禮註疏≫에 '旬'은 '均'의 뜻이라고 하였다.
3) 〔事〕：≪論語注疏≫에 의거하여 '事'를 보충하였다.
4) 春耕夏耘……而百姓有餘食：≪荀子≫ 〈王制〉에 나온다.

○ 注의 〔使民得三時務農 不違奪其要時〕

○ 正義曰：≪禮記≫ 〈王制〉에 "백성들의 노동력을 쓰되 1년에 3일을 넘지 않는다."라고 하였고, ≪周禮≫ 〈均人職〉에 "무릇 노동력을 균등하게 동원하되 풍흉에 따라 조절한다. 풍년에는 公事에 3일씩 균등하게 동원하고, 평년에는 공사에 2일씩 균등하게 동원하고, 흉년에는 공사에 1일씩 균등하게 동원한다."라고 하였다. 그리고 ≪論語≫의 "백성들을 부리되 때에 맞춰 하라."라고 한 구절에 대한 包咸의 注에 이르기를, "일을 만들어 백성들을 부릴 때 반드시 농한기에 맞추어 농사에 방해가 되지 않게 한다."고 하였다. 荀卿이 이르기를, "봄에 밭을 갈고 여름에 김을 매고 가을에 수확을 하고 겨울에 갈무리를 하는 네 가지 일에 제 시기를 놓치지 않기 때문에 오곡이 끊어지지 않고 백성들에게 남는 양식이 있게 된다."라고 하였으니, 이것이 바로 오곡을 이루 다 먹을 수 없게 된다는 말이다.

【疏】 ○ 注'數罟'至'不得食' ○ 正義曰：釋云[1] "數, 密也. 罟, 網也." 荀子曰"網罟毒藥不入澤, 洿池淵沼[2]謹其時禁, 故魚鱉優多而百姓有餘用"[3], 注云"食足之外, 可貨[4]易也".

1) 釋云：어느 책에서 인용한 것인지 확실하지 않다. 따라서 이하 번역문에서는 모두 '글자 풀이'라고만 번역하였다.
2) 洿池淵沼：洿, 池, 淵, 沼는 모두 물이 모여 있는 곳을 가리킨다.
3) 網罟毒藥不入澤……故魚鱉優多而百姓有餘用：≪荀子≫ 〈王制〉에 나온다. 원문에서 많은 부분을 생략하고 인용하였다.
4) 貨：≪荀子≫에는 '貿'로 되어 있다.

○ 注의 〔數罟〕에서 〔不得食〕까지

○ 正義曰：글자 풀이에 "數은 빽빽하다는 뜻이고, 罟는 그물이다."라고 하였다. ≪荀子≫에 이르기를, "그물과 독약을 연못에 넣지 않고 또 연못에서 고기잡이를 금지하는 시기를 엄격하게 관리하였으므로 고기들이 더욱 많아져 백성들에게 먹고 남는 고기가 생기게 되었다."라고 하였는데, 그 注에 "먹을 것이 충분하여 먹고 남은 것을 다른 물건과 바꿀 수 있을 정도가 되었다."고 하였다.

【疏】 ○ 注'時謂'至'有餘' ○ 正義曰：周官山虞"掌山林之政令", 云"仲冬斬陽木, 仲夏斬陰木", 鄭注云"陽木春夏生, 陰木秋冬生者, 若松柏之屬."[1] 一云"陽木生山陽在南者, 陰木生山陰在北者."[2] 荀卿曰 "斬伐養長, 不失其時, 故山林不童[3], 而百姓有餘材也."[4]

1) 陽木春夏生……若松柏之屬：鄭玄의 注에서 鄭司農의 설을 인용한 것이다.
2) 陽木生山陽在南者 陰木生山陰在北者：鄭玄이 鄭司農의 설을 부정하고 자신이 제시한 설이다.
3) 童：楊倞의 ≪荀子注≫에, 산에 초목이 없는 것을 '童'이라 한다 하였다.
4) 斬伐養長……而百姓有餘材也：≪荀子≫ 〈王制〉에 나온다.

○ 注의 〔時謂〕에서 〔有餘〕까지

○ 正義曰：≪周官≫ 〈山虞〉의 "山林의 政令을 관장한다." 아래에 "仲冬에는 陽木을 베고 仲夏에는 陰木을 벤다."라고 하였는데, 이에 대한 鄭玄의 注에 이르기를, "陽木은 봄과 여름에 생장하고 陰木은 가을과 겨울에 생장하는 나무이니, 소나무와 측백나무 같은 따위이다."라고 하고, 또 "陽木은 산의 남쪽 양지에서 생장하고 陰木은 산의 북쪽 음지에서 생장한다."라고 하였다. 荀卿이 이르기를, "나무를 베거나 키우는 일에 제 시기를

놓치지 않았으므로 산이 민둥이 되지 않아 백성들에게 쓰고 남는 재목이 생기게 되었다."고 하였다.

【疏】○注'廬井'至'衣帛矣' ○正義曰：案周禮云 "乃經土地, 而井牧其田野. 九夫爲井, 四井爲邑", 遂人"掌邦之野. 辨其野之土地, 上地, 夫一廛, 田百畝, 萊五十畝, 餘夫[1]亦如之. 中地, 夫一廛, 田百畝, 萊百畝, 餘夫亦如之. 下地, 夫一廛, 田百畝, 萊二百畝, 餘夫亦如之", 鄭司農[2]云 "戶計一夫一婦而賦之田, 其一戶有數口者, 餘夫亦受此田也. 廛, 居也. 萊謂休不耕者", 鄭玄云"廛, 城邑之居". 漢志云 "六尺爲步, 步百爲畝, 畝百爲夫, 夫三爲〔屋, 屋三爲〕[3]井, 井方一里, 是爲九夫. 八家共之, 各受私田百畝, 公田十畝, 是爲八百八十畝, 餘爲廛舍. 里有序, 而鄉有庠. 序以明教, 庠以行禮, 而視化焉. 其有秀異者, 移鄉學于庠序, 庠序之異者, 移國學于小學, 小學之異者, 移於大學[4], 命曰造士. 行同能偶, 則別之以射, 然後爵命焉"[5], 此先王制士處居・富而教之之大略也. 王制云 "五十(異糧)[6]始衰, 六十非肉不飽, 七十非帛不煖, 八十非人不煖, 九十雖得人不煖", 是古者五十乃衣帛矣.

1) 餘夫：井田制에서 다섯 식구의 가구를 기준으로 한 家長은 100畝의 토지를 받았다. 다섯 식구를 초과하는 가구의 경우에는 노동을 할 수 있는 남자 1명당 25畝를 더 지급하였는데, 이 남자를 '餘夫'라고 불렀다.

2) 鄭司農：後漢의 경학자 鄭衆을 가리킨다. 大司農의 벼슬을 지냈으므로 鄭司農이라 한다. 鄭玄보다 앞선 사람이므로 정중을 先鄭, 정현을 後鄭이라고 부르기도 한다.

3) 屋屋三爲：저본에는 빠져 있으나, ≪漢書≫ 〈食貨志〉에 의거하여 보충하였다.

4) 其有秀異者……移於大學：≪漢書≫ 〈食貨志〉에는 "8세에 小學에 들어가 六甲, 五方, 書計의 일을 배워 비로소 家庭에서 행해지는 長幼의 예절을 배우고 15세에 大學에 들어가 先聖의 禮樂을 배워 조정에서 행해지는 君臣 간의 예절을 안다. 그 가운데 뛰어난 자가 있으면 鄕學에서 庠과 序로 보내고, 庠과 序에서 뛰어난 자는 國學에서 少學으로 보내는데, 제후가 少學에서 뛰어난 자를 해마다 天子에게 올려 大學에서 배우게 하니, 이 사람을 '造士'라고 한다.〔八歲入小學 學六甲五方書計之事 始知室家長幼之節 十五入大學 學先聖禮樂 而知朝庭君臣之禮 其有秀異者 移鄉學于庠序 庠序之異者 移國學于少學 諸侯歲貢少學之異者於天子 學于大學 命曰造士〕"라고 하였다. 이렇게 풀이하게 되면 鄕學, 庠, 序, 國學, 少學, 大學이 모두 개별적인 것이 되는 문제가 있다.

淸나라 때의 학자 黃生(1622~?)은 ≪義府≫에서 "그 가운데 뛰어난 자가 있으면 鄕學으로 보내고, 庠과 序에서는 庠과 序에서 뛰어난 자를 國學으로 보내며, 少學에서는 제후가 少學에서 뛰어난 자를 해마다 天子에게 올린다.〔其有秀異者移鄕學 于庠序庠序之異者移國學 于少學諸侯歲貢少學之異者于天子〕"라고 구두를 수정하고, "鄕學은 庠과 序의 總名이다. 國學은 少學의 異名이다. 鄕學에 상대되는 것이 國學이고, 大學에 상대되는 것이 少學이다. 앞에서 말한 小學, 大學은 또한 뒤에서 말한 少學, 大學과 다른 것이다. 이것(小學, 大學)을 거치고 난 뒤에야 鄕學에 들어가는 것이니, 家塾의 명칭일 뿐이다."라고 하였다.

〈滕文公 上〉에는 "庠, 序, 學, 校를 설치하여 백성들을 가르쳤으니, 庠은 봉양한다는 뜻이고, 校는 가르친다는 뜻이며, 序는 활쏘기를 익힌다는 뜻이다. 夏나라에서는 校라 하였고, 殷나라에서는 序라 하였고, 周나라에서는 庠이라 하였으며, 學은 三代가 공통으로 두었으니, 이는 모두 인륜을 밝히는 것이었다.〔設爲庠序學校 以敎之 庠者 養也 校者 敎也 序者 射也 夏曰校 殷曰序 周曰庠 學則三代共之 皆所以明人倫也〕"라고 하였는데, 그에 대한 朱熹의 注에 "庠은 노인을 봉양하는 것을 뜻으로 삼고, 校는 백성을 가르치는 것을 뜻으로 삼고, 序는 활쏘기를 익히는 것을 뜻으로 삼으니, 모두 鄕學이다."라고 하였다.

5) 六尺爲步……然後爵命焉 : ≪漢書≫ 〈食貨志〉의 내용을 발췌하여 인용함에 따라 문맥이 잘 연결되지 않는다.

6) (異糧) : ≪禮記≫ 〈王制〉에 의거하여 衍文으로 처리하였다.

○ 注의 〔廬井〕에서 〔衣帛矣〕까지

○ 正義曰 : ≪周禮≫ 〈小司徒〉에 이르기를, "토지를 구획하여 그 田野를 井田과 목장으로 만든다. 9夫가 1井이 되고 4井이 1邑이 된다."라 하였고, ≪周禮≫ 〈遂人〉에, "나라의 郊外를 관장한다. 교외의 토지를 구분하되, 上地는 1夫가 廛舍 1채, 토지 100묘, 휴경지 50묘를 받으며 餘夫도 마찬가지이다. 中地는 1夫가 廛舍 1채, 토지 100묘, 휴경지 100묘를 받으며 餘夫도 마찬가지이다. 下地는 廛舍 1채, 토지 100묘, 휴경지 200묘를 받으며 餘夫도 마찬가지이다."라고 하였는데, 鄭司農이 이르기를, "家戶는 성인 夫婦 1쌍을 기준으로 계산하여 토지를 부여받는데, 한 가호에 여러 식구가 사는 경우 〈함께 사는〉 餘夫 또한 이 토지를 받는다. '廛'은 居處이고 '萊'는 경작하지 않고 묵혀둔 땅이다."라고 하였고, 鄭玄은 "'廛'은 城邑 안에 있는 거처이다."라고 하였다.

≪漢書≫ 〈食貨志〉에 이르기를, "6尺이 1步이고 100步가 1畝이고, 100畝가 1夫이고 3夫가 1屋이고, 3屋이 1井이다. 1井은 사방 1里이니 바로 9夫에 해당한다. 8가구가 이를 함께 경작하여 각각 私田 100畝와 公田 10畝를 받으니 도합 880畝가 되며 나머지는 廛舍로 사용된다. 里에는 序를 두고, 鄕에는 庠을 두며, 序에서는 교화를 밝히고 庠에서

는 禮를 실천함으로써 교화를 편다. 그 가운데 뛰어난 자가 있으면 鄕學에서 庠과 序로 보내고 庠과 序에서 뛰어난 자는 國學에서 小學으로 보내며 小學에서 뛰어난 자는 大學으로 보내는데, 이 사람을 '造士'라 한다. 〈造士들 사이에〉 행실과 능력이 서로 대등하면 별도로 활쏘기를 시험하여 관직을 내린다."라 하였다. 이는 先王이 士의 거처를 제정하고 그들을 부유하게 만든 다음 교육을 시행한 대략이다.

≪禮記≫ 〈王制〉에, "50세에 노쇠하기 시작하며, 60세에는 고기를 먹지 않으면 배가 부르지 않으며, 70세에는 비단옷을 입지 않으면 따뜻하지 않으며, 80세에는 잠잘 때 옆에 사람이 없으면 따뜻하지 않으며, 90세에는 사람이 있더라도 따뜻하지 않다."고 하였다. 이는 옛날에 50세가 되어야 비단옷을 입었음을 말한 것이다.

【疏】 ○ 注'言人君'至'救之也' ○ 正義曰：'餓死者曰莩 詩曰莩有梅 莩 零落也'者, 案毛詩而言也. 毛詩云 "莩, 落也", 箋云 "梅實尙餘而未落", 是其解也.

○ 注의 〔言人君〕에서 〔救之也〕까지

○ 正義曰：〔餓死者曰莩 詩曰莩有梅 莩 零落也〕 ≪毛詩≫에 근거하여 말한 것이다. ≪毛詩≫에서 "'莩'는 떨어진다는 뜻이다."라고 한 반면, 그 箋에는 "매실이 아직 남아서 다 떨어지지 않은 상태이다."라 하였으니 이것이 그 풀이이다.

4. 梁惠王曰 寡人이 願安承敎하노이다

양 혜왕이 말했다. "과인이 편안한 마음으로 가르침을 받고 싶습니다."

【注】 願安意承受孟子之敎命이라

편안한 마음으로 맹자의 가르침을 받기 원한 것이다.

孟子對曰 殺人以(挺)〔梃〕[1]與刃이 有以異乎잇가

1) (挺)〔梃〕: 저본에는 '挺'으로 되어 있으나, 宋本·廖本·岳本·孔本·韓本·監本·毛本에 의거하여 '梃'으로 바로잡았다.

맹자가 대답했다. "몽둥이로 사람을 죽이는 것과 칼로 사람을 죽이는 것이 차이가 있습니까?"

【注】 梃은 杖也라

'梃'은 몽둥이이다.

曰 無以異也니이다

"차이가 없습니다."

【注】 王曰 梃刃殺人이 無以異也니라

왕이 "몽둥이로 사람을 죽이는 것과 칼로 사람을 죽이는 것이 차이가 없다."라고 말한 것이다.

以刃與政이 有以異乎잇가

"칼로 사람을 죽이는 것과 정사로 사람을 죽이는 것이 차이가 있습니까?

【注】 孟子欲以政喩王이라

맹자가 정사를 가지고 왕을 깨우쳐주려고 한 말이다.

曰 無以異也니이다

"차이가 없습니다."

【注】 王復曰 梃刃殺人이 與政殺人으로 無異也니라

왕이 "몽둥이나 칼로 사람을 죽이는 것이 정사로 사람을 죽이는 것과 차이가 없다."라고 다시 말한 것이다.

曰 庖有肥肉하며 廐有肥馬요 民有飢色하며 野有餓莩면 此는 率獸而食人也니이다

"푸줏간에는 살진 고기가 있고 마구간에는 살찐 말이 있는데 백성들은 굶주린 안색을 보이고 들판에는 굶어 죽은 시체가 나뒹굴고 있다면, 이는 짐승을 몰아다가 사람을 잡아먹게 하는 꼴이 될 것입니다.

【注】 孟子言 人君如此면 (率)〔是〕[1]率獸而食人也니라

1) (率)〔是〕: 저본에는 '率'로 되어 있으나, 閩本·監本·毛本에 의거하여 '是'로 바로잡았다.(阮元의 〈校勘記〉 참조)

맹자가, 군주가 이와 같이 하면 이는 짐승을 몰아다가 사람을 잡아먹게 한 꼴이라고 말한 것이다.

獸相食을 且人惡(오)之하거늘 爲民父母하여 行政하되 不免於率獸而食人이면 惡在其爲民父母也리잇고

짐승끼리 서로 잡아먹는 것조차도 사람들이 싫어하거늘 백성의 부모가 되어 정사를 행하면서 짐승을 몰아다가 사람을 잡아먹게 하는 꼴을 벗어나지 못한다면 백성의 부모된 된 도리가 어디에 있겠습니까.

【注】 虎狼食禽獸를 人猶尙惡視之어늘 牧民爲政에 乃率禽獸食人이면 安在其爲民父母之道也리오

호랑이나 이리가 다른 짐승을 잡아먹는 것조차도 사람들이 찌푸린 얼굴로 바라보거늘, 백성을 다스리는 정사를 함에 있어 짐승을 몰아다가 사람을 잡아먹게 한다면 백성의 부모된 도리가 어디에 있겠는가.

仲尼曰 始作俑者는 其無後乎인저하시니 爲其象人而用之也시니 如之何其使斯民飢而死也리잇고

仲尼께서 '처음으로 인형을 만든 자는 아마도 후손이 없을 것이다.'라고 하셨는데, 이는 사람의 형상을 만들어 〈장례에〉 사용했기 때문입니다. 어찌 이 백성들로 하여금 굶어 죽게 한단 말입니까.

【注】 俑은 偶人也니 用之送死라 仲尼重人類하여 謂秦穆公時에 以三良殉葬이 本由有作俑者也라하고 惡其始造하니라 故로 曰此人其無後嗣乎인저하시니라 如之何其使斯民飢而死也는 孟子陳此以教王愛其民也라

'俑'은 人形으로 장례 때 사용된다. 仲尼는 인간을 중시하여 秦 穆公이 죽었을 때 세

善臣(奄息, 仲行, 鍼虎)을 殉葬한 것이 본래 인형을 만들어 〈순장한 관습에서〉 비롯된 것이라 하면서 처음 인형을 만든 사람을 증오하였다. 그래서 "이 사람은 아마도 후손이 없을 것이다."라고 말한 것이다. '어찌 이 백성들로 하여금 굶어 죽게 한단 말입니까.'라고 한 것은 맹자가 이 말을 함으로써 왕으로 하여금 자기 백성들을 사랑하게 한 것이다.

【疏】'梁惠王曰'至'死也' ○ 正義曰 : 此一段宜與前段合爲一章, 趙氏分別之. 蓋言王者爲政之道, 在生民爲首也.[1] '梁惠王曰 寡人願安承教'者, 是惠王願安意承受孟子之教令也. '孟子對曰 殺人以梃與刃 有以異乎'者, 是孟子答惠王, 故託此而問惠王, 言殺人以杖與刃, 有以各異乎. 云乎者, 是又孟子未知惠王以爲如何, 故疑之也. '曰 無以異'者, 是惠王答孟子之問, 言以杖殺人與刃殺人無以各異, 是皆能殺人也. '以刃與政 有以異乎'者, 孟子復問以刃與政殺人, 有以異. '曰 無以異也'者, 惠王復曰政之殺人與刃之殺人, 亦無以異也, 言致人死則一也. '曰 庖有肥肉 廐有肥馬 民有飢色 野有餓莩 此率獸而食人也'者, 是孟子之諷惠王也. 言庖廚之間有肥肉, 棧廐之中有肥馬, 而民皆有飢餓之顏色, 郊野之間又有餓而死者, 此乃是王率獸而食人也. '獸相食 且人惡之 爲民父母 行政不免於率獸而食人 惡在其爲民之父母也'者, 孟子言獸畜自相食, 如虎狼食牛羊, 且人猶尙惡見之, 況爲民之父母, 其於行政以治民. 尙不免驅率獸而食人, 安在其爲民之父母也. 言行政如此, 不足爲民之父母也. '仲尼曰 始作俑者 其無後乎', 是孟子引仲尼之言也. 言仲尼有云始初作俑偶人者, 其無後嗣乎. 無他焉, 是爲其象人而用之也, 故後有秦穆公以生人從葬, 故曰其無後嗣也.

1) 蓋言王者爲政之道 在生民爲首也 : 北京大本에는 章指를 "章指는 王者가 정사를 하는 道는 백성을 최우선으로 삼아야 하는데, 정사로 사람을 죽인다면 임금의 허물이 칼로 사람을 죽이는 것과 같아서 〈백성들이〉 매우 미워하리라는 것이다.〔章指言王者爲政之道 生民爲首 以政殺人 人君之咎 猶以白刃 疾之甚也〕"라고 하였다.

經의 〔梁惠王曰〕에서 〔死也〕까지

○ 正義曰 : 이 단락은 앞 단락과 합쳐서 하나의 章으로 되어야 하는데 趙氏가 나누어 놓았다. 王者가 정사를 하는 道는 백성을 최우선으로 하는 데에 있음을 말한 것이다.

〔梁惠王曰 寡人願安承教〕 혜왕이 편안한 마음으로 맹자의 가르침을 받기 원한다는 것이다.

〔孟子對曰 殺人以梃與刃 有以異乎〕 맹자가 혜왕에게 답한 것으로, 의도적으로 이것에

가탁하여 혜왕에게 물은 것이다. 몽둥이로 사람을 죽이는 것과 칼로 사람을 죽이는 것이 각기 차이가 있느냐는 말이다. '乎'자를 쓴 것은 또한 맹자가 혜왕이 어떻게 생각하는지 알지 못했으므로 물어본 것이다.

〔曰 無以異〕 혜왕이 맹자의 질문에 답한 말이다. 몽둥이로 사람을 죽이는 것과 칼로 사람을 죽이는 것은 각기 차이가 없는 것이니, 모두 사람을 죽일 수 있음을 말한 것이다.

〔以刃與政 有以異乎〕 맹자가 "칼로 사람을 죽이는 것과 정사로 사람을 죽이는 것이 차이가 있느냐?"라고 다시 물은 것이다.

〔曰 無以異也〕 혜왕이 "정사로 사람을 죽이는 것과 칼로 사람을 죽이는 것 역시 차이가 없다."라고 다시 대답한 것이니, 사람을 죽게 하기는 마찬가지라고 말한 것이다.

〔曰 庖有肥肉 廐有肥馬 民有飢色 野有餓莩 此率獸而食人也〕 맹자가 혜왕을 풍자한 것이다. 푸줏간에는 살진 고기가 있고 마구간에는 살찐 말이 있는데 백성들은 모두 굶주린 안색이 있고 성 밖 들판에는 또 굶어 죽은 시체가 나뒹굴고 있다면 이는 바로 왕이 짐승을 몰아다가 사람을 잡아먹게 한 꼴이라고 말한 것이다.

〔獸相食 且人惡之 爲民父母 行政不免於率獸而食人 惡在其爲民之父母也〕 맹자가 "호랑이나 이리가 소와 양을 잡아먹듯 짐승과 가축이 서로 잡아먹는 것조차도 사람들이 찌푸린 얼굴로 바라보거늘, 하물며 백성의 부모가 되어 정사를 행하여 백성을 다스리면서 오히려 짐승을 몰아다가 사람을 잡아먹게 하는 꼴을 벗어나지 못한다면 백성의 부모된 도리가 어디에 있겠는가."라고 한 것이니, 정사를 행하는 것이 이와 같다면 백성의 부모가 되기에 부족하다고 말한 것이다.

〔仲尼曰 始作俑者 其無後乎〕 맹자가 仲尼의 말을 인용한 것이다. 仲尼가 "처음으로 인형을 만든 자는 아마도 후손이 없을 것이다."라고 하였는데, 이는 다른 이유가 아니라 사람의 형상을 만들어 〈장례에〉 사용하였기 때문이다. 그래서 후대에 秦 穆公이 죽었을 때 산 사람을 殉葬하는 폐단이 생겨난 것이고, 그래서 후손이 없을 것이라고 말한 것이다.

【疏】 ○ 注'梃 杖也' ○ 正義曰 : 釋文[1]云 "梃, 木片也."

1) 釋文 : 唐나라 때의 학자 陸元朗(550~630)이 지은 ≪經典釋文≫을 가리킨다. 字典의 일종으로 총 30卷이다. 古音을 고증하는 것을 위주로 하고 訓義를 변별하였다. 14종의 문헌을 사용하였는데, ≪周易≫, ≪尙書≫, ≪毛詩≫, ≪周禮≫, ≪儀禮≫, ≪禮

記≫, ≪春秋左氏傳≫, ≪春秋公羊傳≫, ≪春秋穀梁傳≫, ≪孝經≫, ≪論語≫, ≪老子≫, ≪莊子≫, ≪爾雅≫이다. 陸元朗은 그의 자인 陸德明으로 더 잘 알려져 있다.

○ 注의〔梃 杖也〕

○ 正義曰：≪經典釋文≫에 이르기를, "'梃'은 나뭇조각이다."라고 하였다.

【疏】○ 注'俑 偶人也' ○ 正義曰：記云 "孔子謂爲俑者不仁." 埤倉[1]云 "木人送葬, 設關而能踊跳, 故名之曰俑." 魯文公六年, 秦穆公卒, 以子車氏之三子奄息・仲行・鍼虎爲殉, 杜預曰"以人從葬曰殉". 詩有黃鳥之篇以哀三良是也. 孟子諷之, 故曰"如之何使斯民飢餓而死".

1) 埤倉：≪廣雅≫의 저자인 魏나라 張揖이 편찬한 字典으로 宋나라 때 일실되었다.

○ 注의〔俑 偶人也〕

○ 正義曰：≪禮記≫〈檀弓 下〉에 "인형을 만든 사람은 어질지 못하다고 孔子가 말했다."라고 하였고, ≪埤倉≫에 이르기를, "나무 인형을 장례에 함께 묻는데, 작동장치를 만들어 펄쩍펄쩍 뛰게 하였다. 그래서〈뛸 '踊'자의 음을 따서〉'俑'이라 부른다."라고 하였다. ≪春秋左氏傳≫ 魯 文公 6년에 秦 穆公이 졸하자 子車氏의 세 아들 奄息, 仲行, 鍼虎를 殉葬하였는데, 杜預의 注에 이르기를, "산 사람을 죽은 자와 함께 매장하는 것을 殉葬이라 한다."라고 하였다. ≪詩經≫에〈黃鳥〉편을 수록하여 세 善臣을 애도하였는데, 바로 이를 두고 지은 것이다. 맹자가〈이 사건에 견주어〉풍자한 것이므로 "어찌 이 백성들로 하여금 굶어 죽게 한단 말인가."라고 말한 것이다.

5. 梁惠王曰 晉國이 天下莫强焉은 叟之所知也라

양 혜왕이 말했다. "晉나라가 천하에 막강함은 어른께서도 잘 아시는 바입니다.

【注】韓魏趙는 本晉六卿이니 當此時하여 號三晉이라 故로 惠王이 言晉國天下之强焉이라

韓, 魏, 趙는 본래 晉나라의 六卿이었으므로 당시에 三晉이라 불렀다. 그래서 惠王이 晉나라가 天下에 강한 나라라고 말한 것이다.

及寡人之身하여 東敗於齊에 長子死焉하고 西喪地於秦七百里하고 南辱於楚하니

寡人恥之하여 **願比死者**하여 **壹洒之**하노니 **如之何則可**니잇고

그런데 과인의 몸에 이르러 동쪽으로는 齊나라에 패하여 長子가 〈전장에서〉 죽었고, 서쪽으로는 秦나라에게 7백 리의 땅을 잃어버렸으며, 남쪽으로는 楚나라에 굴욕을 당하였으니, 과인이 부끄럽습니다. 죽은 자들을 위해 한번 설욕을 하고 싶은데 어떻게 하면 좋겠습니까?"

【注】王念有此三恥하여 求策謀於孟子라

혜왕이 이 세 가지 치욕을 염두에 두고서 맹자에게 계책을 구한 것이다.

孟子對曰 地方百里而可以王이니이다

맹자가 대답했다. "사방 백 리의 땅만으로도 천하에 왕 노릇 할 수 있습니다.

【注】言古聖人이 以百里之地로 以致王天下하니 謂文王也라

옛날 성인은 백 리의 땅으로도 천하에 왕 노릇 하는 일을 이룰 수 있었다고 말한 것이니, 文王을 두고 한 말이다.

王如施仁政於民하사 **省刑罰**하시며 **薄稅斂**하시면 **深耕易**(이)**耨**하고 **壯者以暇日**로 **修其孝悌忠信**하여 **入以事其父兄**하며 **出以事其長上**하리니 **可使制梃**하여 **以撻秦楚之堅甲利兵矣**리이다

왕께서 만약 백성들에게 仁政을 베풀어 형벌을 줄이고 세금을 가볍게 거둔다면 백성들이 깊이 밭을 갈고 손쉽게 김을 맬 수 있게 될 것이며, 장성한 사람이 그 여가에 孝悌와 忠信을 익혀서 〈집 안에〉 들어가서는 부형을 잘 섬기고 〈집 밖에〉 나와서는 웃어른을 잘 섬기게 될 것입니다. 그리되면 몽둥이만 만들어 가지고도 단단한 갑옷과 예리한 무기로 무장한 秦나라와 楚나라 병사를 때려잡을 수 있게 할 것입니다.

【注】易耨는 芸苗令簡易也라 制는 作也라 王如行此政이면 可使國人作杖以捶敵國堅甲

利兵하리니 何患恥之不雪也리오

'易耨'는 김매기를 간단하고 쉽게 하도록 하는 것이다. '制'는 만든다는 뜻이다. 왕이 만약 이러한 정사를 시행한다면 나라 사람들로 하여금 몽둥이만 만들어 가지고도 단단한 갑옷과 예리한 무기로 무장한 적국의 병사를 때려잡을 수 있게 할 것이니, 어찌 수치를 설욕하지 못할까 염려하겠는가.

彼奪其民時하여 **使不得耕耨**하여 **以養其父母**하면 **父母凍餓**하며 **兄弟妻子離散**하리니 **彼陷溺其民**이어든 **王往而征之**하시면 **夫誰與王敵**[1]이리잇고

1) 夫誰與王敵 : 趙岐는 秦나라와 楚나라의 백성들이 왕의 말을 따르지 않아 어느 백성들이 저들과 함께 惠王을 대적하겠느냐고 해석하여 '誰'를 백성으로 본 반면, 孫奭은 秦나라나 楚나라의 왕 또는 군대로 보았다. 朱熹도 孫奭의 說과 같다.

저들이 백성들의 농사철을 빼앗아서 그들로 하여금 밭을 갈아 부모를 봉양하지 못하게 한다면, 그 부모가 추위와 굶주림에 시달리게 될 것이며 형제와 처자가 뿔뿔이 흩어지게 될 것입니다. 저들이 백성을 도탄에 빠뜨렸을 때 왕께서 가서 정벌을 한다면 도대체 누가 〈저들과〉 함께 왕을 대적하겠습니까?

【注】 彼는 謂齊秦楚也라 彼困其民이면 願王往征之也라 彼失民心하여 民不爲用이면 夫誰與共禦王之師而爲王之敵乎아

'彼'는 齊, 秦, 楚를 가리킨다. 저들이 자신의 백성들을 곤궁에 빠뜨렸을 때 혜왕이 가서 정벌하기를 바란 것이다. 저들이 민심을 잃어 백성들이 제대로 말을 듣지 않으면 도대체 누가 〈저들과〉 함께 왕의 군대를 막아서서 왕을 대적하겠는가?

故曰 仁者無敵이라하니 **王請勿疑**하소서

그러므로 仁者는 대적할 자가 없다고 하였으니 왕께서는 의심하지 마십시오."

【注】 隣國暴虐에 已修仁政이면 則無敵矣리니 王請行之하되 勿有疑也하소서

이웃 나라가 暴政을 할 때 자기가 仁政을 베푼다면 대적할 상대가 없게 될 것이니, 왕은 의심을 두지 말고 실천해보기를 청한다고 한 것이다.

【疏】'梁惠王'至'勿疑' ○ 正義曰：此章言百里行仁，則天下歸之也.[1] '梁惠王曰 晉國天下莫强焉 叟之所知也'者，是梁惠王欲問孟子之謀策也. 言晉國爲天下之最强，叟必知之. '及寡人之身 東敗於齊 長子死焉 西喪地於秦七百里 南辱於楚 寡人恥之 願比死者壹洒之 如之何則可'者，是惠王言晉國逮及寡人之身，東則見敗於齊而殺死其長子，西又喪去其地於秦七百里，南又常受辱於楚，寡人心甚愧恥之，今願(近)〔爲〕[2]死不惜命者一洗除之，當如之何謀則可以洗除此恥. '孟子對曰 地方百里而可以王'者，是孟子答惠王. 言古之聖君，其地但止於百里，尙可以王天下也. '王如施仁政於民 省刑罰 薄稅斂 深耕易耨 壯者以暇日修其孝悌忠信 入以事其父兄 出以事其長上 可使制梃以撻秦楚之堅甲利兵矣'者，是孟子言王自今能施仁政以及民，又省去其刑罰，輕其稅斂，使民皆得深耕易耨，壯者以閑暇日修孝悌忠信，入閨門之內以奉事其父兄，出鄕黨之間以奉事其長上，凡能如此，雖作一捶梃，亦可以鞭撻秦・楚之堅甲利兵矣. 然以秦・楚有堅甲利兵，而以一梃可鞭撻者，蓋秦・楚常違奪其農時，使民不得耕耨也，故云"彼奪其民時，使不得耕耨以養父母". 又云"父母凍餓，兄弟妻子離散，彼陷溺其民，王往而征之，夫誰與王敵"者，言民既不得耕耨以奉養父母，則爲父母者被寒凍飢餓，兄弟者與妻子者皆離背散(各)〔亡〕[3]，彼秦・楚陷溺其人民如此，而王往彼正其罪，夫更誰敢禦王之師而爲王之敵者. '故曰 仁者無敵 王請勿疑'者，是孟子請惠王行此仁政，而往正其罪而無敵，如所謂仁者無敵是也. 遂請之行而無更遲疑也. 前所謂閑暇日者，蓋言民於耕耨田地之外，有休息閑暇之日也.

1) 此章言百里行仁 則天下歸之也：北京大本에는 章指를 "이 장의 章指는 사방 백 리 땅으로 仁政을 행하면 천하 사람들이 귀의하고 政事로 백성을 상하게 하면 백성들이 그 나라가 망하는 것을 즐거워하니, 몽둥이를 가지고 강한 敵國을 복종시킬 수 있는 것은 仁과 不仁에 달렸다는 것이다.〔此章指言以百里行仁 天下歸之 以政傷民 民樂其亡 以梃服强 仁與不仁也〕"라고 하였다.
2) (近)〔爲〕：저본에는 '近'으로 되어 있으나, 監本・毛本에 의거하여 '爲'로 바로잡았다. (阮元의 〈校勘記〉 참조)
3) (各)〔亡〕：저본에는 '各'으로 되어 있으나, 閩本・監本・毛本에 의거하여 '亡'으로 바로잡았다. (阮元의 〈校勘記〉 참조)

經의 〔梁惠王〕에서 〔勿疑〕까지

○ 正義曰：이 章은 사방 백 리의 땅으로도 仁政을 행하면 천하 사람들이 귀의할 것임

을 말한 것이다.

〔梁惠王曰 晉國天下莫强焉 叟之所知也〕 양 혜왕이 맹자의 계책을 묻고자 한 것이다. 晉나라가 천하의 최강임은 어른도 틀림없이 알 것이라고 말한 것이다.

〔及寡人之身 東敗於齊 長子死焉 西喪地於秦七百里 南辱於楚 寡人恥之 願比死者壹洒之 如之何則可〕 혜왕이 "晉나라가 寡人의 몸에 이르러 동쪽으로는 齊나라에 패하여 長子가 죽었고, 서쪽으로는 또 秦나라에게 7백 리의 땅을 잃어버렸으며, 남쪽으로는 또 항상 楚나라에게 굴욕을 당하니, 寡人이 마음속으로 매우 부끄러워하여 이번에 목숨을 아낌없이 버리고 죽은 이들을 위해 한바탕 치욕을 씻고 싶은데 어떤 계책을 쓰면 이 치욕을 씻을 수 있겠습니까?"라고 말한 것이다.

〔孟子對曰 地方百里而可以王〕 맹자가 혜왕에게 대답한 말이다. 옛날의 聖君은 그 땅이 단지 백 리에 그쳤음에도 천하에 왕 노릇 할 수 있었다고 하였다.

〔王如施仁政於民 省刑罰 薄稅斂 深耕易耨 壯者以暇日修其孝悌忠信 入以事其父兄 出以事其長上 可使制梃以撻秦楚之堅甲利兵矣〕 맹자가 "왕께서 지금부터 仁政을 베풀어 백성들에게 미치게 하고 또 형벌을 줄이고 세금을 가볍게 할 수 있다면, 백성들이 모두 깊이 밭을 갈고 손쉽게 김을 매게 할 수 있으며, 장성한 사람이 한가한 날에 孝悌와 忠信을 익혀서 집 안에 들어가서는 부형을 잘 받들어 섬기고 鄕黨에 나와서는 웃어른을 잘 받들어 섬기게 할 수가 있습니다. 무릇 이와 같이 할 수 있다면 비록 몽둥이 하나만 만들어도 단단한 갑옷과 예리한 무기로 무장한 秦나라와 楚나라의 병사를 때려잡을 수 있을 것입니다."라고 말한 것이다.

하지만 단단한 갑옷에 예리한 무기로 무장한 秦나라와 楚나라 병사를 몽둥이 하나로 때려잡을 수 있는 것은, 진나라와 초나라가 농사철을 늘 빼앗아서 백성들이 경작을 하지 못하게 해서이다. 그렇기 때문에 "저들이 백성들의 농사철을 빼앗아서 그들로 하여금 밭을 갈아 부모를 봉양하지 못하게 한다."라고 하고, 또 "그 부모가 추위와 굶주림에 시달리게 될 것이며 형제와 처자가 뿔뿔이 흩어지게 될 것이다. 저들이 백성을 도탄에 빠뜨렸을 때 왕께서 가서 정벌을 한다면 도대체 누가 〈저들과〉 함께 왕을 대적하겠는가."라고 말한 것이다. 이 말은, 백성들이 농사를 지어 부모를 봉하지 못하게 되면 그 부모가 추위와 굶주림에 시달리게 될 것이고, 형제와 처자들이 모두 서로를 등지고 흩어질 것이니, 저 秦나라와 楚나라가 백성들을 이와 같이 도탄에 빠뜨릴 때 왕이 저들에게 가서 그 죄를 바로잡는다면 다시 어느 누가 감히 왕의 군대를 막고서 왕에게 대적하겠느냐는 것이다.

〔故曰 仁者無敵 王請勿疑〕 맹자가 혜왕에게 이러한 仁政을 시행한 다음 저들에게 가서 그 죄를 바로잡으면 대적할 자가 없게 될 것이라고 말해주었으니, 이른바 仁者는 대적할 자가 없다는 말은 이를 두고 한 말이다. 그리고 마침내 더 이상 머뭇거리지 말고 시행해보라고 청했다. 앞에서 이른바 한가한 날이란 백성들이 밭을 갈고 김을 매는 시간 이외에 휴식하면서 한가하게 보내는 날을 말한다.

【疏】 ○ 注'韓趙魏'至'强(也)〔焉〕[1)]' ○ 正義曰：案史記年表云 "定王十六年, 魏桓子與韓康子・趙襄子三人敗知伯于晉陽, 乃至分其地. 故號爲三晉, 是爲强國". 云'東敗於齊而喪長子'者, 案史記世家"惠王三十年, 魏伐趙, 趙告急於齊. 齊宣王用孫子計救趙, 魏遂大興師, 大子申自將攻齊, 遂與齊人戰, 敗於馬陵"是也. 云'西喪地於秦'者, 案史記年表云 "周顯王十五年, 秦與魏戰元里, 斬首七千, 取少梁." 南則常辱於楚. 馬陵者, 案徐廣[2)]云, "地在於元城."[3)]

1) (也)〔焉〕: 저본에는 '也'로 되어 있으나, 監本・毛本과 注文에 의거하여 '焉'으로 바로잡았다.(阮元의 〈校勘記〉 참조)
2) 徐廣 : 352~425. 東晉의 비서감을 지냈으며 ≪史記音義≫ 12권을 저술하였다.
3) 云東敗於齊而喪長子者……地在於元城 : 나중에 추가된 것으로 보이며, 전후의 체제나 내용이 불완전하다. 그 가운데 '南則常辱於楚'는 앞의 내용으로 볼 때 ≪史記≫에서 역사적 사실을 찾아 제시해야 하나 그 내용이 결락되어 있다.

○ 注의 〔韓趙魏〕에서 〔强焉〕까지

○ 正義曰 : 상고해보건대 ≪史記≫ 〈六國年表〉에, "定王 16년에 魏桓子, 韓康子, 趙襄子 세 사람이 晉陽에서 知伯을 패망시키고 마침내 그 땅을 나누어 갖게 되었다. 그러므로 '三晉'이라 부른 것이며 이로써 强國이 되었다."라고 하였다.

〔東敗於齊而喪長子〕 ≪史記≫ 〈魏世家〉에, "惠王 30년에 魏나라가 趙나라를 정벌하자 趙나라가 齊나라에게 급히 구원을 요청했다. 齊 宣王이 孫子의 계책을 써서 趙나라를 구원하자 魏나라가 마침내 대규모로 군사를 동원하여 태자 申이 스스로 군대를 이끌고 제나라를 공략하였고 결국 齊나라 군대와 결전을 벌이다 馬陵에서 패배하였다."라고 한 것이 이 사건에 해당한다.

〔西喪地於秦〕 ≪史記≫ 〈六國年表〉에, "周나라 顯王 15년에 秦나라가 魏나라와 元里에서 전투를 벌여 7천 명의 목을 베고 少梁을 취하였다."라고 하였다.

남쪽으로는 늘 楚나라에게 굴욕을 당했다.

馬陵은 徐廣의 말에 의하면, "그 땅이 元城에 있다."라고 하였다.

孟子注疏解經 卷第一 下

梁惠王章句 上

趙氏 注　孫奭 疏

6. 孟子見梁襄王하시고 出語人曰 望之不似人君이요

맹자가 梁 襄王을 만나보고 나와서 사람들에게 말했다. “멀리서 바라보아도 임금 같지 않았고,

【注】 襄은 諡也니 魏[1]之嗣王也라 望之無儼然之威儀也라

1) 魏 : 廖本, 孔本, 韓本, 足利本에는 '梁'으로 되어 있다.(阮元의 〈校勘記〉 참조)

'襄'은 시호이니, 〈襄王은〉 魏 惠王의 뒤를 이은 王이다. 〈'望之不似人君'은〉 멀리서 바라볼 때 근엄한 威儀가 없었다는 것이다.

就之而不見所畏焉이러니

가까이 다가가 보아도 두려워할 만한 점을 보지 못하였더니,

【注】 就與之言에 無人君操柄之威하여 知其不足畏라

가까이 다가가 그와 말을 해보아도 임금으로서 권력을 지닌 자의 위엄이 없어 두려워할 만한 점이 없다는 것을 느낀 것이다.

卒然問曰 天下惡(오)乎定고하여늘

갑자기 '천하가 어디로 안정이 되겠습니까?'라고 묻기에,

【注】 卒暴問事하여 不由其次也라 問天下安所定은 言誰能定之라

갑작스레 질문하여 그 절차를 밟지 않은 것이다. 천하가 어디로 안정이 되겠느냐고 질문한 것은 누가 안정을 시킬 수 있느냐는 말이다.

吾對曰 定于一이라호라

나는 '하나로 안정이 될 것입니다.'라고 대답했다.

【注】 孟子謂仁政爲一也라

맹자가 仁政을 '하나'라고 한 것이다.

孰能一之오하여늘

'누가 하나로 만들 수 있겠습니까?'라고 묻기에,

【注】 言孰能一之者라

하나로 만들 수 있는 사람이 누구냐는 말이다.

對曰 不嗜殺人者能一之라호라

'사람 죽이기를 좋아하지 않는 자가 하나로 만들 수 있을 것입니다.'라고 대답했다.

【注】 嗜는 猶甘也라 言今諸侯有不甘樂殺人者면 則能一之라

'嗜'자는 '甘'과 같다. 지금 제후들 가운데 사람 죽이기를 달가워하지 않는 자가 있다면 하나로 만들 수 있다는 말이다.

孰能與之[1]오하여늘

1) 孰能與之 : 朱熹는 與를 '돌아감〔歸〕'으로 주해하였다. 그것에 의거하면 "누가 능히 그에게 돌아가겠습니까?"라고 번역된다.

'누가 그와 함께하겠습니까?'라고 묻기에

【注】王言 誰能與不嗜殺人者乎아

누가 사람 죽이기를 좋아하지 않는 임금과 함께하겠느냐고 왕이 물은 것이다.

對曰 天下莫不與也니

내가 대답했다. '천하 사람들이 모두 함께할 것입니다.

【注】孟子曰 時人이 皆苦虐政하니 如有行仁이면 天下莫不與之라

맹자가 "당시 사람들이 모두 학정에 시달리고 있으니, 仁政을 행하는 임금이 있으면 천하 사람들이 모두 함께할 것이다."라고 말한 것이다.

王은 知夫苗乎잇가 七八月之間에 旱則苗槁矣라가 天油然作雲하여 沛然下雨면 則苗浡然興之矣나니 其如是면 孰能禦之리잇가

왕은 벼 싹에 대해서 아십니까? 7, 8월달에 가뭄이 들면 벼 싹이 바짝 시들었다가도 하늘에 구름이 뭉게뭉게 피어올라 세차게 비가 내리면 벼 싹이 벌떡 일어납니다. 그 형세가 이와 같다면 어느 누가 막을 수 있겠습니까.

【注】以苗生으로 喻人歸也라 周七八月은 夏之五六月也라 油然은 興雲之貌라 沛然下雨하여 以潤槁苗면 則浡然已盛하리니 孰能止之리오

벼 싹이 자라는 것을 가지고 백성들이 귀의하는 것을 비유하였다. 周나라의 7, 8월은 夏나라의 5, 6월에 해당한다. '油然'은 구름이 피어나는 모양이다. 세차게 비가 내려 시든 벼 싹을 촉촉하게 적시면 벼 싹이 벌떡 일어나 무성하게 자랄 것이니 누가 이를 막겠는가.

今夫天下之人牧이 未有不嗜殺人者也니 如有不嗜殺人者면 則天下之民이 皆引領而望之矣리니 誠如是也면 民歸之가 由水之就下하리니 沛然을 誰能禦之리오호라

오늘날 천하의 임금들 가운데 사람 죽이기를 좋아하지 않는 임금이 없습니다.

만약 사람 죽이기를 좋아하지 않는 임금이 있다면 천하의 백성들이 모두 목을 빼고 바라볼 것입니다. 참으로 이렇게 되면 백성들이 귀의하는 것이 마치 물이 아래로 흘러가는 것과 같을 것이니 그 세찬 기세를 누가 막을 수 있겠습니까.'라고 하였다."

【注】今天下牧民之君이 誠能行此仁政이면 民皆延頸望欲歸之를 如水就下하여 沛然而來하리니 誰能止之리오

오늘날 천하에 백성을 다스리는 임금이 참으로 이러한 仁政을 행할 수 있다면, 백성들이 모두 목을 빼고 바라보면서 귀의하려고 하기를 마치 물이 아래로 흘러가 세차게 밀려오듯 할 것이니 누가 이를 막을 수 있겠는가.

【疏】'孟子見梁襄王'至'誰能禦之' ○正義曰：此章言定天下者一道而已, 不貪殺人, 人則歸之也.[1] '孟子見梁襄王 出 語人曰 望之不似人君 就之而不見所畏焉'者, 是孟子在梁見襄王, 而語於人曰, 遠望之襄王而不似人君, 言無人君之威儀也, 就而近之而不見所畏焉, 言無人君操柄之威也. '卒然問曰 天下惡乎定'者, 是孟子語於人, 言襄王卒暴而問我, 曰天下誰能定. '吾對曰 定于一'者, 言我對之曰, 定天下者, 在乎仁政爲一者也. '孰能一之', 是孟子言襄王又問誰能仁政爲一. '對曰 不嗜殺人者能一之'者, 是孟子言我復答之, 唯不好殺人者能以仁政爲一也. '孰能與之'者, 言襄王又問誰能與之不好殺人者. '對曰 天下莫不與也', 言我對曰天下之人無有不與之也. '王知夫苗乎 七八月之間旱 則苗槁矣 天油然作雲 沛然下雨 則苗浡然興之矣 其如是 孰能禦之'者, 是孟子比喩而解王之意也. 故問襄王曾知夫苗乎. 言夫苗自七八月之時, 則乾旱而無水, 苗於是枯槁, 上天油然而起雲, 沛然而降雨, 則枯槁之苗又浡然興起而茂. 其不嗜殺人者能一之, 有如此苗而興茂, 誰能止之也. 又言如有行仁, 而天下莫不與之, 誰能止之而不與也. '今夫天下之人牧 未有不嗜殺人者也'至'誰能禦之'者, 是孟子因比喩苗而解王之意, 又以此復詳明之, 欲使襄王卽曉之也. 言今天下爲牧養人民之君, 未有不好殺人者也. 言皆好殺人, 若有不好殺人者, 則天下之人民, 皆延頸而望王以歸之矣. 誠如此上言之者, 則民皆歸之, 亦若水之流, 自上而下, 其勢沛然而來, 誰能止之. 言無人能止之也.

1) 此章言定天下者一道而已……人則歸之也：北京大本에는 章指를 "이 장의 章指는 다음과

같다. 천하를 안정시키는 것은 하나의 방도 즉 仁政일 뿐이니, 사람을 죽이기를 좋아하지 않으면 사람들이 귀의하는 것이다. 그러므로 '文王이 다친 사람을 보듯이 백성을 대하였다.'는 말이 이것을 일컬은 것이다.〔此章指言定天下者一道 仁政而已 不貪殺人 人則歸之 是故文王視民如傷 此之謂也〕"라고 하였다.

經의 〔孟子見梁襄王〕에서 〔誰能禦之〕까지

○ 正義曰 : 이 章은 천하를 안정시키는 것은 하나의 방도일 뿐이니 사람을 죽이기를 좋아하지 않으면 사람들이 귀의할 것임을 말한 것이다.

〔孟子見梁襄王 出 語人曰 望之不似人君 就之而不見所畏焉〕 맹자가 梁나라에서 襄王을 만나보고 사람들에게 말하기를, "멀리서 양왕을 바라볼 때 임금 같지 않았다."라고 하였는데, 이는 임금의 威儀가 없음을 말한 것이고, "가까이 다가가 보아도 두려워할 만한 점을 보지 못하였다."라고 하였는데, 이는 임금으로서 권력을 지닌 자의 위엄이 없음을 말한 것이다.

〔卒然問曰 天下惡乎定〕 맹자가 사람들에게 한 말이다. "양왕이 갑자기 나에게 '천하를 누가 안정시킬 수 있겠느냐?'고 물었다."라는 말이다.

〔吾對曰 定於一〕 "내가 '천하를 안정시키는 것은 仁政으로 하나를 만드는 데에 달려있다.'고 대답했다."라는 말이다.

〔孰能一之〕 맹자가 "양왕이 '또 누가 仁政으로 하나를 만들 수 있느냐?'고 물었다."라고 말한 것이다.

〔對曰 不嗜殺人者能一之〕 맹자가 "내가 '오직 사람 죽이기를 좋아하지 않는 자만이 仁政으로 하나를 만들 수 있다.'고 다시 대답했다."라고 말한 것이다.

〔孰能與之〕 "양왕이 다시 '누가 사람 죽이기를 좋아하지 않는 자와 함께할 수 있느냐?'고 물었다."라는 말이다.

〔對曰 天下莫不與也〕 "내가 '천하 사람들이 모두 함께할 것이다.'고 대답했다."라는 말이다.

〔王知夫苗乎 七八月之間旱 則苗槁矣 天油然作雲 沛然下雨 則苗浡然興之矣 其如是 孰能禦之〕 맹자가 비유를 들어 왕의 의혹을 풀어준 것이다. 그래서 양왕에게 벼 싹에 대해 아는 것이 있느냐고 묻고서, "무릇 벼 싹은 7, 8월에 가물어서 물이 부족하게 되면 이에 바짝 시들었다가도, 하늘에 구름이 뭉게뭉게 피어올라 세차게 비가 내리면 시든 벼 싹이 벌떡 일어나 무성하게 된다. 사람 죽이기를 좋아하지 않는 자가 능히 하나로 만든다면 마치 벼 싹이 벌떡 일어나 무성해지는 모습과 같아질 것이니, 그 기세를 누가 막을

수 있겠는가."라고 말한 것이다. 또 "仁政을 행한다면 천하 사람들이 모두 함께할 것이니, 누가 그것을 막아서 함께하지 않을 수 있겠는가."라고 하였다.

〔今夫天下之人牧 未有不嗜殺人者也〕에서 〔誰能禦之〕까지

맹자가 벼 싹의 비유를 들어 왕의 의혹을 풀어준 다음, 이 말로 다시 자세히 설명하여 양왕이 곧바로 깨달을 수 있게 하였다. 지금 천하에 백성을 다스리는 임금들 가운데 사람 죽이기를 좋아하지 않는 이가 없다. 모든 임금이 사람 죽이기를 좋아하는데 만약 사람 죽이기를 좋아하지 않는 임금이 있다면 천하의 백성들이 모두 목을 빼고 왕을 바라보면서 귀의하여 올 것이다. 진실로 위에서 말한 것과 같은 임금이 있다면 백성들이 모두 귀의하기를 마치 물이 위에서 아래로 흘러서 내려가듯 세찬 형세로 몰려올 것이니 누가 이를 막을 수 있겠는가. 아무도 막을 수 없다는 말이다.

【疏】 ○ 注'襄謚也'至'儀' ○ 正義曰：案世家云 "惠三在位三十六年卒, 子赫立, 是爲襄王. 襄王在位六年卒[1], 謚曰襄", 謚法云 "因事有功曰襄", 又曰 "辟土有德曰襄".

1) 襄王在位六年卒：≪史記≫ 〈魏世家〉에는 "재위 16년에 襄王이 졸하였다.〔十六年 襄王卒〕"라고 되어 있다.

○ 注의 〔襄謚也〕에서 〔儀〕까지

○ 正義曰：≪史記≫ 〈世家〉에 이르기를, "惠王이 재위 36년에 졸하고 아들 赫이 즉위하니, 그가 襄王이다. 양왕이 재위 6년에 졸하니 시호를 '襄'이라 하였다."라고 하였는데, 謚法을 보면, "일로 인해 공을 세운 것을 '襄'이라 한다." 하고 또 "토지를 개척하여 덕을 베푼 것을 '襄'이라 한다."라고 하였다.

【疏】 ○ 注'周七八月 夏之五六月' ○ 正義曰：周之時, 蓋以子之月爲正, 夏之時, 建寅之月爲正[1], 是知周之七八月卽夏之五六月也.

1) 周之時……建寅之月爲正：고대에 북두성의 자루가 가리키는 방향에 따라 正月을 달리 정하였는데, 夏나라 때에는 북두성의 자루가 十二辰 가운데 寅方을 가리키는 때를 정월로 삼았고, 周나라 때에는 子方을 가리키는 때를 정월로 삼았다. 夏나라의 정월인 建寅이 지금 쓰는 陰曆과 같다.

○ 注의 〔周七八月 夏之五六月〕

○ 正義曰：周나라의 달력은 子月을 정월로 삼았고, 夏나라의 달력은 寅月을 정월로

삼았다. 이로써 주나라의 7, 8월이 하나라의 5, 6월임을 알 수 있다.

7. 齊宣王問曰 齊桓晉文之事를 可得聞乎잇가

齊 宣王이 물었다. "齊 桓公과 晉 文公의 일에 대하여 들을 수 있겠습니까?"

【注】 宣은 諡也라 宣王問孟子하여 欲庶幾齊桓公小白晉文公重耳라 孟子冀得行道라 故로 仕於齊어늘 齊不用하여 乃適梁하다 建篇에 先梁者는 欲以仁義爲首篇이라 因言魏事하고 章次相從然後에 道齊之事니라

'宣'은 시호이다. 宣王이 맹자에게 물어서 齊 桓公 小白과 晉 文公 重耳처럼 되고자 한 것이다. 맹자가 자신의 도를 실행할 수 있기를 바랐기 때문에 齊나라에서 벼슬살이를 하였는데 齊나라에서 〈맹자의 주장을〉 채용하지 않아 梁나라로 갔다. ≪孟子≫의 篇들을 정리할 때 梁나라와 관련된 기사를 맨 앞에다 배치한 것은 仁義를 가지고 首篇으로 삼고자 하였기 때문이다. 그로 인해 魏나라에서의 일을 먼저 말하고 관련된 章들이 끝난 다음에 齊나라에서의 일을 언급한 것이다.

孟子對曰 仲尼之徒는 無道桓文之事者라 是以로 後世無傳焉하여 臣未之聞也로니

맹자가 대답했다. "仲尼의 門徒는 齊 桓公과 晉 文公의 일에 대하여 말하는 사람이 없습니다. 그래서 후대에 전해진 것이 없어 신이 듣지 못했습니다.

【注】 孔子之門徒는 頌述宓(義)〔羲〕[1]以來至文武周公之法制耳니 雖及五霸라도 心賤薄之라 是以로 儒家後世無欲傳道之者라 故로 曰臣未之聞也라하니라

1) (義)〔羲〕: 저본에는 '義'로 되어 있으나, 閩本·監本·毛本에 의거하여 '羲'로 바로잡았다.(阮元의 〈校勘記〉 참조)

孔子의 門徒는 宓羲氏(伏羲氏) 이후 文王, 武王, 周公의 法制에 대해서만 칭송할 뿐이니, 비록 五霸라 하더라도 마음속으로 천박하게 여겼다. 이 때문에 儒家에서는 후세에 이를 전하려고 하는 사람이 없었다. 그래서 신이 듣지 못했다고 말한 것이다.

無以則王乎[1)]인저

1) 無以則王乎 : 朱熹는 이 구절에 대해 "'以'는 '已'와 통용이니, '無已'는 반드시 그것을 말하고자 하여 그만두지 않는 것이다.〔以 已通用 無已 必欲言之而不止也〕"라고 하였다. 그것에 의거하면 "그만두지 말라고 하신다면 王道에 대해 말씀드리겠습니다."라고 번역된다.

그렇게 물을 것이 없다면 王道에 대해 물어보시지요."

【注】既不論三皇五帝하고 殊無所問이면 則尙當問王道耳라 不欲使王問霸者之事라

기왕에 三皇五帝에 대해서는 말하지도 않았고 달리 물을 것이 없다면, 王道에 대해서라도 물어야 할 것이다. 齊 宣王으로 하여금 霸者의 일에 대해 묻지 않게 하려고 한 말이다.

曰 德何如면 則可以王矣리잇고

제 선왕이 물었다. "덕행이 어떠해야 王道를 행할 수 있습니까?"

【注】王曰 德行當何如而可得以王乎아

왕이 "덕행이 어떠해야 王道를 행할 수 있느냐?"라고 물은 것이다.

曰 保民而王이면 莫之能禦也리이다

맹자가 대답했다. "백성을 편안케 하여 王道를 행하면 어느 누구도 막지 못할 것입니다."

【注】保는 安也라 禦는 止也라 言安民則惠하여 而黎民懷之하리니 若此以王이면 無能止也라

'保'는 편안하게 한다는 뜻이다. '禦'는 막는다는 뜻이다. 백성을 편안하게 하면 혜택이 퍼져서 백성들이 귀의할 것이니, 이와 같은 방법으로 王道를 행하면 누구도 막을 수가 없다는 말이다.

曰 若寡人者도 可以保民乎哉잇가

왕이 물었다. "과인과 같은 사람도 백성을 편안히 할 수 있습니까?"

【注】 王自恐德不足以安民이라 故로 問之니라

왕이 자신의 덕이 백성들을 편안케 하기에 부족하지 않을까 스스로 염려하였으므로 이렇게 물은 것이다.

曰 可하니이다

맹자가 대답했다. "할 수 있습니다."

【注】 孟子以爲如王之性이면 可以安民也라

맹자가 '왕과 같은 성품이면 백성을 편안케 할 수 있다.'고 여긴 것이다.

曰 何由로 知吾可也잇고

왕이 물었다. "무슨 근거로 내가 할 수 있다는 것을 압니까?"

【注】 王問孟子何以知吾可以保民이라

왕이 맹자에게 "내가 백성을 편안케 할 수 있음을 어떻게 아는가?"라고 물은 것이다.

曰 臣聞之胡齕하니 曰 王坐於堂上이어시늘 有牽牛而過堂下者러니 王見之하시고 曰 牛何之오 對曰 將以釁鍾이니이다 王曰 舍之하라 吾不忍其觳觫若無罪而就死地하노라 對曰 然則廢釁鍾與잇가 曰 何可廢也리오 以羊易之라하니 不識케이다 有諸잇가

맹자가 말했다. "신이 胡齕에게 이런 말을 들었습니다. 왕께서 廟堂 위에 앉아 계실 때 소를 끌고 묘당 아래를 지나가는 자가 있었습니다. 왕께서 이를 보고 '그 소를 어디로 끌고 가느냐?'라고 물으시니, 그가 '釁鍾에 쓰려고 합니다.'라고 대답하였습니다. 왕께서 '풀어주어라. 아무 죄도 없이 벌벌 떨면서 죽을 곳으로 끌려가는 것을 내가 차마 못 보겠다.'라고 하시자, 그가 '그러면 釁鍾을 그만둘까요?'라고 물었고, 왕께서는 '어찌 그만둘 수 있겠는가. 〈희생을〉 양으로 바꾸도록 하라.'라고 하셨다는데, 잘 모르겠습니다만 이런 일이 있었습니까?"

【注】 胡齕은 王左右近臣也라 觳觫은 牛當到死地處恐貌라 新鑄鍾에 殺牲以血塗其釁郄하고 因以祭之를 曰釁이라 周禮大祝曰 墮釁[1]逆牲逆尸에 令鍾鼓라하고 天府에 上春[2]에 釁寶(鐘)〔鎭〕[3]及寶器[4]라하니라 孟子曰 臣受胡齕言王嘗有此仁하니 不知케라 誠(充)〔有〕[5]之否아

1) 墮釁 : ≪周禮≫에는 '隋釁'으로 되어 있으며, 鄭玄은 희생을 죽여서 피를 바르는 제사라 하였다.
2) 上春 : 孟春, 正月에 해당한다.
3) (鐘)〔鎭〕 : 저본에는 '鐘'으로 되어 있으나, ≪周禮≫에 의거하여 '鎭'으로 바로잡았다.
4) 寶(鐘)〔鎭〕及寶器 : 왕을 상징하는 보옥으로 만든 기물과 제기를 뜻한다.
5) (充)〔有〕 : 저본에는 '充'으로 되어 있으나, 廖本·孔本·韓本에 의거하여 '有'로 바로잡았다.(阮元의 〈校勘記〉 참조)

'胡齕'은 왕을 가까이에서 모시는 近臣이다. '觳觫'은 소가 死地에 이르러 두려움에 떠는 모습이다. 새로 종을 주조할 때 희생을 죽여 그 피를 틈에 바르고 이어서 제사를 지내는 것을 '釁'이라 한다. ≪周禮≫ 〈大祝〉에, "墮釁의 제사에서 희생을 맞이하고 尸童을 맞이할 때 鍾鼓를 연주하게 한다."라고 하였고 ≪周禮≫ 〈天府〉에, "上春에 寶鎭과 寶器에다 피를 바른다."라고 하였다. 맹자가 "臣이 胡齕을 통해 왕에게 이런 어진 행동이 있었다는 말을 들었는데, 잘 모르겠지만 정말로 그런 일이 있었습니까?"라고 말한 것이다.

曰 有之하니이다

왕이 대답했다. "있었습니다."

【注】 王曰 有之라하니라

왕이 있었다고 말했다.

曰 是心이 足以王矣리이다 百姓은 皆以王爲愛也어니와 臣은 固知王之不忍也하노이다

맹자가 말했다. "이 마음이 충분히 王道를 행할 수 있습니다. 백성들은 모두 왕께서 재물을 아끼는 것으로 말하겠지만, 신은 진실로 왕께서 차마 그렇게 하지 못했다는 것을 알고 있습니다."

【注】 愛는 嗇也라 孟子曰 王推是仁心이면 足以至於王道라 然百姓皆謂王嗇愛其財나 臣知王見牛恐懼不欲趨死不忍이라 故로 易之也라

'愛'는 아낀다는 뜻이다. 맹자가 말하기를, "왕께서 이 어진 마음을 미루어 나가면 충분히 王道에 이를 수 있습니다만, 백성들은 모두 왕이 재물을 아끼는 것이라 말하고 있습니다. 그렇지만 신은 왕께서 소가 두려움에 떨면서 죽을 곳으로 끌려가지 않으려고 하는 모습을 보고 차마 그냥 둘 수 없었기에 양으로 바꾸었다는 사실을 알고 있습니다."라고 말한 것이다.

王曰 然하다 誠有百姓者로다마는 齊國이 雖褊小나 吾何愛一牛리오 卽不忍其觳觫若無罪而就死地라 故로 以羊易之也니이다

왕이 말했다. "그렇습니다. 정말 〈그렇게 말하는〉 백성들이 있을 것입니다. 하지만 제나라가 아무리 작다 하더라도 내 어찌 소 한 마리를 아끼겠습니까. 그 소가 벌벌 떨면서 아무 죄도 없이 죽을 곳으로 끌려가는 모습을 차마 볼 수 없었기에 양으로 바꾼 것입니다."

【注】 王曰 亦誠有百姓所言者矣라 吾國雖小나 豈愛(借)〔惜〕[1]一牛之財費哉리오 卽見其牛哀之하고 釁鍾又不可廢라 故로 易之以羊耳니라

1) (借)〔惜〕: 저본에는 '借'로 되어 있으나, 嘉靖本·汲古閣本·武英殿本에 의거하여 '惜'으로 바로잡았다.

왕이 말하기를, "또한 백성들 사이에 그런 말을 하는 자가 있을 것입니다. 내 나라가 아무리 작다 하더라도 어찌 소 한 마리 정도의 재물을 아끼겠습니까? 그 소를 보자마자 불쌍한 생각이 들었고 한편으로 釁鍾도 그만둘 수 없었기에 양으로 바꾼 것뿐입니다."라고 한 것이다.

曰 王은 無異於百姓之以王爲愛也하소서 以小易大어니 彼惡知之리잇고 王若隱其無罪而就死地면 則牛羊을 何擇焉이리잇고

맹자가 말했다. "백성들이 왕을 보고 재물을 아낀다고 말하는 것을 이상하게 보지 마십시오. 작은 것으로 큰 것을 바꾸었으니 저들이 〈왕의 마음을〉 어떻게 알겠

습니까? 왕께서 만약 죄 없이 죽을 곳으로 끌려가는 것을 마음 아파하였다면 소와 양을 어찌 가리셨겠습니까?"

【注】異는 怪也라 隱은 痛也라 孟子言無怪百姓謂王愛財也하소서 見王以小易大故也라 王如痛其無罪면 羊亦無罪리니 何爲獨釋牛而取羊이리오

'異'는 괴이하게 여기는 것이다. '隱'는 마음 아파하는 것이다. 맹자가 말하기를, "백성들이 왕을 보고 재물을 아낀다고 말하는 것을 이상하게 생각하지 마십시오. 왕이 작은 것으로 큰 것을 바꾸는 것을 보았기 때문입니다. 왕이 만약 그 소가 아무 죄가 없이 끌려가는 것을 마음 아파했다면 양 또한 죄가 없기는 마찬가지입니다. 어찌하여 소를 풀어주고 양을 잡아온단 말입니까?"라고 한 것이다.

王笑曰 是誠何心哉런고 我非愛其財而易之以羊也언마는 宜乎百姓之謂我愛也로다

왕이 웃으며 말했다. "이것이 도대체 무슨 마음에서 나온 것일까요? 내가 재물을 아껴서 양으로 바꾼 것은 아니지만 백성들이 나를 보고 재물을 아낀다고 말하는 것은 당연한 일이군요."

【注】王自笑心不然이나 而不能自免爲百姓所非하니 乃責己之以小易大라 故로 曰 宜乎其罪我也라

왕이 자신의 마음은 그렇지 않았지만 백성들로부터 비난을 받는 것을 면할 수는 없다는 사실에 스스로 웃은 것이다. 이에 자신이 작은 것을 가지고 큰 것을 바꾼 것을 자책하였으므로 "나를 비난하는 것이 당연하다."라고 말한 것이다.

曰 無傷也라 是乃仁術也니 見牛코 未見羊也일새니이다 君子之於禽獸也에 見其生하고 不忍見其死하며 聞其聲하고 不忍食其肉하나니 是以로 君子遠庖廚也니이다

맹자가 말했다. "〈어진 마음에〉 해가 될 것이 없습니다. 이것이 바로 어진 마음을 실천하는 방법이니, 소는 직접 보았고 양은 보지 않았기 때문입니다. 군자는 금

수에 대하여 그것이 살아있는 모습을 보고는 차마 그 죽은 모습을 보지 못하며, 그것의 울음소리를 듣고서 차마 그 고기를 먹지 못합니다. 그 때문에 군자는 주방을 멀리하는 것입니다."

【注】孟子解王自責之心하여 曰無傷於仁이니 是乃王爲仁之道也라 時未見羊하고 羊之爲牲이 次於牛라 故로 用之耳라 是以로 君子遠庖廚하니 不欲見其生食其肉也니라

맹자가 왕이 자책하는 마음을 풀어주기 위해 "어진 마음에는 해가 될 것이 없으니, 이것이 바로 왕께서 어진 마음을 실천하는 방법입니다. 그때에 양을 직접 보지 않았고 또 희생에 쓸 짐승으로 양이 소 다음이었으므로 양을 쓴 것뿐입니다. 그 때문에 군자는 주방을 멀리하는 것이니, 살아있는 짐승을 본 다음에는 그 고기가 먹고 싶어지지 않기 때문입니다."라고 한 것이다.

王說(열)曰 詩云 他人有心을 予忖度之라하니 夫子之謂也로소이다 夫我乃行之하고 反而求之하되 不得吾心이러니 夫子言之하시니 於我心에 有戚戚焉하여이다 此心之所以合於王者는 何也잇고

왕이 기뻐하며 말했다. "≪詩經≫에 이르기를, '다른 사람의 마음속을 내가 헤아려 안다.'라고 하였는데 바로 선생을 두고 한 말입니다. 내가 그렇게 행동해 놓고서 나 자신을 돌이켜 〈그 이유를〉 찾아보아도 내 무슨 마음으로 그렇게 했는지 알 수 없었습니다. 그런데 선생께서 이렇게 말씀해주시니 내 마음에 뭉클한 감정이 생깁니다. 이러한 마음이 王道를 행하기에 적합한 이유는 무엇입니까?"

【注】詩는 小雅巧言之篇也라 王喜悅하여 因稱是詩하여 以嗟嘆孟子忖度知己心하니 戚戚然心有動也라 寡人雖有是心이나 何能足以合於王也리오

≪詩經≫은 〈小雅 巧言〉편이다. 왕이 기쁜 나머지 이 시를 인용하여 맹자가 자신의 마음을 헤아려서 알아준 것에 감탄하였으므로 뭉클하게 마음에 감동하는 것이 있었다. 왕이 자신에게 이런 마음이 있다 하더라도 王道를 행하는 데에 어찌 적합할 수 있겠느냐고 물은 것이다.

曰 有復於王者曰 吾力足以擧百鈞이로되 而不足以擧一羽하며 明足以察秋毫之末이로되 而不見輿薪이라하면 則王許之乎잇가

맹자가 물었다. "어떤 사람이 왕께 아뢰기를, '내 힘이 百鈞을 들 수 있어도 깃 하나는 들지 못하며, 내 시력이 秋毫의 끄트머리는 볼 수 있어도 수레 가득한 땔감은 보지 못한다.'라고 한다면 왕께서는 믿으시겠습니까?"

【注】復은 白也라 許는 信也라 人有白王如此면 王信之乎아 百鈞은 三千斤也라

'復'은 아뢴다는 뜻이다. '許'는 믿는다는 뜻이다. 어떤 사람이 왕에게 이와 같이 아뢴다면 왕이 믿겠느냐고 물은 것이다. 百鈞은 삼천 근에 해당한다.

曰 否라

선왕이 대답했다. "믿지 못하겠습니다."

【注】王曰 我不信也라

왕이 말하기를, "나는 믿지 못하겠다."라고 한 것이다.

今에 恩足以及禽獸로되 而功不至於百姓者는 獨何與잇고 然則一羽之不擧는 爲不用力焉이며 輿薪之不見은 爲不用明焉이며 百姓之不見保는 爲不用恩焉이니 故로 王之不王은 不爲也언정 非不能也니이다

맹자가 말했다. "지금 〈왕의〉 恩德이 금수에게까지 미치되 그 功績이 백성에게까지 이르지 않는 것은 도대체 무엇 때문입니까? 그렇다면 깃털 하나를 들지 못하는 것은 그 힘을 쓰지 않았기 때문이며, 한 수레의 땔감을 보지 못하는 것은 그 시력을 쓰지 않았기 때문이며, 백성들이 편안하지 못한 것은 그 恩德을 쓰지 않았기 때문입니다. 그러므로 왕께서 王道를 행하지 않는 것은 하지 않는 것이지 할 수 없는 것이 아닙니다.

【注】孟子言 王恩及禽獸로되 而不安百姓은 若不用力不用明者也니 不爲耳요 非不

能也라

맹자가 말하기를, "왕의 은덕이 금수에까지 미치되 백성을 편안하게 만들지 못한 것은 마치 그 힘을 쓰지 않고 그 시력을 쓰지 않은 것과 같으니 하지 않는 것일 뿐 할 수 없는 것은 아닙니다."라고 한 것이다.

曰 不爲者와 與不能者之形이 何以異잇고

선왕이 물었다. "하지 않는 것과 할 수 없는 것의 상태에 무슨 차이가 있습니까?"

【注】 王問 其狀何以異也오

왕이 "그 상태에 무슨 차이가 있느냐?"라고 물은 것이다.

曰 挾太山하여 以超北海[1]를 語人曰我不能이라하면 是誠不能也어니와 爲長者折枝[2]를 語人曰我不能이라하면 是不爲也언정 非不能也니 故로 王之不王은 非挾太山以超北海之類也라 王之不王은 是折枝之類也니이다

1) 挾太山 以超北海 : 太山은 泰山이고, 北海는 渤海이다. 모두 지금의 山東省과 그 부근에 있는데, 당시에는 齊나라 영토였으므로 이렇게 말한 것이다.

2) 爲長者折枝 : 朱熹는 '折枝'를 '나뭇가지를 꺾는 것'이라고 보고, "爲長者折枝는 어른의 명령에 따라 草木의 가지를 꺾는 것이니, 어렵지 않음을 말한다.〔爲長者折枝 以長者之命折草木之枝 言不難也〕"라고 주해하였다. 그 밖에 '허리를 굽혀 인사하는 것'이라는 주해도 있다.

맹자가 대답했다. "太山을 옆에 끼고 北海를 뛰어넘는 일을 가지고 사람들에게 '나는 할 수 없다.'고 말한다면 이는 정말 할 수 없는 일입니다. 하지만 어른을 위하여 손마디를 주물러주는 일을 가지고 사람들에게 '나는 할 수 없다.'고 말한다면 이는 하지 않는 것이지 할 수 없는 것은 아닙니다. 그러므로 왕께서 王道를 행하지 않는 것은 太山을 옆에 끼고 北海를 뛰어넘는 그런 부류의 일이 아닙니다. 왕께서 王道를 행하지 않는 것은 손마디를 주물러주는 그런 부류의 일입니다.

【注】 孟子爲王陳爲與不爲之形若是하니 王則不折枝之類也라 折枝는 案摩이니 折手節解

罷枝也라 少者恥(是)〔見〕[1]役이라 故不爲耳언정 非不能也라 太山北海는 皆近齊故로 以爲喩也니라

1) (是)〔見〕: 저본에는 '是'로 되어 있으나, 阮元의 〈校勘記〉에 의거하여 '見'으로 바로잡았다.

맹자가 왕을 위해, 어떤 일을 하는 것과 하지 않는 것의 상태가 이와 같이 〈다르다고〉 설명하였는데, 왕의 경우는 折枝를 하지 않은 부류에 해당한다. '折枝'는 안마이니, 손마디를 주무르거나 피곤한 四肢를 풀어주는 것이다. 젊은 사람은 남이 시키는 일을 하는 것을 부끄러워한다. 그래서 하지 않는 것뿐이지 할 수 없는 것은 아니다. 太山과 北海는 모두 齊나라에 가까이 있으므로 이것으로 비유를 한 것이다.

老吾老하여 以及人之老하며 幼吾幼하여 以及人之幼면 天下를 可運於掌이니

우리 집 노인을 공경하여 남의 집 노인에게까지 미치며, 우리 집 아이를 사랑하여 남의 집 아이에게까지 미치면 천하를 손바닥 위에 놓고 굴릴 수 있을 것입니다.

【注】 老는 猶敬也라 幼는 猶愛也라 敬我之老하여 亦敬人之老하고 愛我之幼하여 亦愛人之幼하니 推此心以惠民이면 天下를 可轉之掌上이라하니 言其易(이)也라

'老'는 '敬'과 같다. '幼'는 '愛'와 같다. '우리 집 노인을 공경하여 남의 집 노인도 공경하며 우리 집 아이를 사랑하여 남의 집 아이도 사랑하는 것이니, 이 마음을 미루어 백성에게 혜택을 베풀면 천하를 손바닥 위에서 굴릴 수 있다.'라고 하였으니, 그만큼 쉽다는 것을 말한 것이다.

詩云 刑于寡妻하여 至于兄弟하여 以御于家邦[1]이라하니 言擧斯心하여 加諸彼而已라

1) 刑于寡妻 至于兄弟 以御于家邦 : 朱熹는 刑을 '모범이 됨〔法〕'으로, 御를 '다스림〔治〕'으로 주해하였다. 그것에 의거하면 "寡妻에게 모범이 되어서 兄弟에까지 미치고 이로써 家邦을 다스린다."라고 번역된다.

≪詩經≫에, '嫡妻를 바르게 하여 형제에까지 미치고 이로써 나라를 누렸네.'라고 하였으니, 이는 자기 가족에 대한 마음을 가지고 다른 사람들에게 적용시킨 것

뿐임을 말한 것입니다.

【注】 詩는 大雅思齊之篇也라 刑은 正也라 寡는 少也라 言文王正己適妻하니 則八妾從하고 以及兄弟하니라 御는 享也니 享天下國家之福하되 但擧己(以)〔心〕[1]加於人而已라

1) (以)〔心〕: 저본에는 '以'로 되어 있으나, 阮元의 〈校勘記〉에 의거하여 '心'으로 바로잡았다.

≪詩經≫은 〈大雅 思齊〉편이다. '刑'은 바르게 한다는 뜻이다. '寡'는 적다는 뜻이다. 즉, 문왕이 자기의 嫡妻부터 바르게 하자 여덟 妾이 복종하였고 이를 다시 형제에까지 적용시킨 것이다. '御'는 누린다는 뜻이다. 천하국가의 복록을 다 누리되 〈그 방법은〉 단지 자기 가족에 대한 마음을 다른 사람에게 적용시킨 것일 뿐이다.

故로 推恩이면 足以保四海요 不推恩이면 無以保妻子니 古之人이 所以大過人者는 無他焉이라 善推其所爲而已矣라

그러므로 은혜를 미루어 나가면 四海도 편안하게 만들 수 있고, 은혜를 미루어 나가지 못하면 妻子도 편안하게 만들 수 없습니다. 옛 임금이 일반 사람보다 크게 나은 점은 별다른 게 없습니다. 단지 자신이 하는 일을 잘 미루어 나갔을 뿐입니다.

【注】 大過人者는 大有爲之君也니 善推其心所好惡하여 以安四海也라

일반 사람보다 크게 나은 사람은 큰 업적을 남긴 임금이다. 그들은 자기 마음속의 好惡를 잘 미루어 四海를 편안하게 만들었다.

今에 恩足以及禽獸로되 而功不至於百姓者는 獨何與니잇고

지금 〈왕의〉 은덕이 금수에까지 미치되 그 공적이 백성에게까지 이르지 않는 것은 도대체 무엇 때문입니까?

【注】 復申此하여 言非王不能이요 不爲之耳라

이 말을 다시 하여 왕이 할 수 없는 것이 아니라 하지 않는 것일 뿐임을 말한 것이다.

權然後에 **知輕重**하며 **度然後**에 **知長短**이니 **物皆然**이어니와 **心爲甚**하니 **王請度之**하소서

저울질을 해본 뒤에야 무게를 알 수 있고 자로 재어본 뒤에야 길이를 알 수 있습니다. 사물이 모두 그렇습니다만 그 가운데 마음은 가장 심하게 〈저울질하고 재어보아야〉 할 것이니, 왕께서도 자신의 마음을 재어보소서.

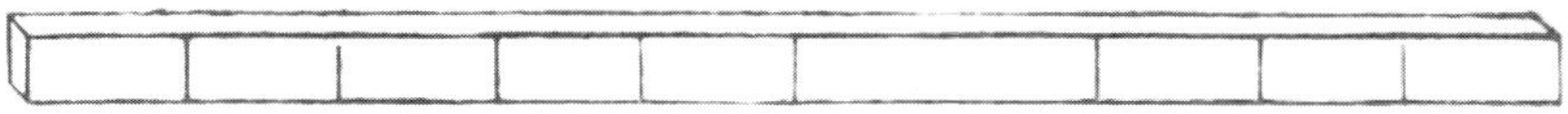

度

【注】 權은 銓衡也니 可以稱輕重이라 度는 丈尺也니 可以量長短이라 凡物皆當稱度乃可知니 心當行之乃爲仁이라 心比於物에 尤當爲之甚者也니 欲使王度心如度物也라

'權'은 저울이니 무게를 잴 수 있다. '度'는 자이니 길이를 잴 수 있다. 무릇 사물이 모두 저울과 자로 재어본 뒤에야 〈무게와 길이를〉 알 수 있듯이 사람의 마음도 마땅히 실행해 본 뒤에야 그것이 어진 것인지 알 수 있다. 〈이러한 점에서〉 마음은 다른 사물에 비하여 가장 심하다 하겠다. 그래서 왕에게 사물의 무게나 길이를 재듯이 자신의 마음을 재어보도록 하려 한 것이다.

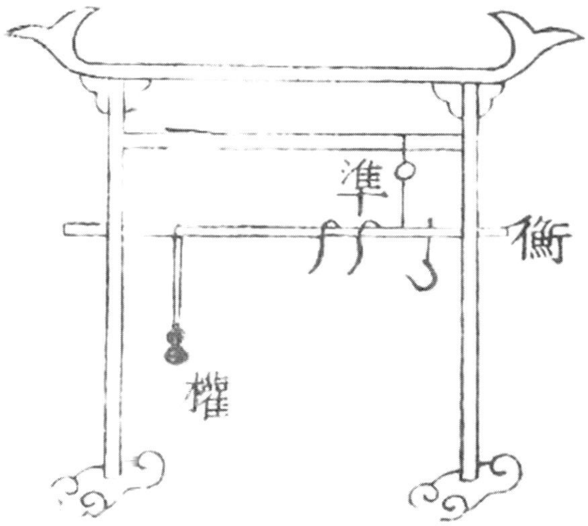

權과 衡

抑王은 **興甲兵**하여 **危士臣**하며 **構怨於諸侯然後**에 **快於心與**잇가

대체 왕께서는 군대를 일으켜 將士와 신하들을 위험에 빠뜨리고 제후들과 원한을 맺은 뒤에야 마음이 통쾌하시겠습니까?"

【注】 抑은 辭也라 孟子問王抑亦如是라야 乃快邪아

'抑'은 발어사이다. 맹자가 왕에게 꼭 이와 같이 해야만 마음이 통쾌하겠느냐고 물은 것이다.

王曰 否라 吾何快於是리오 將以求吾所大欲也로이다

왕이 대답했다. "아닙니다. 내 어찌 이런 일에 통쾌하겠습니까? 장차 내가 크게 하고자 하는 바를 이루려고 하는 것입니다."

【注】 王言 不然이라 我不快是也라 將欲以求吾心所大欲者耳라

왕이 말하기를, "그렇지 않습니다. 나는 이런 일에 통쾌하지 않습니다. 장차 내 마음속에 크게 하고자 하는 바를 이루려는 것일 뿐입니다."라고 한 것이다.

曰 王之所大欲을 可得聞與잇가

맹자가 물었다. "왕께서 크게 하고자 하는 바를 들을 수 있겠습니까?"

【注】 孟子雖心知王意而故問者는 欲令王自道하여 遂因而陳之라

맹자가 비록 마음속으로 왕의 생각을 알고 있었지만 일부러 물은 것은 왕으로 하여금 스스로 말하게 하여 그 말을 가지고 왕에게 설명하려고 한 것이다.

王笑而不言하신대

왕이 웃으며 말을 하지 않았다.

【注】 王意大而不敢正言이라

왕은 생각하고 있는 것이 커서 감히 바른대로 말하지 못한 것이다.

曰 爲肥甘不足於口與며 輕煖不足於體與잇가 抑爲采色不足視於目與며 聲音不足聽於耳與며 便嬖不足使令於前與잇가 王之諸臣이 皆足以供之하나니 而王豈爲是哉시리잇고

맹자가 말했다. "기름지고 단 음식이 입에 만족스럽지 않습니까? 가볍고 따뜻한 옷이 몸에 만족스럽지 않습니까? 아니면 장식한 채색이 눈으로 보시기에 만족스럽지 않습니까? 음악 소리가 귀로 들으시기에 만족스럽지 않습니까? 좌우의 시종이 앞에서 부리기에 만족스럽지 않습니까? 왕의 신하들이 모두 충분하게 제공할 것이니 왕께서 어찌 이런 것들 때문이겠습니까?"

【注】 孟子復問此五者하여 欲以致王所欲也라 故로 發異端以問之也라

맹자가 다시 이 다섯 가지를 물어서 왕이 하고자 하는 바를 끌어내려 하였다. 그래서 다른 일을 꺼내어 물어본 것이다.

曰 否라 吾不爲是也로이다

왕이 대답했다. "아닙니다. 나는 이런 일 때문이 아닙니다."

【注】 王言我不爲是也라

왕이 말하기를, "나는 이런 일 때문이 아니다."라고 하였다.

曰 然則王之所大欲을 可知已니 欲辟土地하며 朝秦楚하여 莅中國而撫四夷也로소이다

맹자가 말했다. "그렇다면 왕께서 크게 하고자 하는 바를 알겠습니다. 영토를 확장하고 秦나라와 楚나라의 조회를 받으면서 중국에 군림하고 사방 오랑캐를 按撫하려는 것입니다.

【注】 莅는 臨也라 言王意欲庶幾王者하여 臨莅中國而安四夷者也라

'莅'는 군림하는 것이다. 왕의 속마음은 王者가 되어 중국에 군림하고 사방 오랑캐를 安撫하고자 하는 것임을 말한 것이다.

以若所爲로 求若所欲이면 猶緣木而求魚也니이다

예전의 소행을 그대로 하면서 지금 하고자 하는 바를 이루려고 한다면, 이는 나

무에 올라가 물고기를 잡으려고 하는 것과 같습니다."

【注】 若은 順也라 順嚮者所爲는 謂搆兵諸侯之事니 求順今之所欲莅中國之願이면 其不可得이 如緣喬木而求生魚也라

'若'은 따른다는 뜻이다. 예전의 소행을 그대로 따라 하는 것은 제후들과 싸움을 벌이는 일을 일컫는 말이니, 지금 중국에 군림하고자 하는 소망을 이루려고 한다면 이는 마치 큰 나무에 올라가 살아있는 물고기를 잡으려고 하는 것처럼 불가능한 일이다.

王曰 若是其甚與잇가

왕이 말했다. "이다지도 심하단 말입니까?"

【注】 王謂比之緣木求魚爲大甚이라

왕이 '나무에 올라가 물고기를 잡으려고 하는 것에 비유하는 것은 너무 심하다'고 여긴 것이다.

曰 殆有甚焉하니 緣木求魚는 雖不得魚나 無後災어니와 以若所爲로 求若所欲이면 盡心力而爲之라도 後必有災하리이다

맹자가 대답했다. "그보다도 더 심할 수도 있습니다. 나무에 올라가 물고기를 잡으려고 하는 것은 비록 물고기를 잡지 못한다 하더라도 뒤따르는 재난이 없습니다만, 예전의 소행을 그대로 하면서 지금 하고자 하는 바를 이루려고 한다면 온 마음과 힘을 다 바쳐 일을 하고도 그 뒤에는 반드시 재난이 따라올 것입니다."

【注】 孟子言盡心戰鬭라도 必有殘民破國之災라 故로 曰殆有甚於緣木求魚者也라

맹자가 마음을 다해 전투를 하더라도 틀림없이 백성들을 해치고 나라를 파탄에 빠뜨리는 재난을 불러올 것임을 말하고자 했기 때문에 "나무에 올라가 물고기를 잡으려고 하는 것보다 더 심할 수도 있을 것이다."라고 말한 것이다.

曰 可得聞與잇가

왕이 물었다. "그 이유를 들을 수 있겠습니까?"

【注】 王欲知其害也라

왕이 그 폐해를 알고자 한 것이다.

曰 鄒人이 與楚人戰이면 則王以爲孰勝이니잇고

맹자가 말했다. "鄒나라 군대가 楚나라 군대와 싸움을 벌인다면, 왕께서는 어느 나라가 이길 것이라 생각하십니까?"

【注】 言鄒小楚大也라

鄒나라는 약소하고 楚나라는 강대하다는 것을 말한 것이다.

曰 楚人勝하리이다

왕이 대답했다. "楚나라 군대가 이길 것입니다."

【注】 王曰 楚人勝也라

왕이 "楚나라 군대가 이길 것이다."라고 말한 것이다.

曰 然則小固不可以敵大며 寡固不可以敵衆이며 弱固不可以敵强이니 海內之地 方千里者九에 齊集有其一하니 以一服八이 何以異於鄒敵楚哉리잇고

맹자가 말했다. "그렇다면 작은 나라는 큰 나라를 대적할 수 없고 인구가 적은 나라는 많은 나라를 대적하지 못하며 군사력이 약한 나라는 강한 나라를 대적하지 못합니다. 四海 안에 사방 천 리의 영토를 가진 나라가 아홉이 있는데 齊나라 땅을 다 모아야 그 가운데 하나를 차지하게 되니, 제나라 하나의 힘으로 여덟 나라를 굴복시키는 것이 鄒나라가 楚나라를 대적하는 것과 두엇이 다르겠습니까?

【注】 固는 辭也라 言小弱固不可以敵强大라 集會齊地라야 可方千里니 譬一州耳라 今欲以一州服八州면 猶鄒欲敵楚也라

'固'는 語辭이다. "작고 약한 나라는 크고 강한 나라를 대적할 수 없다. 齊나라 땅을 다 모아야 사방 천 리이니 1개 州에 해당한다. 지금 1개 州로 8개 州를 굴복시키려고 한다면, 이는 鄒나라가 楚나라와 대적하고자 하는 것과 같다."라고 말한 것이다.

蓋亦反其本矣니이다

또한 근본으로 돌아가야 할 것입니다.

【注】 王欲服之之道면 蓋當反王道之本耳라

왕이 제후들을 굴복시키고자 한다면 마땅히 王道의 근본으로 되돌아가야 할 것이다.

今王이 **發政施仁**하사 **使天下仕者**로 **皆欲立於王之朝**하며 **耕者**로 **皆欲耕於王之野**하며 **商賈**로 **皆欲藏於王之市**하며 **行旅**로 **皆欲出於王之塗**하시면 **天下之欲疾其君者 皆欲赴愬於王**하리니 **其若是**면 **孰能禦之**리잇고

지금 왕이 정사를 시행하여 仁을 베풀어서 천하에 벼슬하는 사람들이 모두 왕의 조정에 서고 싶어 하고, 농사를 짓는 사람들이 모두 왕의 들판에서 농사를 짓고 싶어 하고, 장사하는 사람들이 모두 왕의 시장에 상품을 보관하고 싶어 하고, 여행하는 사람들이 모두 왕의 도로로 나오고 싶어 하게 한다면, 천하에 자기 임금을 미워하는 사람들이 모두 왕에게 달려와 하소연하려고 할 것입니다. 이와 같이 된다면 〈그 형세를〉 누가 막을 수 있겠습니까?"

【注】 反本道하여 行仁政이라 若此則天下歸之하리니 誰能止之也리오

王道의 근본으로 돌아가 仁政을 행하는 것이다. 이와 같이 하면 천하 사람들이 귀의할 것이니, 〈그 형세를〉 누가 막을 수 있겠는가.

王曰 吾惛하여 **不能進於是矣**로니 **願夫子**는 **輔吾志**하여 **明以敎我**하소서 **我雖不敏**이나 **請嘗試之**하소서

왕이 말했다. "나는 정신이 혼몽하여 이런 정치를 행할 능력이 없습니다. 바라건

대 夫子께서 나의 뜻을 보좌하여 나를 분명하게 가르쳐주십시오. 내 비록 민첩하지는 못하지만 시험 삼아 나에게 시행해볼 수 있게 해주시기를 바랍니다."

【注】王言我情思惛亂하여 不能進行此仁政이요 不知所當施行也라 欲使孟子明言其道하여 以教訓之라 我雖不敏이나 願嘗使小行之也라

왕이 "나는 정신이 혼몽하여 이런 仁政을 행할 능력도 없고 무엇을 시행해야 할지도 모릅니다. 그래서 맹자께서 王道를 명확하게 제시하여 가르쳐주기를 바란 것입니다. 내 비록 민첩하지는 못하지만 시험 삼아 내가 조금 시행해볼 수 있게 해주기를 바랍니다." 라고 말한 것이다.

曰 無恒産而有恒心者는 惟士爲能이어니와 若民則無恒産이면 因無恒心이니

맹자가 말했다. "恒産이 없이 恒心을 유지하는 것은 오직 선비만이 가능합니다. 일반 백성의 경우는 恒産이 없으면 그로 인해 恒心도 없게 됩니다.

【注】孟子爲王陳其法也라 恒은 常也라 産은 生也라 恒産은 則民常可以生之業也라 恒心은 人常有善心也라 惟有學士之心者라야 雖窮不失道하고 不求苟得耳라 凡民은 迫於飢寒이면 則不能守其常善之心也라

맹자가 왕을 위해 그 방법에 대해 설명한 것이다. '恒'은 '변함없음'을 뜻하고 '産'은 '생업'을 뜻한다. '恒産'은 백성들이 변함없이 살아갈 수 있게 하는 생업을 뜻하고 '恒心'은 사람이 변함없이 가지고 있는 선한 마음을 뜻한다. 오직 학문하는 선비의 마음을 가진 자만이 아무리 곤궁하더라도 正道를 잃지 않고 구차한 수입을 구하지 않는다. 〈반면에〉 일반 백성은 춥고 굶주림에 시달리게 되면 변함없이 선한 마음을 유지하지 못한다.

苟無恒心이면 放辟邪侈를 無不爲已니 及陷於罪然後에 從而刑之면 是罔民也라

만약 恒心이 없다면 방탕, 편벽, 사악, 사치 등 하지 않는 짓이 없게 될 것입니다. 〈백성들이 이러한〉 죄에 빠진 뒤에 쫓아가서 형벌을 가한다면 이는 백성을 그물질하는 것입니다.

【注】 民誠無恒心이면 放溢辟邪하고 侈於姦利하며 犯罪觸刑하여 無所不爲리니 乃就刑之면 是는 由張羅罔以罔民者也라

백성들이 진실로 恒心이 없다면 방탕, 편벽, 사악함에 빠지고 부정한 재물로 사치를 일삼으며 죄를 저질러 법에 저촉되는 등 하지 않는 짓이 없게 될 것이다. 이렇게 된 뒤에 백성들을 잡아다 형벌을 가한다면, 이는 법의 그물을 펼쳐서 백성을 잡아들이는 것과 같다.

焉有仁人在位하여 罔民을 而可爲也리오

어찌 어진 사람이 임금의 자리에 있으면서 백성을 그물질하는 짓을 할 수 있겠습니까?

【注】 安有仁人爲君하여 罔陷其民이리오 是政何可爲也리오

어찌 어진 사람이 임금이 되어 그 백성을 죄의 그물에 걸려들게 하겠는가? 이런 정치를 어찌 할 수 있겠는가.

是故로 明君이 制民之産하되 必使仰足以事父母하며 俯足以畜妻子하여 樂歲에 終身飽[1]하고 凶年에 免於死亡하나니 然後驅而之善이라 故로 民之從之也輕하니이다

1) 樂歲 終身飽 : 이 구절에 대해 趙岐와 朱熹는 언급이 없으나, 해석상의 논란이 있으므로 우리나라 先賢의 몇 가지 說을 소개하면 다음과 같다. 退溪 李滉은 "樂歲는 일 년만을 가리킨 것이 아니다. 백성의 평생 삶 중에서 풍년을 만나게 될 때마다 배불리 먹고 즐기게 되는 것이 '終身飽'의 의미이다."라고 하였고, 沙溪 金長生은 "終은 다함〔極〕이다. '終身飽'와 '終身苦'라는 것은 몸과 마음의 극한까지 다해 고생하고 즐겨서 남김이 없는 의미이다."라고 하였으며, 茶山 丁若鏞은 "'終身'은 '항상 그러하다〔恒然〕'는 의미이다. 〈≪論語≫에〉 '子路가 終身토록 외려고 하였다.〔子路終身誦之〕'라고 하였는데, 子路가 생존해 있을 때에 이미 '終身'이라는 말을 썼으므로 이것은 당시의 語法이었던 것이다."라고 하였으며, 壺山 朴文鎬는 "'終身' 두 글자는 통상적인 방법대로 읽어야 할 듯하고, 한 해 중에 '終身'이라고 말한 것이라 혐의할 필요는 없으니, '평생토록 풍년에는 배부르다.〔終身樂歲飽〕'라고 읽으면 될 듯하다."라고 하였다.

이 때문에 명철한 임금은 백성의 생업을 마련하주되 반드시 위로는 부모를 섬기기에 충분하게 해주고, 아래로는 처자를 부양하기에 충분하게 해주어 풍년이 계속되면 종신토록 배불리 먹고 흉년이 들더라도 굶어 죽는 일은 면하게 하였습니다. 이렇게 한 다음에 백성들을 인도하여 善으로 나아가게 하였으므로 백성들이 따르기가 쉬웠던 것입니다.

【注】 言衣食足이면 知榮辱이라 故로 民從之하여 敎化輕易也라

"衣食이 풍족하면 명예와 치욕을 알게 된다. 그러그로 백성들이 잘 따라와서 교화가 쉽게 이루어진다."라고 말한 것이다.

今也엔 制民之產하되 仰不足以事父母하며 俯不足以畜妻子하여 樂歲에 終身苦하고 凶年에 不免於死亡하나니 此惟救死而恐不贍이어니 奚暇에 治禮義哉리오

지금은 백성의 생업을 마련해주되 위로는 부모를 섬기기에 부족하고 아래로는 처자를 부양하기에 부족하여 풍년이 들더라도 종신토록 고생을 하고 흉년이 들면 굶어 죽음을 면하지 못합니다. 오로지 죽음을 막기에도 힘이 부족할까 염려되는데 어느 겨를에 禮義를 실천하겠습니까?

【注】 言今民困窮하여 救死恐凍餓而不給이어늘 何暇修禮行義乎아

"지금 백성들이 곤궁한 상태에 빠져 있어 추위와 굶주림으로 인한 죽음을 막기에도 힘이 부족할까 염려되는데 어느 겨를에 禮義를 실천하겠는가?"라고 말한 것이다.

王欲行之면 則盍反其本矣아 五畝之宅에 樹之以桑이면 五十者可以衣帛矣며 雞豚狗彘之畜을 無失其時면 七十者可以食肉矣며 百畝之田을 勿奪其時면 八口之家可以無飢矣며 謹庠序之敎하여 申之以孝悌之義면 頒白者不負戴於道路矣리니 老者衣帛食肉하며 黎民이 不飢不寒이요 然而不王者는 未之有也니이다

왕께서 王道를 행하고자 한다면 어찌 그 근본으로 돌아가지 않으십니까? 5묘의

택지에 뽕나무를 심으면 50살 된 사람이 비단옷을 입을 수 있으며, 닭, 돼지, 개와 같은 가축을 기를 때 새끼 칠 시기를 놓치지 않으면 70살 된 사람이 고기를 먹을 수 있으며, 100묘의 토지에 농사철을 빼앗지 않으면 여덟 식구의 가족이 굶주리지 않을 수 있으며, 庠과 序의 교육을 엄격하게 하여 孝悌의 도리를 반복해서 가르친다면 반백의 늙은이가 길에서 짐을 지거나 이고 다니지 않을 것입니다. 늙은이가 비단옷을 입고 고기를 먹으며, 일반 백성들이 굶주리거나 추위에 떨지 않게 하고서도 천하에 왕 노릇 하지 못한 사람은 있지 않습니다.

【注】 其說與上同이라 八口之家는 次上農夫也라 孟子所以重言此者는 乃王政之本이요 常生之道라 故로 爲齊梁之君하여 各具陳之니 當章究義요 不嫌其重也라

그 내용이 앞(〈梁惠王章句 上〉 3章)과 같다. 여덟 식구의 가족은 次上의 농부이다. 맹자가 거듭 이 말을 한 것은 이것이 王道政治의 근본이요 恒産을 유지하는 방법이므로 齊나라와 梁나라의 임금을 위해 각각 자세히 설명해준 것이다. 따라서 각 章의 문맥에 맞게 그 의미를 궁구할 것이요 중복해서 나온 것을 문제 삼을 필요는 없다.

【疏】 '齊宣王'至'未之有也' ○ 正義曰：此章言典籍攸載, 帝王之道, 無傳霸者之事也.[1] '齊宣王問曰 齊桓晉文之事 可得聞乎'者, 齊宣是齊威王之子辟(彊)〔疆〕[2]是也, 諡爲宣. 言齊宣王問孟子曰, 齊(威)〔桓〕[3]公小白・晉文公重耳二霸之事, 可得而聞之乎. '孟子對曰 仲尼之徒 無道桓文之事者 是以後世無傳焉 臣未之聞也'者, 是孟子答齊宣王之言也. 言自孔子之門徒, 無有道及桓・文二霸者事, 是以後世無傳焉, 故臣于今未之曾聞知也. 云臣者, 是孟子對王而言, 故自稱已爲臣也. '無以 則王乎'者, 孟子言無以問及宓犧以來至文・武・周公之法, 尙當以王者之道爲問耳. '曰 德何如 則可以王矣'者, 齊宣又問孟子, 言德當何如則可以爲王. '曰 保民而王 莫之能禦也'者, 孟子言當安民而爲之王, 則天下之民莫之能止禦之也. '曰 若寡人者 可以保民乎哉'者, 宣王又自問只如寡人之德, 可以安民乎. 王恐德不足以安民, 故問之也. '曰 可'者, 孟子言如王之德, 可以安民也. '曰 何由知吾可也'者, 宣王又問孟子何緣而知吾之德可以安民. '曰 臣聞之胡齕曰 王坐於堂上 有牽牛而過堂下 王見之曰 牛何之'至'以羊易之'者, 是孟子因胡齕之言而答宣王之問也. 胡齕, 王之左右近臣. 言嘗聞胡齕曰王坐於廟堂之上, 有牽牛自堂下而過者, 王見之, 而問牽牛者曰, 其牛牽去何所. 牽牛者對之曰, 相將以爲釁鍾也. 王對牽牛者曰, 舍去之, 我不忍其牛之恐慄, 若無罪之人而就於所死之地者也. 牽牛者又對曰, 如若王之所不忍, 則廢去釁鍾之禮與. 王復與牽牛者曰, 塗釁祭鍾之禮, 何可得而廢, 以羊更易之而已. '不識有諸'者, 是孟子又未知齊宣王還是有此言, 故問宣王曰不識有諸. '曰 有之'者, 宣王答孟子, 以爲是有此言也. '曰 是心足以王矣'者, 是孟子於此言知王有此不忍之心, 故足以爲王矣. '百姓皆以王爲愛也 臣固知王之不忍也'者, 孟子言然百姓盡以王爲愛財也, 臣素知王有不忍之心, 故如此也. '王曰 然'者, 宣王復亦自謂百姓是有此疑也. '誠有百姓者 齊國雖褊小 吾何愛一牛 卽不忍其觳觫 若無罪而就死地 故以羊易之也'者, 宣王言誠有百姓以我爲愛財者, 齊國雖曰褊小狹隘, 我亦何獨止愛其一牛. 卽是不忍見其牛之恐慄, 如無罪而就於所死之地, 又爲釁鍾不可廢, 故以羊更之也. 宣王必以羊易牛者, 以其羊之爲牲, 次於牛也, 故以羊易之. '曰 王無異於百姓之以王爲愛也 以小易大 彼惡知之 王若隱其無罪而就死地 則牛羊何擇焉'者, 孟子對宣王, 言王無怪百姓皆謂我爲愛財也, 以羊之小而易牛之大, 彼百姓之人安知王以爲不忍見其恐慄・又爲釁鍾不可廢, 故以羊易之之意也, 彼必曰王若隱痛不忍見牛若無罪而就所死之地, 則牛與羊何擇焉. 言羊之與牛, 是皆若無罪而就死也, 何獨擇取其牛而以羊就死也. '王笑曰 是誠何心哉 我非愛其財而易之以羊也 宜乎百姓之謂我愛也'者, 是宣王自笑以其已之心不如是, 故笑之也. 笑而言曰, 儻如此者, 是何心哉. 然我非愛其財, 故以羊易牛也. 云此者, 宣王又疑孟子亦以爲然, 故以此言復答之也, 宜乎百姓不知我之意, 而謂我愛財也. '曰 無傷也 是乃仁術也 見牛未見羊也 君子之於禽獸也 見其生 不忍見其死 聞其聲 不忍食其肉 是以君子遠庖廚也'者, 孟子復解王之自責之意也. 言如此亦無傷害於爲王也, 此亦爲仁之一術耳 無他, 是見其牛之觳觫, 未見其羊之觳觫也. 凡君子之於禽獸, 見其生貌, 則不忍見其就死, 聞其鳴聲, 則不忍食其肉. 是以君子之人, 凡於庖廚烹炙之事所以遠去之也. '王悅曰 詩云 他人有心 予忖度之 夫子之謂也'者, 是宣王見孟子解其已意, 故喜悅之, 而引詩之文而言也. '他人有心 予忖度之'二句, 是小雅巧言之詩也, 宣王引之, 而爲如夫子之所謂也. 云夫子者, 宣王尊孟子爲夫子也. '夫我乃行之 反而求之 不得吾心 夫子言之 於我心有戚戚焉'者, 宣王言我旣行之事, 尙且反而求之於已而不得其心之所之, 自今夫子言之於我, 心中戚戚然有動也. '此心之所以合於王者 何也'者, 宣王言雖有是心, 其所以得契合於王者, 是如之何也. '曰 有復於王者 曰吾力足以擧百鈞 而不足以擧一羽 明足以察秋毫之末 而不見輿薪 則王許之乎'者, 是孟子欲以此比喩而解王也. 言今有人復白於王曰, 我力能擧得三千斤之重, 而不能擧一羽毛之輕, 目之明能觀視其秋毫之末銳, 而不能見一大車之薪木, 則王信乎否乎. '曰 否'者, 是宣王答之. 曰凡如此云者, 我不信也. '今恩足以及禽獸 而功不至於百姓者 獨何與'者, 孟子復以此諷之也. 言今王有恩德足以及其禽獸, 而其功績不至於百姓者, 王獨以爲何如. '然則一羽之不擧 爲不用力焉 輿薪之不見 爲不用明焉 百姓之不見保 爲不用恩焉 故王之不王 不爲也 非不能也'者, 孟子又言苟如是一羽之輕所以不能擧者, 爲其不用力也, 一車薪之大所以不見之者, 爲其不用明也, 今百姓所以不見安者, 爲其不用恩也. 故王之所以不爲王, 是王之不爲也, 非不能也. '曰 不爲者與不能者之形何以異'者, 是宣王(同)〔問〕[4]孟子. 言不爲與不能二狀, 何以爲異也. '曰 挾太山以超北海 語人曰我不能 是誠不能也 爲長者折枝 語人曰我不能 是不爲也 非不能也 故王之不王 非挾太山以超北海之類也 是折枝之類也'者, 是孟子又以此比喩而解王問不爲與不能之異狀也. 言今有人云挾太山而超過北海, 而語人曰我不能挾太山超北海, 此眞不能也. 如爲長者按摩手節, 而語人曰我不能爲長者按摩手節, 是恥見役使, 但不爲之耳, 非不能也. 今王之所以不王, 非是挾太山超北海之類也, 是不爲長者折枝之類也, 以其不爲之耳. '老吾老 以及人之老 幼吾幼 以及人之幼 天下可運於掌'者, 是孟子欲以此教宣王也. 言敬吾之所敬, 以及他人之所敬者, 愛吾之所愛, 以及他人之所愛者, 凡能推此而惠民, 則治天下之大, 止如運轉於掌上之易也. '詩云 刑于寡妻 至于兄弟 以御于家邦'者, 是孟子引大雅思齊之詩文也. 言文王自正于寡妻, 以至正于兄弟, 自正于兄弟以至臨御于家邦. 言凡此是能擧此心而加諸彼耳. '故推恩足以保四海 不推恩無以保妻子 古之人所以大過人者 無他焉 善推其所爲而已矣'者, 孟子言爲君者但能推其恩惠, 故足以安四海, 苟不推恩惠, 雖妻子亦不能安之. 古之人君所以大過强於人者, 無他事焉, 獨能推其所爲恩惠耳. 蓋所謂老吾老以及人之老, 幼吾幼以及人之幼, 又如詩云文王刑于寡妻, 至于兄弟, 以御于家邦, 是其善推其所爲之意旨故也. '今恩足以及禽獸 而功不至於百姓者 獨何與'者, 孟子復言非王不能, 但不爲耳. 故復云然. '權然後知輕重 度然後知長短 物皆然 心爲甚 王請度之'者, 孟子又托物而諷王也. 言爲之權與度, 然尙能知其輕重長短, 其權度之爲物也然尙皆然, 而人心又甚於權度, 故請王自忖度之耳. '抑王興甲兵 危士臣 構怨於諸侯 然後快於心與'者, 抑, 辭也, 與語曰"抑爲之不厭"[5]之抑同, 孟子又以此數事而測王之意也. 言抑是王欲興起甲兵以伐人, 危士臣以卽戎, 不以爲危事, 外結怨於諸侯, 如此且然後快樂其心與. '王曰 否'者, 宣王答之, 以爲不如是也, 言我何肯快心於此數事, 我但將以求吾所大欲耳. '曰王之所大欲 可得聞與'者, 是孟子欲知王之所大欲, 故問之曰, 王大欲可得而聞之乎. '王笑而不言', 宣王知己之所欲甚大, 但笑而不言也. '曰 爲肥甘不足於口與 輕煖不足於體與'至'不足使令於前與'者, 是孟子又以此四事而測王所大欲也. 言王之所大欲, 是爲其肥甘之味不足以供於口與. 抑是其聲音之樂不足供聽於王之耳與, 便嬖之幸不足使令於王之前與, 采色之飾不足供視於王之目與. 然此數事, 而爲王之諸臣者皆足以供奉王矣, 而王豈用爲此者與. 故繼之曰"王之諸臣, 皆足以供之, 而王豈爲是哉." 又曰'否 吾不爲是'者, 宣王答之曰, 我不爲是四者之事也. '曰 然則王之所大欲可知已'者, 孟子言如是則王之大欲, 我今可得知已. '欲辟土地 朝秦楚 莅中國而撫四夷也'者, 孟子知王以此爲所大欲也. '以若所爲求若所欲 猶緣木而求魚也'者, 孟子言王如若以此欲開闢其土地而求其廣, 又欲朝秦・楚之諸侯, 以臨莅其中國而撫安四夷, 爲所大欲, 是若緣喬木之上而求其魚也. '王曰若是其甚與'者, 宣王亦謂己之大欲若此求魚之甚與. '曰 殆有甚焉 緣木求魚 雖不得魚無後災 以若所爲 求若所欲 盡心力而爲之 後必有災'者, 孟子言王如此大欲, 殆有甚於緣木求魚也, 緣喬木而求魚, 雖不得魚, 又且無後災難所及, 而王如若以所欲, 假使盡心力而爲之, 後亦必有大災難所及也. '曰 可得聞與'者, 是宣王又問孟子, 欲求知其大災難也. '曰 鄒人與楚人戰 則王以爲孰勝'者, 孟子以此比喩而解王也. 言鄒之小國, 與楚之大國戰鬬, 則王以爲誰國勝之. '曰 楚人勝'者, 宣王答孟子, 以爲楚之大國人勝之也. '曰 然則小固不可以敵大 寡固不可以敵衆 弱固不可以敵强'者, 孟子言如是則小國固不可敵大國, 人之寡少固不可以敵人之衆多, 劣弱固不可以敵强悍也. '海內之地 方千里者九 齊集有其一 以一服八 何以異於鄒敵楚哉'者, 孟子又言今海內之地, 方千里者有九, 而齊國但集而有一, 且以一而服八, 是何以異於鄒國之小而敵楚國之大哉. 言與此無異也. 王如欲服之, 蓋當反行王道之本耳, 故云"蓋亦反其本矣". '今王發政施仁'至'孰能禦之'者, 孟子於此教宣王王道之本也. 言今王發政而施仁, 使天下爲之仕者皆欲立於王之朝廷, 耕者皆欲耕作於王之郊野, 商賈皆欲藏於王之市, 行旅皆欲出於王之道塗, 凡天下欲疾惡其君者又皆欲奔赴王而告愬之, 其如此, 天下皆歸之, 誰能止禦之也. 商賈, 漢書云"通財鬻貨曰商", 白虎通云"賣曰賈." 行旅者, 師旅也, 說文云"軍五百人也."[6] '王曰 吾惛 不能進於是矣 願夫子輔吾志 明以敎我 我雖不敏 請嘗試之'者, 宣王欲孟子明其王道而敎之也. 故曰我之惛亂, 不能進於此仁政, 願夫子輔我志, 以明白敎我也, 我雖不能敏疾而行之, 但請嘗試敎之如何耳. '曰 無恒產而有恒心者 惟士爲能 若民則無恒產 因無恒心 苟無恒心 放辟邪侈 無不爲已'至'未之有也'者, 是孟子爲宣王陳王道之本而敎之者也. 言無常生之業而有常善之心者, 惟士人爲能有之. 言士窮則獨善其身, 不求苟得, 故能有常心也. 若民則迫於窮困, 不能守其常善, 苟無常生之業, 遂因之而無常善之心. 苟無常善之心, 則放辟邪侈之事, 無有不爲. 及其陷溺於罪, 然後又從而誅戮之, 是若張羅網而罔民也. 安有仁人之君在位, 而以罔民而可爲之也. 故明哲之君, 制別民之生產, 必使其民仰而上之則足以奉事父母, 俯而下之則足以畜養妻子, 豐樂之歲, 終身飽足, 凶荒之年, 又免其死亡, 然後驅率而從善敎, 故其民從其善敎亦輕易也. 自今之君制民之產, 仰則不足以奉養父母, 俯則不足以畜養妻子, 雖豐樂之歲, 終身又且勞苦, 而凶荒之年, 又不得免其死亡. 如此, 則民惟獨於救死尙恐其不足, 何有閒暇而修治禮義哉. 言無及修其禮義也. '王欲行之 則盍反其本矣'者, 言王欲行之, 則何不反其王道之本. '五畝之宅'至'未之有也', 是又孟子爲宣王陳王道之本, 其說已在前, 此更不解.

1) 此章言典籍攸載……無傳霸者之事也 : 北京大本에는 章指를 "이 장의 章指는 다음과 같다. 典籍에 수록된 것은 帝王의 순수한 道이다. 齊 桓公과 晉 文公의 일은 속임수와 正道가 서로 뒤섞였으므로 혼란을 다스려 正常으로 돌아갔어도 聖人의 마음은 그것을 귀하게 여기지 않았다. 그러므로 후세에 전하는 자가 없어 듣지 못했다고 말한 것이다. 仁이 사람들에게 베풀어지지 않아 여전히 德을 이루지 못하고 釁鍾을 하면서 犧牲을 바꾸었어도 백성들은 은택을 입지 못하는 상황에서, 宣王이 시험 삼아 시행하기를 청해 실천을 하려고 하니, 맹자는 근본으로 돌아가는 것이 오직 要諦가 된다고 답하였다. 이것은 맹자가 자신의 도를 굽히지 않은 말이고, 패자의 일을 전하는 사람이 없다는 것의 실제이다.〔此章指言典籍攸載 帝王道純 桓文之事 譎正相紛 撥亂反正 聖意弗珍 故曰後世無傳未聞 仁不施人 猶不成德 釁鍾易牲 民不被澤 王請嘗試 欲踐其跡 答以反本 惟是爲要 此蓋孟子不屈道之言也 無傳霸者之事也〕"라고 하였다.

2) (彊)〔疆〕: 저본에는 '彊'으로 되어 있으나, 嘉靖本·汲古閣本·武英殿本에 의거하여 '疆'으로 바로잡았다.

3) (威)〔桓〕: 저본에는 '威'로 되어 있으나, 毛本에 의거하여 '桓'으로 바로잡았다.(阮元의 〈校勘記〉 참조)

4) (同)〔問〕: 저본에는 '同'으로 되어 있으나, 嘉靖本·汲古閣本·武英殿本에 의거하여

'問'으로 바로잡았다.

5) 抑爲之不厭 : ≪論語≫ 〈述而〉편에, "만약 〈나를〉 聖者나 仁者라고 한다면 내가 어찌 감당하겠는가? 행하기를 싫어하지 않으며 가르치기를 게을리 하지 않는다고 말한다면 그렇다고 말할 수 있다.〔若聖與仁 則吾豈敢 抑爲之不厭 誨人不倦 則可謂云爾已矣〕"라고 하였다.

6) 行旅者……軍五百人也 : ≪說文解字≫ '旅'조에는 '軍之五百人'이라 정의하고, 段玉裁의 주석에 "5명을 兩이라 하고 5兩을 卒이라 하고 5卒을 旅라 하고 5旅를 師라 하고 5師를 軍이라 한다."라고 하였다. 이 疏의 내용대로라면 行旅를 軍隊로 해석할 수도 있으나 孫奭은 여행자가 다수임을 설명하기 위해 이 주석을 단 것으로 보인다.

經의 〔齊宣王〕에서 〔未之有也〕까지

正義曰 : 이 章은, 典籍에 수록된 것은 帝王의 도리에 관한 것이고, 霸者의 사적에 관한 것은 전해지지 않음을 말한 것이다.

〔齊宣王問曰 齊桓晉文之事 可得聞乎〕 齊 宣王은 齊 威王의 아들 辟彊이며 시호가 '宣'이다. 齊 宣王이 맹자에게 齊 桓公 小白과 晉 文公 重耳 두 霸者의 일에 대해 들을 수 있겠느냐고 물었음을 말한 것이다.

〔孟子對曰 仲尼之徒 無道桓文之事者 是以後世無傳焉 臣未之聞也〕 맹자가 齊 宣王에게 대답한 말이다. 본디 孔子의 門徒는 桓公과 文公 두 霸者의 일에 대해 언급하지 않았으니, 이 때문에 후세에 전해진 것이 없으므로 신이 지금까지 들어서 아는 바가 없다고 말한 것이다. '臣'이라 말한 것은 맹자가 왕과 마주하여 말했기 때문에 자신을 '臣'이라 칭한 것이다.

〔無以 則王乎〕 맹자가 "宓羲氏 이후 文王, 武王, 周公의 법에 대해서 묻지 않는다면 마땅히 王者의 道를 가지고 물어야 한다."라고 한 것이다.

〔曰 德何如 則可以王矣〕 齊 宣王이 다시 맹자에게 "덕이 마땅히 어떠하면 왕이 될 수 있느냐?"라고 물은 것이다.

〔曰 保民而王 莫之能禦也〕 맹자가 "백성을 편안케 하여 王道를 행하면 천하의 백성 중에 어느 누구도 막지 못할 것이다."라고 한 것이다.

〔曰 若寡人者 可以保民乎哉〕 선왕이 다시 "단지 과인과 같은 덕을 지닌 사람도 백성을 편안케 할 수 있습니까?"라고 물었다. 선왕이 자신의 덕이 백성을 편안케 하기에 부족할까 염려하였으므로 이렇게 물은 것이다.

〔曰 可〕 맹자가 "왕과 같은 덕을 가진 사람이면 백성을 편안케 할 수 있다."라고 한 것

이다.

〔曰 何由知吾可也〕 선왕이 다시 맹자에게 "무슨 연유로 나의 덕이 백성을 편안케 할 수 있음을 아느냐?"라고 물은 것이다.

〔曰 臣聞之胡齕曰 王坐於堂上 有牽牛而過堂下 王見之曰 牛何之〕에서 〔以羊易之〕까지 맹자가 胡齕에게 들은 말로 인하여 선왕의 질문에 답한 것이다. 호흘은 왕을 가까이에서 모시는 近臣이다. 다음과 같은 내용이다. 일찍이 호흘에게 들은 바에 의하면, 왕이 廟堂 위에 앉아 있을 때 소를 끌고 묘당 아래를 지나는 자가 있었는데 왕이 이를 보고 소를 끌고 가는 자에게 물었다. "그 소가 어디로 끌려가는가?" 소를 끌고 가는 자가 대답했다. "釁鍾에 쓰려고 합니다." 왕이 소를 끌고 가는 자를 보고 말했다. "풀어주어라. 그 소가 죄 없이 죽을 곳으로 끌려가는 사람처럼 두려움에 떨고 있는 모습을 차마 보지 못하겠다." 소를 끌고 가는 자가 또 물었다. "만약 왕께서 차마 보지 못하시겠다면 釁鍾의 예를 그만둡니까?" 왕이 소를 끌고 가는 자에게 다시 말했다. "피를 발라 鍾에게 제사 지내는 예를 어찌 그만둘 수 있겠는가. 양으로 바꿔 지내면 그만이다."라고 하였다.

〔不識有諸〕 맹자가 齊 宣王이 이런 말을 한 적이 있었는지 또한 정확히 알지 못했으므로, 잘 모르지만 그런 일이 있었느냐고 宣王에게 물은 것이다.

〔曰 有之〕 이런 대화를 나눈 적이 있다고 선왕이 맹자에게 대답한 것이다.

〔曰 是心足以王矣〕 맹자가 이런 말을 통해서 왕에게 이런 차마 하지 못하는 마음을 지니고 있으므로 충분히 王道를 행할 수 있다는 것을 알았다.

〔百姓皆以王爲愛也 臣固知王之不忍也〕 맹자가 "그렇지만, 백성들은 모두 왕이 재물을 아낀다고 생각하고 있습니다. 하지만 신은 왕에게 차마하지 못하는 마음이 있어 이와 같이 한 것임을 평소부터 알고 있었습니다."라고 한 것이다.

〔王曰 然〕 백성들이 이런 의심을 가지고 있을 것이라고 선왕이 다시 스스로 인정한 것이다.

〔誠有百姓者 齊國雖褊小 吾何愛一牛 卽不忍其觳觫 若無罪而就死地 故以羊易之也〕 선왕이 말하기를, "진실로 백성들 가운데는 나를 보고 재물을 아낀다고 말하는 이들이 있다. 齊나라가 아무리 작고 좁은 나라라고는 하지만 내가 어찌 단지 그 소 한 마리를 아까워했겠는가. 그 소가 마치 아무 죄도 없이 죽을 곳으로 끌려가는 것처럼 두려움에 떠는 모습을 차마 볼 수가 없었고, 한편으로 釁鍾도 그만둘 수 없었기에 양으로 바꾼 것이다."라고 하였다. 선왕이 굳이 양으로 소를 대체한 것은 희생으로 쓰는 동물 가운데 양

을 소 다음으로 치기 때문이다. 그래서 양으로 바꾼 것이다.

〔曰 王無異於百姓之以王爲愛也 以小易大 彼惡知之 王若隱其無罪而就死地 則牛羊何擇焉〕 맹자가 선왕에게 대답하기를, "왕께서는 백성들이 모두 왕을 보고 재물을 아낀다고 말하는 것을 이상하게 보지 마십시오. 작은 양으로 큰 소를 대체하였으니, 저 백성들이 왕께서 그 소가 두려움에 떠는 모습을 차마 보지 못하겠다 하면서 또 흔종을 그만둘 수도 없었기 때문에 양으로 바꾼 것이라는 왕의 의도를 어떻게 알겠습니까? 저들은 왕께서 만약 소가 아무 죄 없이 죽을 곳으로 끌려가는 모습을 가슴 아파하여 차마 보지 못한다면 소와 양을 어찌 가리느냐고 반드시 말할 것입니다."라고 하였다. 이는 양과 소가 모두 죄 없이 죽을 곳으로 가기는 마찬가지이거늘 어찌하여 유독 소만 가려서 빼주고 그 대신 양을 죽을 곳으로 보내느냐는 말이다.

〔王笑曰 是誠何心哉 我非愛其財而易之以羊也 宜乎百姓之謂我愛也〕 선왕이 자신의 마음과 다른 결과가 나타난 것이 우스웠기 때문에 웃은 것이다. 웃으며 말하기를, "이와 같은 행동은 도대체 무슨 마음에서 나온 것일까? 그렇지만 내가 재물을 아껴서 양으로 소를 대체한 것은 아니다."라고 하였다. 이 말을 한 것은 선왕이 맹자 또한 그렇게 생각할까봐 의심하였으므로 이 말로 다시 대답을 한 것이다. 즉, 백성들이 선왕 자신의 뜻을 알지 못한 채 자신더러 재물을 아낀다고 말하는 것은 당연하다고 하였다.

〔曰 無傷也 是乃仁術也 見牛未見羊也 君子之於禽獸也 見其生 不忍見其死 聞其聲 不忍食其肉 是以君子遠庖廚也〕 맹자가 왕이 자책하는 마음을 다시 한 번 풀어준 것이다. 즉, "이와 같은 행동은 王道를 행하는 데에 해가 될 것이 없다. 이 또한 인을 행하는 하나의 방법이다. 그 이유는 다름이 아니라 소가 벌벌 떠는 모습은 눈으로 직접 보았고 양이 벌벌 떠는 모습은 보지 않았기 때문이다. 무릇 짐승을 대하는 군자의 태도는, 그것이 살아 있을 때의 모습을 보면 차마 죽을 곳으로 끌려가는 모습을 보지 못하며, 그것의 울음소리를 들으면 차마 그 고기를 먹지 못한다. 그 때문에 군자라는 사람은 주방에서 고기를 삶거나 굽는 일을 멀리하는 것이다."라고 한 것이다.

〔王悅曰 詩云 他人有心 予忖度之 夫子之謂也〕 선왕이 맹자가 자기의 마음을 풀어준 것을 보고서 기쁜 나머지 ≪詩經≫의 글을 인용하여 말한 것이다. "他人有心 予忖度之" 2구는 〈小雅 巧言〉의 시로서, 선왕이 인용하여 夫子와 같은 사람을 두고 말한 것이라고 하였다. '夫子'라고 한 것은, 선왕이 맹자를 높여서 '夫子'라 부른 것이다.

〔夫我乃行之 反而求之 不得吾心 夫子言之 於我心有戚戚焉〕 선왕이 "내가 이미 했던

일을 나 자신에게 돌이켜 〈그 이유를〉 찾아보아도 무슨 마음으로 그렇게 했는지 알아내지 못했는데, 지금 부자께서 나에게 이렇게 말씀해주시니 마음속에 뭉클하게 감동하는 것이 있었습니다."라고 한 것이다.

〔此心之所以合於王者 何也〕 선왕이 "비록 이러한 마음을 가지고 있더라도 그것이 王道를 행하는 데에 적합한 이유는 무엇입니까?"라고 한 것이다.

〔曰 有復於王者 曰吾力足以擧百鈞 而不足以擧一羽 明足以察秋毫之末 而不見輿薪 則王許之乎〕 맹자가 이것을 비유로 들어 선왕을 이해시키고자 한 것이다. 이 구절은 "지금 어떤 사람이 왕에게 아뢰기를, '내 힘이 삼천 근의 무거운 무게는 들 수 있어도 깃털 하나만큼 가벼운 무게는 들지 못하며, 내 눈의 시력이 秋毫의 끄트머리는 볼 수 있어도 큰 수레에 가득한 땔감은 보지 못한다.'라고 한다면 왕께서는 믿겠습니까? 믿지 않겠습니까?"라고 한 것이다.

〔曰 否〕 선왕이 "이와 같이 말한다면 나는 믿지 못하겠습니다."라고 말한 것이다.

〔今恩足以及禽獸 而功不至於百姓者 獨何與〕 맹자가 다시 이 말로 풍자를 하였다. "지금 왕의 은덕이 금수에까지 미치되 그 공적이 백성에게까지 이르지 않는 것에 대하여 왕은 도대체 어떻게 생각합니까?"라고 한 것이다.

〔然則一羽之不擧 爲不用力焉 輿薪之不見 爲不用明焉 百姓之不見保 爲不用恩焉 故王之不王 不爲也 非不能也〕 맹자가 또 말하기를, "진실로 이와 같이 가벼운 깃털 하나를 들지 못하는 것은 그 힘을 쓰지 않았기 때문이며 커다란 수레에 가득 담긴 땔감을 보지 못하는 것은 그 시력을 쓰지 않았기 때문이며, 지금 백성들이 편안하게 지내지 못하는 것은 그 은덕을 쓰지 않았기 때문입니다. 그러므로 왕께서 王道를 행하지 못하는 것은 왕이 하지 않는 것이지 할 수 없는 것이 아닙니다."라고 한 것이다.

〔曰 不爲者與不能者之形何以異〕 선왕이 맹자에게 물은 말이다. "하지 않는 것과 할 수 없는 것의 두 가지 상태에 무슨 차이가 있습니까?"라고 한 것이다.

〔曰 挾太山以超北海 語人曰我不能 是誠不能也 爲長者折枝 語人曰我不能 是不爲也 非不能也 故王之不王 非挾太山以超北海之類也 是折枝之類也〕 맹자가 다시 이것으로 비유를 들어 하지 않는 것과 할 수 없는 것의 차이에 대한 왕의 의문을 풀어주었다. 즉, "지금 어떤 사람이 太山을 옆에 끼고 北海를 뛰어넘는 일을 가지고 사람들에게 나는 太山을 옆에 끼고 北海를 뛰어넘을 수 없다고 말한다면, 이는 정말로 할 수 없는 것입니다. 만약 어른을 위하여 손마디를 주물러주는 일을 가지고 사람들에게 나는 어른을 위하여

손마디를 주물러 줄 수 없다고 한다면, 이는 남의 부림을 받는 것을 부끄러워하여 단지 하지 않는 것일 뿐 할 수 없는 것은 아닙니다. 지금 왕이 王道를 행하지 않는 것은 太山을 옆에 끼고 北海를 뛰어넘는 부류의 일이 아니라 어른을 위하여 손마디를 주물러주는 것을 하지 않는 부류에 해당하는 것으로 단지 하지 않는 것일 뿐입니다."라고 한 것이다.

〔老吾老 以及人之老 幼吾幼 以及人之幼 天下可運於掌〕 맹자가 이 말로 선왕을 가르치려고 한 것이다. 즉, "내가 공경해야 할 대상을 공경하여 다른 사람이 공경해야 할 대상에게까지 미치며, 내가 사랑해야 할 대상을 사랑하여 다른 사람이 사랑해야 할 대상에게까지 미쳐서, 이러한 마음을 미루어 모든 백성에게 혜택을 베풀 수 있으면 광대한 천하를 다스리는 것도 그저 손바닥 위에서 굴리듯 쉬울 것입니다."라는 말이다.

〔詩云 刑于寡妻 至于兄弟 以御于家邦〕 맹자가 ≪詩經≫의 〈大雅 思齊〉의 시를 인용한 것이다. 문왕이 자신의 妻를 바르게 하여 형제를 바르게 하고, 형제를 바르게 하여 나라를 다스렸다는 말이다. 이것은 자기 가족에 대한 마음을 가지고 다른 사람들에게 잘 적용한 것뿐임을 말한 것이다.

〔故推恩足以保四海 不推恩無以保妻子 古之人所以大過人者 無他焉 善推其所爲而已矣〕 맹자가 "임금이 된 자가 단지 은혜를 잘 미루어 나가기만 해도 四海를 편안하게 만들 수 있으며, 은혜를 미루어 나가지 못하면 妻子조차도 편안하게 만들지 못합니다. 옛날의 임금이 일반 사람보다 크게 나은 점은 다른 것에 있는 것이 아니라 단지 자신이 베푸는 은혜를 잘 미루어 나갔을 뿐입니다."라고 한 것이다. 이른바 우리 집 노인을 공경하여 남의 집 노인에게까지 미치고 우리 집 아이를 사랑하여 남의 집 아이에게까지 미친다는 것이며, 또 ≪詩經≫에서 말했듯이 文王이 자신의 妻를 바르게 하여 형제를 바르게 하였고, 이로써 나라를 다스렸다는 것은 바로 자신의 베푸는 마음을 잘 미루어 나갔기 때문이다.

〔今恩足以及禽獸 而功不至於百姓者 獨何與〕 맹자가 다시 한 번 '왕이 할 수 없는 것이 아니라 단지 하지 않을 뿐이다.'라고 말했다. 그래서 다시 그렇게 말한 것이다.

〔權然後知輕重 度然後知長短 物皆然 心爲甚 王請度之〕 맹자가 또다시 사물에 의탁하여 왕을 풍자한 것이다. 즉, '저울이나 자로 재어 본 다음에야 그 무게와 길이를 정확히 알 수 있는데, 저울과 자로 재는 것은 모든 사물에 적용된다. 그런데 사람의 마음은 사물을 저울과 자로 재어보는 것보다 더욱 심한 점이 있으므로 왕에게 스스로 잘 헤아려

보라고 청한 것임'을 말한 것이다.

〔抑王興甲兵 危士臣 構怨於諸侯 然後快於心與〕 '抑'은 발어사이다. ≪論語≫의 "抑爲之不厭(행하기를 싫어하지 않는다.)"의 '抑'과 같다. 맹자가 또 이 몇 가지 일을 가지고 왕의 마음을 떠본 것이다. 즉, "왕이 군대를 일으켜 남을 정벌하고 將士와 신하들을 위험에 빠뜨려 전쟁터로 보내려고 하면서도 그것을 위험한 일이라 여기지 않으며 밖으로는 제후들과 원한을 맺고 있으니, 이와 같이 한 뒤에야 그 마음이 통쾌하겠습니까?"라고 한 것이다.

〔王曰 否〕 선왕이 그렇지 않다고 대답하였다. 즉, "내가 어찌 이 몇 가지 일에 통쾌하고 싶겠습니까? 나는 단지 내가 크게 하고자 하는 바를 이루려고 하는 것뿐입니다."라고 말한 것이다.

〔曰 王之所大欲 可得聞與〕 맹자가 왕이 크게 하고자 하는 바를 알고 싶었으므로 "왕이 크게 하고자 하는 바를 들을 수 있겠습니까?"라고 물은 것이다.

〔王笑而不言〕 선왕이 자기가 하고자 하는 일이 너무 크다는 것을 알기에 단지 웃기만 하고 말을 하지 않은 것이다.

〔曰 爲肥甘不足於口與 輕煖不足於體與〕에서 〔不足使令於前與〕까지

맹자가 다시 이 네 가지로 왕이 크게 하고자 하는 바를 떠본 것이다. 즉, "왕이 크게 하고자 하는 바는 기름지고 단 맛이 왕의 입에 만족스럽게 제공되지 않습니까? 아니면 음악 소리가 왕의 귀에 만족스럽게 들려오지 않습니까? 총애하는 시종들이 왕의 앞에서 만족스럽게 말을 잘 듣지 않습니까? 장식한 채색이 왕의 눈에 만족스럽게 보이지 않습니까? 그런데 이 몇 가지는 왕의 신하들이 모두 충분히 제공해 올리고 있으니, 왕이 어찌 이런 것들 때문이겠습니까."라고 하였다. 그래서 이 말 다음에 "왕의 신하들이 모두 충분히 제공해 올리고 있으니, 왕이 어찌 이런 것들 때문이겠습니까."라고 한 것이다.

〔否 吾不爲是〕 선왕이 대답하기를, "나는 이 네 가지 일 때문이 아닙니다."라고 하였다.

〔曰 然則王之所大欲可知已〕 맹자가 "이와 같다면 왕이 크게 하고자 하는 바를 내가 이제야 알 수 있습니다."라고 한 것이다.

〔欲辟土地 朝秦楚 莅中國而撫四夷也〕 왕이 이러한 것을 크게 하고자 한다는 것을 맹자가 파악한 것이다.

〔以若所爲 求若所欲 猶緣木而求魚也〕 맹자가 "왕이 만약 이러한 소행으로 영토를 개

척하여 확장하고자 하고 또 秦나라와 楚나라의 제후에게 조회를 받아 중국에 군림하고 사방 오랑캐를 安撫하고자 하는 것이 왕이 크게 하고자 하는 바라면, 이는 높은 나무 위에 올라가 물고기를 잡으려고 하는 것과 같다."라고 한 것이다.

〔王曰 若是其甚與〕 선왕이 또 "자기가 크게 하고자 하는 바가 나무에 올라가 물고기를 잡으려고 하는 것처럼 심한 것이냐?"라고 한 것이다.

〔曰 殆有甚焉 緣木求魚 雖不得魚 無後災 以若所爲 求若所欲 盡心力而爲之 後必有災〕 맹자가 "왕이 이와 같이 크게 하고자 하는 것은 나무에 올라가 물고기를 잡으려고 하는 것보다 더 심할 수도 있을 것입니다. 큰 나무에 올라가 물고기를 잡으려고 하는 것은 비록 물고기를 잡지는 못하더라도 뒤따라오는 재난이 없습니다만, 왕이 만약 하고자 하는 대로 하게 되면 설사 온 心力을 다 바쳐 일을 한다 해도 그 뒤에 반드시 큰 재난이 뒤따를 것입니다."라고 한 것이다.

〔曰 可得聞與〕 선왕이 맹자에게 다시 물은 것으로, 그 큰 재난이 무엇인지 알고자 한 것이다.

〔曰 鄒人與楚人戰 則王以爲孰勝〕 맹자가 이것(鄒나라 군대가 楚나라 군대와 싸움을 벌이는 것)으로 비유를 하여 왕의 궁금함을 풀어주었다. 즉, "小國인 鄒나라가 大國인 楚나라와 싸움을 벌인다면 왕께서는 어느 나라가 이길 것이라 생각하십니까?"라고 한 것이다.

〔曰 楚人勝〕 선왕이 맹자에게 "大國인 楚나라 사람이 이길 것이다."라고 대답한 것이다.

〔曰 然則小固不可以敵大 寡固不可以敵衆 弱固不可以敵强〕 맹자가 "이와 같다면 작은 나라는 큰 나라를 대적하지 못하고 인구가 적은 나라는 인구가 많은 나라를 대적하지 못하고 군사력이 약한 나라는 강한 나라를 대적하지 못합니다."라고 한 것이다.

〔海內之地 方千里者九 齊集有其一 以一服八 何以異於鄒敵楚哉〕 맹자가 또 말했다. "지금 四海 안에 사방 천 리의 영토를 가진 나라가 아홉이 있는데 齊나라는 땅을 다 모아야 그 가운데 단 하나를 차지하게 되니, 〈제나라〉 하나의 힘으로 여덟 나라를 굴복시키는 것이 소국인 추나라가 대국인 초나라를 대적하는 것과 무엇이 다르겠습니까?"라고 한 것이다. 즉, 이것과 차이가 없다는 말이다. 왕이 만약 제후들을 굴복시키고자 한다면 王道의 근본으로 돌아가 이를 실천해야만 할 것이다. 그래서 다음에 "또한 근본으로 돌아가야 할 것입니다."라고 말한 것이다.

〔今王發政施仁〕에서 〔孰能禦之〕까지

맹자가 여기에서 宣王에게 王道의 근본을 가르친 것이다. 즉, "지금 왕이 政令을 내걸고 어진 정사를 펼쳐서 천하에 벼슬하는 사람들이 모두 왕의 조정에 서고 싶게 하고, 농사를 짓는 사람들이 모두 왕의 들판에서 농사를 짓고 싶게 하고, 장사하는 사람들이 모두 왕의 시장에 상품을 보관하고 싶게 하고, 여행하는 사람들이 모두 왕의 도로로 나오고 싶게 한다면, 자기 임금을 미워하는 천하 사람들이 모두 왕에게 와서 하소연하려고 할 것입니다. 이와 같이 된다면 천하 사람들이 귀의할 것이니 〈그 형세를〉 누가 막을 수 있겠습니까?"라는 말이다. '商賈'는 ≪漢書≫에 이르기를, "재화를 유통하거나 판매하는 자를 '商'이라 한다."라고 하였고, ≪白虎通≫에 이르기를, "판매하는 사람을 '賈'라 한다."라고 하였다. '行旅'는 '師旅'와 같은 말로서, ≪說文解字≫에는 "군인 500명으로 구성된다."고 하였다.

〔王曰 吾惛 不能進於是矣 願夫子輔吾志 明以教我 我雖不敏 請嘗試之〕 선왕이 맹자에게 王道를 분명하게 제시하여 가르쳐주기를 바란 것이다. 그래서 "나는 정신이 혼몽하여 이런 仁政을 행할 능력이 없으니, 바라건대 夫子는 나의 뜻을 보좌하여 나를 분명하게 가르쳐주십시오. 내 비록 민첩하게 시행하지는 못하겠지만 그저 시험 삼아 한 번 가르쳐 보는 것이 어떻겠습니까?"라고 한 것이다.

〔曰 無恒産而有恒心者 惟士爲能 若民則無恒産 因無恒心 苟無恒心 放辟邪侈 無不爲已〕에서 〔未之有也〕까지

맹자가 선왕을 위하여 王道의 근본을 설명하여 가르친 것이다. "일정한 생업이 없이도 변함없이 선한 마음을 유지하는 것은 오직 선비만이 가능하다."라는 것이다. "선비의 경우 곤궁하면 홀로 자신의 몸을 선하게 유지하고 구차한 수입을 구하지 않기 때문에 변치 않는 마음을 지닐 수 있다. 반면에 일반 백성의 경우 곤궁함에 시달리면 변치 않는 선한 마음을 유지할 수 없게 되고 일정한 생업이 없으면 그로 인해 변함없이 선한 마음도 없어지게 된다. 변함없이 선한 마음이 없게 되면 방탕, 편벽, 사악, 사치 등 하지 않는 짓이 없게 된다. 이렇게 백성들이 죄에 빠진 뒤에 쫓아가서 처벌을 한다면 이는 그물을 펼쳐서 백성을 잡아들이는 것과 같다. 어찌 어진 임금이 왕위에 있으면서 백성을 그물질하는 방법으로 다스릴 수 있겠는가? 그러므로 明哲한 임금은 백성의 생업을 마련하되 반드시 백성들이 위로는 부모를 봉양하기에 충분하게 해주고, 아래로는 처자를 부양하기에 충분하게 해주어 풍년이 계속되면 종신토록 배불리 먹고 흉년이 들더라도 또한 죽음은 면하게 하였다. 이렇게 한 다음에 백성을 인도하여 선하게 살도록 가르쳤으므로

백성들이 선하게 살라는 가르침을 따르기가 쉬웠던 것이다. 지금의 임금들은 백성의 생업을 마련해주되 위로는 부모를 봉양하기에 부족하고 아래로는 처자를 부양하기에 부족하여 풍년이 들더라도 종신토록 고생을 하며 흉년이 들면 죽음을 면하지 못한다. 이와 같은 상황에서는 백성들이 죽음을 막는 것만으로도 힘이 부족할까 염려되는데 어느 겨를에 禮義를 실천하겠는가?"라고 하였으니, 예의를 실천하는 데까지 미치지 못함을 말한 것이다.

〔王欲行之 則盍反其本矣〕 "왕이 王道를 행하고자 한다면 어찌 王道의 근본으로 돌아가지 않느냐."라고 말한 것이다.

〔五畝之宅〕에서 〔未之有也〕까지

맹자가 선왕을 위하여 王道의 근본을 설명한 것이다. 그 내용이 앞에 나와 있으므로 여기에서는 다시 풀이하지 않는다.

【疏】 ○ 注'宣 諡也'至'齊也' ○ 正義曰：周顯王二十七年, 史記云, 齊威卒, 子辟疆立, 是爲齊宣王. 在位十九年卒. 諡曰宣. 諡法云 "善問周達曰宣." 云'齊桓公小白'者, 莊公八年左傳(王)〔云〕[1], 齊僖公母弟曰夷仲年, 生公孫無知, 有寵於僖公, 弑君自立. 九年春, 弑無知, 莊公納子糾. 桓公小白自莒入, 於是立, 爲桓公元年. 史記云, 桓公小白元年春, 齊弑無知. 五年, 與魯人會柯. 七年, 始霸, 會諸侯於鄄. 云'晉文公重耳'者, 史記云, 周襄王十六年, 晉文公重耳立, 是爲元年. 又云, 晉獻公五年, 伐驪戎, 得二姬, 歸生奚齊, 其娣生卓子, 驪姬嬖, 欲立其子.[2] 重耳者, 乃獻公娶於戎, 得二女, 大戎狐姬之所生也. 十二年, 居重耳於蒲城. 二十六年, 獻公卒, 立奚齊, 里克殺之. 及卓子, 又立小戎所生夷吾者, 爲晉惠公. 七年, 重耳聞管仲死, 自狄之齊. 十四年, 惠公夷吾卒, 遂立重耳, 爲晉文公. 九年在位, 卒. 云'孟子不得行道 故仕於齊 齊不用 乃適梁'者, 案史記列傳, 已說在梁王段.

1) (王)〔云〕: 저본에는 '王'으로 되어 있으나, 阮元의 〈校勘記〉에 의거하여 '云'으로 바로잡았다.
2) 晉獻公五年……欲立其子 : 이 기사의 원출처인 ≪春秋左氏傳≫ 莊公 28년조의 원문은 "晉伐驪戎 驪戎男 女以驪姬歸 生奚齊 其娣生卓子 驪姬嬖 欲立其子"로 되어 있으며, ≪史記≫에는 해당 기사가 수록되어 있지 않다.

○ 注의 〔宣 諡也〕에서 〔齊也〕까지

○ 正義曰：周 顯王 27년 ≪史記≫에 의하면, 齊 威王이 卒하고 아들 辟彊이 즉위하였는데 이 사람이 齊 宣王이다. 재위 19년에 卒하니 諡號는 '宣'이다. 諡法에 이르기를 "잘 묻고 널리 통달한 것을 '宣'이라 한다."라고 하였다.

〔齊桓公小白〕 莊公 8년 ≪春秋左氏傳≫에 의하면, 齊 僖公의 친아우 夷仲年이 公孫無知를 낳았는데 희공에게 총애를 받았다. 그 후 공손무지가 임금을 시해하고 스스로 왕위에 올랐고 이듬해인 9년 봄에 〈齊나라 사람이〉 공손무지를 시해하자 魯 莊公이 〈망명온〉 公子 糾를 〈齊나라로〉 들여보냈다. 桓公 小白이 莒에서 제나라로 들어가 〈糾를 죽이고〉 왕위에 오르니 이해가 桓公 원년이 된다. ≪史記≫에 의하면, 桓公 小白 원년 봄에 齊나라 사람이 공손무지를 시해하였고 5년에 魯나라와 柯에서 회합을 하였으며 7년에 비로소 覇侯가 되어 鄄에서 제후와 회합하였다고 한다.

〔晉文公重耳〕 ≪史記≫에 의하면, 周 襄王 16년에 晉 文公 重耳가 왕위에 오르니 이해가 원년이 된다고 하였다. 또 다른 기사를 보면, 晉 獻公 5년에 驪戎을 정벌하여 두 여인을 얻었는데 시집와서 〈언니인 驪姬는〉 奚齊를 낳았고 그 동생은 卓子를 낳았다. 驪姬가 총애를 받게 되자 자신의 아들을 태자로 세우고자 하였다. 重耳란 인물은 헌공이 부인으로 맞이한 戎族의 두 여인 가운데 大戎인 狐姬의 소생이다. 12년에 獻公이 重耳를 蒲城에 주둔하게 하였다. 26년에 獻公이 졸하고 奚齊를 임금으로 세우자 里克이 그를 죽이고 卓子까지 죽였으며, 또 小戎의 소생인 夷吾를 임금으로 세웠으니 그가 바로 晉 惠公이다. 혜공 7년에 重耳가 齊나라 管仲이 죽었다는 소식을 듣고 狄땅에서 齊나라로 갔다. 14년에 惠公인 夷吾가 졸하자 마침내 重耳를 임금으로 세웠으니 그가 바로 晉文公이다. 9년 동안 재위에 있다가 졸하였다.

〔孟子不得行道 故仕於齊 齊不用 乃適梁〕 ≪史記≫의 列傳에 나오며, 梁 惠王 단락에서 이미 설명했다.

【疏】〔○〕[1] 注云'宓羲'至'聞也'〔○〕正義曰：宓羲, 古帝王氏也, 卽伏犧氏也. 五霸者, 卽齊桓·晉文·秦繆[2]·宋襄·楚莊是也. 崔·李云, 夏昆吾, 殷大彭·豕韋, 周齊桓·晉文[3]是也. 謂之霸者, 把也, 把持諸侯之權也. 案國語亦然. 荀子云 "仲尼之門人, 五尺之豎子, 言羞稱乎五霸", 是仲尼之徒無道桓文之事者之證也.

1) 〔○〕: 저본에는 '○'가 없으나, 북경대본에 의거하여 '○'를 보충하였다. 아래도 같다.
2) 繆 : '穆'과 통용된다.
3) 崔李云……晉文 : ≪經典釋文≫ 권26 〈莊子音義〉 '五伯'조에 나온다. '崔'는 ≪莊子注≫

를 지은 崔譔을, '李'는 ≪莊子集解≫를 지은 李頤를 가리킨다.(≪經典釋文≫ 〈註解傳述人〉)

○ 注의 〔宓羲〕에서 〔聞也〕까지

○ 正義曰 : '宓羲'는 고대 帝王의 氏이니, 바로 伏犧氏를 가리킨다. 五霸는 齊 桓公, 晉 文公, 秦 穆公, 宋 襄公, 楚 莊王을 일컫는다. 崔譔과 李頤는 五霸를 夏나라의 昆吾, 殷나라의 大彭과 豕韋, 周나라의 齊 桓公과 晉 文公을 일컫는다고 하였다. '霸'라고 하는 것은 '손으로 쥔다'는 뜻을 가지고 있으니, 제후의 권한을 쥐고 흔드는 것을 말한다. ≪國語≫에도 그렇게 되어 있다. ≪荀子≫에 이르기를, "仲尼의 門人들은 五尺의 어린 아이들도 五霸에 대해 말하는 것을 부끄럽게 여긴다."라고 하였으니, 이것이 바로 仲尼의 門徒들이 齊 桓公과 晉 文公의 사적에 대하여 말하지 않은 증거이다.

【疏】〔○〕注云'觳觫 牛(於)〔當〕[1]到死地處恐貌'〔○〕正義曰 : 案廣雅有云"觳觫, 死貌"是也. 云'周禮大祝墮釁 逆牲逆尸 令鍾鼓'者, 鄭司農云"墮釁謂薦血也. 凡血祭曰釁, 既墮釁後, 言逆牲容逆鼎"是也. 蓋古者器成而釁以血, 所以厭變怪, 禦妖釁, 釁鍾之釁謂之釁, 亦治亂謂之亂之類也. 云'天府云上春 釁寶鍾及寶器'者, 寶鍾・寶器, 玉瑞・玉器之美. 上春, 孟春也. 又言釁謂以殺牲以血血之也, 蓋釁之法, 其來有自矣, 周之所釁, 又非止此而已. 如大司馬於軍器, 小子於邦器, (小)〔龜〕[2]人於龜器, 雞人於雞, 大祝逆牲, 小祝祈號, 皆在所釁也.

1) (於)〔當〕: 저본에는 '於'로 되어 있으나, 注에 의거하여 '當'으로 바로잡았다.
2) (小)〔龜〕: 저본에는 '小'로 되어 있으나, ≪周禮≫ 〈春官 龜人〉에 의거하여 '龜'로 바로잡았다.

○ 注의 〔觳觫 牛當到死地處恐貌〕

○ 正義曰 : ≪廣雅≫에 "'觳觫'은 죽어가는 모습이다."라고 한 것이 이것이다.

〔周禮大祝墮釁 逆牲逆尸 令鍾鼓〕 鄭司農이 이르기를, "墮釁은 피를 올리는 제사이다. 일반적으로 피를 〈바르는〉 제사를 '釁'이라 하는데, 墮釁을 한 다음에 희생을 맞이하고 솥을 맞이한다."라고 한 것이 이것이다. 대체로 옛날에는 기물이 만들어지면 그 틈에 피를 발라서 變怪를 억제하고 妖釁을 막는다. 釁鍾의 釁을 釁이라고 하는 것은 또한 治亂을 亂이라고 하는 것과 같은 류이다.

〔天府云上春 釁寶鍾及寶器〕 寶鍾과 寶器는 옥으로 다든 아름다운 왕의 상징물이나 제

기를 일컫는다. '上春'은 孟春이다. 또 '釁은 犧牲을 죽여서 그 피를 바르는 것이다.'라고 하였으니, 피를 바르는 의식은 그 유래가 오래되었다. 周나라에서 피를 바르는 의식은 여기에 그치지 않는다. 예를 들어 大司馬는 軍器에, 小子는 邦器에, 龜人은 龜器에, 雞人은 닭에, 大祝은 희생을 맞이할 때, 小祝은 기도를 하는 축문에 모두 피를 바른다.

【疏】〔○〕注'愛嗇也'〔○〕正義曰：釋文云"嗇, 愛澀也. 字法從來㐭, 來, (麦)〔麥〕[1]也. 來者㐭而藏之, 故田夫謂之嗇夫. 㐭音廩", 書云"嗇夫馳"是也.

1) (麦)〔麥〕: 저본에는 '麦'으로 되어 있으나, ≪重修廣韻≫ '嗇'조에 의거하여 '麥'으로 바로잡았다.

○ 注의〔愛嗇也〕

○ 正義曰：≪經典釋文≫에 이르기를, "嗇은 아낀다는 뜻이다. 글자의 구성이 '來'와 '㐭(곳간)'의 결합으로 이루어졌는데, '來'는 '麥(보리)'이다. 보리를 곳간에 저장한다는 의미이다. 그러므로 농부를 '嗇夫'라 한다. '㐭'의 음은 '廩(름)'이다."라고 하였다. ≪書經≫에 "嗇夫가 달려간다."라고 한 것이 그 예이다.

【疏】 ○ 注'百鈞三千斤也' ○ 正義曰：律曆志云 "銖・兩・斤・鈞・石, 本起於黃鍾之重, 一龠容千二百黍, 重十二銖. 二十四銖爲兩, 十六兩爲斤, 三十斤爲鈞, 重一千五百二十銖, 四鈞爲石, 重百二十斤." 以此推之, 則百鈞是三(十)〔千〕[1]斤也.

1) (十)〔千〕: 저본에는 '十'으로 되어 있으나, 汲古閣本, 武英殿本에 의거하여 '千'으로 바로잡았다.

○ 注의〔百鈞三千斤也〕

○ 正義曰：≪漢書≫〈律曆志〉에 이르기를, "銖, 兩, 斤, 鈞, 石은 본래 黃鍾의 무게단위에서 나온 것이다. 1龠은 기장 1,200알이 들어가는 용량을 말하며 무게로는 12銖에 해당한다. 24銖가 1兩이 되며, 16兩이 1斤이 되며, 30斤이 1鈞이 된다. 이는 1,520銖의 무게에 해당한다. 4鈞이 1石이 되는데, 이는 120斤의 무게에 해당한다."라고 하였다. 이 방식을 적용하면 100鈞은 3,000斤이 된다.

【疏】 ○ 注'太山北海近齊' ○ 正義曰：案地理志云 "齊地南有太山・城陽, 北有千乘・淸河"是也.

○ 注의 〔太山北海近齊〕

○ 正義曰 : ≪漢書≫ 〈地理志〉에 "齊지방은 남쪽에 太山과 城陽이 있고, 북쪽에 千乘과 淸河가 있다."라고 한 것이 그 예이다.

【疏】 ○ 注'權銓衡'至'度物也' ○ 正義曰 : 權重衡平, 衡所以任權而均物, 平輕重也. 釋文云 "銓, 平木器." 又曰 "銓, 衡也. 權, 稱錘也." 度者, 分寸尺丈引也, 所以度長短也. 本起於黃鍾之長, 以子穀(巨)〔秬〕[1]黍中者 - 子穀, 穀子在地, 卽黑黍. 中者, 不大不小, 言黑黍穀子大小中者, 率爲分寸. -[2] 一黍之廣度之, 九十分黃鍾之長. (爲十)〔一爲一〕[3]分, 十分爲寸, 十寸爲尺, 十尺爲丈, 十丈爲引. 法用銅, 高一寸, 廣二寸, 長一丈, 而分寸尺丈存焉.[4]

1) (巨)〔秬〕: 저본에는 '巨'로 되어 있으나, ≪漢書≫ 〈律曆志〉에 의거하여 '秬'로 바로잡았다.
2) 子穀……率爲分寸 : ≪漢書≫ 〈律曆志〉의 顔師古 주석에서 인용한 것이다.
3) (爲十)〔一爲一〕: 저본에는 '爲十'로 되어 있으나, ≪漢書≫ 〈律曆志〉에 의거하여 '一爲一'로 바로잡았다.
4) 度者……存焉 : ≪漢書≫ 〈律曆志〉를 인용한 것이다.

○ 注의 〔權銓衡〕에서 〔度物也〕까지

○ 正義曰 : 權은 저울추이고 衡은 저울대이니, 衡은 저울추로 양쪽 물건의 균형을 잡아 무게를 고르게 하는 것이다. ≪經典釋文≫에 "'銓'은 〈물건과 저울추의〉 균형을 맞추기 위한 나무로 된 기구이다."라고 하였고, 또 "'銓'은 저울대이고 '權'은 저울추이다."라고 하였다. '度'란 分, 寸, 尺, 丈, 引이니, 길이를 재는 것이다. 이는 본래 黃鍾의 길이 단위에서 나온 것으로, 중간 크기의 기장 낟알을 가지고 길이의 단위를 만들었다. - 낟알〔子穀〕은 곡식이 땅에 떨어진 것으로 검은빛이 나는 기장이다. 중간 크기란 크지도 않고 작지도 않은 것이니, 大·中·小 크기의 검은 기장 낟알을 모아 평균치를 낸 것이다. - 기장 한 알의 너비를 가지고 재는데, 90分이 黃鍾의 기본단위가 된다. 기장 1알이 1分이 되고, 10分이 1寸이 되고, 10寸이 1尺이 되고, 10尺이 1丈이 되고, 10丈이 1引이 된다. 표준이 되는 자는 구리로 제작하되, 자의 높이는 1寸, 너비는 2寸, 길이는 1丈으로 하며, 그 속에 分, 寸, 尺, 丈을 다 표시한다.

【疏】 ○ 注'八口之家次上農夫' ○ 正義曰 : 王制"制農田百畝, 百畝之分, 上農夫食九人, 其次食八人", 孟子云 "一夫百畝, 百畝之糞, 上農夫食九人, 上次食八人"是也. 此云八口之家, 所以特指次上農夫者而已, 斯亦擧其次而見上下之意耳.

○ 注의 〔八口之家次上農夫〕

○ 正義曰 : ≪禮記≫ 〈王制〉에, "농사지을 토지 100畝를 제정해주는데, 100畝를 분배하면 上農夫는 아홉 식구를 먹일 수 있고, 그 다음은 여덟 식구를 먹일 수 있다."라고 하였고, ≪孟子≫ 〈萬章 下〉에, "한 가장이 100畝를 받으니, 100畝를 가꾸면 상농부는 아홉 식구를 먹일 수 있고, 상농부의 다음 농부는 여덟 식구를 먹일 수 있다."라고 한 것이 그 예이다. 여기에서 여덟 식구의 집을 든 것은 특별히 次上의 농부를 가리켜서 말한 것이니, 이것은 또한 次上을 듦으로써 아래위로 다 적용될 수 있음을 보인 것이다.

孟子注疏解經 卷第二 上

梁惠王章句 下

凡十六章

모두 16章이다.

趙氏 注　孫奭 疏

【疏】○ 正義曰：此卷趙氏分別爲第二卷也. 故云'梁惠王章句下'. 今據此卷章指, 凡十六章. 一章言人君田獵以時, 鍾鼓有節, 與民同樂. 二章譏王廣囿專利, 以嚴刑陷民. 三章言聖人樂天事小, 以勇安天下. 四章言與天下同憂樂者, 不爲慢遊恣溢之行. 五章言齊王好色好貨, 孟子推以公劉・太王好貨色, 與民同之. 六章言君臣上下, 各勤其任, 無墮其職. 七章言人君進賢退惡. 八章言孟子云紂以崇惡, 失其尊名. 九章言任賢使能, 不遺其學. 十章言征伐之道, 在順民心. 十一章言伐惡養善, 無貪其富, 以小王大. 十二章言上恤其下, 下赴其難, 惡出於己, 害及其身. 十三章言事無禮之國, 不若得民心, 與之守死善道. 十四章言君子之道, 正己(在)〔任〕[1)]天, 强暴之來, 非己所召, 獨善其身而已. 十五章言太王(居)〔去〕[2)]邠, 權也, 效死弗去, 義也. 十六章言讒邪構賢, 賢者歸於天, 不尤人也. 凡十六章合上卷七章是梁惠王篇有二十三章矣. 故各於卷首總列其章目, 而分別其指焉.

1) (在)〔任〕: 저본에는 '在'로 되어 있으나, 뒤에 나오는 제14장의 章指에 의거하여 '任'으로 바로잡았다.
2) (居)〔去〕: 저본에는 '居'로 되어 있으나, 뒤에 나오는 제15장의 章指에 의거하여 '去'로 바로잡았다.

○ 正義曰：이 권은 趙氏가 제2권으로 나누어 구분한 것이다. 그러므로 '梁惠王章句 下'라고 하였다. 지금 이 권의 章指에 근거하니 모두 16장이다. 제1장에서는 임금이 적절한 시기에 사냥하고 음악에 절도가 있으면서 백성들과 함께 즐겨야 함

을 말하였다. 제2장에서는 왕이 園林을 넓혀 이익을 독차지하며 엄한 형벌로 백성을 함정에 빠뜨리는 잘못을 꾸짖었다. 제3장에서는 聖人은 天道를 즐기면서 작은 나라를 섬기고, 용맹으로 천하를 안정시킴을 말하였다. 제4장에서는 천하 사람들과 근심과 즐거움을 함께하는 자는 제멋대로 노닐거나 방자한 행동을 하지 않음을 말하였다. 제5장에서는 齊나라 왕이 女色을 좋아하고 財物을 좋아하자, 맹자가 公劉와 太王이 財貨와 女色을 좋아하면서도 백성들과 그것을 공유한 사례를 제시하였음을 말하였다. 제6장에서는 君臣 上下가 각자 자신의 소임에 충실하여 職分을 실추시키지 않아야 함을 말하였다. 제7장에서는 임금은 賢者를 등용하고 악한 자를 물리쳐야 함을 말하였다. 제8장에서는 紂가 惡을 숭상함으로써 자신의 존귀한 이름을 잃었다고 맹자가 언급했음을 말하였다. 제9장에서는 賢者를 임용하고 능한 자를 부리되 그들이 배운 것을 버리지 않아야 함을 말하였다. 제10장에서는 정벌하는 방도는 民心에 순응하는 데 있음을 말하였다. 제11장에서는 악한 자를 정벌하고 선한 자를 기르며, 그들의 財富를 탐하지 않으면 작은 나라를 가지고도 큰 나라에서 왕 노릇 할 수 있음을 말하였다. 제12장에서는 윗사람이 자신의 아랫사람을 잘 돌보면 아랫사람이 윗사람의 환란을 구하려 달려오고, 惡行이 자신에게서 나오면 그 해가 자신에게 미치게 됨을 말하였다. 제13장에서는 무례한 나라를 섬기느니 民心을 얻어 백성들과 함께 목숨을 걸고 正道를 지키는 것이 나음을 말하였다. 제14장에서는 君子의 道는 자신을 바로 잡아 하늘에 맡기는 것이고, 포악한 자가 침범함은 자신이 초래한 것이 아니니, 홀로 자신을 수양할 뿐임을 말하였다. 제15장에서는 太王이 邠을 떠난 것은 權道이고, 목숨을 걸고 지켜 떠나지 않는 것은 의리임을 말하였다. 제16장에서는 간사한 자가 賢者를 모함해도 賢者는 天命으로 돌리고 남을 탓하지 않음을 말하였다. 모두 16장이니, 上卷의 7장과 합하여 '梁惠王篇'은 23장이다. 이에 각기 卷首에다 그 章目을 모아 나열하고 그 뜻을 나누어 구분하였다.

1. 莊暴見孟子曰 暴見於王하니 王이 語暴以好樂이어시늘 暴未有以對也하니 曰 好樂이 何如하니잇고

장포가 맹자를 만나 말하였다. "제가 왕을 알현했을 적에 왕께서 저에게 음악을 좋아한다고 말씀하셨으나 저는 대답하지 못했습니다." 그리고는 물었다. "음악을 좋아하는 것이 어떻습니까?"

【注】莊暴는 齊臣也라 不能決知之라 故無以對而問曰 王好樂이 何如하니잇고하니라

장포는 제나라 신하이다. 확실하게 알지 못하였으므로 대답할 수 없었다. 그래서 "왕께서 음악을 좋아하는 것이 어떻습니까?"라고 물은 것이다.

孟子曰 王之好樂이 甚이면 則齊國其庶幾乎인저

맹자가 말하였다. "왕께서 음악을 매우 좋아하신다면 제나라는 거의 다스려질 것입니다."

【注】王이 誠能大好古之樂이면 齊國其庶幾治乎인저

왕이 진실로 옛 음악을 매우 좋아할 수 있다면 제나라가 거의 다스려질 것이라는 말이다.

他日에 見於王曰 王이 嘗語莊子以好樂이라하니 有諸잇가

며칠 뒤에 〈맹자가〉 왕을 알현하고 아뢰었다. "왕께서 莊子에게 음악을 좋아한다고 말씀하셨다는데, 그런 일이 있었습니까?"

【注】孟子問 王有是語不아하니라

맹자가 "왕께서는 그러한 말을 하신 적이 있으십니까?"라고 물은 것이다.

王이 變乎色曰 寡人이 非能好先王之樂也라 直好世俗之樂耳로소이다

왕이 표정을 바꾸며 말하였다. "과인은 先王의 음악을 좋아하는 것이 아닙니다. 단지 세속의 음악을 좋아할 뿐입니다."

【注】變乎色은 慍恚莊子道其好樂也라 王言 我不能好先聖王之樂이라 直好世俗之樂이라하니 謂鄭聲[1)]也라

1) 鄭聲 : 春秋戰國 시기의 鄭나라 음악을 일컫는다. 孔子가 제창한 雅樂과 달랐으므로 衛나라의 음악과 함께 당시 儒家의 배척을 받았다. 전하여 음란한 음악을 뜻하는 말로 쓰인다.

표정을 바꾸었다는 것은 장자가 자신이 음악을 좋아한다는 사실을 말한 것에 화가 난 것이다. 왕이 "나는 이전 聖王들의 음악을 좋아하지 못하고, 단지 세속의 음악을 좋아합니다."라고 말한 것이니, 〈세속의 음악은〉 鄭聲을 일컬은 것이다.

曰 王之好樂이 甚이면 則齊其庶幾乎인저 今之樂이 猶古之樂也니이다

맹자가 아뢰었다. "왕께서 음악을 매우 좋아하신다면 齊가 거의 다스려질 것입니다. 지금의 음악은 옛날의 음악과 같습니다."

【注】 甚은 大也라 謂大要與民同樂이니 古今何異也오

甚은 '매우'이다. 요점은 백성들과 함께 즐기는 것이니, 고금의 음악에 무슨 차이가 있겠느냐고 말한 것이다.

曰 可得聞與잇가

왕이 말하였다. "들어볼 수 있겠습니까?"

【注】 王問 古今同樂之意를 寧可得聞邪잇가하니라

왕이 "고금의 음악이 같다는 의미를 들어볼 수 있겠습니까?"라고 물은 것이다.

曰 獨樂樂(악락)과 與人樂樂이 孰樂이니잇고

맹자가 아뢰었다. "홀로 감상하는 음악의 즐거움과 사람들과 함께 감상하는 음악의 즐거움 가운데 어느 경우가 더 즐겁습니까?"

【注】 孟子復問 王은 獨自作樂樂邪이니잇고 與人共聽其樂爲樂邪이니잇고하니라

맹자가 "왕께서는 홀로 음악을 연주하며 감상하는 것이 즐겁습니까? 사람들과 함께 그 음악을 감상하는 것이 즐겁습니까?"라고 다시 물은 것이다.

曰 不若與人이니이다

왕이 말하였다. "사람들과 함께 감상하는 것만 못하지요."

【注】 王曰 獨聽樂이 不如與衆共聽之爲樂也이니이다하니라

왕이 "홀로 감상하는 음악이 많은 사람들과 함께 감상하는 음악의 즐거움만 못합니다."라고 말한 것이다.

曰 與少樂樂과 與衆樂樂이 孰樂이니잇고

맹자가 아뢰었다. "적은 사람들과 감상하는 음악의 즐거움과 많은 사람들과 감상하는 음악의 즐거움 가운데 어느 경우가 즐겁습니까?"

【注】 孟子復問 王은 與少之人共聽樂樂邪니잇고 衆人共聽樂樂也니잇고하니라

맹자가 "왕께서는 적은 사람들과 함께 감상하는 음악이 즐겁습니까? 많은 사람들과 함께 감상하는 음악이 즐겁습니까?"라고 다시 물은 것이다.

曰 不若與衆이니이다

왕이 말하였다. "많은 사람들과 함께 감상하는 것만 못하지요."

【注】 王言 不若與衆人共聽樂爲樂이니이다하니라

왕이 "많은 사람들과 함께 감상하는 음악의 즐거움만 못합니다."라고 말한 것이다.

臣이 請爲王言樂호리이다

"신이 왕을 위해 음악에 대해 말씀드리겠습니다.

【注】 孟子欲爲王陳獨樂與衆人樂樂狀하니라

맹자가 왕을 위해 홀로 감상하는 음악과 여러 사람들과 함께 감상하는 음악의 즐거운 실상을 아뢰려는 것이다.

今王이 鼓樂於此어시든 百姓이 聞王鍾鼓之聲과 管籥之音하고 擧疾首蹙頞而相告曰 吾王之好鼓樂이여 夫何使我로 至於此極也오 父子不相見하며 兄弟妻子離散이라하며

지금 왕께서 여기서 음악을 연주하시면 백성들이 왕께서 연주하시는 종과 북의 소리, 생황과 퉁소의 음향을 듣고는 모두 머리 아파하고 콧등을 찡그리면서 서로 말하기를 '우리 왕께서 음악 연주하기를 좋아하시는구나! 그런데 어찌 우리들로 하여금 이토록 곤궁한 지경에 이르게 하시는가. 부자가 서로 만날 수 없으며, 형제와 처자가 헤어져 있다.'라고 합니다.

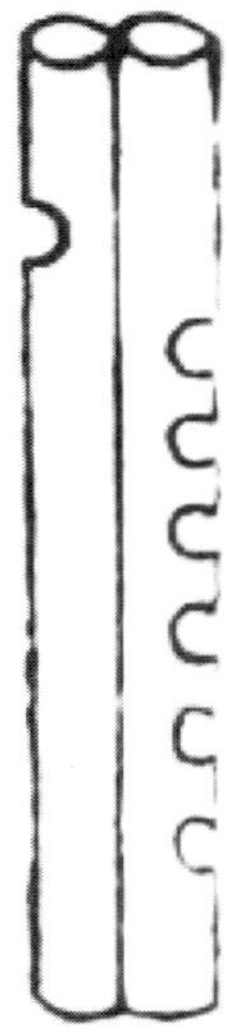
管

籥

【注】 鼓樂者는 樂以鼓爲節也라 管은 笙이요 籥은 簫라 或曰 籥은 若笛短而有三孔이라하다 詩云 左手執籥[1]이라하니 以節(衆)〔舞〕[2]也라 疾首는 頭痛也라 蹙頞은 愁貌라 言 王이 擊鼓作樂할새 發賦徭役이 皆出於民이나 而德不加之라 故使民愁也라

1) 詩云 左手執籥 : ≪詩經≫ 〈邶風 簡兮〉에 "왼손으로 籥을 잡고, 오른손으로 꿩 깃을 잡았네. 얼굴이 물들인 양 붉거늘, 공께서 한잔 술을 내리시네.〔左手執籥 右手秉翟 赫如渥赭 公言錫爵〕"라고 한 것을 말한다. 고대 帝王이 天地나 조상에 제사를 올릴 때에 文舞와 武舞를 추게 하는데, 文舞를 추는 자는 왼손에 籥을 잡고 오른손에 꿩 깃을 잡고 추며, 武舞를 추는 자는 붉은 방패와 옥도끼를 들고 춘다고 한다.

2) (衆)〔舞〕 : 저본에는 '衆'으로 되어 있으나, ≪春秋公羊傳≫ 宣公 8년조의 "萬者何 干舞也 籥者何 籥舞也"에 대한 何休의 疏에 "籥 所吹以節舞也 吹籥而舞文樂之長"이라고 한 것에 의거하여 '舞'로 바로잡았다.

笙

鼓樂이라는 것은 음악에서 북소리로 박자를 삼는 것이다. 管은 생황이고, 籥은 퉁소이다. 혹자는 "籥은 모양이

피리 같은데, 짧고 구멍 세 개가 있다." 라고 한다. ≪詩經≫에 "왼손은 籥을 잡는다."라고 하였는데, 〈籥을 불어〉 춤의 박자를 맞추는 것이다. 疾首는 머리가 아픈 것이다. 蹙頞은 근심하는 모양이다. 왕이 북을 쳐서 음악을 연주하면서 비용과 徭役을 모두 백성에게 징발하지만 은덕은 베풀지 않으므로 백성으로 하여금 근심하게 함을 말하였다.

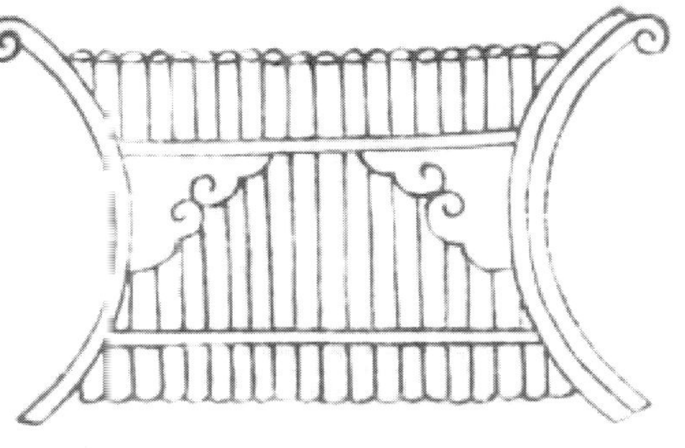

籥

今王이 田獵於此어시든 百姓이 聞王車馬之音하며 見羽旄之美하고 擧疾首蹙頞而相告曰 吾王之好田獵이여 夫何使我로 至於此極也오 父子不相見하며 兄弟妻子離散이라하니 此는 無他라 不與民同樂也니이다

지금 왕께서 여기서 사냥을 하시면 백성들이 왕의 수레와 말의 음향을 듣고 깃발 장식의 아름다움을 보고는 모두 머리 아파하고 콧등을 찡그리면서 서로 말하기를 '우리 왕께서 사냥을 좋아하시는구나! 그런데 어찌 우리들로 하여금 이토록 곤궁한 지경에 이르게 하시는가. 부자가 서로 만날 수 없으며, 형제와 처자가 헤어져 있다.'라고 합니다. 이것은 다른 이유가 아니라, 백성들과 함께 즐기지 않기 때문입니다.

【注】 田獵無節은 以非時取牲也라 羽旄之美는 但飾羽旄하여 使之美好也라 發民驅獸하고 供給役使하니 不得休息이라 故民窮極而離散奔走也라

사냥에 절도가 없는 것은 제때가 아닌데 희생을 잡기 때문이다. '깃발 장식의 아름다움'은 단지 꿩 깃과 들소 꼬리로 장식하여 아름답고 좋게 만든 것이다. 백성을 징발하여 짐승을 몰게 하고 심부름꾼으로 공급하니 〈백성들이〉 쉴 수 없었다. 그러므로 백성들이 곤궁하고 헤어져 분주한 것이다.

今王이 鼓樂於此어시든 百姓이 聞王鍾鼓之聲과 管籥之音하고 擧欣欣然有喜

色而相告曰 吾王庶幾無疾病與아 **何以能鼓樂也**오하며

지금 왕께서 여기서 음악을 연주하시면 백성들이 왕께서 연주하시는 종과 북의 소리, 생황과 퉁소의 음향을 듣고는 모두 흔쾌히 기쁜 표정을 지으며 서로 말하기를 '우리 왕께서 거의 질병이 없으신 모양이다. 〈그렇지 않으면〉 어떻게 저토록 음악을 잘 연주하시겠나.' 하고,

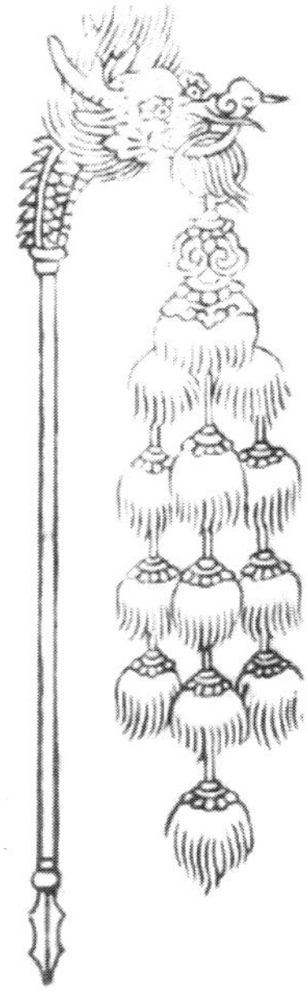

羽

【注】百姓이 欲令王康强而鼓樂也라 今無賦斂於民하고 而有惠益이라 故欣欣然而喜也라

백성들이, 왕이 건강하여 음악을 연주하기를 바란 것이다. 지금은 백성에게 징발하는 것은 없고 혜택은 있으므로 흔쾌히 기뻐한 것이다.

今王이 **田獵於此**어시든 **百姓聞王車馬之音**하며 **見羽旄之美**하고 **擧欣欣然有喜色而相告曰 吾王**이 **庶幾無疾病與**아 **何以能田獵也**오하니 **此**는 **無他**라 **與民同樂也**니이다

지금 왕께서 여기서 사냥을 하시면 백성들이 왕의 수레와 말의 음향을 듣고 깃발 장식의 아름다움을 보고는 모두 흔쾌히 기쁜 표정을 지으며 서로 말하기를 '우리 왕께서 거의 질병이 없으신 모양이다. 〈그렇지 않으면〉 어떻게 저토록 사냥을 잘 하시겠나.' 하니, 이것은 다른 이유가 아니라, 백성들과 함께 즐기기 때문입니다.

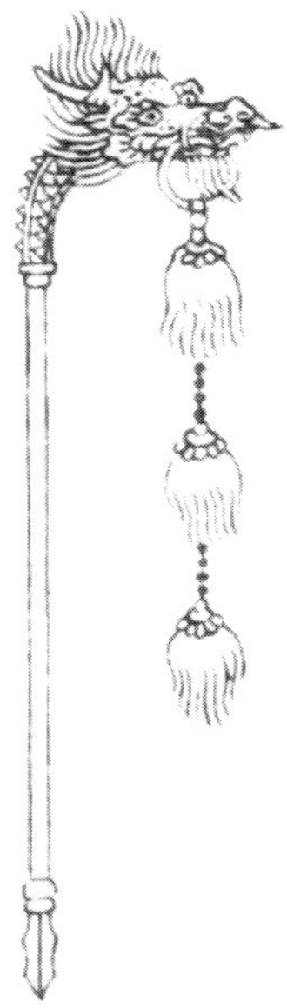

旄

【注】王이 以農隙而田하여 不妨民時하고 有憫民之心하여 因田獵而加撫恤之라 是以로 民悅之也라

왕이 농한기에 사냥하여 백성의 농사철을 방해하지 않으며, 백성을 가엽게 여기는 마음이 있어 사냥하는 기회를 이용하여 더욱 백성을 위로하고 돌보았다. 그러므로 백성들

이 기뻐하였던 것이다.

今王이 與百姓同樂하시면 則王矣시리이다

지금 왕께서 백성들과 함께 즐기신다면 〈천하에〉 왕 노릇 하실 것입니다."

【注】孟子言 王은 何故不大好樂하시니잇고 效古賢君與民同樂하시면 則可以王天下也시리니 何惡莊子之言王之好樂也하시니잇고하니라

맹자가 "왕께서는 어찌해서 음악을 매우 좋아하시지 않으십니까? 옛 賢君이 백성들과 함께 즐겼던 일을 본받으신다면 천하에 왕 노릇 할 수 있을 것입니다. 왕께서 음악을 좋아한다고 한 장자의 말을 어찌 싫어하십니까?"라고 말한 것이다.

【疏】'莊暴見孟子'至'則王矣' ○正義曰：此章言人君田獵以時, 鐘鼓有節, 與民同樂也.[1] '莊暴見孟子曰 暴見於王 王語暴以好樂 暴未有以對也'者, 莊暴, 齊臣也, 莊, 姓也, 暴, 名也. 言莊暴見孟子, 謂暴朝見於齊王, 王語暴以好樂之事, 暴是時未有言以對答之. '曰好樂何如'者, 故莊暴問孟子, 以謂王之所以好樂, 是如之何. '孟子曰 王之好樂甚 則齊國其庶幾乎'者, 孟子答莊暴之問也, 言齊王之好樂至甚, 則齊國庶幾其治安乎. '他日見於王曰 王嘗語莊子以好樂 有諸'者, 是孟子自見莊暴言好樂之後, 他一日見於齊王而問之曰"王曾與莊子語以好樂之事, 還有此言否乎". 孟子稱莊子, 不稱曰暴者, 是孟子尊王之臣, 故不欲稱其名也. '王變乎色 曰 寡人非能好先王之樂也 直好世俗之樂耳'者, 是齊王自孟子問之後, 變其常容而有憤怒之色, 蓋憤莊暴言己之好樂於孟子也, 故答孟子曰, 寡人不能好古聖王之樂, -古聖王之樂, 如黃帝之咸池, 堯之大章, 舜禹之韶, 夏商周之濩·武是也.- 但能直好世俗樂耳. -如鄭·衛之聲是也.- '曰 王之好樂甚 則齊其庶幾乎'者, 孟子復對王而言也, 言王之好樂至甚, 則齊幾乎治安. 孟子言齊國其庶幾乎以對莊子, 對之齊王則止曰齊其庶幾乎者, 蓋對莊子則稱其國, 及對齊王故不必稱國焉耳. '今之樂 猶古之樂'者, 是孟子見齊王言不能好先王之樂, 直好世俗之樂, 故以此言今之樂亦若古之聖王樂也. 但其要在能與民同聽樂爲樂耳, 遂以此問之. '曰 可得聞與'者, 是齊王問孟子, 言古今之樂一同, 寧可得而聞知之與. '曰 獨樂樂 與人樂樂 孰樂'者, 是孟子欲以此問王, 使王知與民同樂樂爲樂也, 故問之曰"王獨作樂爲樂邪, 與人同樂爲樂邪." '曰 不若與人'者, 是齊王答孟子, 亦以爲獨樂樂不若與人同樂爲樂也. '曰 與少樂樂 與衆樂樂孰樂'者, 是孟子復問王與少人同樂爲樂, 與衆人同樂爲樂, 孰樂邪. '曰 不若與衆'者, 齊王亦復答孟子, 以爲不若與衆人同樂爲樂也. '臣請爲王言樂', 孟子於此知齊王亦識與衆同樂之意, 乃爲王陳其獨樂與衆同樂之效, 故不待王問而自請言之也. '今王鼓樂於此'至'與民同樂也'者, 皆孟子陳獨樂與衆樂樂之文也. 言今王鼓作其樂於此國也, 百姓之人聞王鍾鼓之聲與管籥之音, 擧皆疾痛其頭, 又蹙頞愁悶, 而交相告曰"我王之好作樂爲樂, 發賦徭役, 使我至於此之極也, 父子不得以相見, 兄弟妻子又皆離散之." 以其如此, 故百姓所以頭痛蹙頞愁悶也. 又言今王田獵於此國, 百姓之人聞王車馬之音, 見羽旄之美好, 擧皆蹙頞愁悶, 疾痛其首, 而交相告曰"我王之好田獵禽獸, 如何使我供給役使, 不得休息, 而至於如此之極, 父子不得以相見, 兄弟妻子皆離散之." 然則王之鼓樂田獵, 而百姓皆如此者, 無他事焉, 是王之不與民同其樂也. 言今王鼓樂於此國, 百姓聞王鍾鼓之聲・管籥之音, 擧皆欣欣然有喜色, 而交相告曰"我王庶幾無疾病也, 何以能鼓樂." 於此言百姓皆欲之康强, 不特止於庶幾無疾病也. (苟卽庶幾近於無疾病 則王亦何以能鼓樂也)[2] 又言今王田獵禽獸於此國, 百姓之人聞王車馬之音, 見羽旄之美好, 擧皆欣欣然有喜色, 而交相告曰"我王卽庶幾近於無疾病, 又何以能田獵也." 此言又欲王之康强, 不特止於庶幾無疾病也. 然則王之鼓樂田獵, 百姓皆如此欲王之康强者, 無他事焉, 是王能與民同其樂也. 言今之王能與民同樂爲樂, 則爲之王者矣. 云'鼓樂'者, 蓋鍾以止爲體, 鼓以作爲用, 故凡作樂所以謂之鼓樂也. 云'音與聲'者, 蓋鍾鼓言聲, 以其聲之單出, 故云聲也, 管籥車馬言音, 以其音之雜比, 故云音也. 然車馬亦謂之音者, 蓋升車則馬動, 馬動則鸞鳴, 鸞鳴則和應故也. 聲之與音, 合而言之, 則聲・音則一也, 別而言之, 則單出爲聲, 雜比爲音. 詩云"嘒嘒管聲", 此言管籥之音, 是聲音之通論也. 齊王悅南郭先生吹竽, 廩食以數百人[3], 喜鄒忌鼓琴, 卒授之國政[4], 是安知與衆樂樂邪. 此孟子所以陳其與民同樂之意也.

1) 此章言人君田獵以時……與民同樂也 : 北京大本에는 章指를 "이 장의 章指는 다음과 같다. 임금이 적절한 시기에 사냥하고 음악에 절도가 있으면서 政事를 베풀어 仁을 행하여 백성이 그 일을 즐거워하면 王道로 가는 사다리가 여기에 있는 것이다. 그러므로 '天時가 地理만 못하며 地理가 人和만 못하다.'고 하였으니, 백성들과 함께 즐겨야 한다는 것이다.〔此章指言人君田獵以時 鐘鼓有節 發政行仁 民樂其事 則王道之階在于此

矣 故曰天時不如地理 地理不如人和矣 與民同樂也〕"라고 하였다.

2) (苟卽庶幾近於無疾病 則王亦何以能鼓樂也) : 문맥이 통하지 않아 衍文으로 처리하였다.

3) 齊王悅南郭先生吹竽 廩食以數百人 : ≪韓非子≫ 〈內儲說 上〉에 나오는 고사이다. 齊 宣王은 생황 음악을 좋아하였는데, 생황을 연주하게 할 때면 반드시 3백 명이 함께 연주하게 하였다. 南郭處士라는 사람이 왕을 위해 합주단에 끼어 생황을 연주하자 왕이 기뻐하며 그에게 3백인의 녹봉에 해당하는 곡식을 주어 우대하였다. 하지만 실상은 南郭處士는 생황을 제대로 연주할 줄 모르는 사람이었다. 宣王이 죽고 새로 즉위한 湣王은 생황을 獨奏로 듣는 것을 좋아하였다. 그래서 한 사람 한 사람씩 연주하는 것을 들어보고자 하니, 南郭處士가 자신이 제대로 연주하지 못하는 것이 드러날까 두려워 달아났다고 한다. 南郭先生이 바로 南郭處士이다.

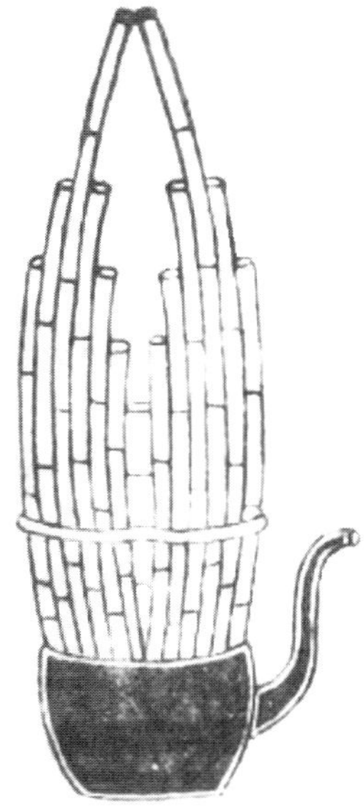

竽

4) 喜鄒忌鼓琴 卒授之國政 : ≪新序≫ 권2에 나오는 고사이다. 鄒忌라는 사람이 齊 宣王을 만나 거문고 연주로 政事와 覇王의 일을 표현하자 왕이 기뻐하며 3일 동안 대화를 나눈 뒤에 그를 재상으로 삼았다고 한다.

經의 〔莊暴見孟子〕에서 〔則王矣〕까지

○ 正義曰 : 이 장은 임금이 적절한 시기에 사냥하고 음악에 절도가 있으면서 백성과 함께 즐겨야 함을 말한 것이다.

〔莊暴見孟子曰 暴見於王 王語暴以好樂 暴未有以對也〕 莊暴는 齊나라 신하이니, 莊은 성이고, 暴는 이름이다. 莊暴가 맹자를 만나 말하기를 "제가 제나라 왕을 조회하여 알현했을 때에 왕께서 저에게 음악 좋아하는 일을 말씀하셨으나, 제가 당시에 아뢰어 대답하지 못했습니다." 하였음을 말한 것이다.

〔曰 好樂何如〕 그래서 장포가 맹자에게 "왕께서 음악을 좋아하시는 것이 어떻습니까?"라고 물은 것이다.

〔孟子曰 王之好樂甚 則齊國其庶幾乎〕 맹자가 장포의 물음에 답한 것이니, "제나라 왕께서 음악을 매우 좋아하신다면 제나라가 거의 다스려질 것입니다."라고 말한 것이다.

〔他日見於王曰 王嘗語莊子以好樂 有諸〕 맹자가 직접 장포를 만나 왕이 음악 좋아하는 것에 대해 말한 뒤에, 어느 날 제나라 왕을 만나 묻기를 "왕께서 일찍이 莊子에게 음악

좋아하는 일에 대해 말씀하셨다는데, 그러한 말씀을 하신 적이 있었습니까?"라고 한 것이다. 맹자가 莊子라고 호칭하고 장포라고 호칭하지 않은 것은 맹자가 왕의 신하를 존중하였던 까닭에 그의 이름을 호칭하려고 하지 않았던 것이다.

〔王變乎色 曰 寡人非能好先王之樂也 直好世俗之樂耳〕 제나라 왕이 맹자가 물은 뒤에 평소의 표정을 바꾸어 화난 기색이 있었으니, 이것은 장포가 자신이 음악을 좋아한다는 사실을 맹자에게 말한 것에 화가 났던 것이다. 그러므로 맹자에게 대답하기를 "과인이 옛 聖王들의 음악을 좋아하지 못하고, -옛 聖王의 음악은 이를테면 黃帝의 〈咸池〉, 堯의 〈大章〉, 舜·禹의 〈韶〉, 夏·商·周의 〈濩〉·〈武〉가 이것이다.- 단지 世俗의 음악을 좋아할 뿐입니다. -鄭나라와 衛나라의 음악이 이것이다.-"라고 했던 것이다.

〔曰 王之好樂甚 則齊其庶幾乎〕 맹자가 다시 왕에게 대답한 것이니, "왕께서 음악을 매우 좋아하신다면 齊가 거의 다스려질 것입니다."라는 말이다. 맹자가 장자에게는 "제나라가 거의 다스려질 것입니다.〔齊國其庶幾乎〕"라고 대답하였고, 제나라 왕에게는 단지 "齊가 거의 다스려질 것입니다.〔齊其庶幾乎〕"라고 대답한 것은, 장자에게 말하므로 '나라'라고 호칭하였고, 제나라 왕에게 말하므로 '나라'라고 호칭할 필요가 없었기 때문이다.

〔今之樂 猶古之樂〕 맹자가 제나라 왕을 만났을 때 왕이 "옛 聖王들의 음악을 좋아하지 못하고 단지 世俗의 음악을 좋아합니다."라고 말하였으므로 이로 인해 맹자가 "지금의 음악도 옛 聖王의 음악과 같습니다."라고 말한 것이다. 다만 그 요체는 능히 백성들과 함께 음악을 감상하는 것이 즐겁다는 점에 있을 뿐이었다. 그래서 마침내 이것을 가지고 왕에게 물은 것이다.

〔曰 可得聞與〕 제나라 왕이 맹자에게 묻기를 "古今의 음악이 같다는 것에 대해 들어볼 수 있겠습니까?"라고 한 것이다.

〔曰 獨樂樂 與人樂樂 孰樂〕 맹자가 이것을 왕에게 질문함으로써 왕으로 하여금 백성들과 함께 즐기는 음악이 즐겁다는 것을 알게 하려고 하였으므로 묻기를 "왕께서 홀로 음악을 연주하며 즐기는 것이 즐겁습니까? 사람들과 함께 즐기는 것이 즐겁습니까?"라고 한 것이다.

〔曰 不若與人〕 제나라 왕이 맹자에게 대답하기를 또한 "홀로 즐기는 음악의 즐거움이 사람들과 함께 즐기는 즐거움만 못합니다."라고 한 것이다.

〔曰 與少樂樂 與衆樂樂 孰樂〕 맹자가 "왕께서는 적은 사람들과 함께 즐기는 즐거움과 많은 사람들과 함께 즐기는 즐거움 가운데 어느 경우가 즐겁습니까?"라고 다시 물은 것

이다.

〔曰 不若與衆〕 제나라 왕이 맹자에게 또 다시 대답하기를 "많은 사람들과 함께 즐기는 즐거움만 못합니다."라고 한 것이다.

〔臣請爲王言樂〕 맹자가 이에 제나라 왕도 많은 사람들과 함께 즐기는 의미를 인식했다는 것을 알고서 이에 왕을 위해 홀로 즐기는 음악과 많은 사람이 함께 즐기는 음악의 효과를 아뢰고자 하였다. 그러므로 왕이 묻기를 기다리지 않고 스스로 말하기를 청한 것이다.

〔今王鼓樂於此〕에서 〔與民同樂也〕까지

모두 맹자가 홀로 즐기는 음악과 많은 사람이 함께 즐기는 음악의 즐거움에 대해 아뢴 글이다. "지금 왕께서 이 나라에서 음악을 연주하시면 백성들이 왕의 종과 북의 소리, 생황과 퉁소의 음향을 듣고 모두 머리를 아파하고 또 콧등을 찡그리며 근심하면서 서로 말하기를 '우리 왕께서 음악 연주하여 즐거움으로 삼기를 좋아하시면서 비용과 요역을 징발하여 우리들로 하여금 이러한 지경에 이르게 하셨다. 부자는 서로 만날 수 없고, 형제와 처자도 모두 흩어져 있다.' 합니다."라고 말하였으니, 상황이 그러한 까닭에 백성들이 머리를 아파하고 콧등을 찡그리며 근심한다는 것이다. 또 "왕께서 지금 이 나라에서 사냥을 하시면 백성들이 왕의 수레와 말의 음향을 듣고 깃발 장식의 아름다움을 보고는 모두 콧등을 찡그리며 근심하고 머리를 아파하면서 서로 말하기를 '우리 왕께서 짐승 사냥하는 것을 좋아하시면서 어찌 우리들을 심부름꾼으로 공급하여 쉴 수 없게 함이 이토록 곤궁한 지경에 이르게 하시는가. 부자는 서로 만날 수 없고, 형제와 처자는 모두 흩어져 있다.' 합니다."라고 말하였으니, 그렇다면 왕이 음악을 연주하고 사냥할 때 백성들이 모두 이러한 것은 다른 이유가 있는 것이 아니라, 왕이 백성들과 그 즐거움을 함께하지 않았기 때문이라는 것이다.

"지금 왕께서 이 나라에서 음악을 연주하시면 백성들이 왕의 종과 북의 소리, 생황과 퉁소의 음향을 듣고 모두 흔쾌히 기뻐하며 서로 말하기를 '우리 왕께서 거의 질병이 없으신 모양이다. 〈그렇지 않으면〉 어떻게 저토록 음악을 잘 연주하시겠나.' 합니다."라고 말하였으니, 여기서는 백성들이 모두 왕이 건강하기를 바람이 거의 질병이 없는 정도에 그칠 뿐만이 아님을 말한 것이다. 또 "지금 왕께서 이 나라에서 짐승을 사냥하시면 백성들이 왕의 수레와 말의 음향을 듣고 깃발 장식의 아름다움을 보고는 모두 흔쾌히 기뻐하며 서로 말하기를 '우리 왕께서 거의 질병이 없으신 모양이다. 〈그렇지 않으면〉 또한 어떻게 저토록 사냥을 잘 하시겠나.' 합니다."라고 말하였으니, 이것은 또한 왕이 건강하기를 바람이 거의 질병이 없는 정도에 그칠 뿐만이 아님을 말한 것이다. 그렇다면 왕이 음악을 연주하고 사냥을 할 때 백성들이 모두 이토록 왕의 건강을 바라는 것은 다른 이유가 있는 것이 아니라, 왕이 백성들과 함께 그 즐거움을 함께하기 때문인 것이다. "지금 왕께서 능히 백성들과 함께 즐기는 것을 즐거움으로 삼으신다면 王者가 될 것입니다."라고 말하였다.

〔鼓樂〕 대개 鍾은 중지하는 것으로 體를 삼고, 북은 연주하는 것으로 用을 삼는다. 그러므로 무릇 음악을 연주하는 것을 '鼓樂'이라고 하는 것이다.

〔音與聲〕 종과 북은 소리라고 하였으니 그 소리가 단독으로 나오므로 소리라고 한 것이고, 생황과 퉁소, 수레와 말은 음향이라고 하였으니 그 음향이 뒤섞이므로 음향이라고 한 것이다. 그러나 수레와 말도 음향이라고 한 것은 수레에 오르면 말이 움직이고 말이 움직이면 고삐에 달린 방울이 울리며 방울이 울리면 서로 조화롭게 들리기 때문이다. 소리와 음향의 관계는 합하여 말하면 소리와 음향은 하나이고, 나누어 말하면 단독으로 나오는 것은 소리가 되고 뒤섞이는 것은 음향이 된다. ≪詩經≫에 "청아하게 들리는 생황 소리〔嘒嘒管聲〕"라고 하였는데, 이것은 생황과 퉁소의 음향을 말한 것이니, 소리와 음향을 통칭한 경우이다. 제나라 왕은 南郭先生이 부는 생황 음악을 좋아하여 수백 인의 녹봉에 해당하는 곡식을 주어 우대하였고, 鄒忌가 연주하는 거문고 음악을 좋아하여 마침내 그에게 國政을 맡겼으니, 어찌 많은 사람과 함께 즐기는 즐거움을 아는 것이겠는가. 이것이 바로 맹자가 백성들과 함께 즐기는 것의 의미를 아뢴 까닭이다.

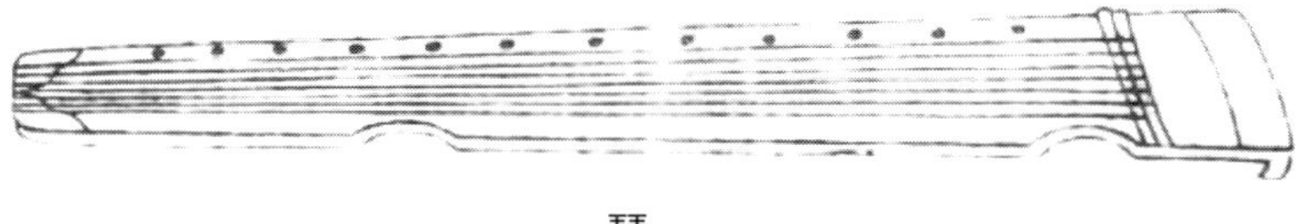

琴

【疏】 ○ 注'鄭聲也' ○ 正義曰：論語云"鄭聲淫", 以其能惑人心也. 孔傳云 "鄭聲惑人心, (其)〔不〕[1]與雅樂同也."

1) (其)〔不〕: 저본에는 '其'로 되어 있으나, 阮元의 〈校勘記〉에 의거하여 '不'로 바로잡았다.

○ 注의 〔鄭聲也〕

○ 正義曰：≪論語≫에 "鄭聲은 음탕하다."라고 하였으니, 그것이 사람의 마음을 미혹시킬 수 있기 때문이다. 孔安國의 傳에 "鄭聲은 사람의 마음을 미혹시키니 雅樂과는 같지 않다."라고 하였다.

【疏】 ○ 注'鼓樂'至'百姓愁' ○ 正義曰：周禮鼓人"掌教六鼓[1], 以節聲樂", 鍾師"掌金奏", 注云"以鍾鼓奏者, 先擊鍾, 次擊鼓, 以奏九夏. 夏, 大也. 樂之大歌有九." 王夏·肆夏·昭夏·納夏·章夏·齊夏·族夏·裓夏·驁夏, 凡九夏是也, 故附于此. 云'管笙籥簫 或曰籥若笛而有三孔'者, 案禮圖[2]云 "笙長四尺, 諸管參差, 亦如鳥翼." 爾雅曰 "大笙謂之巢, 小者謂之和." 郭璞[3]爾雅云 "二十三管爲簫." 風俗通[4]云 "舜作竹簫, 以象鳳翼." 周禮笙師"掌教吹籥", 後鄭[5]云"籥如笛, 有三孔"是也. 詩云"左手執籥", 蓋邶詩簡兮之篇文也, 注云"籥六孔, 言碩人多才藝, 又能籥舞[6], 言文武備也". 釋云 "首, 頭也" "頞, 鼻頸也", 言齊王擊鼓作樂, 其使民徭役苦楚, 皆蹙其鼻頸而愁悶也.

1) 六鼓：雷鼓, 靈鼓, 路鼓, 鼖鼓, 鼛鼓, 晉鼓이다. 雷鼓는 天神에 제사할 때 치는 북이고, 靈鼓는 社稷에 제사할 때 치는 북이고, 路鼓는 宗廟에 제사할 때 치는 북이고, 鼖鼓는 軍事에 치는 북이고, 鼛鼓는 役事에 치는 북이고, 晉鼓는 금속 악기를 연주할 때 치는 북이다.(≪周禮≫〈地官 鼓人〉)

2) 禮圖：중국 고대의 禮制를 그림과 설명을 곁들여 편찬한 ≪三禮圖≫를 가리킨다. 한나라 鄭玄 이후로 6種의 ≪三禮圖≫가 전래하였으나, 송나라의 학자 聶崇義가 기존의 ≪三禮圖≫를 참고하여 ≪三禮圖集注≫를 편찬한 이후로는 6種의 ≪三禮圖≫가 점차 사라져 현재는 ≪三禮圖集注≫만 전하고 있다.

3) 郭璞：276~324. 자는 景純, 河東 聞喜縣 사람이다. 兩晉 시기의 저명한 문학가이자 훈고학자이다. 建平太守 郭瑗의 아들이다. ≪爾雅≫, ≪方言≫, ≪山海經≫, ≪穆天子傳≫ 등의 注를 지었다.

4) 風俗通：漢나라 應劭가 당시의 名物制度, 風俗, 傳說 등을 모아 기록한 책이다. 皇霸, 正失, 愆禮, 過譽, 十反, 聲音, 窮通, 祀典, 怪神, 山澤 등 총 10편으로 구성되어 있다. ≪風俗通義≫라고도 한다.

5) 後鄭：鄭玄의 별칭이다. 鄭玄이 ≪周禮≫의 注에서 鄭興과 鄭衆 父子의 說을 인용한 경우가 많았다. 後人들은 鄭玄과 이들을 구분하기 위하여 鄭玄을 '後鄭'이라고 부르고 鄭興 부자를 '先鄭'이라고 불렀다.

6) 籥舞：文舞의 다른 이름이다. 籥을 연주하여 박자를 맞추기 때문에 籥舞라고 불렀다.

○ 注의 〔鼓樂〕에서 〔百姓愁〕까지

○ 正義曰 : ≪周禮≫ 〈鼓人〉에 "六鼓를 가르치는 일을 담당하는데, 이것으로써 음악의 박자를 맞춘다."라고 하였고, ≪周禮≫ 〈鍾師〉에 "금속 악기 연주를 담당한다."라고 하였는데, 그 注에 "종과 북을 연주하는 자는 먼저 종을 치고 다음에 북을 쳐서 〈九夏〉를 연주한다. 夏는 大이다. 음악의 大歌에 아홉 가지가 있다."라고 하였다. 〈王夏〉, 〈肆夏〉, 〈昭夏〉, 〈納夏〉, 〈章夏〉, 〈齊夏〉, 〈族夏〉, 〈祴夏〉, 〈驁夏〉 등 아홉 가지의 夏가 이것이다. 그러므로 여기에 붙여 기록한다.

〔管笙 籥簫 或曰籥若笛而有三孔〕 ≪三禮圖≫에는 "생황은 길이가 4척인데, 여러 管의 길이가 일정하지 않다. 또한 모양이 새의 날개 같다."라고 하였다. ≪爾雅≫에는 "큰 생황을 '巢'라고 하고 작은 것을 '和'라고 한다."라고 하였다. 郭璞의 ≪爾雅注≫에는 "23개의 管이 있는 것이 簫이다."라고 하였다. ≪風俗通≫에는 "舜이 竹簫를 만들었는데, 봉황의 날개 모양을 본떴다."라고 하였다. ≪周禮≫ 〈笙師〉에 "籥의 연주를 가르치는 일을 담당한다."라고 하였는데, 後鄭이 "籥은 모양이 피리 같고 3개의 구멍이 있다."라고 한 것이 이것이다. ≪詩經≫에 "왼손은 籥을 잡는다.〔左手執籥〕"라고 하였는데, 邶風 〈簡兮〉편의 글이다. 그 注에 "籥은 구멍이 여섯 개이다. 賢者가 재능이 많고 또 籥舞에 능하다고 하였으니, 文武가 갖추어진 것을 말한다."라고 하였다. 글자 풀이에 "首는 머리이다."라고 하고, "頞은 콧등이다."라고 하였으니, 제나라 왕이 북을 쳐서 음악을 연주하며 백성으로 하여금 徭役의 고초를 겪게 하니, 모두가 콧등을 찌푸리며 근심했음을 말한 것이다.

【疏】 ○ 注'田獵'至'奔走也' ○ 正義曰 : 釋云"獵, 田也", 蒐・狩・苗・獮是也. 案魯隱公五年左傳云"春蒐・夏苗・秋獮・冬狩, 皆於農隙講武事也", 杜預曰"蒐, 索擇取不孕者. 苗, 爲苗除害也. 獮, 殺也, 以殺爲名, 順秋氣也. 狩, 圍守也, 冬物畢成, 獲則取之, 無所擇也." 羽旄者, 案左傳魯襄公十四年, 范宣子假羽旄於齊. 定公四年, 晉人假羽旄於鄭, 杜預曰"以析羽[1]爲旌, 爲王者斿(유)車[2]之所建也." 又案司常九旗[3]之數, 又有全羽[4]・析羽, 釋云"全羽, 析羽, 直有羽而無帛也." 云'天時不如地利 地利不如人和', 蓋公孫丑篇文也.

1) 析羽 : 깃털 하나마다 五彩色 중에 한 가지 색을 물들인 것이다. 이 깃털을 모아 오채색을 갖춘 뒤에 깃대 끝에 매달아 장식한 것이 旌이다.

2) 斿(유)車 : 帝王이 사냥할 때 타는 수레로, 五彩色의 旄을 꽂아 文德을 상징한다.
3) 九旗 : 常, 旂(기), 旜(전), 物, 旗, 旟(여), 旐(조), 旞(수), 旌 등 아홉 가지 깃발을 말한다. 常은 日月을 그린 깃발, 旂는 交龍을 그린 깃발, 旜은 전체가 동일한 색의 帛으로 된 깃발, 物은 둘레 장식이 바탕과 다른 색의 帛으로 된 깃발, 旗는 곰과 호랑이를 그린 깃발, 旟는 송골매를 그린 깃발, 旐는 거북이와 뱀을 그린 깃발, 旞는 全羽로 장식한 깃발, 旌은 析羽로 장식한 깃발이다.(≪周禮≫ 〈春官 司常〉)
4) 全羽 : 깃털 하나마다 五彩色을 갖추어 물들인 것을 가리킨다. 이것을 모아 깃대 끝에 매달아 장식한 깃발이 旞이다.

○ 注의 〔田獵〕에서 〔奔走也〕까지

○ 正義曰 : 글자 풀이에 "獵은 사냥이다."라고 하였으니, 蒐・狩・苗・獮이 이것이다. ≪春秋左氏傳≫ 魯 隱公 5년에 "봄에는 蒐, 여름에는 苗, 가을에는 獮, 겨울에는 狩를 거행하니, 모두 농한기에 武事를 강습하는 일이다."라고 하였는데, 杜預의 注에 "蒐는 잉태하지 못하는 놈을 찾고 가려내어 취하는 것이고, 苗는 곡식의 싹을 위해 害를 제거하는 것이다. 獮은 죽임이니, 죽임으로 이름을 삼은 것은 가을의 기운을 따른 것이다. 狩는 포위하여 지킴이다. 겨울에는 사물이 모두 이루어지므로 잡으면 취하니, 가릴 것이 없다."라고 하였다. 羽旄라는 것에 대해 ≪春秋左氏傳≫ 魯 襄公 14년에 "范宣子가 齊나라에게 羽旄를 빌렸다."라고 하였고, 定公 4년에 "晉나라 사람이 鄭나라에 羽旄를 빌렸다."라고 하였는데, 杜預의 注에 "析羽로 旌을 만드니, 王者의 斿車에 세우는 것이다."라고 하였다. 또 ≪周禮≫ 〈司常〉의 九旗 아홉 가지 가운데 또한 全羽와 析羽가 있는데, 그에 대한 풀이에 "全羽와 析羽는 단지 깃만 있고 帛은 없다."라고 하였다.

〔天時不如地利 地利不如人和〕 〈公孫丑〉편의 글이다.

2. 齊宣王이 問曰 文王之囿가 方七十里라하니 有諸잇가

齊 宣王이 물었다. "文王의 園林이 사방 70리였다고 하던데, 그런 일이 있었습니까?"

【注】 王言 聞文王苑囿가 方七十里라하니 寧有之잇가하니라

왕이 "文王의 園林이 사방 70리라는 말을 들었는데, 그러한 사실이 있었습니까?"라고

물은 것이다.

孟子對曰 於傳에 **有之**하니이다

맹자가 대답하였다. "전해오는 문헌에 그러한 기록이 있습니다."

【注】 於傳文에 有是言이라

전해오는 문헌의 글에 그러한 말이 있다는 것이다.

曰 若是其大乎잇가

왕이 말하였다. "그렇게나 컸습니까?"

【注】 王이 怪其大라

왕이 원림의 거대함을 괴이하게 여긴 것이다.

曰 民이 **猶以爲小也**니이다

맹자가 아뢰었다. "백성들은 오히려 작다고 여겼습니다."

【注】 言 文王之民이 尙以爲小也라

문왕의 백성들은 오히려 작다고 여겼음을 말한 것이다.

曰 寡人之囿는 **方四十里**로되 **民**이 **猶以爲大**는 **何也**잇고

왕이 말하였다. "과인의 원림은 사방 40리인데도 백성들이 오히려 크다고 여기는 것은 무슨 까닭입니까?"

【注】 王以爲 文王이 在岐山之時에 雖爲西伯이나 土地尙狹而囿已大矣라 今我地方千里而囿小之로되 民以爲寡人之囿爲大하니 何故也잇고하니라

왕이 "文王께서 岐山에 있을 때 비록 西伯의 신분이었으나 토지는 오히려 협소했어도 園林은 이미 거대하였습니다. 지금 나는 영토가 사방 천 리인데도 園林은 그보다

작습니다. 그런데 백성들이 과인의 원림을 크다고 여기니, 무슨 까닭입니까?"라고 한 것이다.

曰 文王之囿는 方七十里에 芻蕘者往焉하며 雉兎者往焉하여 與民同之하시니 民以爲小가 不亦宜乎아

맹자가 아뢰었다. "文王의 園林이 사방 70리나 되었지만, 꼴을 베고 땔나무를 하러 가는 사람들이 그곳에 들어가며, 꿩이나 토끼를 잡는 사람들도 그곳에 들어갔습니다. 백성들과 함께 그것을 공유하였으므로 백성들이 작다고 여겼던 일이 또한 당연하지 않습니까.

【注】 芻蕘者는 取芻薪之賤人也라 雉兎는 獵人取雉兎者라 言 文王이 聽民往取禽獸하고 刈其芻薪하니 民苦其小는 是其宜也라

芻蕘者는 꼴이나 땔나무를 베는 천한 사람이다. 雉兎는 사냥꾼으로 꿩이나 토끼를 잡는 사람이다. 文王이 백성들이 園林에 들어가서 짐승을 잡고 꼴과 땔나무를 베는 것을 허락해주니, 백성들이 園林이 작음을 괴로워하는 것은 당연한 일임을 말한 것이다.

臣이 始至於境하여 問國之大禁然後에 敢入하니

신이 처음 국경에 이르러 제나라의 큰 禁令을 물은 뒤에 감히 입국하였습니다.

【注】 言 王之政이 嚴하고 刑重也라

왕의 정사가 엄하고 형벌이 중함을 말한 것이다.

臣聞郊關之內에 有囿方四十里한대 殺其麋鹿者를 如殺人之罪라하니

신이 들으니 郊關 안에 사방 40리가 되는 園林이 있는데, 그곳의 사슴을 죽인 자를 살인죄처럼 다스린다고 하였습니다.

【注】郊關은 齊四境之郊에 皆有關이라

郊關은 제나라 사방의 郊에 모두 두었던 關이다.

則是方四十里로 爲阱於國中이니 民以爲大가 不亦宜乎아

그렇다면 이것은 사방 40리의 땅을 가지고 나라 안에 함정을 만든 것이니, 백성들이 크다고 여기는 것도 당연하지 않겠습니까."

【注】設陷阱者는 不過丈尺之間耳어늘 今王陷阱이 乃方四十里니 民言其大가 不亦宜乎아

함정을 설치하는 경우에 몇 길이나 몇 자 정도에 지나지 않는데, 지금 왕의 함정은 사방 40리나 되니, 백성들이 크다고 말하는 것도 당연하지 않은가.

【疏】'齊宣王'至'不亦宜乎' ○正義曰：此章譏王廣囿專利, 嚴刑陷民也.[1] '齊宣王問曰 文王之囿方七十里 有諸'者, 是宣王嘗聞文王有囿方闊七十里, 故見孟子, 問之還是有之否. '孟子對曰 於傳有之'者, 孟子答之, 以爲書傳之文有言也. '曰 若是其大乎'者, 宣王怪之, 以爲文王囿如此之闊大, 民猶尙以爲之小也. '曰 寡人之囿方四十里 民猶以爲大 何也'者, 宣王又問孟子, 言寡人之囿但方闊四十里, 而民猶尙以爲之大, 是如之何其差也. '曰 文王之囿方七十里 芻蕘者往焉 雉兎者往焉 與民同之 民以爲小 不亦宜乎'者, 孟子言文王之囿方闊七十里, 而採芻草薪木之賤人, 與獵雉鳥兎獸者皆得往其中而有所取之, 是其與民同共之, 故民以爲小, 不亦宜乎也. '臣始至於境 問國之大禁然後敢入'者, 孟子對王稱臣, 言自臣始初至於王之齊境, 問其王國禁令, 然後乃敢入其國中也. '臣聞郊關之內 有囿方四十里 殺其麋鹿者如殺人之罪 則是方四十里爲阱於國中 民以爲大 不亦宜乎'者, 孟子言自臣入王郊關之內, 乃聞王有苑囿方四十里之廣, 其有於中殺其麋鹿者, 如殺其人之罪, 而科之如此, 則是王爲阱陷方四十里之廣於國中, 以陷其民也. 故民以爲大, 不亦宜之乎. 凡此是皆孟子譏王之專利而不與民同也. 傳云"天子之囿方百里, 大國四十里, 次國三十里, 小國二十里." 文王之國, 百里之國, 或者以謂有七十之里爲苑囿, 是如之何其差殊. 不知文王百里之國是其始封之時制也, 七十里之囿乃文王作西伯之時有也. 周制, 上公封四百里, 其食者三之一, 豈七十里之囿特止山川不可食之地與. 彼有子虛者以謂楚地方千里, 而囿居其九[2], 是可食之地亦鞠爲遊畋之地耶, 是安知周制之法與.

1) 此章譏王廣囿專利 嚴刑陷民也 : 北京大本에는 章指를 "이 장의 章指는 왕이 園林을 넓혀 이익을 독차지하며 엄한 형벌로 백성을 함정에 빠뜨리는 것을 꾸짖은 것이다.〔此章指言譏王廣囿專利 嚴刑陷民也〕"라고 하였다.
2) 彼有子虛者以謂楚地方千里 而囿居其九 : 西漢의 문인 司馬相如(B.C. 179~B.C. 117)가 지은 〈上林賦〉에 "〈齊나라와 楚나라의 영토는〉 사방 천 리에 불과한데, 그 안에 원림이 900리를 차지하고 있어 초목을 개간할 수 없고 백성이 경작할 수 없다.〔地方不過千里 而囿居九百 是草木不得墾辟 而民無所食也〕"라는 말이 나온다. 〈上林賦〉는 〈子虛賦〉의 下篇에 해당한다. 〈子虛賦〉에는 子虛, 烏有先生, 無是公이라는 가공의 인물이 등장하여 子虛와 烏有先生이 대화를 이끌어 가고, 〈上林賦〉에서는 無是公이 子虛와 烏有先生에게 上林苑의 경치와 사냥에 대해 언급하다가 君主의 사치를 경계하는 말로 끝맺는다. 따라서 여기서 子虛의 말이라고 한 것은 사실 無是公의 말이다.

經의 〔齊宣王〕에서 〔不亦宜乎〕까지

○ 正義曰 : 이 장은 왕이 園林을 넓혀 이익을 독차지하며 엄한 형벌로 백성을 함정에 빠뜨리는 것을 꾸짖은 것이다.

〔齊宣王問曰 文王之囿方七十里 有諸〕 宣王이 일찍이 文王이 사방 70리 넓이의 園林을 가지고 있었다고 들었으므로 맹자를 만나 그러한 사실이 있었는지 물은 것이다.

〔孟子對曰 於傳有之〕 맹자가 "문헌에 전하는 글에 그런 말이 있습니다."라고 대답한 것이다.

〔曰 若是其大乎〕 宣王이 文王의 園林이 그토록 넓었는데도 백성들이 오히려 작다고 여겼던 것을 괴이하게 여긴 것이다.

〔曰 寡人之囿方四十里 民猶以爲大 何也〕 宣王이 다시 맹자에게 "과인의 園林은 단지 사방 40리 넓이인데도 백성들이 오히려 크다고 여기니, 어째서 그토록 다른 것입니까?"라고 물은 것이다.

〔曰 文王之囿方七十里 芻蕘者往焉 雉兎者往焉 與民同之 民以爲小 不亦宜乎〕 맹자가 "文王의 園林이 사방 70리나 되는 넓이였지만 꼴이나 땔나무를 채취하는 賤人과 꿩이나 토끼를 잡는 사냥꾼도 모두 그 안에 들어가 취할 수 있었으니, 이것은 백성들과 공유한 것입니다. 그러므로 백성들이 작다고 여겼던 것도 당연하지 않습니까."라고 말한 것이다.

〔臣始至於境 問國之大禁 然後敢入〕 맹자가 왕에게 자신을 신이라고 칭하고서 "신이

처음 왕의 제나라 국경에 이르러 왕국의 금령을 물은 뒤에야 비로소 감히 나라 안으로 들어왔습니다."라고 말한 것이다.

〔臣聞郊關之內 有囿方四十里 殺其麋鹿者如殺人之罪 則是方四十里爲阱於國中 民以爲大 不亦宜乎〕 맹자가 "신이 왕의 郊關 안으로 들어와서는 왕께서 사방 40리 넓이의 園林을 소유하여 그 안에서 사슴을 죽인 자를 사람을 죽인 죄처럼 처벌한다고 들었습니다. 하지만 처벌을 이와 같이 하신다면 이는 왕께서 나라 안에 사방 40리 넓이의 함정을 만들어 백성들을 빠뜨리는 것입니다. 그러므로 백성들이 크다고 여기는 것도 당연하지 않겠습니까."라고 말한 것이다. 이것들은 모두 맹자가 왕이 이익을 독차지하고 백성들과 함께하지 않은 것을 꾸짖은 것이다. 전해오는 문헌에 "天子의 園林은 사방 100리이고, 大國은 40리, 그 다음 大國은 30리, 小國은 20리이다."라고 하였다. 그런데 文王의 나라는 100리 규모의 나라였다. 이에 대해 혹자는 "文王이 70리를 園林으로 삼았으니, 어떻게 그렇게 문헌과 차이가 날 수 있는가?"라고 말한다. 아마도 文王이 소유했던 100리의 나라는 처음 봉해졌던 당시의 규모였고, 70리의 園林은 文王이 西伯이 되었을 때에 소유했던 것이리라. 周나라 제도에 따르면, 上公은 400리를 封해주는데, 그 가운데 경작할 수 있는 땅이 3분의 1이었으니, 70리의 園林이 어찌 山川의 경작할 수 없는 땅에만 국한되었겠는가. 저子虛라는 사람은 "楚나라 땅이 사방 천 리인데, 園林이 10분의 9를 차지한다."라고 하였으니, 경작할 수 있는 땅도 막아서 사냥하는 땅으로 삼았던 것인가? 周나라 제도의 규정을 어찌 알 수 있겠는가.

【疏】○注云'文王在岐山之時 雖爲西伯 土地尙狹 而囿以大'者 ○正義曰：案鄭玄詩譜[1]云 "周之先公曰太王者, 避狄難, 自豳始遷焉, 商王帝乙之初, 命其子王季爲西伯, 至紂, 又命文王典治南國江漢汝墳之諸侯", 是文王繼父之業爲西伯於岐邑也. 商之州長曰伯, 謂爲雍州伯也. 子夏云 "王季以九命作伯於西"[2], 文王因之, 亦爲西伯焉. 論語云 "三分天下有其二, 以服事殷", 是時宜七十里之囿而民猶以爲小也.

1) 詩譜：後漢의 經學家 鄭玄이 ≪毛詩≫의 箋을 저술한 뒤에 ≪毛詩≫에 대한 연구를 더 심화하여 지은 ≪毛詩譜≫를 가리킨다. 이후에 殘缺된 책을 北宋 때의 학자 歐陽脩가 보완하여 후세에 전하였다.

2) 王季以九命作伯於西：≪孔叢子≫에 나오는 말이다. 九命은 최고의 품계이다. ≪周禮≫〈春官 典命〉에 "上公 九命이 伯이 된다. 그 國家, 宮室, 車旗, 衣服, 禮儀는 모두 九로

써 기준을 삼는다.〔上公九命爲伯 其國家宮室車旗衣服禮儀皆以九爲節〕"라고 하였다. ≪周禮≫에서 언급한 것은 周나라의 제도지만, 王季가 九命으로 伯이 되었다는 본 기록을 통해 殷나라 때에도 九命의 품계가 있었던 것을 알 수 있다.

○ 注의〔文王在岐山之時 雖爲西伯 土地尙狹 而囿以大〕

○ 正義曰：鄭玄의 ≪毛詩譜≫에 "周나라의 先公인 太王이라는 분이 狄의 환란을 피해 豳에서 처음으로 이주하였다. 商나라의 왕 帝乙 초기에 太王의 아들인 王季를 西伯으로 명하여 삼았고, 紂에 이르러 다시 文王에 명하여 南國인 長江과 漢水, 汝水 언덕의 제후들을 맡아 다스리게 하였다."라고 하였으니, 文王이 부친의 사업을 계승하여 岐邑에서 西伯이 되었던 것이다. 商나라 때 州의 우두머리를 伯이라 하였으니, 雍州伯이 되었던 것을 일컫는다. 子夏가 "王季가 九命으로 서쪽에서 伯이 되었다."라고 하였으니 文王이 그를 계승하여 또한 西伯이 되었던 것이다. ≪論語≫〈泰伯〉에 "文王은 천하의 3분의 2를 소유하시고도 殷나라를 복종하여 섬겼다."라고 하였으니, 당시에 70리의 園林을 두고도 백성들이 오히려 작다고 여겼던 것이 당연하였던 것이다.

【疏】 ○ 注'郊關 齊四境之郊皆有關'者 ○ 正義曰：周官閭師"掌國中及四郊之人民", 司馬法[1]曰"王國百里爲郊, 二百里爲州, 三百里爲野, 四百里爲縣, 五百里爲都." 載師"掌任土之法, 以宅田[2]·(土)〔士〕[3]田[4]·賈田[5]任近郊之地. 以官田[6]·牛田[7]·賞田[8]·牧田[9]任遠郊之地", 杜子春[10]云"五十里爲近郊, 百里爲遠郊." 云'四境郊皆有關'者, 蓋四郊之門也.

1) 司馬法：중국 고대의 군사 이론을 수록한 이 책은 두 가지가 있다. 하나는 姜太公이 지었다고 전하는 책이고, 다른 한 책은 春秋 말기 齊나라의 兵法家 司馬穰苴가 지은 책이다. 姜太公이 지었다고 전해지는 책은 오래 전에 망실되었고, 司馬穰苴가 지은 책은 현재 5篇만이 남아 전해지는데, 여기 疏에서 인용한 내용은 현전하는 ≪司馬法≫에 보이지 않는다.
2) 宅田：퇴직한 관리에게 지급하던 토지이다.
3) (土)〔士〕：저본에는 '土'로 되어 있으나, ≪周禮≫에 의거하여 '士'로 바로잡았다.
4) 士田：士 이상의 현직 관리에게 지급하던 토지이다. 圭田이라고도 한다.
5) 賈田：商人에게 지급하던 토지이다.
6) 官田：庶人으로서 관직에 있던 자에게 지급하던 토지이다.
7) 牛田：公家의 소를 키울 목적으로 지급하던 토지이다.

8) 賞田 : 공이 있는 자에게 상으로 지급하던 토지이다.
9) 牧田 : 公家의 가축을 키울 목적으로 지급하던 토지이다.
10) 杜子春 : 後漢 때 학자이다. ≪周禮≫를 劉歆에게 배워 鄭衆, 賈逵에게 전수하였다.

○ 注의〔郊關 齊四境之郊皆有關〕

○ 正義曰 : ≪周官(周禮)≫ 〈閭師〉에는 "都城과 四郊의 백성을 관장한다."라고 하였는데, ≪司馬法≫에는 "王國에서 100리가 郊이고, 200리가 州이고, 300리가 野이고, 400리가 縣이고, 500리가 都이다."라고 하였다. ≪周官≫ 〈載師〉에는 "토지를 이용하는 법을 관장한다. 宅田, 士田, 賈田은 近郊의 토지를 이용하고, 官日, 牛田, 賞田, 牧田은 遠郊의 토지를 이용한다."라고 하였는데, 杜子春은 "50리가 近郊이고 100리가 遠郊이다."라고 하였다.

〔四境郊皆有關〕 四郊의 문이다.

3. 齊宣王이 問曰 交隣國이 有道乎잇가

齊 宣王이 물었다. "이웃 나라와 교류하는 데 원칙이 있습니까?"

【注】 問與隣國交接之道라

이웃 나라와 교류하는 방법을 물은 것이다.

孟子對曰 有하니

맹자가 대답하였다. "있습니다.

【注】 欲爲王陳古聖王之比也라

왕을 위해 옛 聖王들의 사례를 아뢰려는 것이다.

湯王

惟仁者라야 爲能以大事小하나니 是故로 湯이 事葛하시고 文王이 事昆夷하시니이다

인한 자만이 大國을 가지고 小國을 섬길 수 있습니다. 그런 까닭에 湯이 葛을 섬기고 文王이 昆夷를 섬겼던 것입니다.

【注】 葛伯이 放而不祀어늘 湯이 先助之祀[1)]하시다 詩云 昆夷兌矣하여 惟其啄矣[2)]로다라하니 謂文王也라 是則聖人行仁政이면 能以大事小者也라

1) 葛伯放而不祀 湯先助之祀 : 湯이 亳邑에 거주할 때 이웃인 葛나라가 제사를 지내지 않으므로 犧牲을 보내 주어 제사를 지내게 하고 또 亳읍의 백성들을 보내 농사를 지어주게 하였던 일을 가리킨다. 하지만 葛伯이 밥을 가지고 간 殷나라의 노약자들에게서 밥을 빼앗고 童子를 죽이기까지 하였다. 이 때문에 湯이 결국 葛나라를 정벌하였다.(≪孟子≫ 〈滕文公 下〉)
2) 昆夷兌矣 惟其啄矣 : ≪詩經≫ 〈大雅 緜〉에 나오는 구절이다. ≪詩經≫에는 '混夷駾矣 維其喙矣'라고 되어 있다.

葛伯이 방종하여 제사를 지내지 않자 湯이 먼저 그를 도와 제사를 지내게 하였다. ≪詩≫에 "昆夷들이 도망하여 곤궁할 뿐이로다."라고 하였으니, 文王을 가리킨다. 이것은 聖人이 仁政을 행하면 大國을 가지고 小國을 섬길 수 있다는 말이다.

惟智者라야 爲能以小事大하나니 故로 太王事獯鬻하시고 勾踐事吳하니이다

지혜로운 자만이 小國을 가지고 大國을 섬길 수 있습니다. 그런 까닭에 太王이 獯鬻을 섬기고 勾踐이 吳나라를 섬겼던 것입니다.

【注】 獯鬻은 北狄(疆)〔彊〕[1)]者이니 今匈奴也라 大王이 去邠하여 避獯鬻하시고 越王勾踐이 退於會稽하여 身自(官)〔臣〕[2)]事吳王夫差하니 是則智者用智라 是故로 以小事大而全其國也라

1) (疆)〔彊〕 : 저본에는 '疆'으로 되어 있으나, 閩本·孔本·韓本에 의거하여 '彊'으로 바로잡았다.(阮元의 〈校勘記〉 참조)
2) (官)〔臣〕 : 저본에는 '官'으로 되어 있으나, 孔本·韓本에 의거하여 '臣'으로 바로잡았다. 아래의 疏도 같다.(阮元의 〈校勘記〉 참조)

獯鬻은 北狄 가운데 강한 족속이니, 지금의 匈奴이다. 太王은 邠을 떠나 獯鬻을 피하였고, 越王 勾踐은 會稽로 퇴각하여 몸소 신하가 되어 吳王 夫差를 섬겼다. 이것은 지혜

로운 자가 지혜를 쓰는 까닭에 小國을 가지고 大國을 섬겨 자신의 나라를 보전한다는 것이다.

以大事小者는 **樂天者也**요 **以小事大者**는 **畏天者也**니 **樂天者**는 **保天下**하고 **畏天者**는 **保其國**이니이다 **詩云 畏天之威**하니 **于時保之**라하니이다

大國을 가지고 小國을 섬기는 자는 天道를 즐기는 자이고, 小國을 가지고 大國을 섬기는 자는 天道를 두려워하는 자입니다. 天道를 즐기는 자는 천하를 보전하고, 천도를 두려워하는 자는 자신의 나라를 보전합니다. ≪詩經≫에 '하늘의 위엄을 두려워하니, 이에 국가를 보전하도다.'라고 하였습니다."

【注】 聖人이 樂行天道가 如天無不蓋也라 故保天下하니 湯文이 是也라 智者는 量時畏天이라 故保其國하니 大王勾踐이 是也라 詩는 周頌我將之篇이라 言 成王이 尙畏天之威於是時라 故能安其太平之道也라

聖人이 天道를 즐겨 행함이 마치 하늘이 천하를 덮어주지 않음이 없는 것과 같다. 그러므로 천하를 보존하니, 湯王과 文王이 이러한 분이다. 지혜로운 자는 時勢를 헤아리고 하늘을 두려워하는 까닭에 자신의 나라를 보존하니, 太王과 勾踐이 이러한 사람이다. ≪詩經≫은 〈周頌 我將〉편이니, 成王이 당시에 오히려 하늘의 위엄을 두려워하였으므로 능히 太平의 道에 安住할 수 있었음을 말한 것이다.

王曰 大哉라 **言矣**여 **寡人**이 **有疾**하니 **寡人**은 **好勇**하노이다

왕이 말하였다. "대단하신 말씀입니다. 〈그러나〉 과인은 나쁜 버릇이 있습니다. 과인은 용맹을 좋아합니다."

【注】 王謂孟子之言大로되 不合於其意라 答之云 寡人이 有疾하니 在於好勇이라 不能行聖賢之所履也라하니라

왕은 맹자의 말이 대단하지만 자신의 뜻과 맞지 않는다고 여겼다. 그래서 "과인이 나쁜 버릇이 있는데, 〈나쁜 버릇은〉 용맹을 좋아한다는 점에 있습니다. 그래서 성현들이 실천했던 일을 행할 수 없습니다."라고 답하였다.

對曰 王請無好小勇하소서 **夫撫劍疾視曰 彼惡敢當我哉**리오하면 **此**는 **匹夫之勇**이라 **敵一人者也**니

맹자가 대답하였다. "왕께서는 작은 용맹을 좋아하지 마십시오. 칼을 어루만지면서 노려보고 '저놈이 어찌 감히 나를 당해낼 수 있겠느냐.'라고 하면, 이것은 필부의 용맹이니 한 사람을 대적하는 것입니다.

【注】疾視는 惡視也라 撫劍瞋目曰 人이 安敢當我哉리오하면 此는 一匹夫之勇이라 足以當一人之敵者也라

疾視는 노려봄이다. 칼을 어루만지며 눈을 부릅뜨고 "저 사람이 어찌 감히 나를 당해낼 수 있으랴."라고 하면 이것은 일개 필부의 용맹이니, 한 사람의 적을 감당할 수 있다.

王請大之하소서 **詩云 王赫斯怒**하사 **爰整其旅**하여 **以遏徂莒**하여 **以篤周祜**하여 **以對于天下**라하니 **此**는 **文王之勇也**니 **文王**이 **一怒而安天下之民**하시니이다

왕께서는 용맹을 크게 만드십시오. ≪詩經≫에 '왕께서 불끈 노하시고 이에 군대를 정비하여 莒를 정벌하러 가는 자들을 막아 周나라의 福을 돈독하게 하시고 천하에 명성을 날리셨다.'라고 하였으니, 이것이 文王의 용맹입니다. 文王께서 한번 노하시어 천하 백성들을 안정시켰던 것입니다.

【注】詩는 大雅皇矣之篇也라 言 文王이 赫然斯怒하사 於是整其師旅하여 以遏止往伐莒者하여 以篤周家之福하고 以揚名於天下하시니이다 文王一怒而安民하시니 願王慕其大勇하사 無論匹夫之小勇(而已)[1]하소서하니라

1) (而已) : 저본에는 있으나, 宋本, 孔本, 韓本에 의거하여 衍文으로 처리하였다.(阮元의 〈校勘記〉 참조)

≪詩經≫은 〈大雅 皇矣〉편이다. "文王께서 불끈 노하시고 이에 자신의 군대를 정비하여 莒를 정벌하러 가는 자들을 막아 周나라의 福을 돈독히 하시고 천하에 명성을 날리셨습니다. 文王께서 한번 노하여 백성을 안정시키셨으니, 바라옵건대 왕께서는 그 큰 용기를 흠모하시고, 匹夫의 작은 용기는 논하지 마십시오."라고 말한 것이다.

書曰 天降下民하사 **作之君 作之師**하심은 **惟曰其助上帝寵之**라 **四方有罪無罪**에 **惟我在**어니 **天下曷敢有越厥志**[1]리오하니

1) 天降下民……天下曷敢有越厥志：朱熹는 이 부분에 대해 "'寵之四方'은 그를 사방의 여러 사람 중에서 총애하고 특별하게 대우하는 것이다. 죄가 있는 자를 내가 誅罰할 수 있고, 죄가 없는 자를 내가 편안히 안정시킬 수 있다. 내가 이미 여기에 있으니, 천하에 어찌 감히 그 心志를 지나치게 부려서 亂을 일으킬 자가 있겠는가.〔寵之四方 寵異之於四方也 有罪者 我得而誅之 無罪者 我得而安之 我旣在此 則天下何敢有過越其心志而作亂者乎〕"라고 주해하였다. '四方'을 윗 구절과 연결하여 읽은 것과 '越厥志'에 대한 해석이 趙岐와 다르다. 朱熹의 주해에 의거하여 번역하면 다음과 같다. "하늘이 백성을 내려서 군주를 세워주고 스승을 세워줌은 上帝를 돕기 때문어 그를 사방의 사람 중에서 특별히 총애해서이다. 죄가 있든 죄가 없든 내가 있으니, 천하에 어찌 감히 그 마음을 지나치게 부리는 자가 있겠는가.〔天降下民 作之君 作之師 惟曰其助上帝 寵之四方 有罪無罪 惟我在 天下曷敢有越厥志〕"

≪尙書≫에 '하늘이 백성을 내려서 군주를 세워주고 스승을 세워줌은 오직 그가 상제를 도와 백성을 사랑하라는 것이다. 사방의 사람에게 죄가 있고 죄가 없는 것이 오직 나에게 달려 있으니, 천하에 어찌 감히 그 뜻을 어길 자가 있겠는가.'라고 하였습니다.

【注】 書는 尙書逸篇也라 言 天生下民하사 爲作君 爲作師하심은 以助天光寵之也라 四方善惡이 皆在己하여 所謂在予一人[1]이니 天下에 何敢有越其志者也리오하니라

1) 在予一人：≪書經≫〈商書 湯誥〉에 "너희 萬方이 죄가 있는 것은 〈그 책임이〉 나 한 사람에게 있고, 나 한 사람이 죄가 있는 것은 너희 萬方과 관계가 없다.〔其爾萬方有罪 在予一人 予一人有罪 無以爾萬方〕"라는 말이 나온다.

≪尙書≫는 ≪尙書≫의 散逸된 편이다. "하늘이 백성을 낳아서 군주를 세워주고 스승을 세워준 것은 하늘을 도와 백성을 사랑하라는 것이다. 사방에서 선을 행하고 악을 행하는 자들이 모두 나에게 달려 있어 이른바 '나 한 사람에게 있다.'라는 것이니, 천하에 어찌 감히 그 뜻을 어길 자가 있겠는가."라고 말한 것이다.

一人이 **衡行於天下**라도 **武王**이 **恥之**하시니 **此武王之勇也**라

한 사람이라도 천하에 횡행하는 자가 있으면, 武王이 그것을 부끄러워했으니, 이것이 무왕의 용맹입니다.

【注】衡은 橫也라 武王이 恥天下一人有橫行不順天道者라 故伐紂也하시니라

衡은 橫이다. 武王이 천하에 한 사람이라도 횡행하여 天道를 따르지 않는 자가 있는 것을 부끄러워하였으므로 紂를 정벌하였던 것이다.

武王

而武王亦一怒而安天下之民하시니이다 今王이 亦一怒而安天下之民하시면 民이 惟恐王之不好勇也하리이다

武王께서도 한번 노하시어 천하 백성들을 안정시켰던 것입니다. 지금 왕께서도 한번 노하여 천하의 백성을 안정시키시면, 백성들이 왕께서 용맹을 좋아하지 않을까만 걱정할 것입니다."

【注】孟子言 武王好勇하시니 亦則(칙)文王一怒하사 而安天下之民也라 今王好勇하시니 亦則武王一怒하사 而安天下之民하소서 民恐王之不好勇耳하니이다 王何爲欲小勇而自謂有疾也라하시니잇고하니라

맹자가 "무왕께서도 용맹을 좋아하셨으니, 또한 문왕께서 한번 노하여 천하 백성들을 안정시켰던 일을 본받은 것입니다. 지금 왕께서 용맹을 좋아하시니, 또한 무왕이 한번 노하여 천하의 백성을 안정시켰던 일을 본받으십시오. 그러면 백성들이 왕께서 용맹을 좋아하지 않으실까 걱정할 것입니다. 왕께서는 어찌하여 용맹을 작게 쓰려고 하시면서 스스로 나쁜 버릇이 있다고 여기십니까."라고 말한 것이다.

【疏】自'齊宣王'至'惟恐王之不好勇也' ○ 正義曰：此章言聖人樂天, 賢者知時, 仁者必有勇也.[1] '齊宣王問曰 交隣國有道乎'者, 是宣王問孟子, 以交接隣國其有道乎. '孟子對曰有'者, 孟子欲陳古之聖王而比之, 故答之曰有道也. '惟仁者爲能以大事小 是故湯事葛 文王事昆夷'至'于時保之'者, 是皆孟子陳古之聖王而比之之文也. 言惟有仁者之君乃能以大而奉事其小, 是故葛國之伯不祭祀, 而湯且遺之牛羊而助之, 是湯事葛也. 文王西有昆夷之患, 而以采薇[2]薄伐, 肆不殄厥慍, 是文王事昆夷也. 昆夷, 西戎之國也. 惟智者乃能以小奉事其大, 是故太王去邠避狄, 始事之以皮幣・珠玉・犬馬而不免, 是大王事獯鬻也. 勾踐退會稽, 身自(官)〔臣〕事吳王夫差, 是勾踐事吳也. 勾踐, 越王也. 以大奉事其小, 是樂行天道, 如天無不覆者也, 以小奉事其大, 以其量時畏天者也. 故樂天者如湯・文, 遂能安天下, 畏天者如大王・勾踐, 遂能安其國. 故詩之周頌我將之篇有云"畏天之威, 于時保之", 蓋言成王能欽畏上天之威, 故能安持盈守成 太平之道也. 此孟子所以引之而證其言. '王曰 大哉言矣 寡人有疾 寡人好勇'者, 宣王謂孟子之言大, 不合己意, 故答之曰"大哉言矣", 以言其寡人有疾, 而疾在於好勇也. '對曰 王請無好小勇 夫撫劍疾視 曰彼惡敢當我哉 此匹夫之勇敵一人者也'者, 是孟子又答宣王, 言宣王也今請之無好其小勇也, 夫按劍瞋目, 疾視而號於衆, 曰彼安敢當敵我哉, 此則一匹夫之小勇, 只可以抵敵於一人者也. 故曰王請大之也. '詩云 王赫斯怒 爰整其旅 以遏徂莒 以篤周祜 以對于天下'者, 此詩, 大雅皇矣之篇文也, 孟子所以引此者, 蓋欲言文王之勇而陳于王也, 故曰此文王之勇也. 其詩蓋言文王赫然大怒, 以整其師旅, 以止往伐莒, 以篤厚周家之福, 以揚天下之名也. 言文王亦一怒而安天下之民者, 謂文王亦以此一怒而安天下之民也. '書曰 天降下民 作之君 作之師 惟曰其助上帝寵之 四方有罪無罪 惟我在 天下曷敢有越厥志'者, 此周書之文也. 孟子所以又引此書云者, 蓋又欲言武王之勇而陳于王也. 言天生下民, 而立之君師以治以敎之, 惟曰其在助相上帝寵安, 四方有善有惡皆在我, 天下安有敢違越其志者也. '一人衡行於天下 武王恥之 此武王之勇也'者, 一人指紂而言之也, 言紂一人縱橫逆行其道而不順其天, 故武王心愧恥之, 於是伐紂也. 凡此是武王之大勇也. 而武王於是亦一怒而安天下之民, 故曰"武王亦一怒而安天下之民". '今王亦一怒而安天下之民 民惟恐王之不好勇也'者, 孟子言今王若能如文王・武王一怒而安天下之民, 則天下之民惟恐王之不好勇也.

1) 此章言聖人樂天……仁必有勇也 : 北京大本에는 章指를 "이 장의 章指는 다음과 같다.

聖人은 天道를 즐기고, 賢者는 時勢를 알며, 仁者는 반드시 용맹이 있다. 용맹함으로써 亂을 討伐하고 暴政을 일삼지 않으면 백성들이 편안히 여길 것이다.〔此章指言聖人樂天 賢者知時 仁必有勇 勇以討亂而不爲暴 則百姓安之〕"라고 하였다.

2) 采薇 : 文王 때 서쪽에 昆夷의 환란이 있자 天子의 명을 받들어 군대를 파견하였다. 그때 군대를 전송하면서 부른 노래가 〈采薇〉이다.(≪詩經≫ 〈小雅 采薇〉)

經의 〔齊宣王〕에서 〔惟恐王之不好勇也〕까지

○ 正義曰 : 이 장은 聖人은 天道를 즐기고, 賢者는 時勢를 알며, 仁者는 반드시 용맹이 있음을 말한 것이다.

〔齊宣王問曰 交隣國有道乎〕 선왕이 맹자에게 "이웃 나라와 교류하는 데 원칙이 있습니까?"라고 물은 것이다.

〔孟子對曰 有〕 맹자가 옛 聖王의 일을 아뢰어 例示하려고 하였으므로 "원칙이 있습니다."라고 대답한 것이다.

〔惟仁者爲能以大事小 是故湯事葛 文王事昆夷〕부터 〔于時保之〕까지

모두 맹자가 옛 聖王의 일을 아뢰어 例示한 글이다. 다음과 같은 내용이다. 仁한 군주만이 능히 大國을 가지고 小國을 받들어 섬길 수 있다. 그러므로 葛나라의 伯이 제사를 지내지 않자 湯이 또한 소와 양을 보내 그들을 도왔으니, 이것이 湯이 葛을 섬긴 것이다. 文王은 서쪽에 昆夷의 환란이 있었는데, 〈采薇〉의 노래를 부르며 정벌하였으나 그들의 노여움을 없애지는 못하였으니, 이것이 文王이 昆夷를 섬긴 것이다. 昆夷는 西戎의 나라이다. 지혜로운 자만이 능히 小國을 가지고 大國을 받들어 섬길 수 있다. 그러므로 太王이 邠을 떠나 狄人을 피하였다. 처음에는 그들을 皮幣, 珠玉, 犬馬로 섬겼으나 그들의 침략을 면할 수 없었으니, 이것이 太王이 獯鬻을 섬긴 것이다. 勾踐이 會稽로 퇴각하여 몸소 吳王 夫差를 신하로서 섬겼으니, 이것이 勾踐이 吳나라를 섬긴 것이다. 勾踐은 越나라 왕이다. 大國을 가지고 小國을 받들어 섬기는 것은 天道를 즐겨 행함이 마치 하늘이 천하를 덮어주지 않음이 없는 것과 같은 것이고, 小國을 가지고 大國을 받들어 섬기는 것은 時勢를 헤아리고 하늘을 두려워하는 것이다. 그러므로 湯王과 文王처럼 天道를 즐겼던 분은 마침내 능히 천하를 안정시킬 수 있었고, 太王과 勾踐처럼 天道를 두려워했던 사람은 마침내 능히 자신의 나라를 안정시킬 수 있었던 것이다. 그래서 ≪詩經≫ 〈周頌 我將〉편에 "하늘의 위엄을 두려워하니, 이에 국가를 보전하도다."라고 하였으니, 成王이 능히 上天의 위엄을 공경하고 두려워하였으므로 선조가 이루어놓은 위업을 계승하는 태평의 도에 안주할 수 있었던 것이다. 이것은 맹자가 사례를 인용하

여 자신의 말을 증명한 것이다.

〔王曰 大哉言矣 寡人有疾 寡人好勇〕 宣王은 맹자의 말이 대단하지만 자신의 뜻과 맞지 않는다고 여겼다. 그래서 "대단하신 말씀입니다."라고 대답하고서, "과인에게 나쁜 버릇이 있는데, 나쁜 버릇은 용맹을 좋아한다는 점에 있습니다."라고 말한 것이다.

〔對曰 王請無好小勇 夫撫劍疾視 曰彼惡敢當我哉 此匹夫之勇 敵一人者也〕 맹자가 다시 宣王에게 대답한 말로, "宣王께서도 이제는 작은 용맹을 좋아하지 마십시오. 칼을 어루만지면서 눈을 부릅뜨고 노려보며 大衆에게 '저놈이 어찌 감히 나를 당해낼 수 있겠느냐.'라고 하면 이것은 일개 匹夫의 작은 용맹이니, 단지 한 사람만을 대적할 수 있습니다."라고 말한 것이다. 그러므로 "왕께서는 용맹을 크게 만드십시오."라고 말하였다.

〔詩云 王赫斯怒 爰整其旅 以遏徂莒 以篤周祜 以對於天下〕 이 詩는 〈大雅 皇矣〉편의 글이다. 맹자가 이 구절을 인용한 것은 文王의 용맹을 말하여 왕에게 아뢰려는 것이다. 그러므로 "이것이 文王의 용맹입니다."라고 한 것이다. 이 詩는 "文王이 불끈 크게 노하시고 자신의 군대를 정비하여 莒를 정벌하러 가는 자들을 막아 周나라의 복을 돈독하게 하시고 천하에 명성을 날리셨다."라고 말한 것이다. "문왕도 한번 노하시어 천하 백성들을 안정시켰다."라고 한 것은 문왕도 이렇게 한번 노함으로써 천하의 백성들을 안정시켰음을 말한 것이다.

〔書曰 天降下民 作之君 作之師 惟曰其助上帝寵之 四方有罪無罪 惟我在 天下曷敢有越厥志〕 이것은 ≪尙書≫ 周書의 글이다. 맹자가 다시 이 ≪尙書≫의 글을 인용한 것은 다시 武王의 용맹을 말하여 왕에게 아뢰려는 것이다. "하늘이 백성을 낳아서 군주와 스승을 세워 그들을 다스리고 가르치게 한 것은 단지 上帝를 도와 백성을 사랑하고 안정시키도록 하려는 데 있다. 사방에서 선을 행하고 악을 행하는 자들이 모두 나에게 달려 있으니, 천하에 어찌 감히 그 뜻을 어길 자가 있겠는가."라고 말한 것이다.

〔一人衡行於天下 武王恥之 此武王之勇也〕 한 사람은 紂를 가리켜 말한 것이다. "紂 한 사람이 제멋대로 道에 역행하여 天道를 따르지 않았습니다. 그러므로 武王이 마음속으로 그것을 부끄러워하여 이에 紂를 정벌하였으니, 무릇 이것이 武王의 큰 용맹입니다."라고 말한 것이다. 그리고 武王이 이에 또한 한번 노하여 천하의 백성들을 안정시켰으므로 "武王께서도 한번 노하시어 천하 백성들을 안정시켰던 것입니다."라고 한 것이다.

〔今王亦一怒而安天下之民 民惟恐王之不好勇也〕 맹자가 “지금 왕께서 만약 文王과 武王처럼 한번 노하여 천하의 백성들을 안정시킬 수 있으시다면, 천하의 백성들이 왕께서 용맹을 좋아하지 않을까만을 걱정할 것입니다.”라고 말한 것이다.

【疏】 ○ 注‘葛伯不祀’至‘小者也’ ○ 正義曰 : 書云 “葛伯不祀, 湯始征之”, 孔安國云 “葛, 國也. 伯, 爵也. 湯居亳, 與葛爲隣. 葛伯不祀, 湯使人遺之牛羊, 又不祀, 湯又使人往爲之耕”, 是其助之也. ‘詩云 昆夷兌矣 惟其喙矣 謂文王也’者, 蓋引大雅綿之篇文也. 箋云 “昆夷, 夷狄國也. 見文王之使者將士衆過己國, 則惶怖驚走, 奔突入柞棫之中而逃, 甚困劇也”, 又云 “駾, 突也. 喙, 困也”, 趙注引此而證以解作文王事昆夷, 大與詩注不合. 又云 “大王避狄, 文王伐昆夷, 成道興國, 其志一也”, 是文王未嘗事之也. 今孟子乃曰 “文王事昆夷”者, 昆夷, 西戎之國也, 詩之采薇云“文王之時, 西有昆夷之患”, 注云 “昆夷, 西戎也”是也. 今據詩之箋云, 乃曰伐昆夷, 與孟子不合者, 蓋文王始初事之, 卒不免, 故伐之也. 始初之時, 乃服事殷之時也. 趙注引“昆夷兌矣, 惟其喙矣”, 蓋失之矣.

○ 注의 〔葛伯不祀〕에서 〔小者也〕까지

○ 正義曰 : ≪尙書≫에 “葛伯이 제사를 지내지 않자 湯이 비로소 정벌했다.”라고 한 것에 대해 孔安國은 “葛은 나라이고, 伯은 작위이다. 湯이 亳에 살 때에 葛나라와 이웃하였다. 葛伯이 제사를 지내지 않자 湯이 사람을 보내 소와 양을 주었다. 다시 제사를 지내지 않자 湯이 다시 사람을 보내 들어가 밭을 갈아주게 하였다.”라고 하였으니, 이것이 湯이 葛伯을 도와준 것이다.

〔詩云 昆夷兌矣 惟其喙矣 謂文王也〕 이것은 ≪詩經≫ 〈大雅 綿〉편의 글을 인용한 것이다. 箋에 “昆夷는 夷狄의 나라이다. 文王의 使者가 군대를 거느리고 자신들의 나라를 지나는 것을 보고 몹시 두려워하고 놀라 달아나 갈참나무와 떡갈나무 숲 사이로 달려 들어가 숨었으니, 매우 곤궁하였던 것이다.”라고 하였고, 또 “駾는 달려감이고, 喙는 곤궁함이다.”라고 하였다. 趙岐의 注에서 이 구절을 인용하여 文王이 昆夷를 섬겼던 일을 풀이한 것이라고 증거를 대었으나, ≪詩經≫의 注와는 크게 어긋난다. 또 箋에 “太王은 狄人을 피하고 文王은 昆夷를 정벌하여 周나라의 道를 이루고 나라를 흥기시켰으니, 그 뜻은 같았다.”라고 하였으니, 이로써 보면 文王이 昆夷를 섬긴 적이 없는 것이다. 여기서 맹자가 “文王이 昆夷를 섬겼다.”라고 하였는데, 昆夷는 西戎의 나라이다. ≪詩經≫

〈采薇〉의 小序에 "文王 때에 서쪽에 昆夷의 환란이 있었다."라고 하였는데, 注에 "昆夷는 西戎이다."라고 한 것이 이것이다. 지금 ≪詩經≫ 〈緜〉의 箋에서 말한 것을 근거하면, 곧 "昆夷를 정벌했다."라고 하여 맹자의 말과는 어긋나는데, 아마도 文王이 처음에는 그들을 섬겼다가 끝내 침략을 면치 못하였으므로 정벌한 듯하다. 처음이라는 것은 바로 殷나라에 복종해 섬길 때이다. 그러므로 趙岐의 注에서 "昆夷들이 도망하여 곤궁할 뿐이로다."라는 구절을 인용한 것은 잘못인 듯하다.

【疏】 ○ 注'獯鬻'至'其國也' ○ 正義曰：案匈奴傳云"唐虞以上有山戎・獫狁・獯戎, 居于北邊. 夏道衰, 公劉變于西戎, (邑于西戎)[1]邑于豳. 其後三百〔有〕餘〔歲〕[2], 戎狄攻大王亶父, 亶父走于岐山. 後至六國[3], 遂爲匈奴"是也. 云'越王勾踐退會稽 而身自(官)〔臣〕事吳王夫差'者, 案史記世家云"吳王闔廬十五年伐越, 至吳王夫差元年, 悉以精兵伐越, 敗之. 越王勾踐乃以甲兵五千人棲於會稽, 請委國爲臣妾"是也. 賈逵[4]曰 "會稽, 山名也."

1) (邑于西戎)：저본에는 있으나, 毛本과 ≪詩經≫ 〈匈奴傳〉에 의거하여 衍文으로 처리하였다.(阮元의 〈校勘記〉 참조)
2) 三百〔有〕餘〔歲〕：저본에는 없으나, 毛本과 ≪漢書≫ 〈匈奴傳〉에 의거하여 '有'와 '歲'를 보충하였다.(阮元의 〈校勘記〉 참조)
3) 六國：戰國시대 函谷關 동쪽에 있던 齊, 楚, 燕, 韓, 趙, 魏을 가리킨다.
4) 賈逵：30~101. 後漢 때의 經學家이다. 저서로 ≪春秋左氏傳解詁≫, ≪國語解詁≫, ≪春秋左氏長傳≫ 등이 있다.

○ 注의 〔獯鬻〕에서 〔其國也〕까지

○ 正義曰：≪史記≫ 〈匈奴列傳〉에 "唐虞 이전에 山戎, 獫狁, 獯戎이 있었는데, 북쪽 변경에 살았다. 夏나라의 道가 쇠하자 公劉가 西戎의 풍속에 변화되어 豳에 살았다. 이후 3백여 년 뒤에 戎狄이 太王 古公亶父를 공격하자 亶父가 岐山으로 달아났다. 나중에 六國시대에 이르러 마침내 匈奴가 되었다."라고 한 것이 이것이다.

〔越王勾踐退會稽 而身自臣事吳王夫差〕 ≪史記≫ 〈吳太伯世家〉에 "吳王 闔廬 15년에 越나라를 정벌하였는데, 吳王 夫差 원년에 이르러 精兵을 모조리 동원하여 越나라를 공격하여 패퇴시켰다. 越王 勾踐이 마침내 甲兵 5천 명을 會稽에 주둔시켜 놓고 나라를 바치고 〈吳王 夫差에게〉 臣妾이 되기를 청하였다."라고 한 것이 이것이다. 賈逵는 "會稽는 산의 이름이다."라고 하였다.

【疏】 ○ 注'周頌我將之篇'至'太平之道' ○ 正義曰 : 箋云"于時, 於是也", 言"成王畏天之威, 於是得安文王之道", 是其解也.

○ 注의 〔周頌我將之篇〕에서 〔太平之道〕까지

○ 正義曰 : 箋에 "于時는 於是이다."라고 하였고, "成王이 하늘의 위엄을 두려워하여 이에 文王의 道에 안주할 수 있었다."라고 하였으니, 이것이 그것에 대한 해석이다.

【疏】 ○ 注'疾視'至'敵也' ○ 正義曰 : 莊書云"蓬頭突鬢, 瞋目而語, 此庶人之勇, 無異於鬪鷄, 一旦命已絶矣"[1], 是與此同意.

1) 蓬頭突鬢……一旦命已絶矣 : ≪莊子≫ 〈說劍〉에 莊子가 趙 文王에게 天子의 劍, 諸侯의 劍, 庶人의 劍에 대해 설명하는 내용이 나오는데, 庶人의 劍에 대한 설명에 "머리칼은 엉클어지고 살쩍은 불쑥 솟았으며 낮게 기운 冠을 쓰고 장식이 없는 끈으로 冠을 묶었으며 소매가 짧은 옷을 입었습니다. 눈을 부릅뜨고 욕을 내뱉으며 군주 앞에서 서로 치고 박으면 위로는 목을 베고 아래로는 간과 폐를 찌릅니다. 이것이 庶人의 劍이니, 鬪鷄와 다를 바가 없습니다. 하루아침에 목숨이 끊어지고 나면 이미 國事에 소용이 없게 됩니다.〔蓬頭突鬢垂冠 曼胡之纓 短後之衣 瞋目而語難 相擊於前 上斬頸領 下決肝肺 此庶人之劍 無異於鬪鷄 一旦命已絶矣 無所用於國事〕"라는 말이 나온다.

○ 注의 〔疾視〕에서 〔敵也〕까지

○ 正義曰 : ≪莊子≫에 "머리칼은 엉클어지고 살쩍은 불쑥 솟은 채 눈을 부릅뜨고 말을 내뱉는다. 이것은 庶人의 용맹이니, 鬪鷄와 다를 바가 없어 하루아침에 목숨이 끊어진다."라고 하였으니, 이것과 같은 의미이다.

【疏】 ○ 注'大雅'至'小勇' ○ 正義曰 : 案大雅皇矣之篇, 其文乃曰"以遏[1]徂旅", 今孟子乃曰"以遏徂莒"者. 又案春秋魯隱公二年書"莒子盟于密", 則莒者, 密之近地. 詩言"密之衆", 孟子言"密之地", 其旨同也.

1) 遏 : ≪詩經≫에는 按으로 되어 있다.

○ 注의 〔大雅〕에서 〔小勇〕까지

○ 正義曰 : ≪詩經≫ 〈大雅 皇矣〉편을 상고하면 그 구절이 '以遏徂旅'라고 되어 있는데, 여기서 맹자는 '以遏徂莒'라고 하였다. ≪春秋≫ 魯 隱公 2년에 "莒子가 密에서 會盟했다."라고 한 것을 다시 상고하니 莒는 密에서 가까운 지역이다. ≪詩經≫에서는 '密의

무리'를 말하고 맹자는 '密의 땅'을 말한 것이니, 그 의미는 같다.

【疏】○ 注'尙書逸篇' ○ 正義曰：案周書泰誓篇, 今有云 "天佑下民作之君作之師惟其克相上帝寵綏四方有罪無罪予曷敢有越厥志", 孔安國云 "寵綏四方, 言當能助寵安天下. 越, 遠也. 言己志欲爲民除惡, 是與否, 不敢遠其志", 趙注乃以"其助上帝寵之"而斷其句, 以"四方"爲下文, 則其意俱通, 故二解皆錄焉.

○ 注의〔尙書逸篇〕

○ 正義曰：≪尙書≫〈周書 泰誓〉편을 상고하면 지금 "天佑下民作之君作之師惟其克相上帝寵綏四方有罪無罪予曷敢有越厥志"라고 되어 있다. 孔安國은 "'寵綏四方'은 능히 천하 백성을 사랑하고 편안하게 하는 것을 도와야 함을 말한 것이다. 越은 어김이다. 자신의 뜻이 백성들을 위해 惡을 제거하려는 것이니, 옳던 그르던 간에 감히 그 뜻을 어길 수 없음을 말한 것이다."라고 하였고, 趙岐의 注에는 '其助上帝寵之'로 句讀를 끊고 '四方'을 아래 句文으로 삼았다. 두 가지 모두 의미가 통하므로 두 가지 해석을 모두 수록하였다.

【疏】○ 注'衡橫也'至'伐紂也' ○ 正義曰：周書泰誓篇云 "惟十有一年, 武王伐紂[1)]"是也. 釋文云 "衡, 橫也."

1) 紂：≪書經≫에는 殷으로 되어 있다.

○ 注의〔衡橫也〕에서〔伐紂也〕까지

○ 正義曰：≪尙書≫〈周書 泰誓〉편에 "11년에 武王이 紂를 정벌하였다."라고 한 것이 이것이다. ≪經典釋文≫에 "衡은 橫이다."라고 하였다.

4. 齊宣王이 見孟子於雪宮[1)]이러니 王曰 賢者도 亦有此樂乎잇가

1) 齊宣王見孟子於雪宮：이 구절은 두 가지 說이 있다. 첫째로 "宣王이 雪宮에 머물고 있을 때 맹자를 접견했다."라는 것과, 둘째로 "雪宮에 머물고 있던 맹자를 宣王이 직접 가서 만났다."는 것이다. 趙岐와 朱熹는 이것에 대한 언급이 없고, 孫奭은 疏에서 "宣王이 雪宮 안에 머물고 있을 때 찾아온 맹자를 만났다.〔宣王在雪宮之中而見孟子來至也〕"라고 하여 첫 번째 설을 견지하고 있다. 두 번째 설은 淸나라 때 학자 趙佑(1727~1800)의 ≪四書溫故錄≫에 나오는 것으로, 焦循(1763~1820)이 그 설에 동조하였다. 그에 따르면 당시 宣王

이 맹자를 초치하여 雪宮에 머물게 하고는 직접 가서 만났다는 것이다.

齊 宣王이 雪宮에서 맹자를 만났다. 왕이 말하였다. "賢者도 이러한 즐거움이 있습니까?"

【注】 雪宮은 離宮之名也라 宮中有苑囿臺池之飾과 禽獸之饒하니 王自多有此樂이라 故問曰 賢者도 亦有此之樂乎잇가하니라

雪宮은 行宮의 이름이다. 궁 안에 園林과 臺池의 치장과 짐승의 풍요로움이 있었는데, 왕이 이러한 즐거움이 있음을 스스로 자랑하였다. 그래서 "賢者도 이러한 즐거움이 있습니까?"라고 물은 것이다.

孟子對曰 有人不得則非其上矣니이다 不得而非其上者도 非也요 爲民上而不與民同樂者도 亦非也니이다

맹자가 대답하였다. "자신의 뜻을 이루지 못하면 자신의 윗사람을 비난하는 사람이 있습니다. 뜻을 이루지 못했다고 자신의 윗사람을 비난하는 것도 잘못이고, 백성의 윗사람이면서 백성들과 함께 즐기지 않는 것도 잘못입니다.

【注】 有人不得은 人有不得其志也라 不責己仁義不自修하고 而責上之不用己하니 此는 非君子之道라 人君이 適情從欲하여 獨樂其身하고 而不與民同樂도 亦非在上不驕之義也라

'有人不得'은 자신의 뜻을 이루지 못한 사람이 있다는 것이다. 자신이 仁義를 스스로 수양하지 않은 것을 탓하지 않고서 윗사람이 자신을 등용하지 않는 것을 책망하니, 이것은 君子의 道가 아니다. 군주가 자신의 취향에 맞추고 자신의 욕구를 좇아 홀로 자신만 즐기고 백성들과 함께 즐기지 않는 것도 윗자리에 있으면서 교만하지 않아야 하는 의리가 아니다.

樂民之樂者는 民亦樂其樂하고 憂民之憂者는 民亦憂其憂하나니

백성이 즐거워하는 것을 즐거워하는 군주에 대해서는 백성도 군주가 즐거워하는 것을 즐거워하고, 백성이 근심하는 것을 근심하는 군주에 대해서는 백성도 군주가 근심하는 것을 근심합니다.

【注】言 民之所樂을 君與之同이라 故民亦樂使其君有樂也라 民之所憂者를 君亦助之憂[1]라 故民亦能憂君之憂하여 爲之赴難也라

1) 君亦助之憂 : 宋本, 孔本, 韓本에 '君助憂之'라고 되어 있는 것을 참고하여 번역하였다.(阮元의 〈校勘記〉 참조)

백성이 즐거워하는 것을 군주가 백성과 함께하므로 백성도 자신의 군주로 하여금 즐거움이 있게 하는 것을 즐거워하며, 백성이 근심하는 것을 군주도 도와주고 근심하므로 백성도 능히 군주의 근심을 근심하여 그를 위해 어려움에 도우러 달려감을 말한 것이다.

樂以天下하며 憂以天下하고 然而不王者는 未之有也라

즐기기를 천하 사람들과 함께하고 근심하기를 천하 사람들과 함께하는데, 그렇게 하고서도 왕 노릇 하지 못하는 경우는 있지 않았습니다.

【注】言 古賢君은 樂則以己之樂으로 與天下同之하고 憂則以天下之憂로 與己共之하나니 如是未有不王者라 孟子以是答王者는 言雖有此樂이나 未能與人共之하니라

옛 賢君은 즐길 때면 자신의 즐거움을 천하 사람들과 함께하고, 근심할 때면 천하 사람들의 근심을 자신과 함께하였는데, 그렇게 하고서도 왕 노릇 하지 못한 경우는 없었다고 말한 것이다. 맹자가 이렇게 왕에게 대답한 것은 왕이 비록 이러한 즐거움을 가지고 있지만 사람들과 함께하지 못하고 있음을 말한 것이다.

昔者에 齊景公이 問於晏子[1]曰 吾欲觀於轉附朝儛하여 遵海而南하여 放於琅邪하노니 吾何修而可以比於先王觀也오

1) 晏子 : 春秋시대 齊나라의 卿인 晏嬰(B.C. 578~B.C. 500)이다. 靈公, 莊公, 景公 3대에 걸쳐 재상이 되었다. 言辯에 뛰어났으며, 民政에 관심을 두고 節儉을 실천하였으며, 충심으로 直諫하여 제후들 사이에 이름을 떨쳤다. 齊 景公에게 백성의 賦役을 경감하고 刑罰을 줄이며 신하들의 諫言을 들을 것을 건의하였다. 시호는 平이다. 후인들이 그의 언행을 모아 ≪晏子春秋≫를 지었다.

옛날에 齊 景公이 晏子에게 '내가 轉附山과 朝儛山을 유람하고 해안을 따라 남하

하여 琅邪에 이르고자 합니다. 내가 어떻게 정사를 해야 先王의 유람에 견줄 수 있겠습니까?'라고 물었습니다.

【注】 孟子言 往者에 齊景公이 嘗問其相晏子若此也라하니다 轉附朝儛는 皆山名也라 又言朝는 水名也라 遵은 循也라 放은 至也라 循海而南하여 至於琅邪라 琅邪는 齊東境上邑也라 當何修治라야 可以比先王之觀遊乎오하니라 先王은 先聖王也라

맹자가 옛날에 齊 景公이 자신의 宰相인 晏子에게 이렇게 물었음을 말한 것이다. 轉附와 朝儛는 모두 산의 이름이다. 또 朝는 물의 이름이라고도 한다. 遵은 따름이다. 放은 이름이다. "바다를 따라 남쪽으로 가서 琅邪에 이르렀다."라는 것이다. 琅邪는 제나라 동쪽 국경 가에 있는 邑이다. "마땅히 어떻게 정사를 해야 先王이 유람한 것에 견줄 수 있겠습니까?"라는 것이다. 先王은 이전의 聖王이다.

晏子對曰 善哉라 問也여 天子適諸侯曰巡狩니 巡狩者는 巡所守也요 諸侯朝於天子曰述職이니 述職者는 述所職也니 無非事者요 春省耕而補不足하며 秋省斂而助不給하나니

晏子가 이렇게 대답하였습니다. '훌륭한 질문입니다. 천자가 제후에게 가는 것을 巡狩라고 합니다. 巡狩라는 것은 제후가 지키는 곳을 순시하는 것입니다. 제후가 천자에게 조회하는 것을 述職이라고 합니다. 述職이라는 것은 직무를 보고하는 것입니다. 업무가 아닌 것이 없으니, 봄에는 밭갈이를 살펴 부족한 것을 보조해주고 가을에는 추수를 살펴 부족한 것을 보조해줍니다.

【注】 言 天子諸侯出은 必因王事하고 有所補助於民하니 無非事而空行者也라 春省耕하여 補耒耜之不足하고 秋省斂하여 助其力不給也니라

다음을 말한 것이다. 천자와 제후의 出遊는 반드시 왕의 公務로 기인하고 백성에게 보조해주는 것이 있으니, 업무가 아니면서 공연히 가는 경우는 없다. 봄에는 밭갈이를 살펴 농사에 부족한 것을 보조해주고, 가을에는 추수를 살펴 노동력이 부족한 것을 보조해준다.

夏諺曰 吾王이 **不遊**면 **吾何以休**며 **吾王**이 **不豫**면 **吾何以助**리오 **一遊一豫 爲諸侯度**라하니이다

夏나라 俗談에 「우리 왕께서 노닐지 않으시면 우리가 어떻게 쉬며, 우리 왕께서 즐기지 않으시면 우리가 어떻게 도움을 받겠는가. 한 번 노닐고 한 번 즐기는 것이 제후의 법도가 된다네.」라고 했습니다.

【注】 晏子道夏禹之世民之諺語也라 言 王者가 巡狩觀民할새 其行從容하여 若遊若豫라 豫도 亦遊也라 (豫亦遊也)[1] 春秋傳曰 魯季氏有嘉樹한대 晉范宣子豫焉[2]이라하다 吾王이 不遊면 吾何以得見勞苦하여 蒙休息也며 吾王이 不豫면 我何以得見賑贍하여 助不足也리오 王者一遊一豫하여 行恩布德하고 應法而出하나니 可以爲諸侯之法度也라

1) 豫亦遊也 : 저본에는 있으나, 宋本, 岳本, 廖本, 孔本, 韓本에 의거하여 衍文으로 처리하였다.(阮元의 〈校勘記〉 참조)

2) 魯季氏有嘉樹 晉范宣子豫焉 : 晉侯가 韓宣子를 魯나라에 보내 聘問하였을 때 季氏의 집에 아름다운 나무가 있는 것을 보고 즐거워하였다는 내용이 ≪春秋左氏傳≫ 昭公 2년에 보인다. 그 기록에는 "季氏 집에서 酒宴을 베풀었는데, 그 집에 아름다운 나무가 있었다. 韓宣子가 그 나무를 보고 즐거워하였다.〔宴于季氏 有嘉樹焉 宣子譽之〕"라고 하였다. 저본에는 '范宣子豫焉'이라고 쓰여 있고, ≪春秋左氏傳≫에는 '宣子譽之'라고 쓰여 있는데, 豫와 譽는 通假字이다.

晏子가 夏禹시대 민간의 俗談을 말한 것이다. 王者가 巡狩하여 백성을 살피는데, 그 행차가 자연스러워 노닐고 즐기는 듯했음을 말한 것이다. 豫도 遊의 의미이다. ≪春秋左氏傳≫에 "魯나라 季氏에게 아름다운 나무가 있었는데, 晉나라의 范宣子가 〈그 나무를 보고〉 즐거워하였다."라고 하였다. 우리 왕께서 노닐지 않으시면 우리가 어떻게 위로를 받아 휴식을 얻을 수 있겠으며, 우리 왕께서 즐기지 않으시면 우리가 어떻게 救恤을 받아 부족한 것을 도움 받을 수 있겠는가. 王者가 한 번 노닐고 한 번 즐기면서 은혜를 행하고 덕을 베풀고 법도에 맞게 出遊하니 제후의 법도가 될 수 있는 것이다.

今也엔 **不然**하여 **師行而糧食**하여 **飢者弗食**하며 **勞者弗息**하여 睊睊(견견)**胥讒**하여 **民乃作慝**이어늘

지금은 그렇지 않아서 군대가 다니면서 양식을 먹어서 굶주린 자는 먹지 못하고 피로한 자는 쉬지 못합니다. 눈을 흘기며 서로 비방하니, 백성들은 끝내 악행을 저지르게 됩니다.

【注】今也者는 晏子言今時天下之民이라 人君이 行師興軍에 皆遠轉糧食而食之하니 有飢不得飽食者며 勞者致重하여 亦不得休息이라 在位在職者又睊睊側目相視하고 更相讒惡하니 民由是化之而作其慝惡也라

'지금'이라는 것은 晏子가 "지금 천하의 백성"이라고 말한 것이다. 군주가 군대를 일으켜 동원함에 항시 멀리까지 양식을 운반하여 그들을 먹으니, 굶주려도 배불리 먹을 수 없는 자가 있었으며, 피로한 자는 물자를 운반하느라 또한 쉴 수가 없었다. 그래서 지위에 있고 직책에 있는 자들이 또한 눈을 흘기며 서로 바라보고 다시 서로 비방하니, 백성들이 이로 인해 변화되어 악행을 저질렀다.

方命虐民하여 飮食若流하여 流連荒亡하여 爲諸侯憂하나니이다

先王의 명을 거스르고 백성을 학대하면서 음식을 물이 흐르듯이 마시고 먹습니다. 流, 連, 荒, 亡의 행위를 저질러 제후들의 근심이 되고 있습니다.

【注】方은 猶逆也라 逆先王之命하고 但爲虐民之政하여 恣意飮食을 若水流之無窮極也라 謂沈湎于酒하다가 熊蹯不熟이라하여 怒而殺人[1]之類也라 流連荒亡은 皆驕君之溢行也라 言王道虧하여 諸侯行霸하니 由當相匡正이라 故爲諸侯憂也라

1) 沈湎於酒……怒而殺人 : 춘추시대 晉나라 군주인 靈公이 荒淫無道하여 자신의 요리사가 곰 발바닥 요리를 제대로 익히지 않은 채 올리자 죽여서 宮廷 앞에 내다 버렸다. (≪春秋左氏傳≫ 宣公 2年)

方은 逆과 같다. 先王의 명을 어기고 백성을 학대하는 정사만을 하면서 물이 끝없이 흐르는 것처럼 제멋대로 마시고 먹었다. 이는 술에 빠져 곰 발바닥이 익지 않았다는 이유로 노하여 사람을 죽인 부류를 일컫는다. 流, 連, 荒, 亡은 모두 교만한 군주의 무도한 행위이다. 王道가 어그러져 제후가 霸道를 행하니 마땅히 서로 바로잡아야 했으므로 제후들의 근심이 되었음을 말한 것이다.

從流下而忘反을 **謂之流**요 **從流上而忘反**을 **謂之連**이요 **從獸無厭**을 **謂之荒**이요 **樂酒無厭**을 **謂之亡**이니 **先王**은 **無流連之樂**과 **荒亡之行**하시니 **惟君所行也**니이다

물의 흐름을 따라 내려가 돌아오기를 잊는 것을 流라 하고, 물의 흐름을 거슬러 올라가 돌아오기를 잊는 것을 連이라 하고, 짐승을 쫓아다니며 사냥하기를 한없이 하는 것을 荒이라 하고, 술을 즐기기를 한없이 하는 것을 亡이라 합니다. 先王은 流, 連의 즐거움이나 荒, 亡의 행동이 없었습니다. 군주께서 어느 것을 행하느냐에 달려 있을 뿐입니다.'

【注】言 驕君이 放遊하여 無所不爲라 或浮水而下하여 樂而忘反을 謂之流니 若齊桓이 與蔡姬로 乘舟於囿[1)]之類也라 連은 引也라 使人徒引舟舡上行하여 而亡反以爲樂을 故謂之連이니 書曰 罔水行舟[2)]라한대 丹朱가 慢遊하여 是好無水而行舟니 豈不引舟於水上而行乎아 此其類也라 從獸無厭은 若羿之好田獵하여 無有厭極하여 以亡其身이라 故謂之荒亂也라 樂酒無厭은 若殷紂以酒喪國也라 故謂之亡이라 言 聖人之行에 無此四者하니 惟君所欲行也라 晏子之意는 不欲使景公空遊於琅邪而無益於民也라

1) 齊桓與蔡姬乘舟於囿 : 齊 桓公이 부인인 蔡姬와 園林에서 뱃놀이를 할 때 蔡姬가 배를 흔들자 桓公이 겁에 질려 하지 말하고 하였으나 蔡姬가 끝내 말을 듣지 않았다. 桓公이 그 일로 화가 나서 蔡姬를 蔡나라로 돌려보냈는데, 蔡나라가 얼마 뒤에 蔡姬를 다른 곳으로 改嫁시켰다.(≪春秋左氏傳≫ 僖公 3年)

2) 罔水行舟 : ≪書經≫ 〈益稷〉에 "丹朱처럼 오만하지 마소서. 태만하게 노는 것을 좋아하며, 오만함과 포악함을 행하며, 밤낮없이 쉬지 않고 계속하며, 물이 없는 곳에서 배를 끌고 다니며, 집안에서 무리지어 음란한 짓을 하여 그 대를 끊어 버렸습니다.〔無若丹朱傲 惟慢游是好 敖虐是作 罔晝夜額額 罔水行舟 朋淫于家 用殄厥世〕"라는 말이 나온다. 丹朱는 堯의 아들이다.

3) 羿之好田獵……以亡其身 : 羿는 夏나라 때 有窮國의 군주로 활을 잘 쏘았는데, 백성을 돌보지 않다가 家臣인 寒浞에게 시해되었다.(≪春秋左氏傳≫ 襄公 4年)

교만한 군주가 방탕하게 놀며 하지 못하는 짓이 없음을 말한 것이다. 물에 배를 띄워 내려가서 즐거워 돌아올 줄 잊는 것을 流라고 일컬으니, 齊 桓公이 蔡姬와 園林에서 배를 타고 놀았던 것과 같은 따위이다. 連은 끎이다. 부역자들로 하여금 배를 끌어 위로

올라가게 하여 돌아오기를 잊고 즐기므로 그것을 連이라 일컫는다. ≪尙書≫에서 "물이 없는 곳에서 배를 끌고 다닌다."라고 하였는데, 丹朱가 제멋대로 노닐며 물이 없는 곳에서 배로 다니기 좋아했다는 뜻이니, 물가에서 배를 끌게 하여 돌아다닌 것이 아니겠는가. 이것이 그런 사례이다. 짐승을 쫓아다니며 사냥하기를 한없이 하는 것은 이를테면 羿가 사냥을 좋아하여 만족할 줄 모르다가 자신의 몸을 망쳤던 경우이다. 그러므로 그것을 荒亂이라고 일컫는다. 술을 즐기기를 한없이 하는 것은 이를테면 殷나라의 紂가 술 때문에 나라를 잃은 경우이다. 그러므로 그것을 亡이라고 일컫는다. 聖人의 행동에 이런 네 가지가 없으니, 오직 군주가 행하고자 하는 바에 달렸음을 말한 것이다. 晏子의 뜻은 景公으로 하여금 琅邪를 부질없이 유람하여 백성에게 무익하게 하고자 하지 않았던 것이다.

景公이 說(열)하여 大戒於國하고 出舍於郊하여 於是에 始興發하여 補不足하고

景公이 〈그 말을 듣고〉 기뻐서 나라에 경계령을 크게 내리고 교외에 나가 임시로 거처하였습니다. 이에 처음으로 은혜로운 정사를 베풀어 부족한 것을 보조해주었습니다.

【注】 景公이 說晏子之言也라 戒는 備也라 大修戒備於國하고 出舍於郊하여 示憂民困하고 始興惠政하여 發倉廩하여 以賑貧困不足者也라

景公이 晏子의 말을 기뻐한 것이다. 戒는 對備이다. 경계와 대비의 정사를 나라에 크게 가다듬고 교외에 나가 임시로 거처하며 백성의 곤궁함을 근심하는 모습을 보이고, 처음으로 은혜로운 정사를 베풀어 곡식 창고를 열어 빈곤하여 부족한 자들을 구휼한 것이다.

召大師하여 曰 爲我作君臣相說之樂하라하니 蓋徵招角招是也

그리고는 太師를 불러 '나를 위해 군신이 서로 기뻐하는 음악을 지으라.'라고 하였는데, 〈徵招〉와 〈角招〉가 이것입니다.

【注】 大師는 樂師也라 徵招角招는 其所作樂章名也라

太師는 樂師이다. 〈徵招〉와 〈角招〉는 太師가 지은 樂章의 이름이다.

其詩曰 畜君何尤리오하니 **畜君者**는 **好君也**니이다

그 가사에 '군주를 비판하는 것이 무슨 허물이 되랴.'라고 하였는데, 군주를 비판하는 것은 군주를 좋아하는 것입니다."

【注】 其詩는 樂詩也라 言 臣說君을 謂之好〔君〕[1]이라 何尤者는 無過也라 孟子所以導晏子景公之事者는 欲以感喩宣王하고 非其矜夸雪宮而欲以苦賢者라

1)〔君〕: 저본에는 없으나, 宋本, 岳本, 孔本, 韓本에 의거하여 '君'을 보충하였다.(阮元의 〈校勘記〉 참조)

其詩는 樂章의 가사이다. 신하가 군주를 비판하는 것을 '군주를 좋아한다.'라고 일컬은 것이다. '무슨 허물이 되겠느냐.'는 것은 허물이 없다는 것이다. 맹자가 晏子와 景公의 일을 인용한 까닭은 宣王을 깨우쳐주려는 것이고, 그가 雪宮을 자랑하면서 賢者를 곤란하게 하려는 의도를 꾸짖은 것이다.

【疏】 '齊宣王'至'好君也' ○ 正義曰：此章言與天下同憂者, 不爲慢遊之樂, 不循肆溢之行也.[1] '齊宣王見孟子於雪宮'者, 雪宮, 離宮之名也, 中間有池囿. 言宣王在雪宮之中而見孟子來至也. '王曰 賢者亦樂此乎'者, 是宣王稱孟子爲賢者, 問之孟子亦嘗有此雪宮之樂也. 云乎者, 亦未知孟子可否若何. 所以云乎而疑之之辭也, 亦梁惠王在沼上而問孟子賢者亦樂此乎同意. '孟子對曰 有人不得 則非其上矣'至'然而不王者 未之有也'者, 孟子答宣王之言, 而欲宣王有此雪宮之樂在與民同其樂也. 故言有爲人下者, 不得此樂則必非謗其上矣. 爲人下者, 既不得此樂, 而以非謗其上, 非也, 以其不可也. 無他, 是不知命與分定故也. 爲民之上者, 既有此樂, 而不與下民同其樂, 亦非也, 以其亦不可也. 無他, 是不知義而失之於驕也. 蓋爲之君, 在民之上, 凡有所樂, 皆出於民之賦役而成之也, 豈可驕之哉. 故曰亦非也. 苟爲君能以民之所樂而爲己之樂, 則在下之民, 見君之所樂亦樂之, 而不敢非謗也. 以民之所憂而已亦爲憂之, 則在己有所憂, 而在下之民亦分憂之矣. 凡此皆君・民憂樂施報之效也, 故曰在上爲君者, 凡有所樂, 與天下之民同其樂, 凡有所憂, 〔與〕[2]天下之民同其憂, 然而天下不歸往而爲之王者, 未之有也. 言其無也. '昔者齊景公問於晏子曰 吾欲觀於轉附朝儛 遵海而南 放於琅邪 吾何修而可比於先王觀也'至'好君也'者, 是皆孟子引景公問晏子・

晏子告景公之言而誨齊宣王也. 昔, 往也. 齊景公, 齊莊公之後景公杵臼是也. 魯襄公二十六年立, 在位五十八年薨. 轉附・朝儛皆山名也. 又云朝, 水也. 言往者齊景公嘗問於晏子曰 "我欲遊觀於轉附・朝儛, 循海而南, 至於琅邪, 我何以修治而可以比效於先聖王之遊觀也". 晏子, 齊景公之相, 齊大夫也, 姓晏名嬰者. 晏子答曰"善哉王之問也", 乃言天子往於諸侯謂之巡狩, 巡狩者, 謂巡諸侯爲天子所守土也, 如歲二月東巡狩, 五月南巡狩, 八月西巡狩, 十一月北巡狩[3]是也. 諸侯朝覲於天子謂之述職, 述職者, 謂述已之所守職, 如春朝以圖天下之事, 夏宗以陳天下之謨, 秋覲以比邦國之功, 冬遇以協諸侯之慮[4]是也. 然此皆無非事而已, 春則省察民之耕, 而食不足者則補之, 如周禮旅師春頒其粟是也, 秋則省察民之收, 而有力不足者則助之, 如遂師巡其稼穡, 而移用其民, 以救時事是也, 凡如此是皆下之所以有望於上而巡也. 故夏禹之世, 民俗諺有曰 "我王不遊, 我何以得其休息, 我王不豫, 我何以得助其力", 此先聖王所以一遊一豫而爲諸侯之法度也. 統而言之, 則遊與豫皆巡行也, 別而言之, 則遊者有所縱至於適也, 豫者有所適而至於樂也. 故於遊則未至於豫, 豫則不止於遊也. 今也景公則不如此, 其興師行軍, 皆遠轉糧食而食之, 有飢之民而不得飽食, 有勞乏之民則不得休息. 在位者皆睊睊然側目相視而非其上, 而下民又皆作爲邪慝也, 故方命虐民, 飮食若流, 流連荒亡, 爲諸侯憂. 方, 逆也, 凡物圓則行, 方則止, 行則順, 止則逆. 所謂方命虐民者, 是逆先王之命, 而下則暴虐民人也. 凡遊豫補助, 皆先王之命也. 今則方命而虐民, 又飮食無窮極而若水之流. 蓋流・連・荒・亡四行, 皆爲諸侯之所憂也, 以其皆能喪亡其身而已. 故流者是從流下而忘反之謂也, 如齊桓與蔡姬乘舟於囿是也, 連者從流上而忘反之謂也, 如書曰"罔水行舟", 若丹朱是也, 荒者從獸無厭之謂也, 如羿之好田獵無有厭極, 以亡其身是也, 亡者樂酒無厭之謂也, 如殷紂以酒喪國是也. 故曰 "從流下而忘反謂之流, 從流上而忘反謂之連, 從獸無厭謂之荒, 樂酒無厭謂之亡", 以其晏子自解之耳. 言"先王無流連之樂・荒亡之行. 惟君所行也"者, 謂古之先王無此流連之極樂・荒亡之溢行, 惟獨在君所行也. 君者指景公而言也. 景公自知已小有流連之樂, 大有荒亡之行, 遂一聞晏子之言而喜悅之. 景公所以說者, 以其能悟而改過也. 乃大戒勅於國, 而〔不〕[5]敢慢其事, 出舍於郊, 而不敢寧其居, 於是能興發倉廩而補贍其不足者. 又召樂師之官曰"爲我作君臣相說之樂", 以作徵招・角招是也. 必作其徵招・角招之〔樂〕[6]者, 蓋徵以爲事, 角以爲民[7], 皆以招名之, 曰亦舜作歌[8]以康庶事・鼓琴歌南風[9]以阜民財之意也, 此所以謂之徵招・角招矣. 又引樂詩曰"畜君何尤", 畜君者, 好君也, 言說君所以好君, 何有其過也, 故又曰畜君者是好君也. 凡此皆晏子所言, 是其畜君者也. 孟子引此誨宣王, 亦欲宣王如景公說晏子之言而悟之也.

1) 此章言與天下同憂者……不循肆溢之行也 : 北京大本에는 章指를 "이 장의 章指는 다음과 같다. 천하 백성들과 근심을 함께하는 사람은 함부로 노니는 즐거움을 즐기지 않고 방자한 행위를 따르지 않는다. 그래서 文王이 유람과 사냥에 감히 빠지지 않았던 것이다.〔此章指言與天下同憂者 不爲慢遊之樂 不循肆溢之行也 是以文王不敢盤于遊田也〕"라고 하였다.

2) 〔與〕: 저본에는 없으나, 閩本, 監本, 毛本에 의거하여 '與'를 보충하였다.(阮元의 〈校勘記〉 참조)

3) 歲二月東巡狩……十一月北巡狩 : ≪書經≫ 〈舜典〉에 "해마다 2월에 동쪽 지방을 巡守하여 岱宗(泰山)에 이르러 柴제사를 지내시며……5월에 남쪽 지방을 巡守하여 南岳(衡山)에 이르러 岱宗의 예와 똑같이 하시며, 8월에 서쪽 지방을 巡守하여 西岳(華山)에 이르러 처음과 똑같이 하시며, 11월에 북쪽 지방을 巡守하여 北岳(恒山)에 이르러 서쪽의 예와 똑같이 하시고, 돌아와 藝祖의 사당에 이르러 한 마리 소를 써서 제사하셨다.〔歲二月東巡守 至于岱宗 柴……五月南巡守 至于南岳如岱禮 八月西巡守 至于西岳如初 十有一月朔巡守 至于北岳如西禮 歸 格于藝祖 用特〕"라는 말이 나온다.

4) 春朝以圖天下之事……冬遇以協諸侯之慮 : ≪周禮≫ 〈大行人〉에 나오는 내용이다.

5) 〔不〕: 저본에는 없으나, 閩本, 監本, 毛本에 의거하여 '不'을 보충하였다.(阮元의 〈校勘記〉 참조)

6) 〔樂〕: 저본에는 없으나, 四庫全書本에 의거하여 '樂'을 보충하였다.

7) 徵以爲事 角以爲民 : ≪禮記≫ 〈樂記〉에 "聲音의 道는 政事와 서로 통하는 것이다. 宮은 임금에 해당하고, 商은 신하에 해당하고, 角은 백성에 해당하고, 徵는 일에 해당하고, 羽는 物에 해당한다.〔聲音之道 與政通矣 宮爲君 商爲臣 角爲民 徵爲事 羽爲物〕"라는 말이 나온다.

8) 舜作歌 : ≪書經≫ 〈益稷〉에 舜이 "股肱이 기쁘게 일하면 元首가 흥기하고 百工이 기뻐한다.〔股肱喜哉 元首起哉 百工熙哉〕"라고 노래하자 皐陶가 화답하였던 일이 보인다.

9) 鼓琴歌南風 : ≪禮記≫ 〈樂記〉에 "옛날 舜이 五絃琴을 만들어 〈南風〉을 노래했다.〔昔者舜作五絃之琴 以歌南風〕"라는 말이 나온다.

經의 〔齊宣王〕에서 〔好君也〕까지

○ 正義曰 : 이 장은 천하 백성들과 근심을 함께하는 사람은 함부로 노니는 즐거움을

즐기지 않고 방자한 행위를 따르지 않음을 말한 것이다.

〔齊宣王見孟子於雪宮〕 雪宮은 行宮의 이름이니, 가운데 연못과 園林이 있다. 宣王이 雪宮 안에서 머물고 있을 때 찾아온 맹자를 만났다고 말한 것이다.

〔王曰 賢者亦樂此乎〕 宣王이 맹자를 賢者라고 칭하면서 맹자도 일찍이 이 雪宮의 즐거움과 같은 즐거움이 있었는지 물은 것이다. '乎'라고 말한 것은, 맹자가 그러한 즐거움이 있었는지의 與否가 어떠한지 몰랐으므로 '乎'라고 말한 것이니, 의문하는 말이다. 또한 梁 惠王이 못가에서 맹자에게 "賢者도 이러한 것을 즐깁니까?"라고 물은 것과 같은 뜻이다.

〔孟子對曰 有人不得 則非其上矣〕에서 〔然而不王者 未之有也〕까지

맹자가 宣王의 질문에 대답하여 宣王으로 하여금 백성들과 즐거움을 함께 즐기는 가운데 이 雪宮의 즐거움을 즐기게 하려고 하였다. 그러므로 아랫사람이 이러한 즐거움을 얻지 못하면 반드시 자신의 윗사람을 비방한다고 말한 것이다. 아랫사람이 이러한 즐거움을 얻지 못했다고 자신의 윗사람을 비방하는 것은 잘못이니, 옳지 않기 때문이다. 그것은 다른 이유가 아니라, 天命과 分數가 정해져 있는 것을 알지 못하기 때문이다. 백성의 위에 있는 사람이 이러한 즐거움을 누리면서 백성들과 그 즐거움을 함께 즐기지 않는 것도 잘못이니, 또한 옳지 않기 때문이다. 그것은 다른 이유가 아니라, 義를 알지 못하고 교만이라는 잘못을 범하기 때문이다. 군주로서 백성의 윗자리에서 누리는 모든 즐거움은 모두 백성의 賦役에서 나와 성취되는 것이니, 어찌 백성에게 교만하게 굴 수 있으랴! 그러므로 그 또한 잘못이라고 말한 것이다. 만약 군주가 백성이 즐기는 것을 가지고 자신의 즐거움으로 삼을 수 있다면 아래의 백성들이 군주가 즐기는 것을 보고 또한 즐거워하고 감히 비방하지 않을 것이다. 백성이 근심하는 것을 가지고 자신도 그것을 근심한다면 자신이 가진 근심을 아래 백성들도 근심을 나눌 것이다. 이것은 모두 군주와 백성이 근심과 즐거움을 베풀고 보답하는 효과이다. 그러므로 "위에서 군주가 된 사람이 모든 자신이 누리는 즐거움을 천하의 백성과 그 즐거움을 함께 즐기고, 모든 자신이 처한 근심을 천하의 백성들과 그 근심을 함께 근심하는 것이니, 그러한데도 천하 사람들이 그에게 귀의하여 왕으로 삼지 않는 경우는 아직 없었다."라고 말한 것이다. 〈아직 없었다는 것은〉 없음을 말한다.

〔昔者齊景公問於晏子曰 吾欲觀於轉附朝儛 遵海而南 放於琅邪 吾何修而可比於先王觀也〕에서 〔好君也〕까지

모두 맹자가 景公이 晏子에게 묻고 晏子가 景公에게 아뢴 말을 인용하여 齊 宣王을 가르친 것이다. 昔은 옛날이다. 齊 景公은 齊 莊公의 다음 군주인 景公 杵臼이다. 魯 襄公 26년에 즉위하였고, 재위 58년에 薨하였다. 轉附와 朝儛는 모두 산의 이름이다. 朝는 물이라고도 한다. 옛날 齊 景公이 晏子에게 "내가 轉附山과 朝儛山을 유람하고 바다를 따라 남하하여 琅邪까지 이르고자 하는데, 내가 어떻게 정사를 해야 이전 聖王의 유람을 본받을 수 있겠습니까?"라고 물었다.

晏子는 齊 景公의 재상으로, 제나라 大夫였다. 姓이 晏이고 이름이 嬰인 사람이다. 晏子가 "왕의 질문이 훌륭합니다."라고 대답하였다. 그리고 다음과 같은 내용을 말하였다. 천자가 제후에게 가는 것을 巡狩라고 한다. 巡狩라는 것은 제후가 천자를 위해 지키는 땅을 〈천자가〉 순시하는 것을 일컫는다. 〈巡狩하는〉 해마다 2월에는 동쪽 지방을 巡狩하고, 5월에는 남쪽 지방을 巡狩하고 8월에는 서쪽 지방을 巡狩하고 11월에는 북쪽 지방을 巡狩하는 것이 이것이다. 제후가 천자를 조회하는 것을 述職이라고 한다. 述職이라는 것은 자신이 맡은 職務를 보고하는 것을 일컫는다. 봄 조회에서는 천하의 일을 도모하게 하고, 여름 조회에서는 천하의 계책을 아뢰게 하고, 가을 조회에서는 邦國의 공적을 비교하게 하고, 겨울 조회에서는 제후들의 생각을 합하게 한다는 것이 이것이다.

하지만 이것들은 모두 업무가 아닌 것이 없다. 봄에는 백성의 밭갈이를 살펴 식량이 부족한 것을 보조해준다. ≪周禮≫ 〈旅師〉에서 말한 '봄에 곡식을 나누어 준다는 것'이 이것이다. 가을에는 백성의 추수를 살펴 노동력이 부족한 것을 보조해준다. ≪周禮≫ 〈遂師〉에서 말한 '농사를 순찰하고 백성을 이동시켜 시급한 일을 구제한다는 것'이 이것이다. 이와 같은 일은 모두 아래의 백성들이 위의 군주에게 바라서 巡狩했던 것이다. 그러므로 夏禹시대 백성의 속담에 "우리 왕께서 노닐지 않으시면 우리들이 어떻게 휴식을 얻으며, 우리 임금께서 즐기지 않으시면 우리가 어떻게 노동력을 도움 받겠는가."라는 말이 있다. 이것이 이전 聖王이 한 번 노닐고 한 번 즐겨서〔一遊一豫〕 제후의 법도가 되었던 까닭이다. 합하여 말하면 노니는 것〔遊〕과 즐기는 것〔豫〕이 모두 巡行이고, 따로 말하면 노니는 것은 제멋대로 놀다가 어느 곳에 가게 되는 것이고, 즐기는 것은 가는 곳이 있고 즐기게 되는 것이다. 그러므로 노니는 것은 아직 즐기는 경지에 이르지 않은 것이고, 즐기게 되면 노니는 경지에서만 그치지 않는다.

지금 景公은 이와는 달리 군대를 일으켜 동원함에 항시 양식을 멀리까지 운반하여 그들을 먹이니, 굶주리는 백성이 있어도 배불리 먹을 수 없고 수고로운 백성이 있어도 쉴 수 없다. 그래서 벼슬에 있는 자들이 모두 눈을 흘기며 서로 바라보면서 자기 윗사람을 비방하고 아래 백성들은 또 모두들 사악한 짓을 저지른다. 그러므로 先王의 명을 어기고 백성을 학대하면서 음식을 물이 흐르듯이 마시고 먹으며, 流·連·荒·亡의 행위를 저질러 제후들의 근심이 된다는 것이다.

方은 어김이다. 무릇 사물은 둥글면 움직이고 모나면 그치며, 움직이면 순하고 그치면 거스른다. 이른바 '方命虐民'이라는 것은 先王의 명을 거스르고 아래로는 백성들을 사납게 학대하는 것이다. 노닐고 즐기면서 백성을 보조해주는 것이 모두 先王의 명이다. 지금 先王의 명을 거스르고 백성을 학대하며, 게다가 마시고 먹는 것이 끝이 없어 마치 물이 흐르듯이 하고 있다.

流·連·荒·亡의 네 가지 행동은 모두 제후들이 근심하는 것이니, 그것이 모두 자신의 몸을 망칠 수 있기 때문이다. 여기서 流라는 것은 물의 흐름을 따라 내려가 돌아오기를 잊는 것을 일컬음이니, 齊 桓公이 蔡姬와 園林에서 배를 탔던 일이 이것이다. 連이라는 것은 물의 흐름을 거슬러 올라가 돌아오기를 잊는 것을 일컬음이니, ≪尙書≫에서 "물이 없는 곳에서 배를 끌고 다닌다."라고 말한 丹朱 같은 자가 이것이다. 荒이라는 것은 짐승을 쫓아다니며 사냥하기를 한없이 함을 일컬음이니, 羿가 사냥을 좋아하여 만족할 줄 모르다가 자신의 몸을 망쳤던 경우가 이것이다. 亡이라는 것은 술을 즐기기를 한없이 함을 일컬음이니, 殷나라의 紂가 술 때문에 나라를 잃은 경우가 이것이다. 그러므로 "물의 흐름을 따라 내려가 돌아오기를 잊는 것을 流라 하고, 물의 흐름을 거슬러 올라가 돌아오기를 잊는 것을 連이라 하고, 짐승을 쫓아다니며 사냥하기를 한없이 하는 것을 荒이라 하고, 술을 즐기기를 한없이 하는 것을 亡이라 합니다."라고 한 것이니, 晏子가 스스로 그것을 해석한 것이다.

"先王은 流, 連의 즐거움이나 荒, 亡의 행동이 없었습니다. 군주께서 어느 것을 행하느냐에 달려 있을 뿐입니다."라고 한 것은 옛 先王은 이러한 流, 連의 끝없는 즐거움이나 荒, 亡의 지나친 행동이 없었으니, 오직 군주가 행하는 바에 달린 것이라고 말한 것이다. 군주라는 것은 景公을 가리켜 말한 것이다. 景公은 자신에게 작게는 流, 連의 즐거움이 있고 크게는 荒, 亡의 행동이 있다는 것을 스스로 알았다. 그래서 마침내 晏子의 말을 한번 듣고는 기뻐하였다. 景公이 기뻐한 까닭은 자신이 능히 깨달아 허물을 고칠 수 있었기 때문이다. 이에 나라에 크게 경계령을 내려 그 일을 감히 태만히 하지 않았고, 교외에 나가 임시로 머물러 감히 거처에 안주하지 않았으며, 그러면서 곡식 창고를 열어 부족한 백성들을 보조해주었다. 그리고는 다시 악사를 불러 “나를 위해 군신이 서로 기뻐하는 음악을 지으라.”라고 하였다. 그래서 지은 음악이 〈徵招〉와 〈角招〉이다. 〈徵招〉와 〈角招〉의 음악을 반드시 지었던 것은 徵은 일을 상징하고 角은 백성을 상징하기 때문인데, 모두 招라고 이름을 붙인 것은 또한 舜이 노래를 지어 萬事를 다스리고 五絃琴를 타고 〈南風〉을 노래하여 백성의 財貨를 풍족하게 해주었던 의미이다. 이것이 〈徵招〉와 〈角招〉라고 불렀던 까닭이다.

또 樂章의 가사인 “군주를 비판하는 것이 무슨 허물이 되랴.”라고 한 것을 인용하고, “군주를 비판하는 것은 군주를 좋아하는 것입니다.”라고 하였는데, 군주를 비판하는 것은 군주를 좋아하는 것이니 무슨 허물이 있겠느냐고 말한 것이다. 그러므로 다시 군주를 비판하는 것은 군주를 좋아하는 것이라고 말하였다. 이것은 모두 晏子의 말이니, 이것이 바로 군주를 비판하는 것이다. 맹자가 이것을 인용하여 宣王을 가르쳤으니, 또한 宣王이 景公처럼 晏子의 말을 기뻐하여 깨닫기를 바란 것이다.

【疏】 ○ 注‘轉附朝儛’至‘邑也’ ○ 正義曰：云轉附・朝儛皆山名, 今案諸經竝未詳. 據梁時顧野王[1)]釋云 “潕, 水名, 出南陽”, 恐誤潕爲儛. 他竝未詳. 云‘琅邪爲齊東南上邑’者, 案地理志云“齊地東有琅邪”, 南越志[2)]云“琅邪, 邑名”是也.

1) 顧野王：519~581. 자는 希馮, 본명은 顧體倫인데, 前漢의 馮野王을 흠모하여 개명하였다. 南朝 梁나라 때의 관원으로, 光祿大夫에 이르렀다. 訓詁學과 歷史에 조예가 깊었다. ≪玉篇≫를 지었다.
2) 南越志：南朝 宋나라 때 武康 출신의 官員인 沈懷遠이 지은 地理志이다. 三代에서 晉나라 때까지 嶺南의 지리와 풍속, 물산 등이 자세히 실려 있었다고 전하는데, 일찍이 散佚되어 후대에 1권으로 輯佚되었다.

○ 注의 〔轉附朝儛〕에서 〔邑也〕까지

○ 正義曰：‘轉附, 朝儛라는 것은 모두 산의 이름이다.’라고 하였는데, 지금 여러 經書를 상고해도 모두 미상이다. 梁나라 때 顧野王의 풀이에 “潕는 물의 이름이니, 南陽에서 나온다.”라고 하였으니, 潕를 儛로 잘못 쓴 듯하다. 다른 것은 모두 미상이다.

〔琅邪爲齊東南上邑〕 ≪漢書≫ 〈地理志〉에 “齊나라 땅 동쪽에 琅邪가 있다.”라고 하였고, ≪南越志≫에 “琅邪는 邑의 이름이다.”라고 한 것이 이것이다.

【疏】 ○ 注'沈湎于酒 熊蹯不熟 怒而殺人'者. ○ 正義曰 : 注云 "羲和湎淫, 胤往征之"[1], 孔安國云 "羲・和氏世(業)〔掌〕[2]天地四時之官, 自唐虞至三代, 世職不絶, 承太康之後, 沈湎于酒, 過差非度." 又曰 "紂沈湎冒亂, 敢行暴虐", 孔安國傳云 "沈湎(耆)〔嗜〕[3]酒." 春秋魯宣公二年"晉靈公不君, 厚斂以雕牆, 從臺上彈人, 而觀其避丸也. 宰夫胹熊蹯不熟, 殺之, 置諸畚, 使婦人載以過朝", 釋云 "胹 煮也. 畚, 草器也."

1) 羲和湎淫 胤往征之 : ≪尙書注疏≫ 〈胤征〉의 書序에 나온다.
2) (業)〔掌〕 : 저본에는 '業'으로 되어 있으나, 嘉靖本, 汲古閣本, 武英殿本, ≪尙書注疏≫에 의거하여 '掌'으로 바로잡았다.
3) (耆)〔嗜〕 : 저본에는 '耆'로 되어 있으나, ≪尙書注疏≫에 의거하여 '嗜'로 바로잡았다.

○ 注의 〔沈湎于酒 熊蹯不熟 怒而殺人〕

○ 正義曰 : 注에 "羲氏와 和氏가 술에 빠져 지내자 胤나라가 가서 정벌하였다."라고 하였는데, 孔安國이 "羲氏와 和氏는 天地와 四時를 관측하는 직책을 대대로 맡아 唐虞로부터 三代까지 세습한 직책이 끊이지 않았으나, 太康을 받든 이후로 술에 빠져 지내느라 잘못이 법도에 어긋났다."라고 하였고, 또 "紂가 술에 빠져 음란한 짓을 탐닉하며 포악한 행동을 과감히 저질렀다."라고 하였는데, 孔安國은 傳에서 "술을 좋아해 푹 빠져 지냈다."라고 하였다. ≪春秋左氏傳≫ 魯 宣公 2년에 "晉 靈公이 임금답지 못하여 세금을 무겁게 걷어 궁궐의 담장을 치장하고, 樓臺 위에서 지나는 사람에게 彈丸을 쏘면서 그 사람이 彈丸을 피하는 것을 구경하였다. 요리사가 곰 발바닥을 삶았는데 제대로 익지 않자 그를 죽이고 삼태기에 넣어 宮女로 하여금 실어다 朝廷 앞 건너편에다 버리게 하였다."라고 하였는데, 그에 대한 풀이에 "胹는 삶음이다. 畚는 삼태기이다."라고 하였다.

【疏】 ○ 注'齊桓與蔡姬乘舟於囿' ○ 正義曰 : 案僖公三年左傳云 "齊侯與蔡姬乘舟於囿, 蕩公, 公怒", 杜預曰 "蔡姬, 齊侯夫人. 蕩, 搖也. 囿, 苑也. 蓋魚池在苑中耳".

○ 注의 〔齊桓與蔡姬乘舟於囿〕

○ 正義曰 : ≪春秋左氏傳≫ 魯 僖公 3년에 "齊侯가 蔡姬와 園林에서 배를 탔는데, 蔡姬가 齊侯가 탄 배를 흔드니 齊侯가 노하였다."라고 하였는데, 杜預는 "蔡姬는 齊侯의 부인이다. 蕩은 흔듦이고, 囿는 園林이다. 물고기를 기르는 못이 園林 안에 있었다."라고 하였다.

【疏】○ 注'書云 罔水行舟 若丹朱慢遊'者 ○ 正義曰：案書益稷篇云 "無若丹朱傲, 惟慢遊是好, 傲虐是作. 罔晝夜頟頟, 罔水行舟, 朋淫于家, 用殄厥世", 孔安國云 "丹朱, 堯之子. 傲戲而爲虐, 無晝夜, 常頟頟, 肆惡無休息, 習於無水陸地行舟, 言無度, 群淫於家, 妻妾亂, 用是絶其世不得(似)〔嗣〕[1]."

1) (似)〔嗣〕: 저본에는 '似'로 되어 있으나, ≪尙書注疏≫에 의거하여 '嗣'로 바로잡았다.

○ 注의 〔書云 罔水行舟 若丹朱慢遊〕

○ 正義曰：≪尙書≫ 〈益稷〉편에 "丹朱처럼 오만하게 하지 마소서. 태만하게 노는 것을 좋아하며, 오만함과 포악함을 행하여 밤낮없이 쉬지 않고 계속하며, 물이 없는 곳에서 배를 끌고 다니며, 무리지어 집안에서 음란한 짓을 하여 그 대를 끊었습니다." 라고 하였는데, 孔安國은 "丹朱는 堯의 아들이다. 오만하게 놀고 포악한 짓을 하기를 밤낮없이 항상 계속하고 악을 자행하기를 쉼이 없었으며 물이 없는 육지에서 배를 끌고 다니는 것에 익숙하였으니, 無道했음을 말한 것이다. 무리지어 집에서 음란한 짓을 하여 妻妾들이 어지러웠으니, 이로 인해 그 대를 끊어 계승하지 못하게 하였다."라고 하였다.

【疏】○ 注'羿之好田獵無有厭極 以亡其身' ○ 正義曰：案書云 "太康尸位, 以逸豫滅厥德, 黎民咸貳, 乃盤遊無度, 畋于有洛之表. 十旬弗反, 有窮后羿因民弗忍, 距于河", 孔注曰 "有窮, 國名. 羿, 諸侯名. 距太康於河, 不得入, 遂廢之." 魯襄公四年左傳云, 事錄在梁惠王首章.[1] 賈逵曰 "羿之先祖, 世爲射官, 故帝嚳賜羿弓矢, 使司射." 淮南子云 "堯十日竝出, 堯使羿射九日而落之." 歸藏易云 "羿彈十日." 凡此其說羿爲諸侯名, 皆難取信. 欲言帝嚳時有羿, 堯時亦有羿, 則羿是善射之號, 非爲人名. 信如是, 則不知言以羿爲窮國君號・爲諸侯者何也.

1) 魯襄公四年左傳云 事錄在梁惠王首章：〈梁惠王章句 上〉 1章의 疏에서 ≪春秋左氏傳≫ 魯 襄公 4년에 나오는 "옛날 夏나라가 쇠퇴했을 때 后羿가 鉏에서 窮石으로 옮겨와서 夏나라 백성의 뜻에 따라 夏나라 정사를 대신하였다.〔昔有夏之方衰也 后羿自鉏遷于窮石 因夏民以代夏政〕"라는 기록을 인용한 것을 가리킨다.

○ 注의 〔羿之好田獵無有厭極 以亡其身〕

○ 正義曰：≪尙書≫에 "太康이 지위만 차지하여 편안함과 즐거움을 즐기느라 자신의 德을 훼손하니, 백성들이 모두 배반하였다. 마침내 놀며 즐기기를 한없이 하여 洛

水 밖으로 사냥을 나가 백 일이 되어도 돌아오지 않자, 有窮의 임금인 羿가 백성들이 참지 못함을 기회로 河水에서 太康을 막았다."라고 하였는데, 孔安國의 注에 "有窮은 나라 이름이고, 羿는 제후 이름이다. 太康을 河水에서 막아 들어오지 못하게 하여 마침내 폐위시켰다."라고 하였다. ≪春秋左氏傳≫ 魯 襄公 4년에서 언급한 사건이 〈梁惠王〉 首章에 기록되어 있다. 賈逵는 "羿의 선조는 대대로 射官이었다. 그래서 帝嚳이 羿에게 궁시를 하사하여 射를 맡도록 하였다."라고 하였다. ≪淮南子≫에는 "堯 때에 태양 열 개가 한 번에 뜨자 堯가 羿로 하여금 태양 다홉 개를 쏘아 떨어뜨리게 하였다."라고 하였다. ≪歸藏易≫에는 "羿가 태양 열 개를 쏘았다."라고 하였다. 이 말들은 羿를 제후의 이름으로 본 것인데, 모두 믿기 어렵다. 帝嚳 때에도 羿가 있었고 堯 때에도 羿가 있었다고 말하고자 한다면, 羿는 활을 잘 쏘는 사람의 호칭이지 사람의 이름이 아니다. 정말 그렇다면, 羿를 有窮國 군주의 호칭이라 하고 제후라고 한 까닭이 무엇인지 알 수 없다.

【疏】 ○ 注'殷紂以酒喪國' ○ 正義曰：案史記云 "殷王紂樂戲於沙丘, 以酒爲池, 以肉爲林, 使男女裸, 相逐其間, 爲長夜之飮. 百姓怨望, 而諸侯有畔. 於是有炮烙之法[1], 後爲武王所伐"是也.

1) 炮烙之法：구리 기둥에 기름을 발라 숯불 위에 걸구고 죄인을 그 위로 건너게 한 형벌이다. ≪史記≫ 〈殷本紀〉에는 '炮格之法'으로 되어 있다.

○ 注의 〔殷紂以酒喪國〕

○ 正義曰：≪史記≫에 "殷王 紂가 沙丘에서 즐기고 놀면서 술로 연못을 만들고 고기를 매달아 숲처럼 만들어 놓고서 남녀들을 벌거벗은 채 그 사이로 서로 쫓아다니게 하면서 밤이 새도록 술을 마시며 놀았다. 그러자 백성들이 원망하고 제후가 반란을 일으켰다. 이에 炮烙의 형벌을 시행하였는데, 나중에 武王에게 정벌되었다."라고 한 것이 이것이다.

【疏】 ○ 注'徵招角招 樂章也' ○ 正義曰：凡宮・商・角・徵・羽, 蓋樂之五聲也. 晉志云 "宮, 土音, 數有八十一, 爲聲之始, 屬土者, 以其最(淸)〔濁〕[1]者也, 君之象也. 宮亂則荒, 其君驕. 商, 金音, 三分徵益一以生, 其數七十二. 屬金者, 以其濁次宮, 臣之象也. 商亂則詖, 其官壞也. 角, 木音, 三分羽益一以生, 其數六十四, 屬木者, 以其淸濁,中人之象也. 亂則憂, 其人怨也. 徵, 火音, 三分宮去一以生, 其數五十四, 屬火者, 以其微淸, 事之象也. 亂則哀, 其事隳也. 羽, 水音, 三分商去一以生, 其數四十八, 屬水者, 以其最淸, 物之象也. 亂則危, 其財匱也." 凡此乃爲樂章之名也. 然則景公所以作角・徵樂, 以其爲民・爲事也.

1) (淸)〔濁〕: 저본에는 '淸'으로 되어 있으나, 阮元의 〈校勘記〉에 의거하여 '濁'으로 바로잡았다.

○ 注의 〔徵招角招 樂章也〕

○ 正義曰 : 宮, 商, 角, 徵, 羽는 음악의 五聲이다. ≪晉書≫ 〈律曆志〉에 "宮은 土音으로, 그 數가 81이며, 소리의 시작이다. 土에 속하는 것은 〈그 音이〉 가장 탁하기 때문이다. 군주를 상징한다. 宮의 음이 어지러우면 소리가 흩어지는데, 군주가 교만하기 때문이다. 商은 金音으로, 徵를 三分한 것에 一分을 더해 생겨나니, 그 수가 72이다. 金에 속하는 것은 宮 다음으로 탁하기 때문이다. 신하를 상징한다. 商의 음이 어지러우면 소리가 기우는데, 官의 기강이 무너졌기 때문이다. 角은 木音으로, 羽를 三分한 것에 一分을 더해 생겨나니, 그 수가 64이다. 木에 속하는 것은 맑으면서도 탁하기 때문이다. 中人을 상징한다. 角의 음이 어지러우면 소리가 근심하는 듯한데, 백성들이 원망하기 때문이다. 徵는 火音으로, 宮을 三分한 것에 一分을 빼서 생겨나니, 그 수가 54이다. 火에 속하는 것은 조금 맑기 때문이다. 일을 상징한다. 徵의 음이 어지러우면 소리가 슬픈 듯한데, 일이 어그러졌기 때문이다. 羽는 水音으로, 商을 三分한 것에 一分을 빼서 생겨나니, 그 수가 48이다. 水에 속하는 것은 가장 맑기 때문이다. 사물을 상징한다. 羽의 음이 어지러우면 위태로운데, 財貨가 고갈되었기 때문이다."라고 하였다. 이 모든 것이 樂章의 이름이다. 그러므로 景公이 角樂과 徵樂을 지은 까닭은 백성을 위한 것이었고 일을 위한 것이었다.

【疏】 ○ 注'文王不敢盤于遊畋也' ○ 正義曰 : 注云此者, 蓋引周書無逸之篇文也. 孔注云"文王不敢盤於遊畋"者, 是不敢樂於遊逸田獵者也, 故錄此焉.

○ 注의 〔文王不敢盤於遊畋也〕

○ 正義曰 : 注에서 이것을 언급한 것은 ≪尙書≫ 〈周書 無逸〉편의 글을 인용한 것이다. 그것에 대한 孔安國의 注에 "문왕이 유람과 사냥을 감히 즐기지 않았다."라고 하였는데, 이는 유람과 사냥을 감히 즐기지 않았다는 의미이므로 여기에 기

록한 것이다.

5. 齊宣王이 問曰 人皆謂我毁明堂이라하나니 毁諸잇가 已乎잇가

齊 宣王이 물었다. "사람들이 모두 나에게 明堂을 허물자고 하는데, 허물까요? 말까요?"

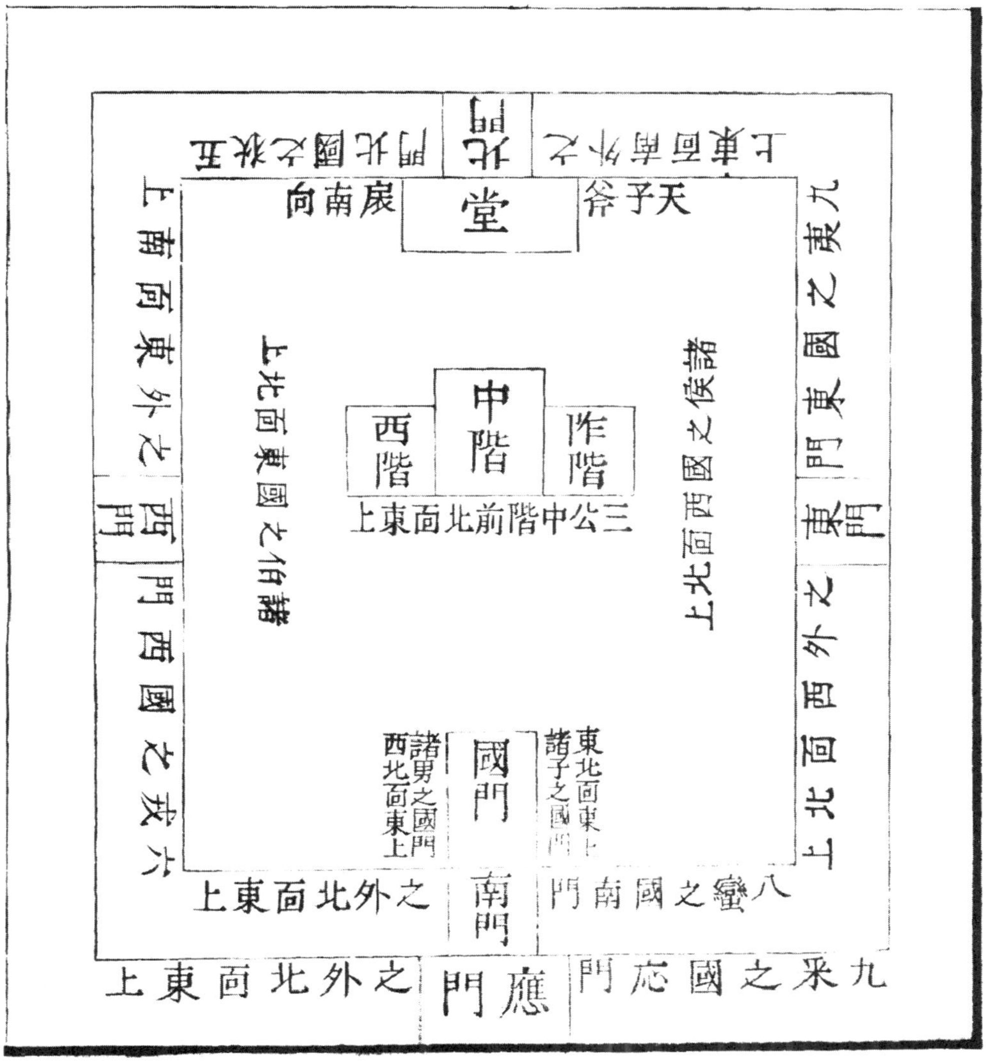

明堂圖

【注】謂 泰山下明堂은 本周天子가 東巡狩하여 朝諸侯之處也라 齊侵地而得有之할새 人勸齊宣王하여 諸侯不用明堂하니 可毁壞라 故疑而問於孟子當毁之乎잇가하니라 已는 止也라

泰山 아래의 明堂은 본래 周나라 천자가 동쪽 지방을 巡狩하면서 제후에게 조회를 받았던 곳이다. 제나라가 땅을 침탈하여 소유하자, 사람들이 齊 宣王에게 제후는 명당을 쓰지 않으니 허물 것을 권하였다. 그러므로 의심하여 허물어야 하는지 맹자에게 물은 것이다. 已는 그만둠이다.

孟子對曰 夫明堂者는 王者之堂也니 王欲行王政이면 則勿毁之矣소서

맹자가 대답하였다. "저 明堂이라는 것은 王者의 殿堂입니다. 왕께서 王者의 정치를 행하고자 하신다면 허물지 마십시오."

【注】言 王이 能行王道者면 則可無毁也라

왕이 능히 王道라는 것을 행한다면 허물지 않아도 된다고 말한 것이다.

王曰 王政을 可得聞與잇가

왕이 말하였다. "王者의 정치를 들어볼 수 있겠습니까?"

【注】王言 王政을 當何施잇가 其法을 寧可得聞잇가하니라

왕이 "王者의 정치를 어떻게 베풀어야 하는지 그 방법을 들어볼 수 있겠습니까?"라고 말한 것이다.

對曰 昔者文王之治岐也에 耕者는 九一하며 仕者는 世祿하며 關市는 譏而不征하며 澤梁은 無禁하며 罪人은 不孥하시니

맹자가 대답하였다. "옛날 문왕이 岐를 다스릴 때에 밭을 가는 자는 9분의 1세를 내었고, 벼슬을 하는 자는 대대로 녹을 받았고, 관문과 시장에서는 검문은 하였으나 징세는 하지 않았고, 저수지나 어량에서는 금지하는 일이 없었고, 죄인에게 처자식을 연좌시키지 않았습니다.

【注】言 往者에 文王이 爲西伯時에 始行王政하여 使岐民修井田하여 八家耕八百畝하고 其百畝者를 以爲公田及廬井이라 故曰九一也라 紂時에 稅重이러니 文王復行古法也라 仕者가 世祿하니 賢者子孫이 必有土地라 關以譏難非常하고 不征稅也라 陂池와 魚梁에 不設禁하여 與民共之也라 孥는 妻子也라 詩云 樂爾妻孥라하니 罪人을 不孥하고 惡惡(오악)이 止其身하고 不及妻子也라

다음을 말한 것이다. 옛날 文王이 西伯이었을 때에 처음 王者의 정치를 행하여 岐의 백성으로 하여금 井田을 만들어 여덟 가구가 800畝를 경작하고 100畝는 公田과 廬井으로 삼게 하였다. 그러므로 9분의 1이라고 한 것이다. 紂 때에는 세금이 과중하였는데, 文王이 옛 법을 다시 시행한 것이다. 벼슬을 하는 자가 대대로 녹을 받으니 賢者의 자손이 반드시 토지를 소유하게 되었다. 關門에서는 수상한 것만 검문하고 徵稅하지 않은 것이다. 저수지와 어량에 禁法을 두지 않고 백성들과 그것을 공유하였던 것이다. 孥는 처자식이다. ≪詩經≫에 "처자식을 기쁘게 할지어다."라고 하였으니, 죄인에게 처자식을 연좌시키지 않아 악을 미워하는 것이 당사자의 몸에 그치고 처자식까지 미치지 않았던 것이다.

老而無妻曰鰥이요 老而無夫曰寡요 老而無子曰獨이요 幼而無父曰孤니 此四者는 天下之窮民而無告者어늘 文王이 發政施仁하사되 必先斯四者하시니

늙어서 아내가 없는 자를 鰥이라고 하고, 늙어서 남편이 없는 자를 寡라고 하고, 늙어서 자식이 없는 자를 獨이라고 하고, 어린데 부모가 없는 자를 孤라고 합니다. 이 네 부류의 사람은 천하에 곤궁한 백성이고 하소연할 데 없는 자들입니다. 文王이 정사를 시행하여 仁을 베풀 때에 반드시 이 네 부류의 사람들을 우선하였습니다.

【注】言 此四者는 皆天下之窮民이니 而文王이 常恤鰥寡하고 存孤獨也라

이 네 부류는 모두 천하에 곤궁한 백성이니, 文王이 항상 鰥, 寡를 보살피고 孤, 獨을 위로하였다고 말한 것이다.

詩云 哿矣富人이어니와 哀此煢獨이라하니이다

그래서 ≪詩經≫에 '富者들은 괜찮지만 이 외로운 사람들이 가엾다.'라고 하였던 것입니다."

【注】 詩는 小雅正月之篇이라 哿는 可也라 詩人言 居今之世에 可矣富人이어니와 但憐憫此煢獨羸弱者耳라하니 文王行政如此也라

≪詩經≫은 〈小雅 正月〉편이다. 哿는 可이다. 詩人이 "지금 세상에 富者들은 괜찮지만 다만 이렇게 외롭고 초췌한 사람들이 가여울 따름이다."라고 말한 것이니, 文王이 정사를 행함이 이와 같았던 것이다.

王曰 善哉라 言乎여

왕이 말하였다. "훌륭하신 말씀입니다."

【注】 善此王政之言이라

이러한 王者의 정치에 대한 말을 좋게 여긴 것이다.

曰 王如善之시면 則何爲不行이시니잇고

맹자가 아뢰었다. "왕께서 만약 그것을 좋게 여기신다면 어째서 실천하지 않으십니까?"

【注】 孟子言 王如善此王政이시면 則何爲不行也잇고하니라

맹자가 "왕께서 만약 이 王者의 정치를 좋게 여기신다면 어째서 실천하지 않으십니까?"라고 말한 것이다.

王曰 寡人이 有疾하니 寡人은 好貨하노이다

왕이 말하였다. "과인은 나쁜 버릇이 있습니다. 과인은 재물을 좋아합니다."

【注】 王言 我有疾하니 疾於好貨라 故不能行하노이다하니라

왕이 "나는 나쁜 버릇이 있습니다. 나쁜 버릇이 재물을 좋아하는 것이라 〈王者의 정치

를〉 실천할 수 없습니다."라고 말한 것이다.

對曰 昔者에 **公劉好貨**하시더니 **詩云 乃積乃倉**이어늘 **乃裹餱糧**을 **于橐于囊**이요 **思戢用光**하여 **弓矢斯張**하여 **干戈戚揚**으로 **爰方啓行**이라하니 **故**로 **居者有積倉**하며 **行者有裹囊也然後**에야 **可以爰方啓行**이니 **王如好貨**어시든 **與百姓同之**하시면 **於王**에 **何有**리잇고

맹자가 대답하였다. "옛날 公劉가 재물을 좋아했습니다. ≪詩經≫에 '창고에 곡식을 쌓고 말린 양식을 싸서 전대에 넣고 자루에 넣어 백성을 安集할 것을 생각하여 이로써 나라를 빛나게 하네. 활과 화살을 준비하고 방패·창·작은 도끼·큰 도끼를 갖추고 비로소 길을 떠나네.'라고 하였습니다. 그러므로 남아 있는 사람들에게 곡식을 쌓아둔 창고가 있고 길을 떠나는 사람에게 곡식을 싸 넣은 자루가 준비된 뒤에야 비로소 길을 떠날 수 있었던 것입니다. 왕께서 재물을 좋아하시더라도 백성들과 그것을 함께하신다면 왕 노릇 하시는 데 무슨 어려움이 있겠습니까."

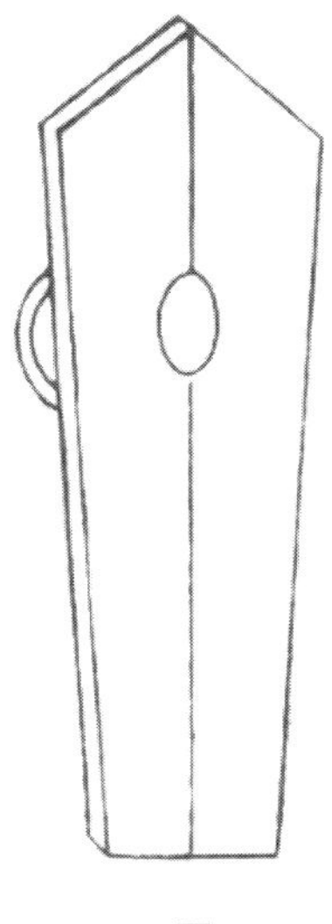

干

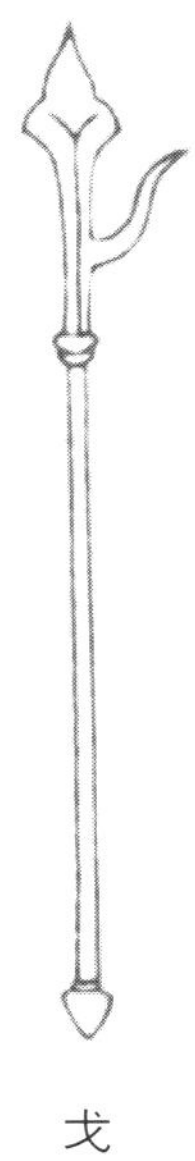

戈

戚

揚

【注】詩는 大雅公劉之篇也라 乃積穀於倉하고 乃裹盛乾食之糧於槖囊也라 思安民이라 故用有寵光也라 戚은 斧요 揚은 鉞也라 又以武備로 之(曰)〔四〕[1]方하여 啓行道路라 孟子言 公劉가 好貨 若此하니 王若則之하시면 於王에 何有不可也리잇고하니라

1) (曰)〔四〕: 저본에는 '曰'로 되어 있으나, 宋本, 廖本, 孔本에 의거하여 '四'로 바로잡았다.(阮元의 〈校勘記〉 참조)

≪詩經≫은 〈大雅 公劉〉편이다. 곡식을 창고에 쌓고 마른 양식을 전대와 자루에 싸서 담는다는 것이다. 백성을 安集할 것을 생각하므로 이르써 나라를 빛나게 하는 일이 있게 되는 것이다. 戚은 작은 도끼이고, 揚은 큰 도끼이다. 다시 무기를 갖추고 四方으로 가서 길을 떠난 것이다. 맹자가 "公劉가 이러한 방식으로 財貨를 좋아했으니, 왕께서 그것을 본받으시면 왕 노릇 하시는 데 무슨 불가한 점이 있겠습니까."라고 말한 것이다.

王曰 寡人이 有疾하니 寡人은 好色하노이다

왕이 말하였다. "과인은 나쁜 버릇이 있습니다. 과인은 여색을 좋아합니다."

【注】王言 我有疾하니 疾於好色이라 不能行也하노이다하니라

왕이 "나는 나쁜 버릇이 있습니다. 나쁜 버릇이 여색을 좋아하는 것이라 〈王者의 정치를〉 실천할 수 없습니다."라고 말한 것이다.

對曰 昔者에 太王이 好色하사 愛厥妃하더시니 詩云 古公亶父(보)가 來朝走馬하사 率西水滸하여 至于岐下하여 爰及姜女로 聿來胥宇라하니 當是時也하여 內無怨女하며 外無曠夫하니 王如好色이어시든 與百姓同之하시면 於王에 何有리잇고

맹자가 대답하였다. "옛날 太王이 女色을 좋아하여 자신의 왕비를 사랑하였습니다. ≪詩經≫에 '古公亶父께서 아침에 말을 달려와서 서쪽 물가를 따라 岐山 아래에 이르러 姜女를 데리고 와서 함께 집터를 살피셨다.'라고 하였습니다. 당시에 안으로는 〈결혼을 못해〉 원망하는 여자가 없었고 밖으로는 〈결혼을 못해〉 외로워하는 남자도 없었습니다. 왕께서 女色을 좋아하시더라도 백성들과 함께 그것을 공유하신다면 왕 노릇 하시는 데 무슨 어려움이 있겠습니까."

【注】詩는 大雅綿之篇也라 亶父는 大王名也니 號稱古公이라 來朝走馬는 遠避狄難이니 去惡이 疾也라 率은 循也라 滸는 水涯也라 循西方水滸하여 來至岐山下也라 姜女는 大王妃也라 於是에 與姜女俱來相土居也라 言 太王도 亦好色하여 非但與姜女俱行而已라 普使一國男女無有怨曠이라 王如則之하여 與百姓同欲하여 皆使無過時之思면 則於王之政에 何有不可乎잇가

≪詩經≫은 〈大雅 綿〉편이다. 亶父는 太王의 이름이고, 古公이라 불렸다. 아침에 말을 달려온 것은 狄人의 침략을 멀리 피한 것이니, 재앙을 떨쳐버림이 신속한 것이다. 率은 따름이다. 滸는 물가이다. 서쪽 지방의 물가를 따라 와서 岐山 아래에 이른 것이다. 姜女는 太王의 妃이다. 이에 姜女와 함께 와서 정착할 곳을 살핀 것이다. "太王도 女色을 좋아하여 姜女와 함께 떠났을 뿐만이 아니라, 널리 一國의 남녀로 하여금 원망과 외로움이 없게 하였습니다. 왕께서 만약 그것을 본받으셔서 백성들과 욕구를 함께 공유하여 모두 혼인할 시기를 넘겼다는 생각이 없도록 하신다면 王者의 정치를 하시는데 무슨 불가한 점이 있겠습니까."라고 말한 것이다.

【疏】'齊宣王問'至'於王何有' ○正義曰：此章言齊王好貨色, 孟子推以公劉・大王好貨色, 責難於君也.[1] '齊宣〔王〕[2]問曰 人皆謂我毁明堂 毁諸 已乎'者, 是齊王問孟子, 以爲在國之人皆謂勸我毁壞其明堂. 今毁壞之已, 而勿毁壞乎. 魯太山下有明堂, 後爲齊侵其地, 故齊有明堂. 齊宣王尙疑之, 所以問也. '孟子對曰 夫明堂者 王之堂也 王欲行王政 則勿毁之矣'者, 孟子欲使宣王行王政, 所以勸之勿毁耳. '王曰 王政可得聞與'者, 是宣王問孟子, 以謂王政之法寧可得而聞知之歟. '對曰 昔者文王之治岐也 耕者九一 仕者世祿 關市譏而不征 澤梁無禁 罪人不孥'至'必先斯四'者, 是孟子對答宣王爲王政之法也. 言往者文王爲西伯行政, 自岐邑耕者, 皆以井田之法制之, 一夫受私田百畝, 八夫家計受私田八百畝, 井田中百畝是爲公田, 以其九分抽一分爲公, 以抵其賦稅也, 仕者不特身受其祿, 而至子孫之世亦與土地祿焉, 關市, 司關・司市之所, 但譏問之, 不令姦人出入, 而不征取其稅, 川澤魚梁之所, 但與民共之, 而不設禁止之法, 罪人但誅辱止其一身, 而不誅辱其妻子, 孥, 妻子也. 老而無妻曰鰥, 老而無夫曰寡, 老而無子曰獨, 幼而無父曰孤, 凡此鰥・寡・孤・獨四者, 是皆天下之民窮而無告者也. 文王發政施仁, 必先及此四者焉. 無告者, 以其鰥・寡・孤・獨, 單隻上下, 無所告者之人也. 是皆孟子言文王在岐邑之時, 爲王政之法, 如此而已. '詩云 哿矣富人 哀此煢獨'者,胷, 可也, 蓋詩之小雅正月之篇文也. 其意蓋言當今之世, 可矣富人, 但先哀憫此煢獨羸弱者耳. 孟子所以引之, 謂其文王行政是如此也, 故援之以答宣王. '王曰 善哉言乎'者, 是宣王問·孟子答之以文王行王政之法而善其言也, 故曰"善哉言乎." '曰 王如善之 則何爲不行'者, 孟子言王如能善此王政之言, 則何爲不行此也. '王曰 寡人有疾 寡人好貨'者, 宣王言我有疾, 疾在於好貨財也. '昔者公劉好貨 詩云'至'於王何有'者, 孟子引公劉好貨, 故詩有大雅公劉之篇文, 而答于宣王也. 言往者公劉好其貨財, 其詩蓋謂乃積穀于倉, 乃褁乾食之糧於槖囊之中, 其思在於輯和其民以光顯于時. 張其弓矢, 執其干戈斧鉞, 告其士卒曰"爲女方開道路而行." 如此, 故居者有穀積于倉, 行者有糧褁于囊, 然後可以曰方開道路而行. 王如能好貨, 與民人同之, 亦若公劉之如此, 則於王也何有不可. 云槖囊者, 大曰囊, 小曰槖也. 爰, 曰也. '王曰 寡人有疾 寡人好色'者, 是宣王又言我有疾, 疾在於好色也. '對曰 昔者太王好色 愛厥妃 詩云'至'於何有'者, 是孟子又引太王好色, 故詩大雅綿之篇文也, 答宣王也. 亶父, 大王名也. 古公, 號也. 言往者太王好色, 愛厥妃, 其詩蓋謂古公亶父, 來朝走馬, 而避惡且早又疾急, 循西水涯而至于岐山之下, 曰"與姜女自來相土居如此", 故當是之時, 內無怨女, 外無曠夫. 皆男·女嫁娶過時者, 謂之怨女·曠夫也. 女生向內, 故云內. 男生向外, 故云外. 王如能好色, 與百姓同之, 亦若大王之如此, 則於王也, 又何有不可. 姜女, 大姜也, 是太王之妃也.

1) 此章言齊王好貨色……責難於君也 : 北京大本에는 章指를 "이 장의 章指는 다음과 같다. 夫子는 사람을 정성스레 잘 인도하였으니, 사람을 善에 나아가도록 인도하였던 것이다. 齊나라 왕이 財貨와 女色을 좋아하자, 맹자는 公劉와 太王이 財貨와 女色을 좋아했던 사례를 들었으니, 이른바 '군주에게 어려운 일을 실천하도록 권면하는 것을 恭이라 한다.'는 것이다.〔此章指言夫子恂恂然善誘人 誘人進於善也 齊王好貨色 孟子推以公劉大王所謂責難於君謂之恭者也〕"라고 하였다.

2) 〔王〕: 저본에는 없으나, 閩本, 監本, 毛本에 의거하여 '王'을 보충하였다.(阮元의 〈校勘記〉 참조)

經의 〔齊宣王問〕에서 〔於王何有〕까지

○ 正義曰 : 이 장은 齊나라 왕이 財貨와 女色을 좋아하자, 맹자가 公劉와 太王이 財貨와 女色을 좋아했던 사례를 들어 군주에게 어려운 일을 실천하도록 권면했음을 말한 것이다.

〔齊宣王問曰 人皆謂我毁明堂 毁諸 已乎〕 제나라 왕이 맹자에게 “나라에 있는 사람들이 모두 나에게 明堂을 허물라고 권합니다. 지금 그것을 허물까요? 아니면 허물지 말까요?”라고 물은 것이다. 魯나라 太山 아래에 明堂이 있었는데, 나중에 제나라가 그 땅을 침탈하였기 때문에 제나라가 明堂을 소유하게 되었다. 齊 宣王이 아직도 망설이고 있었으므로 물은 것이다.

〔孟子對曰 夫明堂者 王之堂也 王欲行王政 則勿毁之矣〕 맹자가 宣王으로 하여금 王者의 정치를 실천하도록 하고자 하여 허물지 말도록 권한 것이다.

〔王曰 王政可得聞與〕 宣王이 맹자에게 “王者의 정치를 실천하는 방법을 얻어 들어 알 수 있겠습니까?”라고 물은 것이다.

〔對曰 昔者文王之治岐也 耕者九一 仕者世祿 關市譏而不征 澤梁無禁 罪人不孥〕에서 〔必先斯四〕까지

맹자가 宣王에게 王者의 정치를 실천하는 방법을 대답한 것이다. 다음과 같은 내용을 말한 것이다. 옛날 文王이 西伯이 되어 정치를 행할 때에 岐邑으로부터 밭을 가는 자를 모두 井田法으로 제정하였다. 한 사람의 家長이 私田 100畝를 받으니, 여덟 집이 합산하여 私田 800畝를 받는데, 井田 가운데의 100畝가 公田이 된다. 9분에서 1분을 빼어 公田을 삼아 그것으로써 賦稅에 충당하는 것이다. 벼슬하는 자는 자신이 그 녹을 받을 뿐만이 아니라 자손의 세대에 이르러서도 토지와 녹을 하사받는다. 關市는 關門을 살피고 市場을 살피는 곳으로, 검문하여 간교한 자가 출입하지 못하게 할 뿐이고 세금을 징수하지 않는다. 川澤과 魚梁은 백성들과 그것을 공유할 뿐 금지하는 법을 두지 않는다. 罪人은 처벌과 수치가 자기 자신에게만 그칠 뿐이고 처자식에게 처벌과 수치를 끼치지 않는다. 孥는 처자식이다. 늙어서 아내가 없는 자를 鰥이라고 하고, 늙어서 남편이 없는 자를 寡라고 하고, 늙어서 자식이 없는 자를 獨이라고 하고, 어린데 부모가 없는 자를 孤라고 하는데, 이 鰥, 寡, 孤, 獨 네 부류는 모두 천하에 곤궁한 백성이고 하소연할 데 없는 자들이다. 文王이 정사를 시행하여 인을 베풀 때에 반드시 이 네 부류의 사람에게 먼저 미쳤다. 하소연할 데가 없다는 것은 鰥, 寡, 孤, 獨하여 위아래로 혼자여서 하소연할 곳이 없는 사람이다. 이것은 모두 맹자가 文王이 岐邑에 있을 때 王者의 정치를 실천한 방법이 이와 같았을 뿐임을 말한 것이다.

〔詩云 哿矣富人 哀此煢獨〕 哿는 可이다. ≪詩經≫의 〈小雅 正月〉편의 글이다. 그 뜻은 “지금 세상에 富者는 괜찮으니 우선 이 외롭고 초췌한 사람들을 가련히 여기면 될 뿐이

다."라는 것이다. 맹자가 이 시를 인용한 것은 文王이 정사를 행한 것이 이와 같다고 여겨서이다. 그러므로 끌어다 宣王에게 대답한 것이다.

〔王曰 善哉言乎〕 宣王의 물음에 맹자가 文王이 王者의 정치를 실천한 방법을 가지고 대답하자 그 대답을 좋게 여긴 것이다. 그래서 "훌륭하신 말씀입니다."라고 말하였다.

〔曰 王如善之 則何爲不行〕 맹자가 "왕께서 이런 王者의 정치에 대한 말을 좋아하신다면 어째서 이것을 실천하지 않으십니까?"라고 말한 것이다.

〔王曰 寡人有疾 寡人好貨〕 선왕이 "나에게 나쁜 버릇이 있습니다. 나쁜 버릇이란 財貨를 좋아하는 것입니다."라고 말한 것이다.

〔昔者公劉好貨 詩云〕에서 〔於王何有〕까지

맹자가, 公劉가 財貨를 좋아하였으므로 ≪詩經≫에 있는 〈大雅 公劉〉편의 글을 인용하여 宣王에게 대답한 것이다. 다음의 내용을 말한 것이다. 옛날 公劉가 財貨를 좋아하였는데, 그 詩에 "창고에 곡식을 쌓아두고 말린 곡식을 싸서 전대와 자루 안에 넣고 백성을 화목하게 하여 이 시대에 빛낼 것을 생각한다. 활과 화살을 준비하고 방패, 창, 작은 도끼, 큰 도끼를 잡고 士卒들에게 '너희들을 위해 비로소 길을 열고 떠난다.' 고한다."라고 하였다. 이렇게 했던 까닭에 남아 있는 자들에게는 창고에 쌓인 곡식이 있고 길을 떠나는 자들에게는 자루에 담긴 곡식이 있었으며, 그런 뒤에야 비로소 길을 열고 떠난다고 말할 수 있었던 것이다. 왕이 財貨를 좋아하여 백성들과 공유하기를 또한 公劉가 그렇게 했던 것처럼 할 수 있다면 왕 노릇 하는 데 무슨 불가한 점이 있겠는가. 橐囊이라는 것은 큰 것을 囊이라고 하고, 작은 것을 橐라고 한다. 爰은 曰이다.

〔王曰 寡人有疾 寡人好色〕 선왕이 다시 "나에게 나쁜 버릇이 있습니다. 나쁜 버릇이란 女色을 좋아하는 것입니다."라고 말한 것이다.

〔對曰 昔者太王好色 愛厥妃 詩云〕에서 〔於何有〕까지

맹자가 다시 太王이 女色을 좋아하였으므로 ≪詩經≫ 〈大雅 綿〉편의 글을 인용하여 宣王에게 대답한 것이다. 亶父는 太王의 이름이고, 古公은 號이다. 다음의 내용을 말한 것이다. 옛날 太王이 女色을 좋아하여 자신의 妃를 사랑하였는데, 그 詩에서 "古公亶父가 아침에 말을 달려와 재앙을 피하기를 일찍 하면서도 급히 하였네. 서쪽 지방 물가를 따라 岐山의 아래에 이르러 말하기를 '姜女와 함께 와서 정착지를 살폈노라.' 하였다."라고 하였다. 이런 까닭에 당시에 안으로 원망하는 여자가 없었고 밖으로 외로워하는 남자가 없었던 것이다. 모두 혼인의 시기를 넘긴 남자와 여자로서, 이들을 '원망하는 여자'와 '외로워하는 남자'라고 일컬은 것이다. 여자는 태어나 안을 지향하므로 '안으로'라고 하였고, 남자는 태어나 바깥을 지향하므로 '밖으로'라고 말한 것이다. 왕이 만약 女色을 좋아하면서도 백성과 공유하기를 또한 太王이 그렇게 했던 것처럼 할 수 있다면 왕 노릇 하는 데 다시 무슨 불가한 점이 있겠는가? 姜女는 太姜이니, 太王의 妃이다.

【疏】 ○ 注'謂太山下明堂'至'已 止也' ○ 正義曰 : 案地理志云 "齊南有太山." 史記封禪書云 "舜二月東巡狩, 至于岱宗. 岱宗, 太山也. 遂覲東后." 又云 "此山黃帝之所常遊, 自古受命帝王, 未有睹符瑞見而不臻乎太山也." 云'太山下明堂 本周天子東巡狩朝諸侯之地', 案禮記明堂位云 "明堂者, 明諸侯之尊卑. 昔殷紂亂天下, 脯(諸)〔鬼〕[1]侯以享諸侯. 是以周公相武伐紂. 武王崩, 成王幼弱, 周公踐天子之位. 六年, 朝諸侯於明堂. 七年, (執)〔致〕[2]政於成王. 成王封周公於曲阜, 令魯世世祀周公以天子之禮樂." 然則太山下明堂卽周公朝諸侯之處. 蓋魯封內有太山, 後嘗爲齊所伐, 故齊南有太山. 文中子[3]云 "如有(我)[4]用我者, 當處於太山矣", 注云 太山, 黃帝有合宮[5]在其下, 可以立明堂之制焉". 禮器云 魯人將有事於上帝, 必先有事於(郊)〔頖〕[6]宮[7]. 齊人將有事於太山, 必先有事於配林[8]", 則太山在齊明矣. 案周制明堂云 "周人明堂, 度九尺之筵, 東西九筵, 南北七筵, 堂崇一筵, 五室, 凡室二筵"[9], 賈釋云"明堂者, 明政敎之堂". 又夏度以步, 殷度以尋, 周度以筵, 是王者明政也. 周堂高九尺, 殷三尺, 以(一)[10]相參之數而卑宮室, 則夏堂高一尺矣. 又上注云 "堂上爲五室, 象五行, 以宗廟制如明堂, 明堂中有五天帝・五人神之座, 皆法五行, 以五行先起於東方, 故東北之(堂)〔室〕[11]爲木, 其實兼水矣, 東南火室矣, 兼木, 西南金室, 兼火, 西北水室, 兼金. 以中央太室有四堂, 四角之室亦皆有堂, 乃知義然也." 賈釋太史閏月下義云 "明堂・路寢及宗廟皆有五室十二堂〔四〕[12]門"是也. 四角之堂, 皆於太室外接四角爲之, 則五室南北止有二筵, 東西(角)〔各〕[13]二筵有六尺, 乃得其度. 若聽朔[14]皆於時之堂, 不於木火等室居. 若閏月則闔門左扉, 立其中而聽朔焉.

1) (諸)〔鬼〕: 저본에는 '諸'로 되어 있으나, ≪禮記≫에 의거하여 '鬼'로 바로잡았다.
2) (執)〔致〕: 저본에는 '執'으로 되어 있으나, ≪禮記≫에 의거하여 '致'로 바로잡았다.

3) 文中子 : 隋나라 때 학자 王通(584~617)이 지은 ≪中說≫의 다른 이름이다. 文中子는 본래 王通의 私諡이다. 이 책에서 왕통은 王道 정치의 회복을 목표로 삼고 仁政의 실천과 儒, 佛, 道 3교 사상의 통합을 주장하였다.

4) (我) : 저본에는 있으나, 閩本, 監本, 毛本과 ≪中說≫에 의거하여 衍文으로 처리하였다.(阮元의 〈校勘記〉 참조)

5) 合宮 : 黃帝의 明堂 이름이다. ≪尸子≫ 〈君治〉에 "黃帝는 合宮이라고 하였고, 有虞氏는 總章이라고 하였고, 殷나라 사람은 陽館이라고 하였고, 周나라 사람은 明堂이라고 하였다."라는 말이 나온다.

6) (郊)〔頖〕 : 저본에는 '郊'로 되어 있으나, ≪禮記≫에 의거하여 '頖'으로 바로잡았다.

7) 頖宮 : 제후의 學宮을 가리킨다. '泮宮'이라고도 한다. ≪禮記≫ 〈王制〉에 "天子가 제후에게 백성을 가르칠 것을 명한 뒤에 〈제후가〉 학교를 세운다. 小學은 군주의 궁궐 남쪽 왼편에 두고, 大學은 郊에다 두는데, 天子가 세운 것을 '辟雍'이라고 하고, 제후가 세운 것을 '頖宮'〔天子命之敎 然後爲學 小學在公宮南之左 大學在郊 天子曰辟廱 諸侯曰頖宮〕이라고 한다."라고 하였다.

8) 配林 : 숲의 이름이다.

9) 周人明堂……凡室二筵 : ≪周禮≫ 〈匠人〉에 나온다.

10) (一) : 저본에는 '一'이 있으나, 문맥이 통하지 않아 衍文으로 처리하였다.

11) (堂)〔室〕 : 저본에는 '堂'으로 되어 있으나, ≪周禮注疏≫ 〈匠人〉의 疏에 의거하여 '室'로 바로잡았다.

12) 〔四〕 : 저본에는 '四'가 없으나, ≪周禮注疏≫ 〈太史〉의 疏에 의거하여 보충하였다.

13) (角)〔各〕 : 저본에는 '角'으로 되어 있으나, 四庫全書本에 의거하여 '各'으로 바로잡았다.

14) 聽朔 : 매달 초하루에 천자가 그 달에 해야 할 政務를 보고 받는 예식이다.

○ 注의 〔謂太山下明堂〕에서 〔已 止也〕까지

○ 正義曰 : ≪漢書≫ 〈地理志〉에 "齊나라 남쪽에 太山이 있다."라고 하였다. ≪史記≫ 〈封禪書〉에 "舜이 2월에 동쪽 지방으로 巡狩하여 岱宗에 이르렀다. 岱宗은 太山이다. 마침내 동쪽 제후에게 조회를 받았다." 또 "이 산은 黃帝가 항상 노닐던 곳이다. 자고로 天命을 받은 帝王치고 상서로운 징조가 출현한 것을 보고 太山에 오지 않은 경우는 없었다."라고 하였다.

〔太山下明堂 本周天子東巡狩朝諸侯之地〕 ≪禮記≫ 〈明堂位〉에 "明堂이라는 것은 제후들의 尊卑를 밝히는 것이다. 옛날 殷나라 紂가 천하를 어지럽히고 鬼侯를 죽여 脯를 떠서 제후를 먹였다. 그런 까닭에 周公이 武王을 도와 紂를 정벌하였다. 武王이 崩逝하

였을 때 成王이 어리고 약하여 周公이 천자의 지위에 올랐다. 6년에 明堂에서 제후에게 조회를 받았다. 7년에 成王에게 政權을 돌려주었다. 成王이 周公을 曲阜에 봉하고 魯나라로 하여금 대대로 周公을 天子의 禮樂으로 제사하게 하였다." 라고 하였다. 그렇다면 太山 아래 明堂은 바로 周公이 제후에게 조회를 받았던 곳이다. 魯나라 영토 안에 太山이 있었는데, 후대에 제나라의 침탈을 받았으므로 제나라 남쪽에 太山이 있게 되었다. ≪文中子≫에 "만약 나를 쓰는 자가 있다면

黃帝

마땅히 太山에 처하겠다."라고 하였는데, 注에 "太山은 黃帝가 그 아래에 合宮을 소유하고 있던 곳이니, 그곳에 明堂의 제도를 세울 수 있다."라고 하였다. ≪禮記≫ 〈禮器〉에 "魯나라 사람이 장차 上帝에게 제사를 지내려고 할 때에는 반드시 먼저 頖宮에 제사를 지내고, 제나라 사람이 장차 太山에 제사를 지내려고 할 때에는 반드시 먼저 配林에 제사를 지냈다."라고 하였으니, 太山이 제나라에 있었다는 사실이 분명하다.

周나라에서 제정한 明堂을 상고하면 "周나라 사람의 明堂은 길이 9척의 筵을 기준으로 한다. 東西로 9筵이고, 南北으로 7筵이다. 堂의 높이는 1筵이다. 5개의 室이 있는데, 모든 室은 2筵이다."라고 하였는데, 賈公彦의 풀이에 "明堂이라는 것은 政教를 밝히는 殿堂이다."라고 하였다. 또 夏나라는 步를 기준으로 하고, 殷나라는 尋을 기준으로 하고 周나라는 筵을 기준으로 하였으니, 王者가 정사를 밝힌 것이다. 周나라 堂의 높이는 9척이고 殷나라는 3척이니, 서로 참조한 數로써 추정하여 宮室을 낮게 잡는다면 夏나라 堂의 높이는 1척일 것이다. 또 위의 注에 "堂 위에 5개의 室이 있어 五行을 상징하니, 宗廟의 제도가 明堂과 같기 때문이다. 明堂 가운데 다섯 天帝와 다섯 人神의 자리가 있으니, 모두 五行을 본뜬 것이다. 五行은 먼저 동방에서 일어나므로 동북쪽의 室이 木이 되는데, 실제로는 水를 겸하고, 동남쪽은 火室인데 木을 겸하고, 서남쪽은 金室인데 火를 겸하고, 서북쪽은 水室인데 金을 겸한다. 중앙 太室에는 4개의 堂이 있고, 네 모서리의 室에도 모두 堂이 있으

니, 뜻이 그러하다는 것을 알 수 있다."라고 하였다. 賈公彦이 ≪周禮≫〈太史〉에서 '閏月' 아래의 뜻을 풀이한 것에 "明堂, 路寢 및 宗廟가 모두 5개의 室과 12개의 堂과 4개의 門이 있다."라고 한 것이 이것이다. 네 모서리의 堂은 모두 太室의 밖으로 접한 네 모서리에다 만드니, 5개 室은 남북이 단지 2筵이고 동서는 각각 2筵 6尺으로, 제도에 맞게 된다. 聽朔의 경우 모두 그 달에 해당하는 堂에서 행하고 木, 火 등의 室居에서는 행하지 않는다. 윤달인 경우에는 明堂 門의 좌측 문짝을 닫고 그 가운데 서서 聽朔한다.

【疏】○ 注'往者文王爲西伯'至'妻子也' ○ 正義曰：史記云 "古公亶父爲獯鬻戎狄所攻, 遂去邠, 踰梁山, 止於岐下. 古公少子季歷生昌, 有聖瑞, 立季歷以傳昌. 昌立, 是爲西伯. 西伯陰行善, 諸侯皆來", 徐廣曰 "文王九十七乃崩". 云'修井田 八家八百畝 以爲公田'者, 亦依孟子云"方里而井, 井九百畝"[1]是也. 小司徒佐大司徒, 當都鄙三等之菜地而爲井田, 經云 "九夫爲井, 四井爲邑, 四邑爲丘, 四丘爲甸, 四甸爲縣, 四縣爲都"[2], 以任役萬民, 使營地事而貢軍賦, 出車徒. 又菜地之中, 每一井之田, 出一夫之稅以入於官也, 故曰九一也. 云'紂時稅重'者, 史記云 "紂爲人資辨捷疾, 聞見甚敏, 材力過人, 手格猛獸, 智足以拒諫, 言足以飾非, 好酒淫樂, 嬖於婦人, 愛妲己. 於是厚賦稅以實鹿臺[3]之財, 盈(距)〔鉅〕[4]橋[5]之(粟)〔粟〕[6]", 是紂時稅重也. '關譏不征稅 魚梁不設禁'者, 周禮司關"國凶札, 則無關門之征, 猶譏", 司市"國凶荒, 則市無征而作布[7]", 澤虞"掌國澤之政令, 爲之厲禁", 川衡"以時舍其守, 犯禁者, 執而罰之", 司厲"男子入于罪隸, 女子入于舂藁". 此而推之, 則關市非無征也, 澤梁非無禁也, 罪人非不孥也, 而文王必皆無者, 蓋亦見文王權一時之宜, 不得不然耳. 故孟子於宣王之一時, 亦以此引之以救弊矣.

1) 方里而井 井九百畝：≪孟子≫〈滕文公 上〉에 나온다.
2) 九夫爲井……四縣爲都：≪周禮≫〈小司徒〉에 나온다.
3) 鹿臺：紂가 재물을 쌓아놓았던 창고의 이름이다.
4) (距)〔鉅〕: 저본에는 '距'로 되어 있으나, ≪史記≫에 의거하여 '鉅'로 바로잡았다.
5) 鉅橋：紂가 곡식을 쌓아 놓았던 창고의 이름이다.
6) (粟)〔粟〕: 저본에는 '粟'로 되어 있으나, ≪史記≫에 의거하여 '粟'으로 바로잡았다.
7) 布：돈으로 사용하던 천으로, 布泉이라고 한다. 흉년이 들면 물가가 뛰기 때문에 이것을 만들어 물가를 조절하였다. ≪周禮≫〈外府〉에 "나라의 布 출납을 관장한다.〔掌邦布

之入出]"라고 하였는데, 그 注에 "布는 泉(돈)이다. 보관하면 泉이라고 하고, 유통하면 布라고 한다."라고 하였다.

○ 注의 〔往者文王爲西伯〕에서 〔妻子也〕까지

○ 正義曰 : ≪史記≫에 "古公亶父가 獯鬻과 戎狄의 침공을 받아 마침내 邠을 떠나 梁山을 넘어 岐山 아래에 머물렀다. 古公亶父의 막내아들인 季歷이 昌을 낳았는데, 聖人의 상서로운 기운이 있었으므로 季歷을 후사로 세워 昌에게 전하였다. 昌이 즉위하니 이 사람이 西伯이다. 西伯이 남몰래 善을 행하니 제후들이 모두 그에게 귀의하였다."라고 하였는데, 徐廣은 "文王은 97세에 崩하였다."라고 하였다.

〔修井田 八家八百畝 以爲公田〕 또한 맹자가 "사방 1里가 井이니, 井은 900畝이다."라고 한 것에 근거한 것이 이것이다. 小司徒가 大司徒를 보좌하여 都鄙 3등의 菜地를 담당하여 井田을 만드니, 經에는 "아홉 家長이 하나의 井이 되고, 네 개의 井이 하나의 邑이 되고, 네 개의 邑이 하나의 丘가 되고, 네 개의 丘가 하나의 甸이 되고, 네 개의 甸이 하나의 縣이 되고, 네 개의 縣이 하나의 都가 된다.'라고 하였다. 이로써 萬民에게 임무를 부여하여 농사를 경영하게 하고 軍役을 바치고 수레와 馬夫를 내게 한다. 또 菜地 가운데 있는 井田 하나마다 家長 한 명 분의 세금을 내어 官에 바치게 하므로 9분의 1稅라고 하는 것이다.

〔紂時稅重〕 ≪史記≫에 "紂는 자질이 총명하고 행동이 빨랐다. 감각이 매우 민첩하고 재주와 힘이 남보다 뛰어나 짐승과 맨손으로 격투를 벌일 정도였으며, 지혜는 능히 신하의 諫言을 막고 言辯은 능히 자신의 잘못을 꾸몄다. 술을 좋아하고 음악에 빠졌으며 宮人을 총애하여 妲己를 사랑하였다. 이에 賦稅를 과중하게 하여 鹿臺의 재물을 채우고 鉅橋의 곡식을 채웠다."라고 하였으니, 이것이 紂 때에 세금을 과중하게 하였다는 것이다.

〔關譏不征稅 魚梁不設禁〕 ≪周禮≫ 〈司關〉에 "나라에 전염병이 돌면 관문의 징세는 하지 않지만 검문은 한다."라고 하였고, 〈司市〉에 "나라에 흉년이 들면 시장에 징세하지 않고 布泉을 만든다."라고 하였고, 〈澤虞〉에 "국가 저수지의 정책과 법령을 관장하여 금법을 만든다."라고 하였고, 〈川衡〉에 "때로 천택을 지키는 자를 관사에서 신칙하고 금법을 범한 자는 잡아다 벌한다."라고 하였고, 〈司厲〉에 "남자는 官奴로 籍沒하고, 여자는 舂人과 槀人의 女婢로 籍沒한다."라고 하였다. 이것을 미루어보면, 關門과 市場에 징세가 없는 것이 아니었고, 川澤과 魚梁에 禁法이 없는 것이 아니었으며, 죄인에게 처자식

을 연좌시키지 않는 것이 아니었으니, 文王에게 반드시 모두 이러한 일이 없었다는 것은 文王이 一時의 임기응변으로 그렇게 하지 않을 수 없었던 것을 또한 본 것일 뿐이다. 그러므로 孟子가 宣王이 가진 一時의 폐단에 대해 또한 그것을 인용하여 구제하였던 것이다.

【疏】 ○ 注'詩小雅正月之篇'者 ○〔正義曰〕[1]：注云 "哿, 可也, 獨, 單也." 箋云 "此言王政如是, 富人已可, 惸獨困也."

1)〔正義曰〕: 저본에는 없으나, 阮元의 〈校勘記〉에 의거하여 '正義曰'을 보충하였다.

○ 注의〔詩 小雅正月之篇〕

○ 正義曰 : 注에 "哿는 可이고, 獨은 單이다."라고 하였고, 箋에 "이 말은 '王者의 정치가 이러하니, 富者들은 이미 괜찮지만 외로운 사람들은 곤궁하다.'는 것이다."라고 하였다.

【疏】 ○ 注'詩大雅公劉之篇也'至'不可也' ○ 正義曰 : 注云 "公劉居於邰而遭夏人亂, 迫逐公劉, 公劉乃辟中國之難, 遂平西戎, 而遷其民, 邑於豳焉. 乃積乃倉, 言民事時和, 國有積倉也. 小曰橐, 大曰囊. 思輯用光, 言民相與和睦, 與顯於時也", 箋云"公劉乃有積倉, 積委及倉也. 安安而能遷, 積而能散, 爲夏人迫逐己之故, 不忍鬪其民, 乃裹糧食於橐囊之中, 棄其餘而去, 思在和其人民, 用光其道, 爲今子孫之基." 又毛注云 "戚, 斧也. 揚, 鉞也. 張其弓矢, 秉其干戈戚揚, 以方開道路去之. 蓋諸侯之從者, 十有八國焉", 箋云"干, 盾也. 戈, 勾矛戟也. 爰, 曰也. 公劉之去邰, 整其師, 設其兵器, 告其士卒曰, 爲方開道而行. 明己之遷非爲迫逐之故, 乃欲全民也".

○ 注〔詩 大雅公劉之篇也〕에서〔不可也〕까지

○ 正義曰 : 注에 "公劉가 邰에 살 때에 夏나라 사람의 혼란한 시기를 당해, 그들이 공류를 핍박하고 쫓자 공류는 이에 중국의 變亂을 피하여 떠났다. 마침내 西戎과 友好를 맺고는 백성을 옮겨 豳에 도읍하였다. '乃積乃倉'은 백성의 일이 때에 맞고 조화로워 나라에 곡식을 쌓아둔 창고가 있었다는 말이다. 작은 것을 橐라고 하고, 큰 것을 囊이라고 한다. '思輯用光'은 백성들이 서로 화목하여 당시에 함께 드러났다는 말이다."라고 하였고, 箋에 "공류에게 '積倉'이 있었으니, 쌓아둔 재물과 곡식 창고이다. 안주한 곳을 편안히 여기면서도 능히 옮겨 가고 쌓아둔 재물을 능히

흩어서 나누어주었다. 夏나라 사람들이 자신을 핍박하고 쫓는다는 이유만으로 차마 자신의 백성을 전쟁으로 몰 수 없었기 때문에 전대와 자루에 양식을 싸 넣고 그 나머지는 버리고 떠났다. 백성을 화목하게 하여 그 道를 빛낼 것을 생각하였으니, 지금 자손의 터전을 마련하였던 것이다."라고 하였다. 또 毛氏 注에 "戚은 작은 도끼이고, 揚은 큰 도끼이다. 활과 화살을 준비하고 방패, 창, 작은 도끼, 큰 도끼를 잡고 비로소 길을 열고 떠났다. 따르는 제후가 열여덟 나라였다."라고 하였고, 箋에 "干은 방패이고, 戈는 갈고리창이고, 爰은 曰이다. 공류가 邰를 떠날 때에 군대를 정돈하고 兵器를 갖추고서 士卒들에게 '비로소 길을 열고 떠난다.'라고 포고하고, 자신이 옮겨가는 것이 夏나라에 핍박을 받아 쫓겨 가는 것이 아니라 백성을 온전히 하려는 것임을 밝혔다."라고 하였다.

【疏】 ○ 注'詩大雅綿之篇也'至'不可乎' ○ 正義曰：綿詩, 興也. 綿綿, 不絶貌也. 毛注云"古公, 豳公也, 古言久也. 亶父, 字, 或(因)〔殷〕[1]以名言, 質也. 古公處豳, 狄人侵之, 事之以皮幣, 不得免焉, 事之以犬馬, 不得免焉, 事之以珠玉, 不得免焉. 乃屬其耆老而告之曰'狄之所欲者吾土地, 吾聞君子不以所養人者害人', 於踰梁山, 邑于岐山之下居焉. 率, 循也. 滸, 水涯也. 姜女, 大姜也. 胥, 相也. 宇, 居也", 箋云"來朝走馬, 言其辭惡早且疾也. 循西水涯, 涯, 漆水側也. 爰, 於也. 及, 與也. 聿, 自也. 於是與其妃大姜自來相可居者. 著大姜之賢知也".

1) (因)〔殷〕: 저본에는 '因'으로 되어 있으나, ≪毛氏注疏≫의 注에 의거하여 '殷'으로 바로잡았다.

○ 注의 〔詩 大雅綿之篇也〕에서 〔不可乎〕까지

○ 正義曰：〈綿〉 시는 興이다. 綿綿은 끊이지 않는 모양이다. 毛氏 注에 "古公은 豳公이다. 古는 오래됨을 말한다. 亶父는 자이다. 혹은 殷나라 때 이름으로 부른 것이니, 〈殷나라가〉 질박했기 때문이다. 古公이 豳에 있을 때에 狄人이 침범하자 그들을 皮幣를 가지고 섬겨도 침략을 면할 수 없었고, 犬馬를 가지고 섬겨도 침략을 면할 수 없었고, 珠玉을 가지고 섬겨도 침략을 면할 수 없었다. 이에 元老들을 모아놓고 고하기를 '狄人들이 원하는 것은 나의 땅이다. 내가 들으니 君子는 사람을 기르는 것을 가지고 사람을 해치지 않는다고 한다.' 하고는 梁山을 넘어서 岐山 아래에 도읍하여 살았다. 率은 따름이다. 滸는 물가이다. 姜女는 太姜이다. 胥는 相이다. 宇는 거처이다."라고 하였고, 箋에

"'아침에 말을 달려왔다'는 것은 惡人을 피하기를 일찍 하고 또 빠르게 했다는 말이다. '서쪽 물가를 따라 갔다'는 말에서 '물가'는 漆水의 옆이다. 爰은 於이다. 及은 與이다. 聿은 自이다. 이에 妃 太姜과 함께 스스로 와서 살 만한 곳을 살폈으니, 太姜의 현명함을 드러낸 것이다.

孟子注疏解經 卷第二 下

梁惠王章句 下

趙氏 注　孫奭 疏

6. 孟子謂齊宣王曰 王之臣이 有託其妻子於其友而之楚遊者한대

맹자가 齊 宣王에게 아뢰었다. "왕의 신하 중에 자신의 처자식을 친구에게 부탁하고 楚나라로 가서 유람하는 자가 있었는데,

【注】 假此言以爲喩라

이 말을 가탁해서 비유로 삼은 것이다.

比其反也하여 則凍餒其妻子어든 則如之何잇고

그가 돌아와 보니 처자식을 추위에 떨게 하고 굶주림에 방치했다면 어떻게 하시겠습니까?"

【注】 言 無友道하니 當如之何오

친구의 의리가 없는데 어떻게 해야 하는지 물은 것이다.

王曰 棄之니이다

왕이 말하였다. "버리겠습니다."

【注】 言 當棄之하여 絶友道也라

마땅히 버려서 친구의 의리를 끊어야 함을 말한 것이다.

曰 士師不能治士어든 則如之何잇고

맹자가 아뢰었다. "士師가 士를 다스리지 못하면 어떻게 하시겠습니까?"

【注】 士師는 獄官吏也라 不能治獄이어든 當如之何오

士師는 獄官의 관리이다. 獄을 다스리지 못하면 어떻게 해야 하는가?

王曰 已之니이다

왕이 말하였다. "그만두게 하겠습니다."

【注】 已之者는 去之也라

그만두게 한다는 것은 버리는 것이다.

曰 四境之內不治어든 則如之何잇고

맹자가 아뢰었다. "사방 영토 안이 다스려지지 않으면 어떻게 해야 합니까?"

【注】 境內之事는 王所當理로되 不勝其任하면 當如之何오 孟子以此動王心하여 令戒懼也라

영토 안의 일은 왕이 마땅히 다스려야 하는데, 그 임무를 감당하지 못한다면 어떻게 해야 하는가? 맹자가 이 말로 왕의 마음을 움직여 그로 하여금 경계하고 두려워하도록 하였다.

王이 顧左右而言他하시다

왕이 좌우를 둘러보며 다른 일을 말하였다.

【注】 王이 慙而左右顧視하고 道他事하니 無以答此言也라

왕이 부끄러워 좌우를 둘러보며 다른 일을 말하였으니, 〈맹자의〉 이 말에 대답할 수 없었던 것이다.

【疏】 '孟子'至'言他' ○ 正義曰 : 此章言君臣上下, 各勤其任, 無墮厥職, 乃安其身也.[1)]

‘孟子謂齊宣王曰 王之臣有託其妻子於其友而之楚遊’者, 是孟子欲以此比喩而諷之也, 言王之臣下有寄託妻子於交友, 而往楚國遊戲者. ‘比其反也 則凍餒其妻子 則如之何’者, 言寄妻子於交友而往楚國, 在近則反歸, 而妻子在交友之所, 皆寒凍其膚, 饑餒其腹, 則爲交友之道, 當如之何. 凍者, 寒之過之謂也. 餒者, 飢之過之謂也. ‘王曰 棄之’者, 是宣王答孟子, 以爲交友之道旣如此, 當棄去之, 而不必與爲友也. ‘曰 士師不能治士 則爲如之何’者, 孟子因循又問宣王, 言爲之獄吏者, 而不能主治其士, 則爲士師者當如之何處之. ‘王曰 已之’者, 言當止之, 而不可與爲士師也. ‘曰 四境之內不治 則如之何’者, 孟子因循問至於此, 乃欲諷諫之, 故問之曰“自一國四境之內, 皆亂而不治, 則爲之君, 當如之何處之”. ‘王顧左右而言他’者, 宣王知罪在諸己, 乃自慙羞之, 而顧視左右, 道其他事, 無以答此言也.

1) 此章言君臣上下……乃安其身也 : 北京大本에는 章指를 “이 장의 章指는 君臣 상하가 각자 자신의 임무를 성실히 수행하여 직무를 실추시키는 일이 없으면 자신의 몸을 편안히 할 수 있다는 것이다.〔此章指言君臣上下 各勤其任 無墮其職 乃安其身也〕”라고 하였다.

經의 〔孟子〕에서 〔言他〕까지

○ 正義曰 : 이 장은 君臣 상하가 각자 자신의 임무를 성실히 수행하여 그 직무를 실추시키는 일이 없으면 마침내 자신의 몸을 편안히 할 수 있음을 말하였다.

〔孟子謂齊宣王曰 王之臣有托其妻子於其友而之楚遊〕 맹자가 이것으로 비유하여 諷諫하려고 한 것이다. 왕의 신하 중에 처자식을 친구에게 맡기고 楚나라로 가서 유람하는 자가 있다고 말한 것이다.

〔比其反也 則凍餒其妻子 則如之何〕 처자식을 친구에게 맡기고 楚나라로 가서 오래지 않아 돌아왔는데, 처자식이 친구의 집에서 모두 추위에 떨고 배고파 굶주려 있다면 친구의 의리로 볼 때 어떻게 해야 하는가? 凍이라는 것은 추위가 지나친 것을 일컫는 말이다. 餒라는 것은 배고픔이 지나친 것을 일컫는 말이다.

〔王曰 棄之〕 宣王이 맹자에게 “친구의 의리가 이미 이러한 지경이니, 마땅히 그를 버려야 하고, 사귈 필요가 없습니다.”라고 대답한 것이다.

〔曰 士師不能治士 則爲如之何〕 맹자가 계속해서 宣王에게 “獄吏로 임명된 사람이 자신의 士를 제대로 다스리지 못하면 그 士師를 어떻게 처리해야 합니까?”라고 다시 물은 것이다.

〔王曰 已之〕 마땅히 그만두게 해야지, 士師로 삼아서는 안 된다고 말한 것이다.

〔曰 四境之內不治 則如之何〕 맹자가 계속해서 질문하여 여기에 이르렀고, 마침내 諷諫하고자 하였다. 그러므로 "한 나라 사방의 영토 안이 모두 혼란하여 다스려지지 않는다면 군주가 된 사람을 어떻게 처리해야 합니까?"라고 물은 것이다.

〔王顧左右而言他〕 宣王이 잘못이 자신에게 있다는 것을 알고서 마침내 스스로 부끄럽게 여겼다. 그래서 좌우를 둘러보며 다른 일을 말하였으니, 〈맹자의〉 이 말에 대답할 수 없었던 것이다.

【疏】 ○ 注'士師 獄官吏也' ○ 正義曰：士師卽周司寇之屬，有士師・鄕士，皆以士爲官. 鄭玄云"士，察也. 主察獄訟之事"，是士師爲獄官之吏者也.

○ 注의 〔士師 獄官吏也〕

○ 正義曰：士師는 周나라 司寇의 官屬으로，士師와 鄕士가 있는데，모두 士로써 官을 삼는다. 정현이 "士는 살핌이다. 獄訟을 살피는 일을 주관한다."라고 하였으니，士師는 獄官의 관리가 된 자이다.

7. 孟子見齊宣王曰 所謂故國者는 非謂有喬木之謂也라 有世臣之謂也니

맹자가 齊 宣王을 만나 아뢰었다. "이른바 오래된 나라라는 것은 높고 큰 나무가 있는 것만을 말하는 것이 아니라 대대로 벼슬하는 신하가 있는 것을 말하는 것입니다.

【注】 故者는 舊也요 喬는 高也라 人所謂是舊國也者는 非但見其有高大樹木也라 當有累世修德之臣하여 常能輔其君以道라야 乃爲舊國可法則也라

故라는 것은 '오래됨'이고，喬는 '높음'이다. 사람들이 이른바 오래된 나라라는 것은 그 나라에 높고 큰 나무가 있는 것만을 보고 말하는 것이 아니다. 여러 대에 걸쳐 덕을 닦은 신하가 있어 군주를 항상 道로써 보좌할 수 있어야 비로소 본받을 만한 오래된 나라가 되는 것이다.

王無親臣矣로소이다

왕께서는 친근히 하고 신임할 만한 신하가 없습니다.

【注】今王無可親任之臣이라하니라

지금 왕은 친근히 하고 신임할 만한 신하가 없다는 것이다.

昔者所進을 今日에 不知其亡[1]也온여

1) 亡 : 趙岐는 '亡'을 '주벌하고 버리다.〔誅亡〕'의 의미로 풀었는데, 朱熹는 '도망가다〔亡去〕'의 의미로 풀어 "어제 등용했던 사람이 오늘 도망간 자가 있는데도 알지 못한다면 이것은 친근한 신하도 없는 것이니, 더구나 世臣은 어떠하겠는가.〔昨日所進用之人 今日有亡去而不知者 則無親臣矣 況世臣乎〕"라고 하였다.

이전에 등용했던 신하를 지금은 버릴 줄 모르십니다."

【注】言 王取臣不詳審하여 往日之所知가 今日爲惡當誅亡이어늘 王無以(名)〔知〕[1]也라

1) (名)〔知〕 : 저본에는 '名'으로 되어 있으나, 廖本, 孔本, 韓本에 의거하여 '知'로 바로잡았다.(阮元의 〈校勘記〉 참조)

왕이 신하를 발탁하면서 신중하게 살피지 못하여 지난날 인정하여 〈등용했던〉 신하가 오늘날 악행을 저질러 주벌하고 버려야 할 상황인데도 왕은 알지 못한다고 말한 것이다.

王曰 吾何以識其不才而舍之리잇고

왕이 말하였다. "내가 어떻게 해야 그가 재주가 없다는 것을 알고서 그를 버릴 수 있습니까?"

【注】王言我當何以先知其不才而舍之不用也라

왕이 "내가 어떻게 해야 그가 재주가 없다는 것을 먼저 알고서 그를 버리고 쓰지 않을 수 있습니까?"라고 말한 것이다.

曰 國君이 進賢호되 如不得已면 將使卑踰尊하며 疏踰戚이니 可不愼與[1]잇가

1) 國君進賢……可不愼與 : 朱熹는 '如不得已'를 '삼가기를 지극히 함〔謹之至〕'이라고 하였다. 그것에 의거하면 "군주가 현자를 발탁할 때에 매우 신중히 해야 합니다. 〈신중히 하지 않으면〉 신분이 낮은 자로 하여금 신분이 존귀한 자를 넘어서게 하며, 관계가 소원한 자로

하여금 친근한 자를 넘게 할 것이니, 신중히 하지 않을 수 있겠습니까."로 번역된다.

맹자가 아뢰었다. "군주가 현자를 발탁할 때에 부득이하다는 듯이 〈임용한다면〉 신분이 낮은 자로 하여금 신분이 존귀한 자를 넘어서게 하며 관계가 소원한 자로 하여금 친근한 자를 넘어서게 할 것이니, 신중하지 않을 수 있겠습니까.

【注】言 國君欲進用人인댄 當留意考擇이라 如使忽然不精心意而詳審之하여 如不得已而取備官이면 則將使尊卑疏戚相踰하리니 豈可不愼歟아

"군주가 사람을 발탁하여 쓰려고 할 때에는 주의하여 살펴 선택해야 합니다. 만약 소홀히 여겨 마음을 써서 자세히 살피지 않다가 부득이하다는 듯이 그를 발탁해 관직에 임명한다면 장차 尊卑와 親疏의 관계를 서로 넘어서게 할 것이니, 신중하지 않을 수 있겠습니까?"라고 말한 것이다.

左右皆曰賢이라도 **未可也**하며 **諸大夫皆曰賢**이라도 **未可也**하고 **國人皆曰賢然後**에 **察之**하여 **見賢焉然後**에 **用之**하소서

주위의 가까운 사람들이 모두 어질다고 해도 아직 발탁해서는 안 되고, 여러 대부들이 모두 어질다고 해도 아직 발탁해서는 안 되며, 나라 사람들이 모두 어질다고 한 뒤에 그를 관찰해서 어진 점을 확인하고서야 그를 발탁하십시오.

【注】謂 選(乃)〔大〕[1]臣에 (隣)〔防〕[2]比周[3]之譽하고 核其鄕原[4]之徒라 論〔語〕[5]曰 衆好之라도 必察焉[6]이라하니라

1) (乃)〔大〕: 저본에는 '乃'로 되어 있으나, 廖本, 孔本, 韓本에 의거하여 '大'로 바로잡았다.(阮元의 〈校勘記〉 참조)
2) (隣)〔防〕: 저본에는 '隣'으로 되어 있으나, 廖本, 孔本, 韓本에 의거하여 '防'으로 바로잡았다.(阮元의 〈校勘記〉 참조)
3) 比周 : 朋黨比周의 준말로, 당파를 결성하여 私利를 도모하고 자기와 의견이 다른 자를 배척하는 것을 말한다.
4) 鄕原 : 鄕里에서 겉모습은 중후하지만 실제로는 세속에 물든 위선자를 가리킨다.
5) 〔語〕: 저본에는 없으나, 孔本, 韓本에 의거하여 '語'를 보충하였다.(阮元의 〈校勘記〉 참조)
6) 衆好之 必察焉 : ≪論語≫ 〈衛靈公〉에 "여러 사람이 그를 미워하더라도 반드시 살펴보

며, 여러 사람이 그를 좋아하더라도 반드시 살펴보아야 한다.〔衆惡之 必察焉 衆好之 必察焉〕"라는 말이 나온다.

大臣을 선발할 때에 朋黨比周하는 黨與를 막고 鄕原의 무리인지 잘 살펴보아야 함을 일컫는다. ≪論語≫에 "여러 사람이 그를 좋아하더라도 반드시 살펴보아야 한다."라고 하였다.

左右皆曰不可라도 勿聽하고 諸大夫皆曰不可라도 勿聽하고 國人皆曰不可然後에 察之하여 見不可焉然後에 去之하소서

주위의 가까운 사람들이 모두 안 된다고 해도 듣지 말고, 여러 대부들이 모두 안 된다고 해도 듣지 말며, 나라 사람들이 모두 안 된다고 한 뒤에 그를 관찰해서 안 되는 이유를 확인하고서야 그를 파면하십시오.

【注】 衆惡(오)之라도 必察焉[1)]이라 惡直醜正이 寔繁有徒[2)]하니 防其朋黨以毁忠正也라

1) 衆惡(오)之 必察焉 : ≪論語≫ 〈衛靈公〉에 나온다. 앞의 주석 참조.

2) 惡直醜正 寔繁有徒 : ≪春秋左氏傳≫ 昭公 28년에 나오는 말이다. 晉나라 대부 祁盈의 家臣인 祁勝과 鄔臧이 서로 아내를 바꾸어 情을 通하는 짓을 저지르자, 祁盈이 그들을 체포하여 처벌하려고 하였다. 祁盈이 司馬 叔游에게 意見을 묻자 叔游가 "≪鄭書≫에 '정직한 사람을 미워하고 싫어하는 무리가 실로 많다.'라는 말이 있습니다. 지금 無道한 자가 높은 地位에 있으니 그대가 禍를 면하지 못할까 두렵습니다."라고 하였다.

여러 사람이 그를 미워하더라도 반드시 살펴보아야 한다. 〈이것은〉 정직한 사람을 미워하고 싫어하는 무리가 실로 많기 때문에, 그들이 朋黨을 지어 충성스럽고 정직한 사람을 해치는 것을 막으려는 것이다.

左右皆曰可殺이라도 勿聽하며 諸大夫皆曰可殺이라도 勿聽하며 國人皆曰可殺然後에 察之하여 見可殺焉然後에 殺之니 故로 曰國人殺之也라하니이다

주위의 가까운 사람들이 모두 죽일 만하다고 해도 듣지 말고, 여러 대부들이 모두 죽일 만하다고 해도 듣지 말며, 나라 사람들이 모두 죽일 만하다고 한 뒤에 그를 관찰해서 죽일 만한 이유를 확인하고서야 그를 죽이십시오. 그러므로 나라 사

람들이 그를 죽였다고 말하는 것입니다.

【注】 言 當愼行大辟之罪하여 五聽三宥라 古者에 刑人於市하여 與衆棄之[1)]라

1) 刑人於市 與衆棄之 : ≪禮記≫ 〈王制〉에 "사람에게 조정에서 작위를 내려 사인들과 함께하였고, 죄인을 저자에서 처형하여 대중들과 함께 처단하였다.〔爵人於朝 與士共之 刑人於市 與衆棄之〕"라는 말이 나온다.

大辟의 죄는 신중히 처리하여 五聽과 三宥를 행해야 함을 말한 것이다. 옛날에는 죄인을 저자에서 처형하여 대중들과 함께 처단하였다.

如此然後에 可以爲民父母니이다

이와 같이 한 뒤에야 백성의 부모가 될 수 있습니다."

【注】 行此三愼之聽이라야 乃可以子畜百姓也라

이 세 가지의 신중한 聽聞을 행하여야 비로소 백성을 자식처럼 기를 수 있다.

【疏】 '孟子見'至'爲民父母' ○ 正義曰：此章言人君進賢退惡, 翔而後集[1)], 有世賢臣, 乃爲舊可法則也.[2)] '孟子見齊宣王曰 所謂故國者 非謂有喬木之謂也'者, 是孟子見齊宣王而問之, 言人所謂舊國者, 非謂有高大木而謂之舊國也, 以其有世世修德之舊臣也, 故謂之舊國, 故曰有世臣之謂也. 故, 舊也. 喬, 高也. 世臣, 累世修德之舊臣也. '王無親臣矣 昔者所進 今日不知其亡也'者, 孟子言今王無有親任用之臣矣, 往日所進者, 今日爲惡, 而王又不知誅亡之. '王曰 吾何以識其不才而舍之'者, 宣王言我何以知其臣之不才而舍去之而不用也. '曰 國君進賢如不得已 將使卑逾尊 疏逾戚 可不愼歟'者, 孟子言國君進用賢人, 當留意揀擇, 如使混然, 不能精心揀擇, 但如不得已而取備官職, 則將使其卑逾尊, 疏逾戚, 而淆亂之矣, 其如是, 豈可不重愼之歟. '左右皆曰賢 未可也 諸大夫皆曰賢 未可也 國人皆曰賢 然後察之 見賢焉 然後用之'至'如此 然後可以爲民父母'者, 此皆孟子敎宣王進退賢不肖之言也. 言於進用賢人之際, 雖自王之左右臣者, 皆曰此人賢, 當進用之, 則王未可進而用之也. 以至諸大夫皆曰此人之賢, 當進用之, 則王又未可進而用之也. 逮至一國之人皆曰此人之賢, 當進而用之, 則王然後詳察, 亦見其眞足爲賢人, 故然後進而用之矣. 如左右皆曰此人不賢, 不可進用, 則王莫聽之.

以至諸大夫皆曰此人不賢, 不可進用, 當去之, 則王亦當莫聽. 迨至一國之人皆曰此人不賢, 不可進用, 當去之, 則王然後審察之, 見其眞實不賢, 不可進用, 然後去之乃不進用也. 如左右皆曰此人之罪, 可以殺之, 則王又當莫聽. 以至諸大夫皆曰此人之罪, 當殺之, 則王又當勿聽. 迨至一國之人皆曰此人之罪, 可以殺之, 則王然後詳察, 亦見其人實有可殺之罪, 故然後方可殺之也. 無他, 以其一國之人皆曰可殺而殺之也. 夫如此, 則王然後可以爲民父母, 而子畜百姓矣.

1) 翔而後集 : ≪論語≫ 〈鄕黨〉에 "새는 사람의 표정을 보면 날아서 빙빙 돌며 관찰한 다음에 내려앉는다.〔色斯擧矣 翔而後集〕"라고 하였는데, 朱熹의 注에 "새가 사람의 표정에 好意가 없음을 보면 날아가 버리고, 빙빙 돌다가 자세하게 살펴본 뒤에 내려앉는 것을 말한다."라고 하였다.

2) 此章言人君進賢退惡……可法則也 : 北京大本에는 章指를 "이 장의 章指는 임금이 賢者를 등용하고 악한 자를 물리쳐야 賢者가 기미를 살피다가 벼슬에 나오는 것이니, 대대로 그러한 賢臣이 있어 오래된 나라라고 불린다면 사방이 그 나라를 우러러 본받게 되리라는 것이다.〔此章指言人君進賢退惡 翔而後集 有世賢臣 稱曰舊國 則四方瞻仰之 以爲則矣〕"라고 하였다.

經의 〔孟子見〕에서 〔爲民父母〕까지

○ 正義曰 : 이 장은 임금이 賢者를 등용하고 악한 자를 물리쳐야 賢者가 기미를 살피다가 벼슬에 나오는 것이니, 대대로 〈그러한〉 賢臣이 있어야 본받을 만한 오래된 나라가 되는 것임을 말하였다.

〔孟子見齊宣王曰 所謂故國者 非謂有喬木之謂也〕 맹자가 제 선왕을 만나 힐문한 것이니, "사람들이 이른바 오래된 나라라는 것은 높고 큰 나무가 있어서 오래된 나라라고 말하는 것이 아니라, 대대로 덕을 닦은 오래된 신하가 있기 때문에 오래된 나라라고 하는 것입니다."라고 말한 것이다. 그러므로 "대대로 벼슬하는 신하가 있는 것을 말한 것입니다."라고 하였다. 故는 '오래됨'이다. 喬는 '높음'이다. 世臣은 누대에 걸쳐 덕을 닦은 오래된 신하이다.

〔王無親臣矣 昔者所進 今日不知其亡也〕 맹자가 "지금 왕께서는 친근히 하고 신임하여 쓸 만한 신하가 없습니다. 지난날 등용한 자가 오늘 악행을 저지르는데도 왕께서는 그를 주벌하고 버릴 줄 모르십니다."라고 말한 것이다.

〔王曰 吾何以識其不才而舍之〕 선왕이 "내가 어떻게 그 신하가 재주가 없다는 것을 알아서 그를 버리고 등용하지 않을 수 있겠습니까?"라고 말한 것이다.

〔曰 國君進賢如不得已 將使卑逾尊 疏逾戚 可不愼歟〕 맹자가 “군주가 현인을 등용할 때에는 주의하여 가려 뽑아야 합니다. 만약 흐리멍덩하게 하여 마음을 써서 가려 뽑지 못하고 다만 부득이하다는 듯이 그를 취해 관직에 임명한다면 장차 신분이 낮은 자로 하여금 존귀한 자를 넘어서게 하고 관계가 소원한 자로 하여금 친근한 자를 넘어서게 해서 혼란을 야기하게 됩니다. 이와 같으니 어찌 신중하지 않을 수 있겠습니까.”라고 말한 것이다.

〔左右皆曰賢 未可也 諸大夫皆曰賢 未可也 國人皆曰賢 然後察之 見賢焉 然後用之〕에서 〔如此 然後可以爲民父母〕까지

이것은 모두 맹자가 선왕으로 하여금 賢人을 등용하고 못난 사람을 물리치도록 한 말이다. 다음과 같은 내용이다. 賢人을 등용할 때에는 비록 왕 주위의 가까운 신하들이 모두 “이 사람은 어지니 마땅히 등용해야 한다.”라고 말하더라도 왕은 아직 등용해서는 안 된다. 심지어 여러 大夫들이 모두 “이 사람은 어지니 마땅히 등용해야 한다.”라고 말하더라도 왕은 또한 아직 등용해서는 안 된다. 온 나라의 사람들이 모두 “이 사람은 어지니 마땅히 등용해야 한다.”라고 말하는 정도에 이르게 되면, 왕은 그 뒤에 자세히 살펴서 그 사람이 참으로 賢人이기에 충분한지 확인하는 것이다. 그러므로 그러한 뒤에 등용하는 것이다.

설령 주위의 가까운 사람들이 모두 “이 사람은 어질지 못하니 등용해서는 안 된다.”라고 말하더라도 왕은 그 말을 듣지 말아야 한다. 심지어 여러 대부들이 모두 “이 사람은 어질지 못하니 등용해서는 안 되고 버려야 한다.”라고 말하더라도 왕은 또한 듣지 말아야 한다. 온 나라의 사람들이 모두 “이 사람은 어질지 못하니 등용해서는 안 되고 버려야 한다.”라고 말하는 정도에 이르게 되면, 왕은 그 뒤에 그를 자세히 살펴서 그 사람이 참으로 어질지 못하여 등용할 수 없는지 확인하는 것이다. 그러한 뒤에 그를 버리고 마침내 등용하지 않는 것이다.

설령 주위의 가까운 사람들이 모두 “이 사람의 죄는 죽일 만하다.”라고 말하더라도 왕은 또한 듣지 말아야 한다. 심지어 여러 대부들이 모두 “이 사람의 죄는 마땅히 죽여야 한다.”라고 말하더라도 왕은 또한 듣지 말아야 한다. 온 나라의 사람들이 모두 “이 사람의 죄는 죽일 만하다.”라고 말하는 정도에 이르게 되면, 왕은 그 뒤에 자세히 살펴서 그 사람이 정말로 죽일 만한 죄가 있는지 확인하는 것이다. 그러므로 그러한 뒤에 비로소 죽일 수 있는 것이다. 이것은 다른 이유가 아니라, 온 나라의 사람들이 모두 죽일 만하

다고 해서 죽인 것이기 때문이다. 이와 같이 하면 왕은 그러한 뒤에 백성의 부모가 되어 백성을 자식처럼 보살필 수 있는 것이다.

【疏】 ○ 注'故〔者〕[1]舊也'至'可法則也' ○ 正義曰：釋云 "故, 舊也, 文從古, 故也." 詩伐木之篇云"出自幽谷, 遷于喬木", 注云 "喬, 高也." 故知喬木爲高大之木. 郭璞云 "喬, 樹枝曲卷似鳥羽也."[2] 書云 "圖任舊人共政." 又周任有言曰"人惟求舊"[3], 是故臣之謂也.

1) 〔者〕: 저본에는 없으나, 注文에 의거하여 보충하였다.
2) 喬 樹枝曲卷似鳥羽也 : ≪爾雅≫의 注에 나온다.
3) 又周任有言曰 人惟求舊 : ≪書經≫ 〈商書 盤庚 上〉에 "사람은 오래된 사람을 구하고, 그릇은 옛 것을 구할 것이 아니라 새 그릇을 쓰라.〔人惟求舊 器非求舊 惟新〕"라는 옛 賢人 遲任의 말이 나온다. ≪書經≫에서는 遲任라고 되어 있으나, 여기에는 周任이라고 되어 있다.

○ 注의 〔故者舊也〕에서 〔可法則也〕까지

○ 正義曰 : 글자 풀이에 "故는 '오래됨'이니, 意符가 古이고 故의 뜻이다."라고 하였다. ≪詩經≫ 〈伐木〉편에 "깊은 골짜기에서 나와 높은 나무로 올라간다."라고 하였는데, 그 注에 "喬는 '높음'이다."라고 하였다. 그러므로 喬木이 높고 큰 나무임을 알 수 있다. 郭璞은 "喬는 나뭇가지가 굽어 말려서 새 깃의 모양과 비슷한 것이다."라고 하였다. ≪書經≫에 "오래된 사람을 도모하여 맡겨서 政事를 함께했다."라고 하였다. 또 周任은 "사람은 오래된 사람을 구하라."라는 말을 하였는데, 이는 오래된 신하를 일컬은 것이다.

【疏】 ○ 注'鄕原之徒' ○ 正義曰：語云 "鄕原, 德之賊也"[1], 周氏[2]注曰 "所至之鄕, 輒原其人情而爲意以待之, 是賊亂其德也", 何晏[3]云 "一曰鄕, 向也, 古字同. 謂人不能剛毅, 而見人輒原其趣嚮, 容媚而合之, 言此所以(合)〔賊〕[4]德也". 故有三說焉.

1) 鄕原 德之賊也 : ≪論語≫ 〈陽貨〉에 나온다.
2) 周氏 : 魏 文帝 연간의 학자 周生烈(생몰년 미상)을 가리킨다. ≪論語≫에 대한 義說을 지었으나 현재 전하지 않고, 그 단편적인 내용이 何晏의 ≪論語集解≫에 다수 인용되어 있다.
3) 何晏 : ?~249. 삼국시대 魏나라의 문신이자 학자로, 자는 平叔이다. 經學에 밝아 ≪論語集解≫를 지었는데, 지금 전하는 ≪論語注疏≫의 注가 이것이다.

4) (合)〔賊〕: 저본에는 '合'으로 되어 있으나, ≪論語注疏≫ 〈陽貨〉의 注에 의거하여 '賊'으로 바로잡았다.

○ 注의 〔鄕原之徒〕

○ 正義曰 : ≪論語≫에 "鄕原은 德의 賊이다."라고 하였는데, 周氏의 注에 "이르는 고장마다 그곳의 人心을 탐지하여 자신의 뜻으로 삼아 사람들을 대하니, 이것이 덕을 해치고 어지럽히는 것이다."라고 하였으며, 何晏은 "一說에 鄕은 '향함'이라고 하였으니, 〈鄕과 向은〉 古字가 같다. 사람이 강직하지도 굳세지도 못하여 사람을 만나면 항상 상대의 趣向을 탐지하여 아첨하고 영합하는 것을 일컬으니, 이것이 덕을 해치는 까닭임을 말한 것이다."라고 하였다. 그러므로 세 가지 설이 있다.

【疏】 ○ 注'大辟之罪五聽三宥' ○ 正義曰 : 孔安國傳云 "大辟, 死刑也." 周禮大司寇 "以五聲聽獄訟, 求民情, 一曰辭聽, 二曰色聽, 三曰氣聽, 四曰耳聽, 五曰目聽", 鄭注云"辭聽者, 觀其出言, 不直則煩也. 色聽者, 觀其顔色, 不直則赧然也. 氣聽者, 觀其氣息, 不直則喘也. 耳聽者, 觀其聽聆, 不直則惑也. 目聽者, 觀其眸子視, 不直則眊然也." 凡此五聽是也. 三宥者"司刺掌三宥, 一宥曰不識, 再宥曰過失, 三宥曰遺忘". 鄭司農云 "不識, 謂愚民無所識則宥之, 過失, 若今律過失殺人, 不坐死", 鄭玄云 "遺亡, 若間帷薄忘有在焉, 而以兵矢投射之." 凡此三宥也.

○ 注의 〔大辟之罪 五聽三宥〕

○ 正義曰 : 孔安國의 傳에 "大辟은 死刑이다."라고 하였다. ≪周禮≫ 〈大司寇〉에 "五聲으로써 獄事를 판단하고 백성의 實情을 파악한다. 첫째가 辭聽이고, 둘째가 色聽이고, 셋째가 氣聽이고, 넷째가 耳聽이고, 다섯째가 目聽이다."라고 하였는데, 鄭玄의 注에 "辭聽이라는 것은 말하는 것을 살피는 것이니, 정직하지 않으면 말이 많아진다. 色聽이라는 것은 안색을 살피는 것이니, 정직하지 않으면 얼굴이 붉어진다. 氣聽이라는 것은 숨쉬는 것을 살피는 것이니, 정직하지 않으면 숨이 가빠진다. 耳聽이라는 것은 말을 듣는 것을 살피는 것이니, 정직하지 않으면 남의 말을 제대로 이해하지 못한다. 目聽이라는 것은 눈동자의 시선을 살피는 것이니, 정직하지 않으면 눈빛이 흐리멍덩하다."라고 하였다. 무릇 이 五聽이 이것이다. 三宥라는 것은 "司刺는 三宥를 관장한다. 첫 번째 宥는 不識, 두 번째 宥는 過失, 세 번째 宥는 遺忘이다."라고 하였는데, 鄭司農은 "不識은 어리석은 백성이 아는 것이 없어서 저지른 경우에는 용서하는 것이다. 過失은 지금의 법

률처럼 실수로 살인한 경우에는 사형에 처하지 않는 것이다."라고 하였고, 鄭玄은 "遺忘은 장막이나 발이 사이에 있어 사람이 그 너머에 있다는 것을 잊고서 兵器나 화살을 던지거나 쏘는 것과 같은 경우이다."라고 하였다. 무릇 이것이 三宥이다.

【疏】○ 注云"行此三愼之聽也", 蓋指孟子言自'左右皆曰賢'至'國人殺之也'者, 是爲之解也.

○ 注에서 "이 세 가지의 신중한 聽聞을 행한다.〔行此三愼之聽〕"는 것은 맹자가 말한 '左右皆曰賢'에서 '國人殺之也'까지를 가리켜 해석한 것이다.

8. 齊宣王이 問曰 湯이 放桀[1)]하시고 武王이 伐紂[2)]라하니 有諸잇가

1) 湯放桀 : 湯은 殷나라를 개국한 군주이다. 夏 桀王이 暴政을 일삼자 湯이 군대를 일으켜 그를 토벌한 뒤에 南巢라는 곳으로 내쫓았다.
2) 武王伐紂 : 周 武王이 暴政을 일삼던 殷 紂王을 정벌하니, 紂王은 불 속에 몸을 던져 자살하였다.

제 선왕이 물었다. "湯이 桀을 내쫓고 武王이 紂를 征伐했다고 하는데 그러한 일이 있었습니까?"

【注】有之否乎잇가하니라

그러한 일이 있었는지 물은 것이다.

孟子對曰 於傳에 有之하니이다

맹자가 대답하였다. "전하는 글에 그러한 기록이 있습니다."

【注】於傳文에 有之矣라하니라

전하는 문헌에 그러한 기록이 있다는 것이다.

曰 臣弑其君이 可乎잇가

선왕이 말하였다. "신하가 자신의 군주를 시해하는 것이 가당한 일입니까?"

【注】 王問 臣何以得弑其君잇가 豈可行乎리오

왕이 묻기를 "신하가 어떻게 자신의 군주를 시해할 수 있습니까. 어찌 행할 수 있는 일이겠습니까."라고 한 것이다.

曰 賊仁者를 謂之賊이요 賊義者를 謂之殘이요 殘賊之人을 謂之一夫니 聞誅一夫紂矣요 未聞弑君也니이다

맹자가 말하였다. "仁을 해치는 자를 '賊'이라고 하고 義를 해치는 자를 '殘'이라고 하고 '殘賊'의 인간을 '一介 匹夫'라고 합니다. 일개 필부인 紂를 주벌했다는 말은 들었어도 군주를 시해했다는 말은 듣지 못하였습니다.

【注】 言 殘賊仁義之道者는 雖位在王公이라도 將必降爲匹夫라 故謂之一夫也라 但聞武王誅一夫紂耳요 不聞弑君也라 書云 獨夫紂[1)]는 此之謂也라

1) 獨夫紂 : ≪書經≫ 〈周書 泰誓 下〉에서 紂를 가리켜 '獨夫受'라고 한 것을 가리킨다. 그 내용에 "獨夫인 受가 크게 威勢를 부리니, 바로 너희들 대대로의 원수이다. 덕을 세움에는 자라나도록 힘써야 하고, 악을 제거함에는 뿌리를 제거하도록 힘써야 한다. 이러므로 나 小子가 크게 너희 여러 군사들을 데리고 너희들의 원수를 끊고 섬멸하려 한다.〔獨夫受洪惟作威 乃汝世讐 樹德務滋 除惡務本 肆予小子誕以爾衆士 殄殲乃讐〕"라고 하였다. 紂는 謚號이고 受는 紂의 이름이다.

다음과 같은 내용이다. "仁義의 도리를 해치는 자는 비록 王公의 지위에 있더라도 장차 반드시 匹夫로 떨어지게 된다. 그러므로 '일개 필부'라고 부르는 것이다. 武王이 일개 필부인 紂를 주벌했다는 말만 들었고 군주를 시해했다는 말은 듣지 못하였다." ≪書經≫에 '獨夫紂'라고 한 것이 이것을 일컬은 것이다.

【疏】 '齊宣王問'至'未聞弑君也' ○ 正義曰：此章言孟子云紂崇惡, 失其尊名, 不得以君臣論之, 欲以深寤宣王, 垂戒于後也.[1)] '齊宣王問曰 湯放桀 武王伐紂 有諸'者, 是宣王問孟子, 言商之湯王放其夏王桀於南巢之地[2)], 周武王伐商王紂於鹿臺之中[3)], 還是有此言也否乎. '孟子對曰 於傳有之'者, 孟子答宣王, 以爲傳文有是言也. 故書云 "湯放桀於南巢", "惟十有一年, 武王伐紂"[4)], 又史記"武王伐紂, 紂走入, 登鹿臺, 蒙衣其珠玉, 自燔于火而死. 武王以黃鉞斬紂頭, 縣大白之旗"[5)]是也. '曰 臣弑其君 可乎'者, 宣王問孟子, 如是則爲臣下者, 得以殺其君上, 豈可乎. '曰 賊仁者謂之賊 賊義者謂之殘 殘賊之人謂之一夫 聞誅一夫紂矣 未聞弑君也'者, 孟子答宣王, 以謂賊害其仁者, 名謂之賊, 賊害其義者, 名謂之殘, 名謂殘賊者, 皆謂之一匹夫也. 我但聞誅亡其一匹夫紂矣, 未嘗聞知有弑君者也. 故尙書有云'獨夫紂', 是其證也.

1) 此章言孟子云……垂戒於後也 : 北京大本에는 章指를 "이 장의 章指는 맹자가 '紂는 惡을 숭상하여 자신의 존귀한 이름을 잃었으므로 君臣의 관계로써 논할 수 없다.'라고 하여 齊 宣王을 깊이 깨우치고 후세에 경계를 남기려 했다는 것이다.〔此章指言孟子云 紂以崇惡 失其尊名 不得以君臣論之 欲以深寤齊王 垂戒於後也〕"라고 하였다.

2) 商之湯王放其夏王桀於南巢之地 : ≪書經≫ 〈商書 仲虺之誥〉에 "成湯이 桀을 南巢로 내쫓고 부끄러워하는 마음이 들어서 이에 '나는 후세에 나를 구실로 삼을까 두려워한다.' 라고 하였다.〔成湯放桀于南巢 惟有慙德 曰予恐來世 以台爲口實〕"라는 말이 나온다. 南巢는 옛 지명으로, 지금의 安徽省 巢縣 서남쪽이다.

3) 周武王伐商王紂於鹿臺之中 : ≪書經≫ 〈周書 武成〉에 "周 武王이 鹿臺의 재물을 흩어주고 鉅橋의 곡식을 풀어서 크게 四海에 베풀어주니 만백성이 기뻐하여 복종하였다.〔散鹿臺之財 發鉅橋之粟 大賚于四海 而萬姓悅服〕"라는 말이 나온다. 鹿臺는 珠玉과 錢帛 등을 저장했던 紂의 누대 이름이다.

4) 惟十有一年 武王伐紂 : ≪書經≫ 〈周書 泰誓〉의 小序에 나오는 말이다. 小序는 孔壁에서 나온 것이라고 하는데, 작자 미상이다. 58편이 전한다.

5) 武王伐紂……縣大白之旗 : ≪史記≫ 권3 〈殷本紀〉에는 "甲子日에 紂의 군대가 패하였다. 紂가 궁궐로 달려 들어가 鹿臺에 올라 寶玉으로 장식한 옷을 입고 불에 달려들어 죽었다. 周 武王이 마침내 紂의 머리를 베어 흰 기에 걸어두었다.〔甲子日 紂兵敗 紂走入登鹿臺 衣其寶玉衣 赴火而死 周武王遂斬紂頭 縣之白旗〕"라고 되어 있다. 흰 기는 殷나라를 상징하는 깃발이다.

經의 〔齊宣王問〕에서 〔未聞弑君也〕까지

○ 正義曰 : 이 장은 맹자가 "紂는 惡을 숭상하여 자신의 존귀한 이름을 잃었으므로 君臣의 관계로써 논할 수 없다."라고 하여 宣王을 깊이 깨우치고 후세에 경계를 남기려 했음을 말하였다.

〔齊宣王問曰 湯放桀 武王伐紂 有諸〕 선왕이 맹자에게 "商의 湯王이 夏나라 왕 桀을 南巢 땅으로 내쫓고, 周 武王이 商나라 왕 紂를 鹿臺 안에서 주벌했다는데, 이러한 말이 〈어디에〉 있습니까?"라고 물은 것이다.

〔孟子對曰 於傳有之〕 맹자가 선왕에게 전하는 문헌에 이러한 말이 있다고 대답한 것

이다. ≪書經≫에 "成湯이 桀을 南巢로 내쫓았다."라고 하고, "11년에 武王이 紂를 정벌하였다."라고 하였으며, 또 ≪史記≫에 "武王이 紂를 정벌하자 紂가 궁궐로 달려 들어가 鹿臺에 올라가 珠玉으로 장식한 옷을 몸에 걸치고 스스로 불에 타서 죽었다. 武王이 황금으로 장식한 도끼를 가지고 紂의 머리를 베어 大白旗에 걸어 두었다."라고 한 것이 이것이다.

〔曰 臣弑其君 可乎〕 선왕이 맹자에게 "그렇다면 신하인 자가 자신의 군주를 죽일 수 있는 것이니 어찌 가당하겠습니까?"라고 물은 것이다.

〔曰 賊仁者謂之賊 賊義者謂之殘 殘賊之人謂之一夫 聞誅一夫紂矣 未聞弑君也〕 맹자가 선왕에게 "仁을 해치는 자를 '賊'이라 부르고 義를 해치는 자를 '殘'이라 부르며, '殘賊'이라 불리는 자를 모두 '一介 匹夫'라고 일컫습니다. 저는 일개 필부인 紂를 주벌했다는 것만 들었지, 군주를 시해한 일이 있었다는 것은 들어보지 못하였습니다."라고 대답한 것이다. ≪尙書≫에 '獨夫紂'라고 한 것이 그 증거이다.

9. 孟子謂齊宣王曰 爲巨室인댄 則必使工師로 求大木하시리니 工師得大木이면 則王喜하여 以爲能勝其任也라하시고 匠人이 斲而小之면 則王怒하여 以爲不勝其任矣라하시리니

맹자가 齊 宣王에게 말하였다. "큰 집을 짓게 되면 반드시 도목수로 하여금 큰 목재를 구하게 하실 것입니다. 도목수가 큰 목재를 구하면 왕께서는 기뻐하여 '자신의 임무를 제대로 감당하였다.'라고 하실 것입니다. 그런데 목수가 그 목재를 깎아 작게 만들면 왕께서는 노하여 '자신의 임무를 감당하지 못하였다.'라고 하실 것입니다.

【注】 巨室은 大宮也라 爾雅曰 宮을 謂之室이라하니라 工師는 主工匠之吏(吏)[1]요 匠人은 工匠之人也라 將以比喩之也라

1) (吏) : 저본에는 있으나, 監本, 毛本에 의거하여 衍文으로 처리하였다.(阮元의 〈校勘記〉 참조)

巨室은 큰 집이다. ≪爾雅≫에 "宮을 室이라고 한다."라고 하였다. 工師는 工匠을 주관

하는 관리이고, 匠人은 工匠의 一員이다. 그것으로 비유하려는 것이다.

夫人이 幼而學之는 壯而欲行之니 王曰 姑舍女所學하고 而從我라하시면 則何如하니잇고

사람이 어려서 배우는 것은 장성하여 그것을 실천해보려는 것인데, 왕께서 '잠시 네가 배운 것을 놓아두고 나의 가르침을 따르라.'라고 하신다면 어떻겠습니까?

【注】 姑는 且也라 謂人少學先王之道는 壯大而仕하여 欲施行其道로되 而王止之曰 且舍置汝所學하고 而從我之教命하라하시면 此如何也하니잇고하니라

姑는 '잠시'이다. "사람이 어려서 先王의 道를 배우는 것은 장성해 벼슬하여 그 道를 시행하고자 하는 것인데, 왕께서 그를 막고 말씀하기를 '잠시 네가 배운 것을 놓아두고 나의 가르침을 따르라.'라고 하신다면 이것이 어떠하겠습니까?"라고 말한 것이다.

今有璞玉於此하면 雖萬鎰이라도 必使玉人雕琢之하시리니 至於治國家하여는 則曰 姑舍女所學하고 而從我라하시면 則何以異於教玉人雕琢玉哉잇고

지금 여기에 다듬지 않은 옥이 있다고 한다면 비록 일만 鎰의 가치가 있더라도 반드시 玉工으로 하여금 가공하고 장식하게 할 것입니다. 국가를 다스리는 데 이르러서는 '잠시 네가 배운 것은 놓아두고 나의 가르침을 따르라.'라고 하신다면 옥공에게 옥을 가공하는 방법을 가르치는 것과 무엇이 다르겠습니까.

【注】 二十兩이 爲鎰이라 雕琢은 治飾玉也라 詩云 雕琢其章[1]이라하니라 雖有萬鎰在此라도 - 言衆多也라 - 必須玉人이라야 能治之耳라 至於治國家하여는 而令從我하나니 是는 爲教玉人治玉也라 教人治玉에 不得其道면 則玉不得美好요 教人治國에 不以其道면 則何由能治乎리오

1) 雕琢其章 : ≪詩經≫ 〈大雅 棫樸〉에 "잘 다듬은 그 문장이요, 금옥 같은 그 바탕이로다.〔追琢其章 金玉其相〕"라고 한 것을 가리킨다.

20兩이 1鎰이다. 彫琢은 옥을 가공하고 장식하는 것이다. ≪詩經≫에 "잘 다듬은 그 문장이다."라고 하였다. 비록 일만 鎰 가치의 옥이 여기에 있다고 해도 - 많음을 말한 것이

다.－반드시 玉工을 써야 제대로 그것을 가공할 수 있다. 국가를 다스리는 데 이르러서는 나를 따르도록 하니, 이것은 玉工에게 옥을 가공하는 법을 가르치는 것이다. 사람에게 옥을 가공하는 법을 가르치되 올바른 방도를 얻지 못한다면 옥이 아름답게 될 수 없을 것이고, 사람에게 국가를 다스리는 방법을 가르치되 올바른 방도를 사용하지 않는다면 어떻게 제대로 다스릴 수 있겠는가.

【疏】'孟子謂齊宣王'至'玉人雕琢玉哉' ○正義曰：此章言任賢使能, 不遺其學, 則功成而不墮.[1) '孟子謂齊宣王曰 爲巨室則必使工師求大木 工師得大木 則王喜 以爲能勝其任也 匠人斲而小之 則王怒 以爲不勝其任矣'者, 是孟子謂齊宣王, 言爲大宮, 則王必遣使工匠之吏求其大木, 工匠之吏求得其大木則王喜, 以爲工匠之吏能勝其所任用矣. 則至匠人斲削而小之, 則王怒, 以爲匠人不勝其任矣. 凡此皆孟子將以比喩而言也, 以其欲使宣王易曉其意也. 巨室, 大宮也. 工師, 主工匠之吏也. 又言'夫人幼而學之 壯而欲行之 王曰 姑舍女所學而從我 則何如'者, 是孟子又言夫人旣以幼少而學先王之道, 及壯大仕而欲施行其幼之所學之道, 而王乃曰且舍去汝所學之道而從我敎命, 則如之何也. '今有璞玉於此 雖萬鎰必使玉人雕琢之 至於治國家 則曰姑舍女所學而從我 則何以異於敎玉人雕琢玉哉'者, 是孟子又復以此而比喩于宣王也. 言今假有素璞之玉於此, 雖有萬鎰之多, 然必使治玉之人, 雕琢而治飾之耳. 至於治國家, 則固當以先王之道治之, 而曰且舍去女所學, 而令從我敎命, 則何以有異於敎玉人治飾玉哉.－言其無以異也.－以其治國家當取學先王之道者, 乃能治之. 今乃至於治國家, (以)〔則〕[2)]曰且舍汝所學, 而從我敎命, 是何以異於此哉. 蓋巨室則國家比也, 用人猶制木, 木則君子之道比也, 工師則君子比也, 匠人則人君比也. 意言治國家必用君子之道, 施而後治, 人君反小而用之, 未有能治國家者也. 不特若此, 又有以喩焉. 璞玉則亦國家比也, 玉人則亦君子比也, 意謂璞玉, 人之所寶也, 然不敢自治飾之, 必用使治玉人, 然後得成美器也. 若國家則人君之所寶也, 然人君不能自治, 必用君子治之, 然後安也. 今也君子不得施所學之道以治國家, 反使從已所敎以治之, 此亦敎玉人雕琢玉同也, 固不足以成美器, 適所以殘害之也. 故孟子所以有此譬之.

1) 此章言任賢使能……則功成而不墮：北京大本에는 章指를 "이 장의 章指는 다음과 같다. 賢者를 임용하고 능한 자를 부리되 그들이 배운 것을 어기게 하지 않는다면 功이 이루어지고 무너지지 않을 것이다. 남의 옳은 것을 굴복시켜 나의 잘못된 것을 따르게 한

다면 사람은 道를 이루지 못하고 玉은 圭를 이루지 못할 것이니, 善惡의 이치를 살피지 않아서야 되겠는가.〔此章指言任賢使能 不違其學 則功成而不墮 屈人之是 從己之非 則人不成道 玉不成圭 善惡之致 何可不察哉〕"라고 하였다.

2) (以)〔則〕: 저본에는 '以'로 되어 있으나, 毛本에 의거하여 '則'으로 바로잡았다.(阮元의 〈校勘記〉 참조)

經의 〔孟子謂齊宣王〕에서 〔玉人雕琢玉哉〕까지

○ 正義曰 : 이 장은 賢者를 임용하고 능한 자를 부리되 그들이 배운 것을 버리게 하지 않는다면 功이 이루어지고 무너지지 않을 것임을 말하였다.

〔孟子謂齊宣王曰 爲巨室則必使工師求大木 工師得大木 則王喜 以爲能勝其任也 匠人斲而小之 則王怒 以爲不勝其任矣〕 맹자가 제 선왕에게 아뢰기를 "큰 집을 짓게 되면 왕께서는 반드시 工匠을 주관하는 관리를 보내어 큰 목재를 구하게 할 것입니다. 工匠을 주관하는 관리가 큰 목재를 구하면 왕께서는 기뻐하여, 工匠을 주관하는 관리가 자신의 소임을 제대로 해냈다고 하실 것입니다. 그런데 匠人이 그 목재를 깎아 작게 만들면 왕께서는 노하여 匠人이 자신의 소임을 해내지 못했다고 여기실 것입니다."라고 한 것이다. 이것은 모두 맹자가 비유하려고 말한 것으로, 이를 통해 선왕으로 하여금 그 의미를 쉽게 이해하도록 하려는 것이었다. 巨室은 큰 집이다. 工師는 工匠을 주관하는 관리이다.

〔夫人幼而學之 壯而欲行之 王曰 姑舍女所學而從我 則何如〕 맹자가 다시 "사람이 어려서 先王의 道를 배웠으면 장성해 벼슬하게 되어서는 어려서 배운 道를 시행해보고자 하는 것인데, 왕께서 끝내 '잠시 네가 배운 道를 놓아두고 나의 가르침을 따르라.'라고 하신다면 어떻겠습니까?"라고 말한 것이다.

〔今有璞玉於此 雖萬鎰必使玉人雕琢之 至於治國家 則曰姑舍女所學而從我 則何以異於教玉人雕琢玉哉〕 맹자가 다시 이것을 가지고 宣王에게 비유한 것이다. "지금 가령 가공하지 않은 옥이 여기에 있어 비록 일만 鎰의 값이 나갈 정도로 많더라도 반드시 옥을 가공하는 장인으로 하여금 가공하고 장식하게 해야 합니다. 국가를 다스리는 데 이르러서는 진실로 마땅히 先王의 道로써 다스려야 하는데, '잠시 네가 배운 것을 놓아두고 나의 가르침을 따르라.'라고 한다면 옥공에게 옥을 가공하고 장식하는 방법을 가르치는 것과 무엇이 다르겠습니까."라고 말한 것이다. -다름이 없다는 말이다.- 국가를 다스림에 있어서는 先王의 道를 배운 사람을 등용해야 비로소 국가를 제대로 다스릴 수 있다. 지금 국가를 다스는 데 이르러서는 "잠시 네가 배운 것을 버려두고 나의 명령을 따르라."라고

한다면 이것과 무엇이 다르겠는가.

큰 집은 국가를 비유한 것이다. 인재를 등용하는 것은 목재를 다듬는 것과 같다. 목재는 君子의 道를 비유한 것이고, 도목수는 군자를 비유한 것이고, 목수는 군주를 비유한 것이다. 국가를 다스림에 있어 반드시 군자의 도를 써서 베푼 뒤에야 다스려지는 것인데, 군주가 도리어 작게 만들어 사용하니, 국가를 제대로 다스리는 경우가 없다는 의미이다.

이러한 비유뿐만 아니라, 또 다른 비유를 하였다. 다듬지 않은 옥은 또한 국가를 비유한 것이고, 옥공은 또한 군자를 비유한 것이다. 다듬지 않은 옥은 사람들이 보물로 여기는 것이지만, 감히 스스로 가공하여 장식하지 않고 반드시 옥공을 기용하니, 그런 뒤에야 아름다운 그릇을 이룰 수 있기 때문이다. 국가의 경우 군주가 보물로 여기는 것이지만, 군주가 스스로 다스리지 못하고 반드시 군자를 등용하여 다스리니, 그런 뒤에야 국가를 안정시킬 수 있기 때문이다. 지금 군자가 자신이 배운 도를 시행하여 국가를 다스리지 못한 상황에서 군주는 도리어 자신이 가르치는 바를 따라 다스리게 하니, 이는 또한 옥공에게 옥을 가공하고 장식하는 방법을 가르치는 것과 같아서 진실로 아름다운 그릇을 이룰 수 없거니와, 해를 끼치게 될 뿐이라는 의미이다. 그러므로 맹자가 이렇게 비유한 것이다.

【疏】 ○ 注'巨室大宮也'至'喩之也' ○ 正義曰：字林[1]云 "巨, 大也." 白虎通[2]曰"黃帝始作宮室", 是知巨室則大宮也. 周禮考工記云 "審曲面埶, 以飭五材, 以辨民器, 謂之工. 凡攻木之工七, 攻金之工六, 攻皮之工五, 設色之工五, 刮摩之工五, 摶埴之工二." 輪·輿·弓·廬·匠·車·梓, 凡此者, 是攻木之工也. 餘工不敢煩述. 所謂工師者, 師, 範也, 教也, 卽掌教百工者. 如漢書云"將作少府, 秦官, 掌理宮室"[3]者是也. 匠人卽斲削之人也, 風俗通云"(凡是)〔氏〕於事〔者〕巫卜陶匠"[4]是也. 然則此言匠人者, 卽攻木之匠也.

1) 字林：晉나라 때 呂忱이 지은 字書이다. ≪說文解字≫를 모방하여 지었으며, 분량은 6卷 또는 7卷이었다고 한다. 지금은 전하지 않는다.
2) 白虎通：後漢의 章帝 建初 4년(79)에 여러 儒生들이 北宮의 白虎觀에 모여 五經의 同異에 대해서 강론한 것을 班固가 撰集한 책이다. ≪白虎通義≫라고도 한다.
3) 將作少府……掌理宮室：≪漢書≫ 〈百官公卿表 上〉에 나오는데, '理'가 '治'로 되어 있다.
4) (凡是)〔氏〕於事〔者〕巫卜陶匠：저본에 '凡是於事巫卜陶匠'라고 되어 있다. 현재 전하는

≪風俗通≫에는 이 글이 수록되어 있지 않으나, ≪古今姓氏書辯證≫ 권11에 '風俗通曰氏於事者巫卜陶匠'이라고 되어 있는 것에 의거하여 바로잡고 보충하였다.

○ 注의 〔巨室大宮也〕에서 〔喩之也〕까지

○ 正義曰 : ≪字林≫에 "巨는 큼이다."라고 하였다. ≪白虎通≫에 "黃帝가 처음으로 宮室을 지었다."라고 하였는데, 이를 통해 巨室이 큰 집이라는 것을 알 수 있다. ≪周禮≫ 〈考工記〉에 "五材의 曲直과 方圓을 살펴 五材를 가공하고 백성이 필요한 器物을 갖추니, 이 사람을 工人이라 한다. 무릇 목재를 가공하는 공인이 일곱 종류이고, 쇠를 가공하는 공인이 여섯 종류이고, 가죽을 가공하는 공인이 다섯 종류이고, 염색을 담당하는 공인이 다섯 종류이고, 절단과 연마를 담당하는 공인이 다섯 종류이고, 벽돌과 벽을 바르는 흙을 담당하는 공인이 두 종류이다."라고 하였다. 輪人, 輿人, 弓人, 廬人, 匠人, 車人, 梓人이 바로 목재를 가공하는 공인이다. 나머지는 감히 번거롭게 서술하지 않는다. 이른바 工師라는 것은, 師는 모범이고 가르침이니, 바로 百工을 가르치는 일을 관장하는 사람이다. ≪漢書≫에 "將作少府는 秦나라의 관직이니, 궁실을 짓는 일을 관장했다."라고 한 것이 이것이다. 匠人은 재목을 자르고 깎는 사람이니, ≪風俗通≫에 "일을 氏로 삼은 경우가 巫, 卜, 陶, 匠이다."라고 한 것이 이것이다. 그렇다면 여기서 匠人이라고 말한 것은 바로 목재를 가공하는 장인이다.

【疏】 ○ 注'金二十兩爲鎰' ○ 正義曰 : 國語云 "二十四兩爲鎰", 禮云 "朝一(鎰)〔溢〕[1] 米", 注亦謂"二十四兩". 今注悞爲二十兩.

1) (鎰)〔溢〕: 저본에는 '鎰'로 되어 있으나, ≪儀禮≫ 〈喪服〉에 의거하여 '溢'로 바로잡았다.

○ 注의 〔金二十兩爲鎰〕

○ 正義曰 : ≪國語≫에 "24兩이 1鎰이다."라고 하였고, ≪儀禮≫에 "아침에 쌀 1溢을 먹는다."라고 하였는데 그 注에도 "24兩이다."라고 하였다. 지금 여기 注는 잘못하여 20兩이라고 하였다.

10. 齊人이 伐燕勝之[1]어늘 宣王問曰 或謂寡人勿取라하며 或謂寡人取之라하나니 以萬乘之國으로 伐萬乘之國하되 五旬而擧之하니 人力不至於此니 不取하면 必有天殃하니 取之何如하니잇고

1) 齊人伐燕勝之 : 齊 宣王 6年(B.C. 314)에 燕王 噲가 재상인 子之에게 讓位하였는데, 燕나라 사람들이 그에게 복종하지 않았다. 장군 市被와 太子 平이 전쟁을 일으켜 子之를 공격하였으나 이기지 못하자, 燕나라가 극도로 혼란한 상황이 되었다. 이때 齊나라가 匡章을 파견하여 燕나라를 쳐서 쉽게 승리할 수 있었다.(≪史記≫ 〈燕召公世家〉)

齊나라가 燕나라를 정벌하여 승리하였다. 宣王이 물었다. "어떤 사람은 과인에게 연나라를 취하지 말라고 하고 어떤 사람은 과인에게 취하라고 합니다. 만승의 나라로서 만승의 나라를 정벌하는데 50일 만에 점령하였으니, 사람의 힘만 가지고는 이 정도에 이를 수 없습니다. 취하지 않는다면 반드시 하늘의 재앙이 있을 것이니, 취하는 것이 어떻겠습니까?"

【注】 萬乘은 非諸侯之號나 時에 燕國이 皆侵地廣大하여 僭號稱王이라 故曰萬乘이라 五旬은 五十日也라 書曰 朞三百有六旬[1)]이라하니라 言 五旬未久而取之하니 非人力이요 乃天也라 天與不取면 懼有殃咎이니 取之何如하니잇고

1) 朞三百有六旬 : ≪書經≫ 〈堯典〉에 "아, 너희 羲氏와 和氏야. 朞는 366일이니 윤달을 두어야 사시를 정하여 한 해를 이룬다.〔帝曰 咨汝羲暨和 朞三百有六旬有六日 以閏月定四時成歲〕"라는 堯의 말이 나온다. 注文에서 인용한 것은 '有六日'이 빠져 있다.

萬乘은 제후를 일컫는 말이 아니었으나, 당시에 연나라가 두루 침략한 땅이 광대하여 참람하게도 왕을 칭하였으므로 '만승'이라고 한 것이다. 五旬은 50일이다. ≪書經≫에 "朞는 360일이다."라고 하였다. "50일이라는 오래지 않은 시간에 취하였으니, 사람의 힘이 아니라 하늘의 힘입니다. 하늘이 주었는데 취하지 않으면 재앙이 있을까 두려우니, 취하는 것이 어떻겠습니까?"라고 말한 것이다.

孟子對曰 取之而燕民悅이어든 則取之하소서 古之人이 有行之者하니 武王是也니이다

맹자가 대답하였다. "취해서 燕나라 백성들이 기뻐한다면 취하십시오. 古人 중에 그렇게 한 사람이 있었으니 武王이 그런 분이었습니다.

【注】 武王伐紂而殷民喜悅하여 篚厥玄黃而來迎之라 是以로 取之也라

무왕이 주를 정벌하자 은나라 백성들이 기뻐하여 검은 비단과 황색 비단을 광주리에 담아 와서 무왕을 맞이하였다. 그러므로 은나라를 취하였던 것이다.

取之而燕民不悅이어든 **則勿取**하소서 **古之人**이 **有行之者**하니 **文王是也**니이다

취해서 연나라 백성들이 기뻐하지 않는다면 취하지 마십시오. 古人 중에 그렇게 한 사람이 있었으니 文王이 그런 분이었습니다.

【注】 文王이 以三仁尚在하고 樂師未奔[1]에 取之면 懼殷民不悅이라 故未取之也라

1) 三仁尚在 樂師未奔 : 三仁은 殷나라 말기의 세 충신인 微子, 箕子, 比干을 가리킨다. 이들은 紂를 섬기다가 미움을 받아, 微子는 멀리 떠나갔고, 箕子는 노예가 되었고, 比干은 죽음을 당하였다. 樂師는 樂官인 大師와 少師를 가리킨다. ≪史記≫ 〈殷本紀〉에 "紂가 음란한 짓을 더욱 계속하였다. 미자가 여러 번 간하였으나, 紂는 듣지 않았다. 이에 微子가 大師, 少師와 함께 상의한 뒤에 마침내 떠났다."라는 말이 나온다.

문왕은 三仁이 여전히 〈紂의 곁에〉 있고 樂師가 달아나지 않았는데, 취한다면 殷나라 백성들이 기뻐하지 않을까 두려워했다. 그러므로 취하지 않았던 것이다.

以萬乘之國으로 **伐萬乘之國**이어늘 **簞食**(사)**壺漿**으로 **以迎王師**는 **豈有他哉**리오 **避水火也**니 **如水益深**하며 **如火益熱**이면 **亦運而已矣**니이다

만승의 나라로 만승의 나라를 정벌하였는데, 대나무 그릇에 담긴 밥과 병에 담은 음료를 가지고 왕의 군대를 맞이하는 것은 어찌 다른 뜻이 있겠습니까. 물과 불을 피하려는 것입니다. 만약 물이 더욱 깊어지고 불이 더욱 뜨거워진다면 또한 옮겨갈 뿐입니다.

【注】 燕人이 所以持簞食壺漿來迎王師者는 欲避水火難耳라 如其所患益甚이면 則亦運行奔走而去矣라 今王이 誠能使燕民免於水火면 亦若武王伐紂하여 殷民이 喜悅之니 則取之而已라

연나라 백성이 대나무 그릇에 담긴 밥과 병에 담은 음료를 가지고 와서 왕의 군대를 맞이하는 이유는 물과 불 같은 환란을 피하려는 것일 뿐이다. 만약 근심이 더욱 깊어진

다면 또한 움직여 달아나 떠날 것이다. 지금 왕이 정말 연나라 백성들로 하여금 물과 불 같은 환란을 면할 수 있게 해준다면 또한 무왕이 주를 정벌하자 은나라 백성들이 기뻐했던 것처럼 될 것이니, 그렇게 되면 연나라를 취하는 것이다.

【疏】'齊人伐燕勝之'至'亦運而已矣' ○正義曰：此章言征伐之道, 當順民心也.[1] '齊人伐燕 勝之 宣王問曰 或謂寡人勿取 或謂寡人取之'至'何如'者, 言齊國之人伐燕之人, 必强勝之. 齊宣乃問孟子以謂"或有人教我勿取此燕國, 或有人又教我取之. 今以萬乘之國伐萬乘之國, 但五十日足以興擧之, 非人力所能至, 此乃天也. 天與之而勿取, 必有天殃而禍之. 今則取之, 何如." 故以此問孟子. '孟子對曰 取之而燕民悅 則取之 古之人有行之者 武王是也'者, 是孟子答齊宣, 以爲今伐取之燕國, 而燕國之民悅樂, 則可以伐取之也. 古之人有行征伐之道如此國者, 若武王伐紂是也. 書曰"肆予東征, 綏厥士女, 惟其士女, 篚厥玄黃, 昭我周王", 是其武王伐紂之事耳. 孟子所以引此答齊宣, 蓋欲齊宣征伐順民心, 亦若武王也. '取之而燕民不悅 則勿取 古之人有行之者 文王是也'者, 孟子又以此答之齊宣, 言今欲取之燕國, 苟燕國之民愁怨而不悅, 則當勿取之. 故古之人有欲行征伐之道若此者, 如文王於紂是也. 孔子有云"文王三分天下有其二, 猶服事殷", 是文王於紂之事耳. 孟子所以又引此答齊宣者, 復欲齊宣如文王順民心而未取之耳. '以萬乘之國 伐萬乘之國 簞食壺漿 以迎王師'至'亦運而已矣'者, 孟子言今且託以萬乘之國伐取萬乘之國, 其有以簞食壺漿而來迎王兵師者, 豈有他事哉, 蓋欲避去水火之患難耳, 如若水彌深, 火彌熱, 則民亦運行而奔走矣, 豈來迎王之兵師哉. 意謂今齊誠能使燕民得免水火之難, 亦若武王伐紂, 殷民皆悅樂之, 則可以取燕也. 如不然, 則若文王之於紂, 故未取之耳. 云'萬乘'者, 蓋六國之時爲諸侯者, 皆僭王號, 故皆曰萬乘. 云'簞笥'者, 案曲禮曰"圓曰簞, 方曰笥, 飯器也", 書云"衣裳在笥"[2], 則笥亦盛衣. 云'壺漿'者, 禮圖云"酒壺受一斛, 口徑尺, 足高二寸徑尺", 又公羊傳云"齊侯唁公于野井, 國子執壺漿"[3], 何休[4]云"壺, 禮器, 腹方口圓曰壺". 釋名[5]曰"漿, 水也", 飮也. 或云"漿, 酒也."

1) 此章言人君田獵以時……與民同樂也：北京大本에는 章指를 "이 장의 章指는 정벌의 道는 民心을 따라야 하니, 民心이 기뻐하면 하늘의 뜻을 얻고 하늘의 뜻을 얻은 뒤에야 남의 나라를 취할 수 있다는 것이다.〔此章指言征伐之道 當順民心 民心悅 則天意得 天意得然後乃可以取人之國也〕"라고 하였다.

2) 衣裳在笥："말을 함부로 하면 수치스러운 일이 생기고 甲冑를 가볍게 움직이면 전쟁이

일어납니다. 공 있는 이에게 衣裳 내리는 것을 삼가서 상자에 잘 보관해 두시며, 죄 있는 이를 토벌하는 干戈는 몸을 살피셔야 합니다.〔惟口起羞 惟甲冑起戎 惟衣裳在笥 惟干戈省厥躬〕"라는 傅說이 왕에게 올린 진언에 나오는 구절이다.(≪書經≫ 〈說命 上〉)

3) 齊侯唁公於野井 國子執壺漿 : 魯 昭公이 季孫氏를 죽이려다 실패하고 齊나라로 도망갔을 때 齊 景公이 野井이라는 곳에서 昭公을 만나 위로하며 음식을 대접하였다. ≪春秋公羊傳≫ 昭公 25년 조에는 다음과 같이 기록되어 있다. "齊 景公이 野井에서 공을 위로하였다.……高子는 대나무 그릇에 담긴 밥과 네 조각의 乾肉을 들고 왔고, 國子는 병에 담긴 음료를 들고 왔다.〔齊侯唁公於野井……高子執簞食與四脡脯 國子執壺漿〕"

4) 何休 : 129~182. 後漢 말기의 학자이다. 자는 邵公이다. 諫議大夫를 지냈다. 학문이 깊어 六經을 정밀히 연구하였는데, 특히 ≪春秋公羊傳≫을 깊이 연구하여 ≪春秋公羊傳解詁≫를 지었다.

5) 釋名 : 後漢의 학자 劉熙가 지은 訓詁字書이다. 모두 8권이다. ≪逸雅≫라고도 한다. 釋天, 釋地, 釋山 등 27類로 나누어 기술하였다.

經의 〔齊人伐燕勝之〕에서 〔亦運而已矣〕까지

○ 正義曰 : 이 장은 정벌의 道는 民心을 따라야 함을 말한 것이다.

〔齊人伐燕 勝之 宣王問曰 或謂寡人勿取 或謂寡人取之〕에서 〔何如〕까지

다음과 같은 내용이다. 제나라 사람들이 연나라 사람들을 정벌하여 모두 압도적으로 이겼다. 제 선왕이 이에 맹자에게 묻기를 "어떤 사람은 나에게 이 연나라를 취하지 말라고 조언하고 어떤 사람은 또 나에게 취하라고 조언합니다. 지금 만승의 나라를 가지고 만승의 나라를 정벌해서 단지 50일 만에 점령할 수 있었으니, 사람의 힘으로 능히 이를 수 있는 것이 아니요, 이것은 하늘의 힘입니다. 하늘이 주는데 취하지 않는다면 반드시 하늘이 재앙을 내려 화를 입힐 것이니, 지금 취하는 것이 어떻겠습니까." 하였다. 그러므로 이 질문으로 맹자에게 물은 것이다.

〔孟子對曰 取之而燕民悅 則取之 古之人有行之者 武王是也〕 맹자가 제 선왕에게 답하기를 "지금 연나라를 정벌해서 취하여 연나라 백성들이 기뻐한다면 정벌해 취할 수 있을 것입니다. 古人 중에 정벌의 도를 이러한 나라에 실천한 분이 있었으니, 武王이 紂를 정벌한 경우가 그것입니다." 하였다. ≪書經≫ 〈武成〉에 "이에 내가 동쪽으로 정벌하여 士女들을 편안하게 해주니, 그 士女들이 검은 비단과 황색 비단을 광주리에 담아서 우리 周王의 덕을 밝혔다."라고 하였으니, 이것이 武王이 紂를 정벌할 때의 일이었다. 맹자가 이것을 인용하여 제 선왕에게 답한 것은 제 선왕으로 하여금 연나라를 정벌하되 민심을 따르기를 또한 무왕처럼 하도록 하려는 것이었다.

〔取之而燕民不悅 則勿取 古之人有行之者 文王是也〕 맹자가 다시 이 말로써 제 선왕에게 답하였다. "지금 연나라를 취하고자 하는데, 만약 연나라 백성들이 슬퍼하고 원망하면서 기뻐하지 않는다면 취하지 말아야 합니다. 古人 중에 정벌의 도를 이와 같이 실천하고자 했던 분이 있었으니, 文王이 紂를 대했던 경우가 그것입니다." 孔子가 말하기를 "文王은 천하의 三分의 二를 소유하시고도 殷나라를 복종해 섬기셨다." 하였으니, 이것이 文王이 紂를 대했던 일이었다. 맹자가 다시 이것을 인용하여 제 선왕에게 대답했던 것은 제 선왕이 문왕처럼 민심을 따라 아직 취하지 말기를 또한 바랬던 것이다.

〔以萬乘之國 伐萬乘之國 簞食壺漿 以迎王師〕에서 〔亦運而已矣〕까지

맹자가 "지금 만승의 나라를 바탕으로 만승의 나라를 정벌해 취하였는데, 그들이 대나무 그릇에 담긴 밥과 병에 담은 음료를 가지고 와서 왕의 군대를 맞이하는 것은 어찌 다른 이유가 있어서이겠습니까? 물과 불의 患難을 피하고자 하는 것일 뿐입니다. 만약 물이 더욱 깊어지고 불이 더욱 뜨거워진다면 백성들이 또한 움직여 달아날 것이니, 어찌 와서 왕의 군대를 맞이하겠습니까."라고 말한 것이다. 지금 제나라가 진실로 연나라 백성들이 물과 불의 환난에서 벗어나도록 해주는 것을 武王이 紂를 정벌하자 殷나라 백성들이 모두 기뻐했던 것처럼 할 수 있다면 연나라를 취해도 되지만, 만약 그렇지 않다면 文王의 紂에 대한 경우와 같으니 아직 취하지 말라는 의미이다.

〔萬乘〕 六國시대에 제후였던 자들이 모두 왕의 호칭을 僭稱했으므로 모두 萬乘이라고 하였다.

〔簞笥〕 ≪禮記≫ 〈曲禮〉를 상고하니 "둥근 것을 簞이라 하고 네모난 것을 笥라고 하니, 밥그릇이다."라고 하였고, ≪書經≫ 〈說命 上〉에 이르기를 "衣裳을 笥에 보관한다."라고 하였으니 笥에도 옷을 보관하였다.

〔壺漿〕 ≪三禮圖≫에 "酒壺에 1斛을 담는다. 입구는 지름이 1尺이고, 다리는 높이가 2寸 지름이 1尺이다."라고 하였고, ≪春秋公羊傳≫에 "齊 景公이 野井에서 공을 위로하였다. 國子는 병에 담긴 음료를 들고 왔다."라고 하였는데, 何休는 "壺는 禮器이다. 몸통은 네모나고 입구가 둥근 것을 壺라고 한다."라고 하였다. ≪釋名≫에 "漿은 물이다."라고 하였으니, 음료이다. 혹자는 "漿은 술이다."라고 한다.

【疏】 ○ 注'篚厥玄黃' ○ 正義曰：孔安國傳云"以筐篚盛其絲帛也", 禮圖云"篚以竹爲之, 長三尺, 廣一尺, 深六寸, 足高三寸, 上有蓋也."

○ 注의〔篚厥玄黃〕

○ 正義曰：孔安國은 傳에서 "筐과 篚로 실과 비단을 담는다."라고 하였고, ≪三禮圖≫에는 "篚는 대나무로 만드는데, 길이가 3尺, 너비가 1尺, 깊이가 6寸, 다리의 높이가 3寸이고 위에 덮개가 있다."라고 하였다.

【疏】 ○ 注'萬乘非諸侯之號'至'如何' ○ 正義曰：云'萬乘非諸侯之號, 時燕國皆侵地僭號稱王"者, 說在上卷首章[1). "書曰 朞三百有六旬"[2)者, 案孔安國傳云 "匝四時曰朞, 一歲十二月, 月三十日, 正三百六十日, 除小月六(日)[3)爲六日, 是爲一歲有餘十二日, 未盈三歲, 足得一月, 則置閏焉", 是其解也.

1) 說在上卷首章：〈梁惠王 上〉 제1장의 注에서 "萬乘은 戰車 1만 乘이니 天子를 가리킨다."라고 하고, 이에 대해 孫奭이 ≪司馬法≫을 인용하여 "天子의 畿는 사방 1천 리로서 합계 1백만 井이니, 兵賦 64만 井, 戎馬 4만 匹, 兵車 1만 乘을 낼 수 있다. 이런 까닭에 '萬乘之主'라고 한다."라고 한 것을 가리킨다.
2) 朞三百有六旬：≪書經≫ 〈堯典〉에 "아, 그대들 羲氏와 和氏야. 1년은 366일이니, 윤달로 四時를 정하여 歲曆을 작성하면 진실로 百官을 다스려 모든 공이 다 넓어질 것이다.〔咨汝羲暨和 朞三百有六旬有六日 以閏月 定四時成歲 允釐百工 庶績咸熙〕"라는 말이 나온다.
3) (日)：저본에는 있으나, ≪尙書正義≫에 의거하여 衍文으로 처리하였다.

○ 注의〔萬乘非諸侯之號〕에서〔如何〕까지

○ 正義曰："萬乘은 제후를 일컫는 말이 아니었으나, 당시에 연나라가 두루 침략하여 참람하게도 왕을 칭하였다."라는 말은 그 說이 上卷 첫 장에 실려 있다. "≪書經≫에 '朞는 360일이다.'라고 하였다."는 것은 孔安國의 傳을 상고하면 "四時를 한 바퀴 도는 것을 朞라고 한다. 1년이 12개월이고, 1개월이 30일이니, 정확하게 360일이다. 小月(음력에서 한 달이 29일인 달) 여섯 달에서 〈각각 1일씩을〉 제하면 6일이니, 이것이 1년이면 12일이 남음이 있게 되니, 3년이 채 못 되어 〈남은 날로〉 족히 한 달을 얻으면 윤달을 둔다."라고 하였으니, 그것에 대한 풀이이다.

【疏】 ○ 注'武王伐紂'至'取之也' ○ 正義曰：書云 "惟十一年, 武王伐紂"[1), 史記云 "武王伐紂, 發兵七十萬人距(紂師)〔武王〕[2). 紂師倒兵以戰, 以(鬭)〔開〕[3)武王. 武王馳之, 紂兵崩叛. 紂走反入鹿臺, 蒙衣其珠玉, 自燔於火而死. 武王以黃鉞斬紂, 懸其頭於大白之旗"[4)]是也.

1) 惟十一年 武王伐紂：≪書經≫〈泰誓序〉에 "십일 년에 武王이 殷나라를 정벌하였다.〔惟十有一年 武王伐殷〕"라고 한 것을 가리킨다.
2) (紂師)〔武王〕：저본에는 '紂師'로 되어 있으나, ≪史記≫에 의거하여 '武王'으로 바로잡았다.
3) (鬪)〔開〕：저본에는 '鬪'로 되어 있으나, ≪史記≫에 의거하여 '開'로 바로잡았다.
4) 武王伐紂……懸其頭於大白之旗：≪史記≫〈周本紀第四〉에 나오는 기록을 정리하여 수록한 것이다. 鹿臺는 紂가 자신의 寶貨를 쌓아두었던 누대이다.

○ 注의 〔武王伐紂〕에서 〔取之也〕까지

○ 正義曰：≪書經≫에 "11년에 武王이 紂를 정벌했다."라고 하였고, ≪史記≫에 "武王이 紂를 정벌하자 紂가 70만 명의 군대를 파견하여 武王을 막았다. 紂의 군대가 무기를 거꾸로 들고 싸워 武王에게 길을 열어주었다. 武王이 紂의 군대를 추격하니 紂의 군대가 붕괴되어 紂를 배반하였다. 紂가 달아나 궁궐로 돌아가 鹿臺에 들어가 珠玉으로 장식한 옷을 입고서 스스로 불에 타서 죽었다. 武王이 황색 도끼로 紂를 베어 그 머리를 大白旗에 매달았다."라고 한 것이 이것이다.

【疏】○ 注'文王以三仁尙在 樂師未奔'者 ○ 正義曰：語云"殷有三仁焉", 蓋微子・箕子・比干是也. 呂氏春秋仲冬紀云 "紂之母生微子啓與仲衍, 其時猶尙爲妾, 改而爲妻, 後生紂. 紂之父欲立微子啓爲太子, 太史曰'妻之有子, 不可立妾之子', 故立紂爲後." 微子, 名啓, 世家曰開, 孔安國曰"微, 圻內國名. 子, 爵. 爲紂卿士". 箕子者, 莊子云"箕子, 名胥", 鄭玄云"箕亦在圻內". 比干者, 家語曰"比干是紂之親則諸父", 知比干乃紂之諸父也. 宋世家云"箕子乃紂之親戚也", 言爲親戚, 又莫知其爲父爲兄也. 鄭玄・王肅[1)]皆以箕子爲紂之諸父, 杜預以爲紂之庶兄, 皆以意言之耳. 趙云"三仁尙在"者, 蓋文王爲西伯之時, 三仁尙未之亡去. 及西伯卒, 武王東伐, 至盟津, 諸侯會者八百, 皆曰"紂可伐", 武王猶曰"爾未知天命". 紂愈淫亂不止, 微子諫不聽, 乃與大師謀遂去. 比干曰"爲人臣者不得不以死諫", 迺强諫紂. 紂怒曰"吾聞聖人心有七竅", (司)〔刳〕[2)]比干, 觀其心. 箕子懼, 乃佯狂爲奴, 紂又囚之, 後因武王乃釋之耳.

1) 王肅：195~256. 삼국시대 魏나라의 東海 사람이다. 자는 子雍이다. 賈逵와 馬融의 학문에 능하였고, 鄭玄을 좋아하지 않았다. 諸家의 설을 종합하여 ≪詩經≫, ≪書經≫, 三禮, ≪春秋左氏傳≫, ≪論語≫의 주석을 내었고 ≪孔子家語≫를 편찬하였다.
2) (司)〔刳〕：저본에는 '司'로 되어 있으나, 閩本, 監本, 毛本에 의거하여 '刳'로 바로잡았

다.(阮元의 〈校勘記〉 참조)

○ 注의 〔文王以三仁尙在 樂師未奔〕

○ 正義曰：≪論語≫ 〈微子〉에 "殷나라에 三仁이 있었다."라고 하였으니, 微子, 箕子, 比干이 그들이다. ≪呂氏春秋≫ 〈仲冬紀〉에 "紂의 모친이 微子 啓와 仲衍을 낳았는데, 그때에는 여전히 妾의 지위였다. 그러다 지위가 바뀌어 妻가 된 뒤에 紂를 낳았다. 紂의 부친이 微子 啓를 세워 太子로 삼고자 하였으나, 太史가 '妻에게 아들이 있으니 妾의 아들을 세워서는 안 됩니다.'라고 하므로 紂를 세워 後嗣로 삼았다."라고 하였다.

微子는 이름이 啓이다. ≪史記≫ 〈宋微子世家〉에서는 '開'라고 하였고, 孔安國은 "微는 畿內의 나라 이름이다. 子는 爵位이다. 紂의 卿士이다."라고 하였다. 箕子에 대해서는 ≪莊子≫에 "箕子는 이름이 胥이다."라고 하였고, 鄭玄은 "箕도 畿內에 있었다."라고 하였다. 比干에 대해서는 ≪孔子家語≫에 "比干은 紂에게 親戚 관계로는 諸父이다."라고 하였으니, 比干이 紂의 諸父라는 것을 알 수 있다. ≪史記≫ 〈宋微子世家〉에 "箕子는 紂의 親戚이다."라고 하였으니, 친척이라고 말한 것을 보면 또한 아버지뻘인지 형뻘인지 몰랐던 것이다. 鄭玄과 王肅은 모두 箕子를 紂의 諸父라고 하였고, 杜預는 紂의 庶兄이라고 하였으나, 모두들 추측으로 말한 것일 뿐이다. 趙岐가 "三仁이 여전히 곁에 있었다."라고 말한 것은 文王이 西伯으로 있을 때에 三仁이 아직 도망가지 않았던 것이다. 西伯이 세상을 떠나자 武王이 동쪽으로 정벌하여 盟津에 이르니, 회합한 제후가 800명이었다. 모두들 "紂를 정벌할 만하다."라고 하였으나, 武王은 여전히 "그대들은 天命을 모른다."라고 하였다. 紂가 음란한 행위를 더욱 끊지 않고 자행하였는데, 微子는 諫해도 듣지 않자 大師와 의논하고 마침내 떠났다. 比干은 "신하가 된 사람은 목숨을 걸고 간하지 않을 수 없다."라고 하고는 紂에게 강력하게 간하였다. 紂가 노하여 "나는 聖人은 심장에 일곱 개의 구멍이 있다고 들었다."라고 말하고는 比干의 몸을 갈라 그의 심장을 살펴보았다. 箕子는 두려워 미친 척하고는 노예가 되니, 紂가 다시 그를 가두었다. 나중에 武王 덕분에 풀려날 수 있었다.

11. 齊人이 伐燕取之한대 諸侯將謀救燕이러니 宣王曰 諸侯多謀伐寡人者하니 何以待之잇고

제나라가 연나라를 정벌하여 취하자, 제후들이 연나라를 구할 것을 모의하려고 하였다. 선왕이 말하였다. "많은 제후들이 寡人을 정벌하려고 모의한다고 하니, 어떻게 대처해야 합니까?"

【注】 宣王貪燕而取之한대 諸侯不義其事하여 將謀救燕伐齊러니 宣王懼而問之라

선왕이 연나라를 탐내어 취하자, 제후들이 그 일을 의롭게 여기지 않아 연나라를 구원하고 제나라를 정벌할 것을 모의하려고 하니, 선왕이 두려워 물은 것이다.

孟子對曰 臣聞 七十里로 爲政於天下者하니 湯이 是也니 未聞以千里畏人者也니이다

맹자가 대답하였다. "신은 70리 영토를 가지고 천하에 정사를 펼친 경우를 들었으니, 탕이 그러한 분입니다. 천 리의 영토를 가지고 남을 두려워했다는 경우는 듣지 못하였습니다.

【注】 成湯이 修德하여 以七十里而得天下라 今에 齊地方千里니 何畏懼哉리오

成湯이 덕을 닦아 70리의 영토를 가지고 천하를 얻었다. 지금 제나라 땅은 사방 천 리이니, 무엇을 두려워할 것인가.

書曰 湯이 一征을 自葛始하신대 天下信之하여 東面而征에 西夷怨하며 南面而征에 北狄怨하여 曰 奚爲後我오하여 民이 望之호되 若大旱之望雲霓也하여 歸市者不止하며 耕者不變이어늘 誅其君而弔其民하신대 若時雨降이라 民이 大悅하니 書曰 徯我后하다소니 后來하시니 其蘇라하니이다

≪書經≫에 "湯이 첫 번째 정벌을 葛나라부터 하셨다. 천하가 湯을 신뢰하였으므로 동쪽을 향해 정벌할 때에는 西夷가 원망하였으며, 남쪽을 향해 정벌할 때에는 北狄이 원망하여 '어찌하여 우리를 나중에 정벌하십니까?' 하여 백성들이 湯을 바라기를 큰 가뭄에 구름과 무지개를 바라는 듯이 하였다. 시장에 가는 사람이 멈추지 않았으며, 밭을 가는 사람이 변동하지 않았다. 그 〈포악한〉 군주를 주벌하여 그 백성을 위로하셨는데, 마치 단비가 내린 듯하여 백성들이 크게 기뻐하였다."라고

하였으며, 또 ≪書經≫에 “우리 임금을 기다리다가 우리 임금이 오시니 소생할 것이다.”라고 하였습니다.

【注】 此二篇은 皆尙書逸篇之文也라 言湯이 初征을 自葛始한대 誅其君하고 恤其民하니 天下가 信湯之德이라 面者는 向也라 東向征에 西夷怨王이라 去王城四千里가 夷服[1]之國也니 故謂之四夷라 言遠國이 思望聖化之甚也라 故曰何爲後我오하니라 霓는 虹也라 雨則虹見이라 故大旱而思見之라 徯는 待也라 后는 君也라 待我君來면 則我蘇息而已라

1) 夷服 : 周나라 때 王畿를 사방 천 리로 하고, 그 밖을 500리마다 9등급으로 구분하여 侯服, 甸服, 男服, 采服, 衛服, 蠻服, 夷服, 鎭服, 蕃服으로 나누었다. 이것을 九服이라고 한다.(≪周禮≫ 〈夏官 職方氏〉)

이 두 편은 모두 ≪尙書≫에서 散逸된 편의 글이다. 湯이 처음 정벌을 葛나라부터 시작하였는데, 葛나라의 군주를 죽이고 그 백성을 돌보니 천하가 湯의 덕을 신뢰하였다는 것을 말한 것이다. 面이라는 것은 향함이다. 동쪽을 향해 정벌하니 西夷가 왕을 원망하였다. 王城에서 4천 리 떨어진 곳이 夷服의 나라이므로 '四夷'라고 일컬었다. 먼 나라가 聖人의 敎化를 매우 그리워하였으므로 “어찌하여 우리를 나중에 정벌하십니까?”라고 하였음을 말한 것이다. 霓는 무지개이다. 비가 내리면 무지개가 보이므로 큰 가뭄이 들면 그것을 보기를 바라는 것이다. 徯는 기다림이다. 后는 군주이다. 우리 임금을 기다리다 임금이 오시니 내가 소생할 것이다.

今에 燕虐其民이어늘 王이 往而征之하시니 民以爲將拯己於水火之中也라하여 簞食(사)壺漿으로 以迎王師어늘 若殺其父兄하며 係累其子弟하며 毁其宗廟하며 遷其重器하면 如之何其可也리오

지금 연나라가 자신의 백성을 학대하는 상황에서 왕께서 가서 정벌하시니 연나라 백성들이 장차 자신들을 물과 불의 환난 속에서 구원해줄 것이라고 여겨서 대나무 도시락에 담은 밥과 병에 담은 음료를 가지고 왕의 군대를 맞이하였습니다. 만약 그들의 부형을 죽이고 그들의 자제를 결박하고 그들의 종묘를 훼손하고 그들의 귀중한 기물을 옮겨온다면 어찌 옳겠습니까.

【注】拯은 (所)〔濟〕[1]也라 係累는 猶縛結也라 燕民이 所以悅喜迎王師者는 謂濟救於水火之中耳라 今에 又殘之若此면 安可哉리오

1) (所)〔濟〕: 저본에는 '所'로 되어 있으나, 宋本, 廖本, 孔本, 韓本에 의거하여 '濟'로 바로잡았다.(阮元의 〈校勘記〉 참조)

拯은 구제함이다. 係累는 결박과 같다. 연나라 백성들이 기쁘게 왕의 군대를 맞이하는 것은 물과 불의 환난 속에서 구제해줄 것이라고 여겼기 때문이다. 지금 다시 이렇게 잔악하게 대한다면 어찌 옳겠는가.

天下固畏齊之强也니 今又倍地而不行仁政이면 是는 動天下之兵也니이다

천하가 본래 제나라의 강함을 두려워하는데, 지금 다시 땅을 배가하고 인정을 행하지 않는다면, 이것은 천하의 군대를 움직이게 하는 것입니다.

【注】言天下諸侯가 素畏齊强이어늘 今復竝燕一倍之地하여 以是行暴면 則多所危하니 是는 動天下之兵하여 共謀齊也라

천하의 제후들이 평소 제나라의 강함을 두려워하는데, 지금 다시 1배의 연나라 땅을 병합하고 이것을 가지고 폭정을 행한다면 위험한 일이 많을 것이니, 이것은 천하의 군대를 움직여 함께 제나라를 도모하도록 하는 것임을 말하였다.

王速出令하사 反其旄倪하시며 止其重器하시고 謀於燕衆하여 置君而後에 去之면 則猶可及止也리이다

왕께서 속히 명령을 내려 노인과 아이를 돌려보내고, 그들의 귀중한 기물을 옮겨오는 것을 중지하고, 연나라의 대중들과 의논하여 군주를 세운 뒤에 연나라를 떠나시면, 그래도 제때에 〈제후들을〉 중지시킬 수 있을 것입니다.

【注】速은 疾也라 旄는 老耄也라 倪는 弱小(倪)〔繄〕[1]倪者也라 孟子가 勸王急出令하여 先還其老小하며 止勿徙其寶重之器하고 與燕民謀置所欲立君而去之歸齊면 天下之兵을 猶可及其未發而止之也라

1) (倪)〔繄〕: 저본에는 '倪'로 되어 있으나, 孔本, 韓本에 의거하여 '繄'로 바로잡았다.(阮

元의 〈校勘記〉 참조)

速은 빠름이다. 旄는 노인이다. 倪는 약소한 어린아이이다. 맹자가 왕에게 권하기를, 속히 명령을 내려 우선 노인과 아이를 돌려보내고, 그들의 귀중한 기물을 옮겨오는 일을 중지하고, 연나라 백성들과 의논하여 그들이 세우기를 원하는 군주를 세워준 뒤에 연나라를 떠나 제나라로 돌아오면, 천하의 군대가 발동되기 전에 중지시킬 수 있을 것이라 하였다.

【疏】 '齊人伐燕取之'至'猶可及(士)〔止〕[1]也' ○正義曰：此章言伐惡養善, 無貪其富, 以小王大, 將何懼也. '齊人伐燕 取之 諸侯將謀救燕'者, 齊國伐其燕國, 而取其地, 天下諸侯皆將謀度救燕國也. '宣王曰 諸侯多謀伐寡人者 何以待之'者, 是齊宣見諸侯將謀度救燕國而共伐我, 乃曰天下多有謀度與燕共伐我者, 則我當如之何以待他, 故以此問孟子. '孟子對曰 臣聞七十里爲政於天下者 湯是也 未聞以千里畏人也'者, 孟子答齊宣, 以爲臣嘗聞有地但方闊七十里, 而能爲王政於天下者, 如商湯王是也. 未嘗聞有地方闊千里, 而猶畏人者也. 蓋湯爲夏方伯之時, 但有七十里而後爲天下商王. 今天下方千里者有九, 而得其一, 是齊之有千里地也. 所以云然. '書曰 湯一征 自葛始 天下信之 東面而征 西夷怨'至'民大悅'者, 此皆尙書遺亡篇文也. 今據商書仲虺之誥篇, 則云"乃葛伯仇餉, 初征自葛, 東征西夷怨, 南征北狄怨, 曰奚爲後予." 大抵孟子引此者, 蓋恐齊王爲已之臆說, 以引此而證之, 欲使齊宣信之也. 故言書云湯一征, 自葛國爲始. 天下皆信湯王之德, 後湯東向而征伐, 則西夷之人思望, 而怨不先自此而正君之罪, 南嚮而征伐, 則北狄之人又皆思望, 而怨以爲不先自此而正君之罪, 乃曰何爲後去其我, 而先向他國而征之, 故其民望湯之來, 皆若於大旱而望雲霓如(霓)[2]. 不特此也, 又使歸市者皆不止, －以其皆得貨易有無也.－ 耕于郊野者又不變易其事, －以言其常得耕作也.－ 雖誅亡其君, 又弔問而存恤其民, 其如時之旱而雨降, 民皆悅樂之也. '書曰 徯我后 后來 其蘇'者, 注云"自上文與此, 皆逸篇之文也." 今據仲虺之篇有云, 大抵孟子引此而言者, 又欲齊王知民如此之慕湯而則法湯也, 蓋謂民皆喜曰"徯待我君來而蘇息我也". '今燕虐其民 王往而征之 民以爲將拯已於水火之中也'至'如之何其可也'者, 是孟子又言今燕國之暴虐其民, 而王以兵往征伐之, 民皆以爲王兵之來, 將拯救已於水火之中如也. 故以簞食壺漿, 迎其王師之來. 今乃若以殺其民之父兄, 繫縛其民之子弟, 又毁壞其國中之宗廟, 使民不得其祀, 復遷徙其國中之寶器, 如之何可也. '天下固畏齊之强也 今又倍地而不行王政'至'可及止也'者, 孟子又言天下之諸侯, 素畏齊國之强也, 今王又竝燕國一倍之地, 而且復不行其王政, 是所以興動天下諸侯之兵而共伐之也. 王今卽速疾出其命令, 還其老耄幼小, 勿遷移其寶器, 復謀度於燕國之衆, 爲置立其君而後去之而歸齊, 則天下諸侯之兵, 尙可得及止之也.

1) (士)〔止〕: 저본에는 '士'로 되어 있으나, 經文에 의거하여 '止'로 바로잡았다.
2) (霓) : 저본에는 '霓'가 있으나, 四庫全書本에 의거하여 衍文으로 처리하였다.

經의 〔齊人伐燕取之〕에서 〔猶可及止〕까지

○ 正義曰 : 이 장은 "악한 자를 정벌하고 선한 자를 기르며, 財富를 탐하지 않으면, 작은 나라를 가지고도 큰 나라에서 왕 노릇 할 수 있으니, 장차 무엇을 두려워하겠는가."라고 말한 것이다.

〔齊人伐燕 取之 諸侯將謀救燕〕 제나라가 연나라를 정벌하여 그 땅을 취하니, 천하의 제후들이 모두 연나라를 구원할 것을 모의하려고 하였던 것이다.

〔宣王曰 諸侯多謀伐寡人者 何以待之〕 제 선왕이 제후들이 연나라를 구원하여 함께 자신들을 정벌할 것을 모의하는 것을 보고, 이에 말하기를 "천하에 연나라를 구원하여 함께 우리를 정벌하려고 모의하는 제후가 많으니, 우리가 마땅히 어떻게 해야 저들을 대처할 수 있습니까?"라고 하였다. 이 질문으로 맹자에게 물은 것이다.

〔孟子對曰 臣聞七十里爲政於天下者 湯是也 未聞以千里畏人也〕 맹자가 제 선왕에게 "신은 일찍이 사방 70리 영토만을 가지고 천하에서 능히 왕도 정치를 펼친 경우를 들었으니, 商나라의 湯王이 그러한 분입니다. 사방 천 리의 영토를 가지고도 남을 두려워했다는 경우는 듣지 못하였습니다."라고 대답한 것이다. 탕이 夏나라의 方伯이었던 때에 단지 70리만 가지고도 나중에 천하를 소유한 商나라의 왕이 되었다. 지금 천하에 사방 천 리의 땅을 소유한 나라가 아홉인데, 그중에 하나를 소유하고 있으니, 이는 제나라가 천 리의 땅을 소유하고 있는 것이다. 그래서 이렇게 말한 것이다.

〔書曰 湯一征 自葛始 天下信之 東面而征 西夷怨〕에서 〔民大悅〕까지

이것은 모두 ≪尙書≫에서 산일된 편의 글이다. 지금 〈商書 仲虺之誥〉편을 상고하니, "葛伯이 밥을 먹이는 자를 원수로 삼자, 처음 정벌을 葛나라로부터 하였다. 동쪽으로 정벌할 때에는 西夷가 원망하고, 남쪽으로 정벌할 때에는 北狄이 원망하여 이르기를 '어찌하여 우리를 나중에 정벌하십니까?' 하였다."라고 하였다. 맹자가 이것을 인용한 것은

제 선왕이 자신의 臆說을 펼칠까 두려워 이것을 인용하여 증거를 댄 것이니, 제 선왕으로 하여금 믿게 하려는 것이었다. 다음과 같은 내용이다. ≪尙書≫에 "湯이 처음 정벌을 葛나라부터 시작하였다. 천하가 모두 湯王의 덕을 신뢰하였으므로 나중에 湯이 동쪽을 향해 정벌할 경우에는 西夷 사람들이 〈湯을〉 그리워하며 자신들부터 우선하여 군주의 잘못을 바로잡아 주지 않음을 원망하였고, 남쪽을 향해 정벌할 경우에는 北狄 사람들이 또 모두 〈湯을〉 그리워하며 자신들부터 우선하여 군주의 잘못을 바로잡아 주지 않음을 원망하였다. 이에 '어찌하여 우리를 뒷전으로 버려두고 먼저 다른 나라를 향해 정벌하십니까?'라고 하였다. 그러므로 백성들이 湯이 오기를 바라는 것이 모두 큰 가뭄에 구름과 무지개를 바라는 듯이 하였다. 이러한 뿐만이 아니라, 또한 시장에 가는 사람들로 하여금 모두 그치지 않게 하였고, -그들이 모두 있는 물건과 없는 물건을 교역할 수 있었던 것이다.- 들판에서 밭을 가는 사람들로 하여금 또한 그 일을 변동하지 않게 하였다. -그들이 평상시처럼 경작할 수 있었음을 말한 것이다.- 비록 그들의 군주를 주벌하였으나, 다시 그 백성을 위문하고 돌보았으니, 그것은 마치 가뭄이 든 시기에 비가 내려 백성이 모두 기뻐하는 것과 같았다."라고 하였다.

〔書曰 徯我后 后來 其蘇〕注에서 "윗글부터 여기까지 모두 散逸된 편의 글이다."라고 하였다. 지금 〈仲虺之誥〉편의 내용을 상고하니, 맹자가 이것을 인용하여 말한 것은 또한 제 선왕이 백성들이 그토록 탕을 사모하였음을 알고서 탕을 본받기를 바란 것이다. 이는 백성들이 모두 기뻐서 "우리 임금이 오셔서 나를 소생시켜 주시기를 기다린다."라고 말했음을 일컬은 것이다.

〔今燕虐其民 王往而征之 民以爲將拯己於水火之中也〕에서 〔如之何其可也〕까지

맹자가 다시 "지금 연나라가 백성들을 학대하는 상황에서 왕께서 군대를 거느리고 가서 연나라를 정벌하시니 그 백성들이 모두 왕의 군대가 온 것을 보고 장차 자신들을 물과 불의 환난 속에서 구원해줄 것이라 여겼습니다. 그러므로 대나무 도시락에 담은 밥과 병에 담은 음료를 가지고 왕의 군대가 온 것을 맞이하였던 것입니다. 그런데 지금 만약 그 백성들의 父兄을 죽이고 그 백성들의 子弟를 결박하고, 또 그 나라 안에 있는 宗廟를 훼손하여 백성들이 제사를 지내지 못하게 하고, 게다가 그 나라 안에 있던 귀중한 器物을 〈제나라로〉 옮겨 온다면, 어찌 옳은 일이겠습니까."라고 말한 것이다.

〔天下固畏齊之强也 今又倍地而不行王政〕에서 〔可及止也〕까지

맹자가 다시 "천하의 제후들이 평소 제나라의 강함을 두려워하는데, 지금 왕께서 또

1배의 연나라 땅을 병합하고서 다시 王政을 행하지 않으신다면, 이것은 천하 제후의 군대를 일으키고 움직여 함께 제나라를 정벌하게 하는 것입니다. 왕께서는 지금 속히 명령을 내리시어 노인과 아이들을 돌려보내고, 귀중한 기물을 〈제나라로〉 옮기지 마시고, 다시 연나라의 대중들과 상의하여 그들의 군주를 세워주신 뒤에 연나라를 떠나 제나라로 돌아오게 하신다면, 천하 제후들의 군대를 그래도 제때에 중지시킬 수 있을 것입니다."라고 말한 것이다.

【疏】 ○ 注云'去王城四千里夷服之國'至'蘇(也)〔息〕[1)]' ○ 正義曰：周禮九服, 又案禮圖云"自王畿千里至夷服, 凡四千里"是也. 云'霓 虹也', 爾雅云"雲出天之正氣, 霓出地之正氣, 雄謂之虹, 雌謂之霓", 則雲, 陽物也, 陰陽和而旣雨, 則雲散而霓見矣.

1) (也)〔息〕: 저본에는 '也'로 되어 있으나, 監本, 毛本에 의거하여 '息'으로 바로잡았다. (阮元의 〈校勘記〉 참조)

○ 注의 〔去王城四千里夷服之國〕에서 〔蘇息〕까지

○ 正義曰 : ≪周禮≫의 九服은, ≪三禮圖≫를 다시 상고해보니, "王畿 천 리로부터 夷服까지는 무릇 4천 리이다."라고 한 것이 이것이다.

〔霓 虹也〕 ≪爾雅≫에 "구름은 하늘의 정기에서 나오고 무지개는 땅의 정기에서 나오는데, 수컷 무지개를 虹이라고 하고 암컷 무지개를 霓라고 한다."라고 하였으니, 구름은 陽의 사물이다. 陰과 陽이 조화하여 비가 내리면, 구름이 흩어지고서 무지개가 나타난다.

【疏】 ○ 注'旄 老耄 倪 弱小(倪)〔繄〕[1)]倪'者 ○ 正義曰：釋云'耋齯', 案爾雅云 "黃髮·倪齒, 壽也". 然則趙注云"倪, 弱小", 非止幼童之弱小, 亦老之有弱小爾.

1) (倪)〔繄〕: 위 注의 교감기 참조.

○ 注의 〔旄 老耄 倪 弱小繄倪〕

○ 正義曰 : 글자 풀이에 '耋齯'라고 하였는데, ≪爾雅≫를 상고하니 "노인의 누런 머리카락과 다시 난 치아는 장수함의 증거이다."라고 하였다. 그렇다면 조기의 주에서 "倪는 弱小함이다."라고 한 것은 비단 아이의 약소함만이 아니고, 또한 노인의 약소함도 포괄한 것이다.

12. 鄒與魯鬨이러니 穆公이 問曰 吾有司死者三十三人이로되 而民은 莫之死也하니 誅之則不可勝誅요 不誅則疾視其長上之死而不救하니 如之何則可也잇고

鄒나라가 魯나라와 전투를 벌였다. 鄒 穆公이 물었다. "내 有司 중에 죽은 자가 33人인데, 백성은 그들을 위해 죽은 자가 없습니다. 그들을 죽이자니 이루 다 죽일 수 없고, 죽이지 않자니 윗사람이 죽는 것을 노려보면서 구하지 않았습니다. 어떻게 해야 좋겠습니까?

【注】鬨은 鬪聲也니 猶構兵而鬪也라 長上은 軍帥也라 鄒穆公이 忿其民不赴難하여 而問其罰當謂何則可也라

鬨은 싸우는 소리이니, 交戰하여 싸우는 것과 같다. 長上은 군대의 將帥이다. 鄒 穆公이 자신의 백성들이 患難에 달려가 구하지 않은 것에 화가 나서 처벌을 어떻게 하겠다고 하면 좋을지 물은 것이다.

孟子對曰 凶年饑歲에 君之民이 老弱轉乎溝壑하고 壯者는 散而之四方者幾千人矣요 而君之倉廩實하며 府庫充이어늘 有司莫以告하니 是는 上慢而殘下也라

맹자가 대답하였다. "흉년이 들어 굶주리는 해에 군주의 백성들 중에 노약자는 〈굶주리다〉 구렁텅이에 굴러 떨어져 죽고 장성한 사람은 흩어져 사방으로 떠나간 자가 수천 명이었습니다. 그런데도 군주의 곡식 창고가 가득하고 재물 창고가 가득했는데 이러한 사실을 유사가 군주에게 고하지 않았으니, 이것은 윗사람이 교만해서 아랫사람을 해친 것입니다.

【注】言往者遭凶年之厄하여 民困如是어늘 有司諸臣이 無告白於君有以賑救之하니 是는 上驕慢以殘賊其下也라

다음과 같은 내용이다. 지난날 흉년의 재앙을 만나 백성의 곤궁함이 이러하였는데, 유사를 맡은 신하들이 군주에게 구휼할 수 있도록 아뢰지 않았으니, 이것은 윗사람이

교만하여 자신의 아랫사람을 해친 것이다.

曾子曰 戒之戒之하라 **出乎爾者 反乎爾者也**라하시니

曾子께서 '경계하고 경계하라. 너에게서 나간 것은 너에게로 돌아간다.'라고 하셨습니다.

【注】曾子有言 上所出善惡之命을 下終反之하니 不可不戒也라하니라

曾子의 말에 "윗사람에게서 나온 善하거나 惡한 명령을 아랫사람이 끝내 되갚아주니, 경계하지 않아서는 안 된다."라고 하였다.

夫民이 **今而後**에 **得反之也**로소니 **君無尤焉**하소서

저 백성들이 지금에야 되갚을 수 있게 된 것이니, 군주께서는 그들을 허물하지 마소서.

【注】尤는 過也라 孟子言 百姓이 乃今에 得反報諸臣不哀矜耳니 君無過責之也라하니라

尤는 허물함이다. 맹자가 "백성이 지금에야 신하들이 자신을 불쌍히 여기지 않았던 것을 되갚을 수 있게 된 것이니, 군주께서는 그들을 허물하지 마십시오."라고 말한 것이다.

君行仁政하시면 **斯民**이 **親其上**하여 **死其長矣**리이다

군주께서 仁政을 행하시면 백성들이 자신의 윗사람을 친애하여 자신의 長官을 위해 죽을 것입니다."

【注】君行仁恩하여 憂民困窮하면 則民化而親其上하여 死其長矣리라

군주가 어진 은혜를 행하여 백성의 곤궁을 근심하면 백성들이 교화되고 자신의 윗사람을 친애하여 자신의 장관을 위해 죽을 것이다.

【疏】'鄒與魯鬨'至'死其長矣' ○ 正義曰：此章言上恤其下，則下赴其難，惡出乎己，則

害及其身, 如影響也.[1] '鄒與魯鬨'者, 言鄒國與魯國相鬪也. '穆公問曰 吾有司死者三十三人 而民莫之死也 誅之則不可勝誅 不誅則疾視其長上之死而不救 如之何則可也'者, 是鄒穆公問孟子, 言"我國與魯國相鬪戰, 而有司死者有三十三人, 而民皆莫之死. 我今欲誅亡其民, 不可勝誅. - 不可勝誅者, 是民衆之多, 難以誅亡也. - 不誅其民, 則我惡(오)疾視其長上有司之死而不救之", 故問孟子當何則可以誅亡也. '孟子對曰 凶年饑歲 君之民老弱轉乎溝壑'至'是上慢而殘下也'者, 孟子答穆公以爲"凶荒之年, 而民皆饑餓, 君之民人老羸者轉落死於溝壑之中, 强壯者又離散之於四方者, 幾近千人矣, 而君之倉廩盈實, 府庫充塞, 爲君之有司者, 皆莫以告白其上發倉廩以濟其食之不給, 開府庫以佐其用之不足, 如此則有司在民之上, 而以驕慢殘害其下也". '曾子曰 戒之戒之 出乎爾者 反乎爾'者 孟子言曾子有云, 在戒愼之, 戒愼之, 以其凡有善惡之命, 苟善之出乎爾, 則終亦以善反歸乎爾也, 苟出乎爾以惡, 則其終反歸爾亦以惡也. '夫民今而後得反之也 君無尤焉'者, 孟子言夫民今所以不救長上之死者, 以其在凶荒饑饉之歲, 君之有司不以告白其君發倉廩, 開府庫, 以救賑之, 所以於今視其死而不救, 以報之也. 然非君之過也, 是有司自取之爾, 故曰君無尤焉. '君行仁政 斯民親其上 死其長矣'者, 孟子言君能行仁爲政, 則在下之民皆親其上, 樂其君, 而輕其死以爲其長上矣.

1) 此章言上恤其下……如影響也 : 北京大本에는 章指를 "이 장의 章指는 윗사람이 자신의 아랫사람을 아끼면 아랫사람이 〈윗사람의〉 患難에 달려와 돕고, 惡이 자신에게서 나오면 害가 자신의 몸에 미치는 것이 그림자와 메아리 같다는 것이다.〔此章指言上惜其下 下赴其難 惡出乎己 害及其身 如影響自然也〕"라고 하였다.

經의 〔鄒與魯鬨〕에서 〔死其長矣〕까지

○ 正義曰 : 이 장은 윗사람이 자신의 아랫사람을 돌보면 아랫사람이 〈윗사람의〉 患難에 달려와 돕고, 惡이 자신에게서 나오면 害가 자신의 몸에 미치는 것이 그림자와 메아리 같음을 말한 것이다.

〔鄒與魯鬨〕 鄒나라가 魯나라와 서로 싸웠음을 말한 것이다.

〔穆公問曰 吾有司死者三十三人 而民莫之死也 誅之則不可勝誅 不誅則疾視其長上之死而不救 如之何則可也〕 鄒 穆公이 맹자에게 "우리나라가 노나라와 서로 전투를 벌였는데, 有司로서 죽은 사람이 33인이 있었습니다. 하지만 백성은 전혀 그들을 위해 죽은 자가 없습니다. 내가 지금 그 백성들을 죽이자니 이루 다 죽일 수 없고, - 이루 다 죽일 수 없다는 것은 백성들이 많아 죽이기 어렵다는 것이다. - 그 백성들을 죽이지 않자니 그들이 윗사람

인 유사들이 죽는 것을 노려보면서 구하지 않은 것을 나는 미워합니다."라고 물은 것이다. 그래서 맹자에게 어떻게 해야 죽일 수 있는지를 물은 것이다.

〔孟子對曰 凶年饑歲 君之民老弱轉乎溝壑〕에서 〔是上慢而殘下也〕까지

맹자가 穆公에게 "흉년에 백성들이 모두 굶주리게 되자, 군주의 백성 중에 노약자는 구렁텅이 속에 굴러 떨어져 죽었고, 건장한 사람은 또 사방으르 흩어져 떠나간 자가 거의 천 명이었습니다. 그런데도 군주의 곡식 창고가 가득하고 재물 창고가 가득하였습니다. 군주의 有司로 있는 자들은 모두들 윗사람에게 곡식 창고를 열어 식량이 부족한 것을 구제하고 재물 창고를 열어 재화가 부족한 것을 돕도록 아뢰지 않았습니다. 이와 같다면 유사가 백성의 윗자리에 있으면서 교만함으로써 자신의 아랫사람을 해친 것입니다."라고 대답한 것이다.

〔曾子曰 戒之戒之 出乎爾者 反乎爾〕 맹자가 "曾子가 '경계하고 조심하라. 경계하고 조심하라. 무릇 선하거나 악한 명령을 내릴 경우에, 만약 너에게서 선한 명령이 나가면 끝내 또한 선으로 너에게 돌려주며, 만약 너에게서 악한 명령이 나가면 끝내 너에게 또한 악으로 돌려주게 될 것이다.'라고 했다."라고 말한 것이다.

〔夫民今而後得反之也 君無尤焉〕 맹자가 "저 백성들이 지금 윗사람의 죽음을 구하지 않은 것은 흉년이 들어 굶주리는 해에 군주의 유사들이 군주에게 곡식창고를 열고 재물 창고를 열어 백성을 구휼하도록 아뢰지 않았기 때문입니다. 지금 그들이 죽는 것을 보고 구하지 않았던 것은 그들에게 되갚아준 것이었습니다. 하지만 군주의 잘못이 아니고 유사가 자초한 일입니다."라고 말하였다. 그래서 "군주께서는 그들을 허물하지 마십시오."라고 말한 것이다.

〔君行仁政 斯民親其上 死其長矣〕 맹자가 "군주가 능히 인을 행하여 정사를 펼친다면 아래에 있는 백성들이 모두 자신의 윗사람을 친애하고 자신의 군주를 좋아하여 자신의 죽음을 가벼이 여기면서까지 자신의 윗사람을 위할 것입니다."라고 말한 것이다.

【疏】 ○ 注'鬩 鬪聲' 〔○〕[1] 釋云"鬩, 鬪也", 故曰"猶構兵而鬪也".

1) 〔○〕: 저본과 諸本에는 없으나, 文例에 의거하여 '○'를 보충하였다. 文例로 보면 '○' 뒤에 '正義曰'도 결락되었으나, 임의로 보충하지는 않았다.

○ 注의 〔鬩 鬪聲〕

○ 글자 풀이에 "鬩은 싸움이다."라고 하였다. 그러므로 "交戰하여 싸우는 것과 같다."

라고 한 것이다.

13. 滕文公이 問曰 滕은 小國也라 間於齊楚하니 事齊乎잇가 事楚乎잇가

滕 文公이 물었다. "滕은 작은 나라입니다. 齊나라와 楚나라 사이에 끼어 있으니, 齊나라를 섬길까요? 楚나라를 섬길까요?"

【注】文公이 言我居齊楚二國之間하여 非其所事면 不能自保也라하니라

文公이 "우리나라가 齊와 楚 두 나라 사이에 끼어 있어 섬기지 않으면 스스로 보존할 수 없습니다."라고 말한 것이다.

孟子對曰 是謀는 非吾所能及也로소이다 無已則有一焉하니 鑿斯池也하며 築斯城也하여 與民守之하여 死而民弗去면 則是可爲也니이다

맹자가 대답하였다. "이 계책은 제 능력이 미칠 수 있는 일이 아닙니다. 〈말씀 드리는 일을〉 그만둘 수 없다면 한 가지 계책이 있습니다. 여기에 垓子를 파고 여기에 城廓을 수축하여 백성들과 더불어 지켜서 죽는 한이 있어도 백성이 떠나가지 않는다면 이것은 해볼 만한 일입니다."

【注】孟子以二大國之君皆不由禮義하니 我不能知誰可事者也라 不得已則有一謀焉하니 惟施德義以養民하여 與之堅守城池호되 至死使民不畔去면 則是可以爲也라하니라

맹자가 "두 大國의 군주가 모두 禮義를 따르지 않으니, 저는 누가 섬길 만한 나라인지 알 수 없습니다. 〈말씀 드리는 일을〉 그만둘 수 없다면 한 가지 계책이 있습니다. 德義로 백성을 길러서 그들과 함께 城廓과 垓子를 견고히 지키되, 죽음에 이르더라도 백성이 배반하고 떠나지 않게 한다면, 이것은 해볼 만한 일입니다."라고 말한 것이다.

【疏】'滕文公'至'可爲也' ○ 正義曰：此章言事無禮義國, 不若得民心, 與之守死善道也.[1] '滕文公問曰 滕 小國也 間於齊楚 事齊乎 事楚乎'者, 是滕文公問孟子, 言"我之滕國則小國也, 今間厠在齊楚二國之間, 而我今當奉事齊國乎, 楚國乎." 故以此問孟子.

'孟子對曰 是謀非吾所能及也 無已 則有一焉 鑿斯池'至'是可爲也'者, 是孟子答文公以謂"若此之謀, 而指誰國可事, 非我所能及知也", 以其齊楚二國, 皆是無禮義之國, 孟子所以答曰"是謀非吾所能及也". 言"不得已, 則有一謀計焉", 言"但鑿此滕國之池, 築此滕國之城, 與人民堅守此滕國, 至死使民不畔去, 則是一謀可以爲也, 其他非吾所及".

1) 此章言事無禮義國……與之守死善道也 : 北京大本에는 章指를 "이 장의 章指는 禮義가 없는 나라를 섬기는 것은 民心을 얻어 그들과 함께 善道를 死守하는 것만 못하다는 것이다.〔此章指言事無禮之國 不若得民心 與之守死善道也〕"라고 하였다.

經의 〔滕文公〕에서 〔可爲也〕까지

○ 正義曰 : 이 장은 禮義가 없는 나라를 섬기는 것은 民心을 얻어 그들과 함께 善道를 死守하는 것만 못함을 말한 것이다.

〔滕文公問曰 滕 小國也 間於齊楚 事齊乎 事楚乎〕 등 문공이 맹자에게 묻기를 "우리 등나라는 작은 나라입니다. 지금 齊와 楚 두 나라 사이에 끼어 있는데, 우리나라가 이제 제나라를 섬겨야 합니까? 초나라를 섬겨야 합니까?" 하였다. 그래서 이 질문으로 맹자에게 물은 것이다.

〔孟子對曰 是謀非吾所能及也 無已 則有一焉 鑿斯池〕에서 〔是可爲也〕까지

맹자가 문공에게 답하기를 "이러한 계책에서 어느 나라가 섬길 만한지 알려드리는 것은 제가 능히 알 수 있는 일이 아닙니다." 하였다. 齊와 楚 두 나라가 모두 禮義가 없는 나라이기 때문이니, 맹자가 "이 계책은 제 능력이 미칠 수 있는 일이 아닙니다."라고 한 것이다. "〈말씀 드리는 것을〉 그만둘 수 없다면 한 가지 계책이 있습니다."라고 한 것은 "여기에 등나라의 垓子를 파고 여기에 등나라의 城廓을 수축하여 백성들과 목숨을 걸고 이 등나라를 견고히 지키되, 죽음에 이르러도 백성들이 배반하여 떠나지 않게 한다면, 이 한 가지 계책은 해볼 만한 것입니다. 그 밖의 것은 제 능력이 미칠 바가 아닙니다."라는 말이다.

14. 滕文公이 問曰 齊人이 將築薛[1)]하니 吾甚恐하노니 如之何則可잇고

1) 薛 : 지금의 山東省 滕縣 동남쪽에 있던 작은 나라이다. 春秋시대 초기에는 독립 국가였으나, 戰國시대 초기에 齊나라에 합병되었다.

滕 文公이 물었다. "제나라 사람들이 薛에다 성을 쌓으려고 하니, 내가 매우 두

렵습니다. 어떻게 하면 좋겠습니까?"

【注】 齊人이 竝得薛하고 築其城하여 以偪於滕이라 故文公恐也라

제나라 사람들이 薛을 합병하고 성을 쌓아서 등나라를 압박하였다. 그러므로 문공이 두려워하였던 것이다.

孟子對曰 昔者에 大王[1]이 居邠[2]하실새 狄人[3]이 侵之어늘 去하시고 之岐山[4]之下하사 居焉하시니 非擇而取之라 不得已也시니이다

1) 大王 : 周나라의 시조 后稷의 증손인 公劉의 10세손이자, 文王의 조부인 古公亶父이다. '太王'이라 읽는다.
2) 邠 : '豳'이라고도 한다. 지금의 陝西省 旬邑縣 서쪽이다.
3) 狄人 : 중국 북방의 오랑캐 종족인 흉노족을 가리킨다. '獯鬻'이라고도 한다.
4) 岐山 : 지금의 陝西省 岐山縣 동북쪽에 있는 箭括嶺이다. 꼭대기가 움푹 파여 두 봉우리가 마주보는 형상이므로 '岐山'이라 불렸다.

맹자가 대답하였다. "옛날 太王이 邠에 사실 때에 狄人이 침입하자, 〈邠을〉 떠나 岐山의 아래로 가서 사셨습니다. 이는 太王이 가려서 살았던 것이 아니라, 부득이 했기 때문입니다.

【注】 大王이 非好岐山之下하여 擇而居之焉이요 迫不得已하고 困於强暴라 故避之라

太王이 岐山 아래를 좋아하여 가려서 그곳에 살았던 것이 아니라, 부득이한 상황에 쫓기고 强暴함에 시달렸기 때문에 피하였던 것이다.

苟爲善이면 後世子孫이 必有王者矣리니

진실로 선을 행한다면 후세 자손에 반드시 王者가 있을 것입니다.

【注】 誠能爲善이면 雖失其地라도 後世乃有王者하여 若周家也니라

진실로 능히 선을 행한다면 비록 그 영토를 잃더라도 후세에 마침내 王者가 나와 周나라처럼 될 것이다.

君子創業垂統은 **爲可繼也**라 **若夫成功則天也**니 **君如彼**에 **何哉**리오 **强爲善而已矣**니이다

군자가 創業하여 傳統을 〈후손에〉 물려줌은 계승할 수 있게 하려는 것입니다. 成功의 여부는 하늘에 달린 것이니, 군주께서 저들에 대해 어찌할 수 있겠습니까. 힘써 선을 행할 따름입니다."

【注】 君子創業垂統은 貴令後世로 可繼續而行耳라 又何能必有成功이리오 成功은 乃天助之也라 君豈如彼齊에 何乎리오 但當自强爲善法하여 以遺後世而已矣니라

군자가 創業하여 傳統을 〈후손에〉 물려줌은 후세로 하여금 계승하여 행할 수 있게 함을 귀중하게 여긴 것이다. 또 어찌 능히 成功을 장담할 수 있겠는가. 成功은 하늘이 도와야 하는 것이다. 군주가 저 제나라에게 어찌하겠는가? 다만 스스로 힘써 善法을 행하여 후세에 물려줄 뿐이다.

【疏】'滕文公'至'强爲善而已矣' ○正義曰：此章言君子之道, 正己(在)〔任〕[1]天, 强暴之來, 非己所招, 謂窮則獨善其身也. '滕文公問曰 齊人將築薛 吾甚恐 如之何則可'者, 言齊人竝得薛地, 將欲築其城於此, 故滕文公恐其偪, 乃問孟子, 當如何則可免爲不見迫. '孟子對曰 昔者太王居邠 狄人侵之 去之岐山之下居焉 非擇而取之 不得已也'者, 孟子答滕文公以謂"往者太王居邠國, 後爲戎狄之國所侵伐, 遂去之岐山下爲居焉. 當此之時, 非太王擇此岐山之下爲居焉, 不得已而避狄所侵患, 故之岐山下爲居耳." '苟爲善 後世子孫必有王者矣'者, 孟子言滕文公誠能爲善修德而布政於民, 今雖失其薛地, 至後世子孫必有王者興作矣. '君子創業垂統 爲可繼也 若夫成功 則天也 君如彼何哉 强爲善而已矣'者, 孟子又言君子在上, 基創其業, 垂統法於後世, 蓋令後世可以繼續而承之耳. 若夫其有成功, 乃天助之也, 於人又不可必其成功. 君今豈奈彼齊之大國何. 但勉强自爲善以遺法於後世也.

1) (在)〔任〕: 저본에는 '在'로 되어 있으나, 足利本에 의거하여 '任'으로 바로잡았다.(≪七經孟子考文補遺≫ 참조)

經의 〔滕文公〕에서 〔强爲善而已矣〕까지

○ 正義曰 : 이 장은 君子의 道는 자신을 바로 잡아 하늘에 맡기는 것이고, 포악한 자

가 침범함은 자신이 초래한 것이 아니니, 곤궁하면 홀로 몸을 善하게 해야 함을 말한 것이다.

〔滕文公問曰 齊人將築薛 吾甚恐 如之何則可〕 다음과 같은 내용이다. 제나라 사람들이 설 땅을 병합하여 여기에 성곽을 쌓으려고 하였다. 그래서 등 문공이 그 압박을 두려워하여 이에 맹자에게 묻기를 "어떻게 해야 이를 피해 압박을 받지 않을 수 있겠습니까?" 하였다.

〔孟子對曰 昔者太王居邠 狄人侵之 去之岐山之下居焉 非擇而取之 不得已也〕 맹자가 등 문공에게 답하기를 "지난날 太王이 邠나라에 살았는데, 나중에 戎狄의 나라에게 침입을 받아 마침내 邠을 떠나 岐山의 아래로 가서 살았습니다. 당시에 太王이 그곳 岐山의 아래를 가려서 살았던 것이 아니라, 부득이하여 戎狄의 침략을 피했던 것입니다. 그러므로 岐山의 아래로 가서 살았던 것일 뿐입니다." 하였다.

〔苟爲善 後世子孫必有王者矣〕 맹자가 등 문공이 진실로 능히 선을 행하고 덕을 닦아 백성에게 仁政을 펼치면 지금 비록 薛 땅을 잃더라도 후세 자손에 반드시 王者가 흥기할 것이라고 말한 것이다.

〔君子創業垂統 爲可繼也 若夫成功 則天也 君如彼何哉 强爲善而已矣〕

맹자가 다시 "군자가 위에서 基業을 開創하여 傳統을 후세에 전하는 것은 대개 후세로 하여금 계승할 수 있게 하고자 하는 것입니다. 成功의 여부로 말하자면, 하늘이 도와주는 것이니 사람이 또한 그 성공을 보장할 수 없습니다. 군주께서 지금 저 제나라 같은 大國을 어찌하시겠습니까. 그저 힘써 스스로 선을 행하여 후세에 법을 남길 뿐입니다." 라고 말한 것이다.

15. 滕文公이 問曰 滕은 小國也라 竭力以事大國이라도 則不得免焉이로소니 如之何則可잇고

滕 文公이 물었다. "등나라는 小國입니다. 힘을 다해 大國을 섬겨도 患難을 면할 수 없으니, 어떻게 해야 좋겠습니까?"

【注】 問免難全國於孟子라

환난을 면하여 나라를 온전히 할 방법을 맹자에게 물은 것이다.

孟子對曰 昔者에 大王이 居邠하실새 狄人이 侵之어늘 事之以皮幣라도 不得免焉하며 事之以犬馬라도 不得免焉하며 事之以珠玉이라도 不得免焉이라

맹자가 대답하였다. "옛날 太王이 邠에 사실 때에 狄人이 침략하였습니다. 짐승 가죽옷과 비단을 가지고 섬겨도 患難을 면할 수 없었고, 개와 말을 가지고 섬겨도 患難을 면할 수 없었고, 眞珠와 寶玉을 가지고 섬겨도 患難을 면할 수 없었습니다.

【注】 皮는 狐貉之裘요 幣는 繒帛之貨也라

皮는 여우와 담비로 만든 가죽옷이고, 幣는 비단으로 된 물품이다.

乃屬(촉)其耆老而告之曰 狄人之所欲者는 吾土地也라 吾聞之也호니 君子는 不以其所以養人者로 害人이라하니 二三子는 何患乎無君이리오 我將去之호리라하시고 去邠하시고 踰梁山[1]하사 邑于岐山之下하여 居焉하신대

1) 梁山 : 邠과 岐山 사이에 있던 산이다. 지금의 陝西省 乾縣 서북쪽 5里 지점에 있다.

이에 長老들을 모아놓고 알리기를 '狄人이 원하는 것은 나의 토지입니다. 내가 듣자니 君子는 사람을 기르는 〈토지〉 때문에 사람을 해치지 않는다고 합니다. 여러분들은 어찌 군주가 없는 것을 걱정하십니까. 나는 이곳을 떠날 것입니다.' 하고는 邠을 떠나 梁山을 넘어 岐山의 아래에 도읍을 세워 사셨습니다.

【注】 屬은 會也라 土地는 生五穀하니 所以養人也라 會長老하여 告之如此而去之矣라

屬은 모음이다. 토지는 오곡을 생산하니 사람을 기르는 것이다. 장로들을 모아 이렇게 알리고는 떠난 것이다.

邠人曰 仁人也라 不可失也라하고 從之者如歸市하니이다

邠의 사람들이 말하기를 '仁人이시다. 잃어서는 안 된다.' 하고는 太王을 좇아가는 행렬이 마치 시장에 가는 듯하였습니다.

【注】 言樂隨大王을 如歸趨於市하여 若將有得也라

太王을 즐겁게 따라가기를 마치 시장에 가서 장차 얻을 것이 있는 듯이 했다는 말이다.

或曰 世守也라 非身之所能爲也니 效死勿去라하니 君請擇於斯二者하소서

혹자는 말하기를 '대대로 지켜온 것이다. 자신이 마음대로 할 수 있는 것이 아니니, 목숨을 바치고 떠나지 말아야 한다.' 합니다. 군주께서는 이 두 가지 중에서 선택하십시오."

【注】或曰 土地는 乃先人之所受也니 世世守之라 非己身所能專爲니 至死不可去也라하니라 欲令文公으로 擇此二者니 惟所行也라

혹자는 "토지는 先人이 받은 것으로, 대대로 지켜온 것이다. 자신이 마음대로 할 수 있는 것이 아니니, 목숨을 걸고 떠나지 말아야 한다.'라고 말하였다. 문공으로 하여금 이 두 가지에서 선택하게 하고자 한 것이니, 〈이 두 가지가〉 오직 행할 수 있는 것이기 때문이다.

【疏】'滕文公問曰'至'擇於斯二者' ○正義曰：此章言大王去邠, 權也, 效死守業, 義也.[1] '滕文公問曰 滕 小國也 竭力以事大國 則不得免焉 如之何則可'者, 是滕文公問孟子言"我之滕國, 小國也. 今竭盡其力以奉事大國, 則不得免其侵伐, 當如何則可以免焉." '孟子對曰 昔者大王居邠 狄人侵之'至'事之以珠玉 不得免焉'者, 孟子答文公以謂"往大王所居邠國, 後爲戎狄所侵伐. 是時也, 大王事之以皮幣, 且尙不免其侵伐, 又事之以犬馬, 又不得免其侵伐, 復事以珠玉, 又且猶不免其侵伐焉." '乃屬耆老而告之曰'至'邑于岐山居焉 邠人曰 仁人也 不可失也 從之者如歸市'者, 孟子言"大王以皮幣・犬馬・珠玉奉事戎狄, 猶不免其侵伐. 乃會耆老而告之曰'狄人所欲者在我之土地也, 我聞君子不以所養人之土地而殘賊其民, 汝二三子何憂患乎無君, 我將去之, 以讓狄也', 遂去邠國, 踰梁山, 而邑于岐山下居焉. 邠國之人遂聞大王此言, 乃曰'仁人之君, 不可失去也.' 故從之者如歸趨於市, 若將有所得耳." '或曰 世守也 非身之所能爲也 效死勿去'者, 孟子又言"或人有云'土地者, 乃先人之所受也, 非己身所能爲(者)〔專〕[2]也, 乃世世守之也, 當效死而不可去也'. 故請文公擇斯二者而處之." 二者, 其一如太王去邠, 其二如或云效死勿去是也.

1) 此章言大王去邠……義也 : 北京大本에는 章指를 "이 장의 章指는 太王이 邠을 떠난 것은 權道였고, 목숨을 바쳐 基業을 지키는 것은 義인데, 義와 權道는 양립할 수 없으므로 선택하여 대처해야 한다는 것이다.〔此章指言大王去邠 權也 效死而守業 義也 義權不竝 故曰擇而處之也〕"라고 하였다.
2) (者)〔專〕: 저본에는 '者'로 되어 있으나, 阮元의 〈校勘記〉에 의거하여 '專'으로 바로잡았다.

經의 〔滕文公問曰〕에서 〔擇於斯二者〕까지

○ 正義曰 : 이 장은 太王이 邠을 떠난 것은 權道였고, 목숨을 바쳐 基業을 지키는 것은 義임을 말하였다.

〔滕文公問曰 滕 小國也 竭力以事大國 則不得免焉 如之何則可〕 등 문공이 맹자에게 "우리 등나라는 小國입니다. 지금 힘을 다해 大國을 받들어 섬겨도 그들의 침략을 면할 수 없으니, 어떻게 하면 면할 수 있겠습니까?"라고 물은 것이다.

〔孟子對曰 昔者大王居邠 狄人侵之〕에서 〔事之以珠玉 不得免焉〕까지

맹자가 문공에게 "옛날 太王이 邠나라에 살다가 나중에 戎狄의 침략을 받았습니다. 당시에 太王이 짐승 가죽옷과 비단을 가지고 섬겨도 여전히 그들의 침략을 면하지 못하였고, 다시 개와 말을 가지고 섬겨도 또한 그들의 침략을 면하지 못하였으며, 다시 眞珠와 寶玉을 가지고 섬겨도 또한 여전히 그들의 침략을 면하지 못하였습니다."라고 대답한 것이다.

〔乃屬耆老而告之曰〕에서 〔邑于岐山居焉 邠人曰 仁人也 不可失也 從之者如歸市〕까지

맹자가 "太王이 짐승 가죽옷과 비단, 개와 말, 眞珠와 寶玉을 가지고 戎狄을 받들어 섬겨도 여전히 그들의 침략을 면하지 못하였습니다. 이에 長老들을 모아놓고 알리기를 '狄人들이 원하는 것은 나의 토지에 있다. 내가 듣자니 君子는 사람을 기르는 토지 때문에 백성을 해치지 않는다고 한다. 여러분들은 어찌 군주가 없는 것을 근심하는가. 나는 장차 여기를 떠나 땅을 狄人들에게 넘겨주려고 한다.' 하고는 마침내 邠나라를 떠나 梁山을 넘어 岐山의 아래에 도읍을 세우고 살았습니다. 邠나라의 사람들이 마침내 太王의 이 말을 듣고는 '어진 군주이시다. 잃어서는 안 된다.'라고 하였습니다. 그래서 太王을 좇아가기를 마치 시장에 가서 장차 얻을 것이 있을 듯이 했습니다."라고 말한 것이다.

〔或曰 世守也 非身之所能爲也 效死勿去〕 맹자가 "혹자는 말하기를 '토지라는 것은 先人이 받은 것이니 자신이 마음대로 할 수 있는 것이 아니며, 대대로 지켜온 것이니 목숨을 걸고 떠나서는 안 된다.' 합니다. 그러니 文公께서는 이 두 가지 중에서 선택하여 대

처하십시오."라고 다시 말한 것이다. 두 가지라는 것은 하나는 太王이 邠을 떠난 것처럼 하는 것이고, 다른 하나는 혹자의 '목숨을 걸고 떠나지 말라.'는 말처럼 하는 것이다.

【疏】○注'皮 狐貉之裘 幣 繒帛之貨' ○正義曰：蓋狐貉之皮爲裘也. 釋云"狐貉, 妖獸也. 後人以其狐貉性多疑, 故以皮爲之裘也." 孔子曰"黃衣狐裘", 又曰"狐貉之厚以居"是也.[1] 周禮行人職云"合六幣. 圭以馬, 璋以皮, 璧以帛, 琮以錦, 琥以繡, 璜以黼. 此六物以和諸侯之好", 鄭注云"合, 同也. 六幣所以享也", 是幣卽繒帛之貨也. 云'屬會也', 釋文云"會也", 又曰"付也".

1) 孔子曰黃衣狐裘 又曰狐貉之厚以居是也：≪論語≫〈鄕黨〉에 나오는 말인데, 일반적으로 孔子의 말이 아니라, 그 弟子들이 공자의 모습을 기록한 것으로 본다.

○注의〔皮 狐貉之裘 幣 繒帛之貨〕

○正義曰：대개 여우와 담비의 가죽으로 갖옷을 만든다. 글자 풀이에 "여우와 담비는 괴이한 짐승이다. 後人들이 여우와 담비의 本性은 의심이 많다 하여 그 가죽으로 갖옷을 만들었다."라고 하였다. 孔子가 "누른 옷에는 여우 가죽으로 만든 갖옷을 입으셨다."라고 하고, 또 "여우와 담비의 두터운 가죽옷으로 거처하셨다."라고 한 것이 이것이다. ≪周禮≫〈秋官 小行人〉의 職分에 "六幣를 다음과 같이 짝을 지운다. 圭는 말과 짝을 지우고, 璋은 가죽과 짝을 지우고, 璧은 帛과 짝을 지우고, 琮은 錦과 짝을 지우고, 琥는 繡와 짝을 지우고, 璜은 黼과 짝을 지운다. 이 여섯 가지 물건〔六物〕을 사용하여 諸侯의 友好를 다진다."라고 하였는데, 鄭玄의 注에 "合은 '함께〔同〕'이다. 六幣는 進獻하기 위한 것이다."라고 하였으니, 幣는 비단으로 된 물품인 것이다.

〔屬 會也〕≪經典釋文≫에 "모음이다."라고 하였고, 또 "부탁함이다."라고 하였다.

16. 魯平公이 將出할새 嬖人臧倉者請曰 他日에 君出이면 則必命有司所之러시니 今에 乘輿已駕矣로되 有司未知所之하니 敢請하노이다

魯 平公이 외출하려고 하자 총애하는 宦官인 臧倉이라는 자가 물었다. "평소 군주께서 외출하시면 반드시 有司에게 가시는 곳을 알려주셨습니다. 지금은 수레가 이미 말에 멍에를 매었는데도, 有司가 가시는 곳을 알지 못하니, 감히 여쭙니다."

【注】 平은 諡也라 嬖人은 愛幸小人也라

平은 諡號이다. 嬖人은 총애하는 宦官이다.

公曰 將見孟子호리라

공이 말했다. "맹자를 만나보려고 한다."

【注】 平公이 敬孟子有德하여 不敢請召하고 將往就見之라

平公이 맹자가 덕이 있음을 존경하여 감히 초청하지 않고 가서 직접 만나고자 한 것이다.

曰 何哉잇고 君所爲輕身하여 以先於匹夫者는 以爲賢乎잇가 禮義는 由賢者出이어늘 而孟子之後喪이 踰前喪하니 君無見焉하소서

臧倉이 아뢰었다. "어째서입니까? 군주께서 몸을 가벼이 움직여 匹夫를 먼저 방문하시는 것은, 그가 어질다고 여겨서입니까? 禮義는 賢者로부터 나오는 것인데, 맹자는 뒤의 喪이 앞의 喪보다 나았으니, 군주께서는 만나보지 마십시오."

【注】 匹夫는 一夫也라 臧倉言 君何爲輕千乘而先匹夫乎잇고 以爲孟子賢故也잇가 賢者는 當行禮義어늘 而孟子는 前喪父엔 約하고 後喪母엔 奢하니 君無見也하소서

匹夫는 일개 사내이다. 臧倉이 "군주께서는 어째서 千乘의 몸을 가벼이 움직여 匹夫를 먼저 방문하십니까? 맹자를 어질다고 여겨서입니까? 賢者는 마땅히 禮義를 행해야 하는데, 맹자는 앞의 父親喪에는 검약했고 뒤의 母親喪에는 사치했으니, 군주께서는 만나지 마십시오."라고 말한 것이다.

公曰 諾다

공이 "그러겠다."라고 하였다.

【注】 諾은 止不出이라

그러겠다는 것은 중지하고 외출하지 않겠다는 것이다.

樂正子入見曰 君이 奚爲不見孟軻也잇고

樂正子가 들어가 平公을 만나 아뢰었다. "군주께서는 어찌하여 孟軻를 만나보지 않으십니까?"

【注】 樂正은 姓也요 子는 通稱이라 孟子弟子也니 爲魯臣하니라 問公何爲不便見孟軻也라

樂正은 姓이고, 子는 通常의 호칭이다. 맹자의 제자이니, 魯나라의 신하였다. 공에게 왜 孟軻를 바로 만나보지 않는지 물은 것이다.

曰 或이 告寡人曰 孟子之後喪이 踰前喪이라할새 是以로 不往見也호라

평공이 말하였다. "혹자가 과인에게 '맹자가 치른 뒤의 상이 앞의 상보다 나았습니다.'라고 하였다. 그래서 가서 만나보지 않은 것이다."

【注】 公言以此故也라

공이 이러한 까닭임을 말한 것이다.

曰 何哉잇고 君所謂踰者는 前以士요 後以大夫며 前以三鼎[1]而後以五鼎[2]與인저

1) 三鼎 : 鼎은 제사에 희생물을 담아 올리는 솥이다. 士는 제사에 特牲을 써서 돼지, 생선, 포의 三鼎을 올린다.
2) 五鼎 : 大夫는 제사에 少牢를 써서 양, 돼지, 생선, 포, 잘게 저민 쇠고기의 五鼎을 올린다.

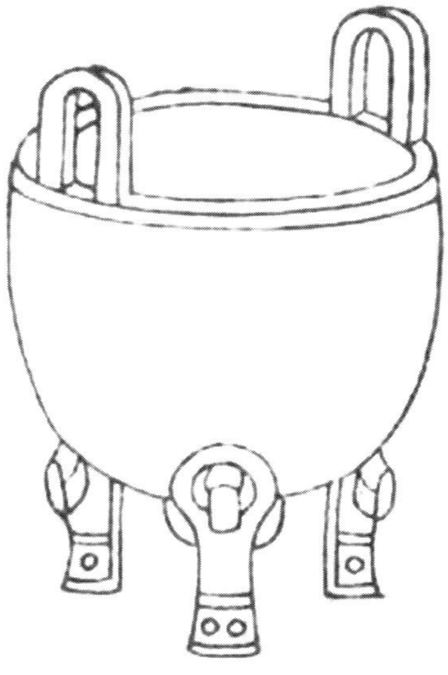
鼎

樂正子가 아뢰었다. "〈군주께서 맹자를 만나보지 않으신 것은〉 무슨 까닭입니까? 군주께서 이른바 '나았다'는 것은 앞의 喪은 士의 禮를 쓰고 뒤의 喪은 大夫의 禮를 썼으며, 앞의 喪에는 三鼎을 썼고 뒤의 喪에는 五鼎을 쓴 것을 말씀하시는군요."

【注】 樂正子曰 君所謂踰者는 前以士〔禮〕[1)]요 後以大夫禮며 士祭는 三鼎이요 大夫祭는 五鼎故也니이다

1) 〔禮〕: 저본에는 '禮'가 없으나, 廖本, 孔本, 韓本에 의거하여 보충하였다.(阮元의 〈校勘記〉 참조)

樂正子가 "군주께서 이른바 '나았다'는 것은 앞의 喪은 士의 禮를 쓰고 뒤의 喪은 大夫의 禮를 썼기 때문이며, 士가 지내는 제사에는 三鼎을 쓰고 大夫가 지내는 제사에는 五鼎을 쓰기 때문입니다."라고 말한 것이다.

曰 否라 謂棺槨衣衾[1)]之美也니라

1) 棺槨衣衾 : 棺은 內棺이고, 槨은 外槨이다. 衣衾은 죽은 사람을 殮할 때 쓰는 衣服과 이불이다. 모두 장사를 지낼 때 사용하는 대표적인 器物이다.

平公이 말하였다. "아니다. 棺槨과 衣衾의 좋음을 말한 것이다."

【注】 公曰 不謂鼎數也라 以其棺槨衣衾之美惡也라

공이 "鼎의 수를 말한 것이 아니라, 棺槨과 衣衾의 좋고 나쁨을 가지고 말한 것이다."라고 말한 것이다.

曰 非所謂踰也라 貧富不同也니이다

樂正子가 아뢰었다. "〈이것은〉 '나았다'라고 할 것이 아닙니다. 貧富가 같지 않았기 때문입니다."

【注】 樂正子曰 此는 非薄父厚母하여 令母喪踰父也라 喪父時엔 爲士요 喪母時엔 爲大夫라 大夫祿이 重於士라 故使然이니 貧富不同也라

樂正子가 "이것은 아버지를 박하게 대하고 어머니를 후하게 대하여 母親喪을 父親喪보다 낫게 한 것이 아닙니다. 父親喪을 당했을 때에는 士였고, 母親喪을 당했을 때에는 大夫였습니다. 大夫의 祿이 士보다 많았으므로 그렇게 했던 것이니, 貧富가 달랐기 때문입니다."라고 말한 것이다.

樂正子見孟子曰 克이 告於君하니 君爲來見也러시니 嬖人有臧倉者沮君이라 君이 是以不果來也하시니이다

악정자가 맹자를 뵙고 말하였다. "제〔克〕가 군주께 아뢰니 군주께서 와서 만나보려고 하셨는데, 총애하는 宦官 중에 臧倉이라는 자가 있어 군주를 저지하였습니다. 군주께서 이 때문에 결국 올 수 없었던 것입니다."

【注】克은 樂正子名也라 果는 能也라 曰 克이 告君以孟子之賢하니 君將欲來러시니 臧倉者沮君이라 故君不能來也라

克은 樂正子의 이름이다. 果는 능함이다. "제〔克〕가 군주께 맹자의 어짊을 아뢰니 군주께서 오려고 하셨는데, 臧倉이라는 자가 군주를 저지하였습니다. 그래서 군주께서 올 수 없었습니다."라고 말한 것이다.

曰 行或使之며 止或尼之니 行止는 非人所能也[1)]라 吾之不遇魯侯는 天也니 臧氏之子가 焉能使予로 不遇哉리오

1) 行或使之……非人所能也 : 朱熹는 이 구절에 대해 "사람이 길을 감에 있어 반드시 그렇게 시키는 자가 있으며, 멈춤에 있어 반드시 멈추게 하는 자가 있다. 그러나 가게 되는 까닭과 멈추게 되는 까닭은 진실로 天命에 달려 있는 것이지, 사람이 시킬 수 있는 바가 아니며 또한 사람이 그치게 할 수 있는 바가 아니다."라고 하였다. 이것에 따르면 "길을 가는 것은 누가 혹 시켜서이며, 멈춤은 누가 혹 저지해서이다. 그러나 감과 멈춤은 사람이 능히 시킬 수 있는 것이 아니다."라고 번역된다.

맹자가 말하였다. "오려고 했던 것도 하늘이 시킨 것이고 멈춘 것도 하늘이 멈추게 만든 것이었으니, 오거나 멈추는 것은 사람이 능히 할 수 있는 일이 아니다. 내가 魯나라 군주를 만나지 못한 것은 天命이니 臧氏 집의 애송이가 어찌 능히 나로 하여금 〈魯나라 군주를〉 만나지 못하게 할 수 있겠는가."

【注】尼는 止也라 孟子之意以爲 魯侯欲行도 天使之矣요 及其欲止도 天令嬖人止之耳니 行止는 天意요 非人所能爲也라 如使吾見魯侯면 冀得行道ㄴ 天欲使濟斯民也라 故曰 吾之不遭遇魯侯는 乃天所爲也라하니라 臧氏小子가 何能使我不遇哉리오

尼은 멈춤이다. 맹자의 뜻은 "魯나라 군주가 오려고 했던 것은 하늘이 시킨 것이었고, 그가 멈추려고 했던 것도 하늘이 魯나라 군주가 총애하는 宦官으로 하여금 군주를 멈추게 만든 것일 뿐이니, 오거나 멈추는 것은 하늘의 뜻이지 사람이 능히 할 수 있는 일이 아니다. 가령 내가 魯나라 군주를 만났더라면 道를 행하기를 바랄 수 있었을 것이니, 이것은 하늘이 나로 하여금 이 백성들을 구제하게 하고자 한 것이다. 그러므로 '내가 魯나라의 군주를 만나지 못한 것은 하늘이 그렇게 만든 것이다.'라고 하는 것이다. 臧氏 집의 애송이가 어찌 나로 하여금 〈노나라 군주를〉 만나지 못하게 할 수 있겠는가."라는 것이다.

【疏】'魯平公將出'至'焉能使予不遇哉' ○正義曰：此章言讒邪構賢，賢者歸天，不尤人也. '魯平公將出 嬖人臧倉者請曰 他日君出 則必命有司所之 今乘輿已駕矣 有司未知所之 敢請'者，魯平公，魯國之君也，諡曰平. 嬖人，平公愛幸之人也. 臧，嬖人姓也，倉，名也. 言魯平公將欲出見孟子，有司皆未知，惟臧倉爲平公愛幸之人，乃請問之曰"所往，他日君之所出，則必揮命，有司同所往，今君乘車已駕行矣，有司之人皆未知君之所往，敢請問之，君何所往." 駕，行也. 之，往也. '公曰 將見孟子'者，魯平公答臧倉言"將欲出見孟子"也. '曰 何哉 君所爲輕身以先於匹夫者 以爲賢乎 禮義由賢者出 而孟子之後喪踰前喪 君無見焉'者，臧倉者言"君今欲見孟子，以其爲何往哉. 君今所爲自輕薄其身，以先往見於一匹之(夫)〔賤〕[1]夫，以謂之爲賢乎." 臧倉言此，謂孟子則一匹之賤夫，不足謂之爲賢也，故曰"禮義之道，皆由賢者所出，而孟子乃以後喪其母之喪事，奢過於前喪其父之喪事，請君無更往而見焉." 倉謂"孟子母喪用事豐備，父喪用事儉約. 父母皆己之所親也，其喪用事有厚薄者，此孟子所以不知禮義也"，故云"禮義由賢者出，而孟子之後喪踰前喪，君無見焉." '公曰 諾'者，平公許允，止而不出也. '樂正子入見曰 君奚爲不見孟軻也'者，是日，樂正子見平公乘輿既行而止之，遂入見平公而問之曰"君何爲不往見於孟子也." 樂正子爲平公之臣，亦是孟子之弟子也. 姓樂正，名克. 稱子者，蓋男子之通稱也. '曰 或告寡人曰孟子之後喪踰前喪 是以不往見也'者，平公答樂正子以謂"或有臧倉者告我曰'孟子後有母喪用事豐備，過於前父之喪用事'，我是以見其如此，遂止其駕而不往見也." '曰 何哉 君所謂踰者 前以士 後以大夫 前以三鼎 而後以五鼎與'者，樂正子見平公爲此而不往見孟子，乃曰"君不往見，是爲其何哉. 君今所謂孟子以後喪過前喪者，蓋孟子前喪父之時，孟子正爲之士，故以士禮用之，後喪母之時，孟子以爲之大夫, 故得以大夫禮用之. 爲其前爲士, 卽得以三鼎之禮祭之, 其後爲大夫, 遂得以五鼎之禮祭之故也." '曰 否 謂棺槨衣衾之美也'者, 平公以謂"否, 不爲鼎數之有不同也, 是爲棺槨衣衾被服之美好有前後之不同也." '曰非所謂踰也 貧富不同也'者, 樂正子謂"非所謂孟子有過於前也, 爲其前後貧富之不同也, 非薄其父厚其母也." '樂正子見孟子曰 克告於君 君爲來見也 嬖人有臧倉者沮君 君是以不果來也'者, 蓋平公先欲見孟子者, 以其樂正子告之也. 故樂正自入見平公, 所問君之不往意已畢, 乃出而見於孟子, 遂曰"克前告其君, 嘗言孟子. 君是以欲往來見之, 平公愛幸之人有一姓臧名倉者, 沮止其君, 所以不能來也." '曰 行或使之 止或尼之 行止非人所能也 吾之不遇魯侯 天也 臧氏之子 焉能使予不遇哉'者, 孟子見樂正子告之以此意, 遂曰 "君所欲行, 天使之行也, 君所欲止, 天使之止也. 臧氏之子, 安能使我不遇魯侯哉."

1) (夫)〔賤〕: 저본에는 '夫'로 되어 있으나, 阮元의 〈校勘記〉에 의거하여 '賤'으로 바로잡았다.

經의 〔魯平公將出〕에서 〔焉能使予不遇哉〕까지

○ 正義曰 : 이 장은 간사한 자가 賢者를 모함해도 賢者는 天命으로 돌리고 남을 탓하지 않음을 말한 것이다.

〔魯平公將出 嬖人臧倉者請曰 他日君出 則必命有司所之 今乘輿已駕矣 有司未知所之 敢請〕 魯 平公은 魯나라의 군주이니, 諡號가 平이다. 嬖人은 平公이 총애하는 사람이다. 臧은 嬖人의 성이고, 倉은 이름이다. "魯 平公이 외출하여 맹자를 만나보고자 하였는데, 有司가 모두 그 사실을 모르고 있었다. 오직 平公이 총애하는 사람인 臧倉이 묻기를 '가시는 곳을 지난날 군주께서 외출하실 때면 반드시 지시하셨으므로, 有司들이 가시는 곳을 다 같이 알았습니다. 지금 군주께서 타신 수레가 이미 움직이려는데, 有司를 맡은 사람들이 군주께서 가시는 곳을 모두 모르고 있습니다. 군주께서 가시는 곳을 감히 여쭙니다.' 하였다."라고 한 것이다. 駕는 움직임이다. 之는 감이다.

〔公曰 將見孟子〕 魯 平公이 臧倉에게 "장차 외출하여 맹자를 만나보려고 한다."라고 대답한 것이다.

〔曰 何哉 君所爲輕身以先於匹夫者 以爲賢乎 禮義由賢者出 而孟子之後喪踰前喪 君無見焉〕 臧倉이라는 자가 "군주께서 지금 맹자를 만나려고 하시니, 무슨 이유로 가시는 겁니까? 군주께서 지금 스스로 몸을 가벼이 움직여 한 명의 천한 사내를 먼저 가서 만나는 것은 그를 어질다고 여겨서입니까?"라고 말한 것이다. 臧倉이 이 말을 하면서 맹자를

'한 명의 천한 사내'라고 일컬었으니, 맹자를 어질다고 여길 수 없다는 것이다. 그러므로 "禮義의 道는 모두 賢者로부터 나오는데, 맹자는 뒤의 喪인 母親喪이 앞의 喪인 父親喪보다 사치스러웠으니, 군주께서는 더 이상 가서 만나지 마십시오."라고 말한 것이다. 장창은 "맹자는 母親喪을 풍성하고 빠짐없게 치렀고 父親喪은 검소하고 간략하게 치렀다. 부모는 모두 자신에게 친한 분들인데, 그 상을 치르는 것에 厚薄의 차이가 있는 것은 맹자가 禮義를 모르기 때문이다."라고 여긴 것이다. 그러므로 "禮義는 賢者로부터 나오는 것인데, 맹자는 뒤의 喪이 앞의 喪보다 나았으니, 군주께서는 만나보지 마십시오."라고 말한 것이다.

〔公曰 諾〕 평공이 수락하여 멈추고 외출하지 않은 것이다.

〔樂正子入見曰 君奚爲不見孟軻也〕 이날 樂正子가 平公의 수레가 이미 가려다가 멈춘 것을 보고는 마침내 들어가 平公을 만나 "군주께서는 어찌 가서 맹자를 만나보지 않으십니까?"라고 물은 것이다. 樂正子는 平公의 신하이면서, 또한 맹자의 제자이다. 성이 樂正이고, 이름이 克이다. '子'라고 칭한 것은 대개 남자에 대한 일반적인 호칭이다.

〔曰 或告寡人曰孟子之後喪踰前喪 是以不往見也〕 平公이 樂正子에게 "臧倉이라는 자가 나에게 '맹자가 나중에 母親喪을 풍성하고 빠짐없게 치른 것이 앞에 부친상을 치른 것보다 나았습니다.'라고 고하였다. 내가 이를 통해 맹자가 그런 사람이라는 것을 알고서 마침내 가려던 수레를 멈추고 가서 만나지 않은 것이다."라고 대답한 것이다.

〔曰 何哉 君所謂踰者 前以士 後以大夫 前以三鼎 而後以五鼎與〕 樂正子가 平公이 이러한 이유 때문에 맹자를 찾아가 만나지 않았다는 것을 알고서 "군주께서 맹자를 만나보지 않으신 것은 무슨 까닭입니까? 군주께서 지금 말씀하신 맹자가 치른 뒤의 喪이 앞의 喪보다 나았다는 것은, 맹자가 앞서 父親喪을 당했을 때에는 맹자가 마침 士였으므로 士의 예법을 사용하였던 것이고, 뒤에 母親喪을 당했을 때에는 맹자가 大夫였으므로 大夫의 예를 사용할 수 있었던 것입니다. 앞서는 士였으므로 三鼎의 예로써 제사를 지낼 수 있었고, 뒤에는 大夫였으므로 마침내 五鼎의 예로써 제사를 지낼 수 있었기 때문입니다."라고 말한 것이다.

〔曰 否 謂棺槨衣衾之美也〕 平公이 "아니다. 鼎의 수에 차이가 있기 때문이 아니다. 棺槨, 衣衾, 被服의 좋음에 前後의 차이가 있기 때문이다."라고 말한 것이다.

〔曰 非所謂踰也 貧富不同也〕 악정자가 "맹자가 앞의 喪보다 낫게 했다고 말할 수 있는 것이 아닙니다. 前後로 貧富의 차이가 있었기 때문이지, 아버지를 박하게 대하고 어머

니를 후하게 대한 것이 아닙니다."라고 말한 것이다.

〔樂正子見孟子曰 克告於君 君爲來見也 嬖人有臧倉者沮君 君是以不果來也〕 平公이 먼저 맹자를 만나보려고 했던 것은 樂正子가 勸告했기 때문이다. 그런 까닭에 樂正子가 스스로 들어가 平公을 만나 군주가 맹자를 만나러 가지 않은 의도를 묻고 나서는, 나가서 맹자를 만나 마침내 "제〔克〕가 앞서 군주에게 아뢰면서 맹자에 대해 말씀드린 적이 있었습니다. 군주께서 이로 인해 와서 만나려고 하셨는데, 平公이 총애하는 사람 중에 성이 臧이고 이름이 倉인 자가 군주를 저지하였으므로 오실 수 없었습니다."라고 말한 것이다.

〔曰 行或使之 止或尼之 行止非人所能也 吾之不遇魯侯 天也 臧氏之子 焉能使予不遇哉〕 맹자가, 樂正子가 이러한 뜻을 알린 것을 접하고는 마침내 "군주가 오려고 했던 것도 하늘이 오게 한 것이고, 군주가 멈추려고 했던 것도 하늘이 멈추게 한 것이다. 臧氏 집의 자식이 어찌 능히 나로 하여금 魯나라 군주를 만나지 못하게 할 수 있겠는가."라고 말한 것이다.

【疏】 ○ 注'平 諡也 嬖人 愛幸小人也' ○ 正義曰：諡法云 "法治而淸省曰平." 春秋左傳魯隱公有云"嬖人之子"[1), 杜預曰 "嬖, 親幸也", 釋云 "賤而得幸曰嬖."

1) 嬖人之子：≪春秋左氏傳≫ 隱公 3年에 "公子州吁는 嬖人의 아들이다.〔公子州吁 嬖人之子也〕"라는 말이 나온다.

○ 注의 〔平 諡也 嬖人 愛幸小人也〕

○ 正義曰：諡法에 "법으로 다스리고 청렴하며 검소한 것을 '平'이라 한다."라고 하였다. ≪春秋左氏傳≫ 魯 隱公條에 "嬖人의 아들이다."라는 말이 있는데, 杜預는 "嬖는 가까이 하고 총애하는 것이다."라고 하였고, 글자 풀이에 "賤한데 총애를 얻은 것을 '嬖'라고 한다."라고 하였다.

【疏】 ○ 注'樂正 姓也 爲魯臣 孟子弟子也' ○ 正義曰：自微子之後, 宋戴公四世孫樂莒[1)爲大司寇, 又左傳宋上卿正考甫[2)之後, 是樂・正皆姓也. 趙注樂正者爲姓, 案禮記有〔樂〕[3)正子春[4), 是樂正之姓, 有自矣. 云'孟子弟子'者, 蓋嘗受敎於孟子者, 無非弟子也. '爲魯臣'者, 蓋非魯平公之臣, 何以'克告於君', 是以知爲魯臣明矣. 趙注詳其意, 故云爲魯臣, 如於他經書則未詳.

1) 樂莒 : ≪歷代鐘鼎彝器款識法帖≫ 卷11에 "宋 戴公의 4세손에 '樂莒'라는 사람이 있었는데, 후세 자손들이 그로 인해 〈樂을〉 氏로 삼았다."라는 말이 나온다. 자세한 행적은 미상이다.
2) 宋上卿正考甫 : ≪春秋左氏傳≫ 昭公 7년에 "正考父에 미쳐 〈宋나라의〉 戴公, 武公, 宣公 세 군주를 輔佐하여 三命을 받아 上卿이 되었으나 더욱 더 恭遜하였다.〔及正考父 佐戴武宣三人 三命玆益共〕"라는 말이 나온다.
3) 〔樂〕 : 저본에는 '樂'이 없으나, 阮元의 〈校勘記〉에 의거하여 보충하였다.
4) 樂正子春 : 曾子의 제자이다. ≪禮記≫ 〈檀弓 上〉에 "曾子가 병으로 누웠을 때 제자인 樂正子春이 침상 아래에 앉고 〈아들인〉 曾元과 曾申은 발치에 앉아있었으며, 童子가 방구석에 앉아 촛불을 들고 있었다.〔曾子寢疾病 樂正子春坐於床下 曾元曾申坐於足 童子隅坐而執燭〕"라는 말이 나온다.

○ 注의 〔樂正 姓也 爲魯臣 孟子弟子也〕

○ 正義曰 : 微子의 후손으로, 宋 戴公 4세손 樂莒가 大司寇가 되었으며, 또한 ≪春秋左氏傳≫에 나오는 宋나라 上卿 正考甫의 후손이니, 樂과 正이 모두 姓이다. 趙岐의 注에는 樂正을 姓이라 하였는데, ≪禮記≫에 樂正子春이 나오는 것을 보면, 樂正이라는 姓이 본래부터 있던 것이다. "맹자의 제자이다."라고 하였는데, 일찍이 맹자에게 가르침을 받은 사람은 제자가 아님이 없다. "노나라 신하이다."라고 하였는데, 魯 平公의 신하가 아니었다면 樂正子가 어떻게 '제〔克〕가 군주께 아뢰니'라고 하였겠는가. 이것을 통해 노나라 신하가 분명함을 알 수 있다. 조기의 주는 그 뜻을 자세히 풀었으므로 "노나라 신하이다."라고 하였으나, 다른 經書의 경우에는 자세하지 않다.

【疏】 ○ 注'士祭三鼎 大夫祭五鼎' ○ 正義曰 : 如子路有列鼎之奉[1], 主父在漢有五鼎之食[2], 是其爵有差也. 蓋士則爵卑而賤, 大夫則爵尊而貴. 孟子前以士, 後以大夫, 是其爵命貴賤之不同耳. 經云衣衾者, 蓋衾, 今之被也. 案喪大記"小斂, 君錦衾, 大夫縞, 士緇. 凡衾皆五幅[3]", 鄭注云 "衾, 單被也."

1) 子路有列鼎之奉 : ≪孔子家語≫ 〈致思〉에 孔子의 제자 子路가 "내가 옛날에 어버이를 모시고 있을 때, 집이 가난했기 때문에 나는 되는 대로 거친 음식을 먹더라도 어버이를 위해서는 백 리 밖에서 쌀을 등에 지고 오곤 하였다. 그러나 어버이가 돌아가시고 나서 내가 높은 벼슬을 하여 솥을 늘어놓고 진수성찬을 맛보는 신분〔列鼎而食〕이 되었는데, 다시 거친 음식을 먹으면서 어버이를 위해 쌀을 지고 왔던 그때의 행복을 이제는 느낄 수 없게 되었다."고 술회한 고사가 나온다.

2) 主父在漢有五鼎之食：主父는 前漢 때 사람 主父偃이다. 그는 漢 武帝에게 상소를 올려 제후의 세력을 약화시킬 것과 朔方郡을 설치하여 흉노를 격퇴할 것을 건의하였는데 이 두 가지가 모두 무제에게 채택되었다. 이로 인해 郎中의 벼슬에 제수되었고 1년 동안 4차례나 연속 승진하여 中大夫에 올랐다. 40년 동안 미천한 신분으로 있다가 높은 벼슬에 올라서는 "대장부가 살아서 五鼎의 음식을 먹는 호사를 누리지 못한다면 죽어서 五鼎에 삶기는 형벌을 당할 뿐이다."라는 말을 하였다.(≪史記≫ 卷112 〈主父偃列傳〉)

3) 幅：고대에 베와 비단을 재는 단위로, 1幅은 2尺 2寸이다.

○ 注의 〔士祭三鼎 大夫祭五鼎〕

○ 正義曰：子路는 鼎을 늘어놓고 먹는 봉양을 받았고, 漢나라의 主父偃은 五鼎을 먹었으니, 爵位에 따라 차등이 있었다. 대개 士는 爵位가 낮고 천하며, 大夫는 작위가 높고 귀하다. 맹자가 앞서는 士의 禮를 썼고, 뒤에는 大夫의 禮를 썼으니, 이는 爵命과 貴賤이 달랐기 때문이다. 經文에서 衣衾이라 하였는데, 衾은 지금의 이불이다. ≪禮記≫ 〈喪大記〉에 "小斂에 군주는 비단 衾을 쓰고, 大夫는 흰 衾을 쓰고, 士는 검은 衾을 쓴다. 무릇 衾은 모두 5폭이다."라고 하였는데, 鄭玄의 注에 "衾은 홑이불이다."라고 하였다.

附 錄

〔附 錄〕

1. ≪孟子注疏1≫ 圖版目錄 및 出處

2. ≪孟子注疏≫ 總目次

孟子注疏解經 第卷八 下
離婁章句 下

孟子注疏解經 第卷九 上
萬章章句 上

孟子注疏解經 第卷九 下
萬章章句 上

孟子注疏解經 第卷十 上
萬章章句 下

孟子注疏解經 第卷十 下
萬章章句 下

孟子注疏解經 第卷十一 上
告子章句 上

孟子注疏解經 第卷十一 下
告子章句 上

孟子注疏解經 第卷十二 上
告子章句 下

孟子注疏解經 第卷十二 下
告子章句 下

孟子注疏解經 第卷十三 上
盡心章句 上

孟子注疏解經 第卷十三 下
盡心章句 上

孟子注疏解經 第卷十四 上
盡心章句 下

孟子注疏解經 第卷十四 下
盡心章句 下

3. 孟子全圖

萬曆 戊戌年 安正堂 劉雙松氏梓, 1963년 日本 村田通信 編, 木版本, 국립중앙도서관 소장

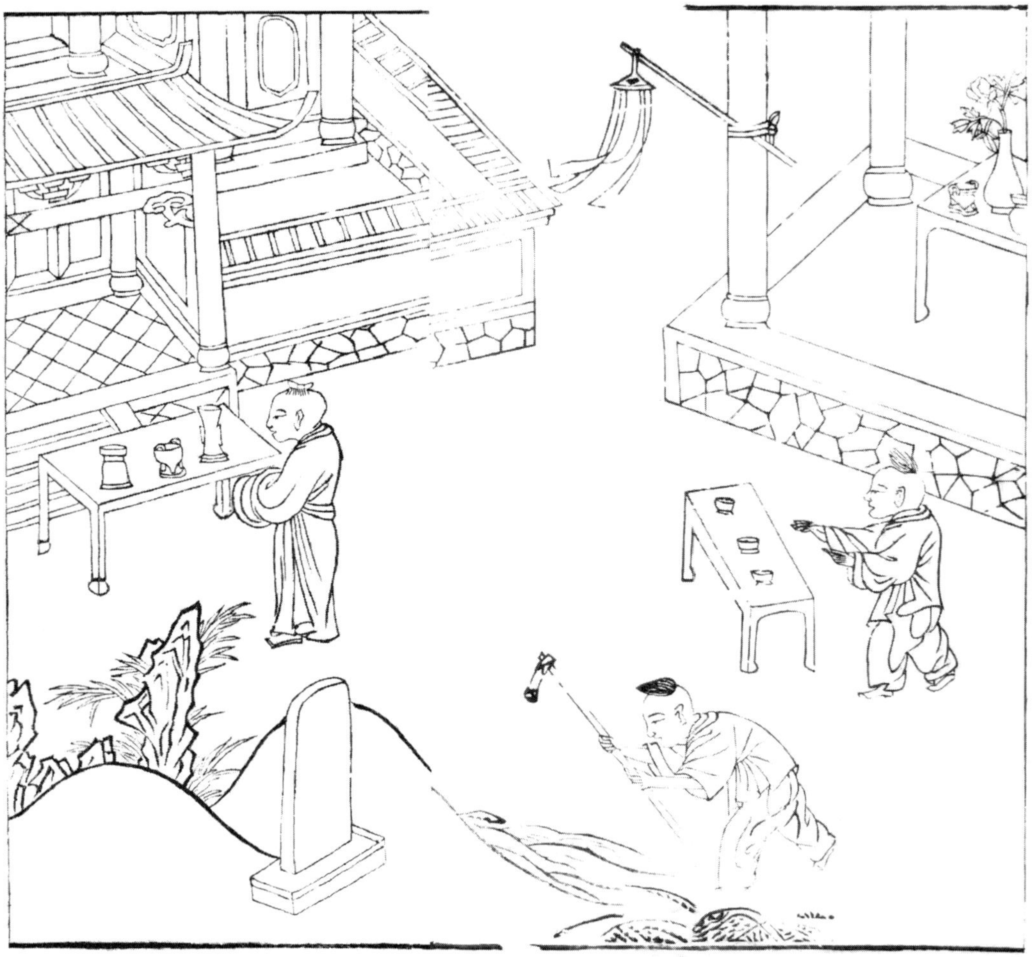

맹자의 교육을 위해 사는 곳을 계속 옮긴 孟母의 고사 (孟母三遷之敎)

≪列女傳≫〈母儀傳〉

* QR코드를 스캔하면 해당 내용의 원문과 번역문을 확인할 수 있습니다.

맹자가 학업을 소홀히 하자 짜던 베를 끊어 맹자를 경계시킨 孟母의 고사(孟母斷機)

≪列女傳≫〈母儀傳〉

백성을 다스리는 급선무는 백성을 이롭게 하는 것이며, 仁義가 바로 백성을 이롭게 하는 것임을 子思에게 배운 맹자 ≪資治通鑑≫ 〈周紀〉

梁 惠王이 나라의 이익을 도모할 방책을 묻자, 이익을 추구하는 것의 폐단을 경계하며 仁義를 강조한 맹자

≪孟子≫〈梁惠王 上〉1장

梁 惠王이 동물을 관람하는 즐거움을 말하자, 즐거움을 백성들과 함께할 것을 설득한 맹자

≪孟子≫ 〈梁惠王 上〉 2장

齊 宣王에게 짐승을 측은해하는 마음을 잘 확충하여 王道政治를 실현할 것을 설득한 맹자

≪孟子≫ 〈梁惠王 上〉 7장

齊 宣王에게 明堂을 그대로 보존하고 王道政治를 실현할 것을 주장한 맹자

≪孟子≫ 〈梁惠王 下〉 5장

魯 平公이 맹자를 만나려다 宦官 臧倉의 만류로 가던 것을 그만두자, 맹자가 이를 듣고 모두 하늘에 달린 일이라고 하였던 고사 《孟子》〈梁惠王 下〉16장

士가 무리를 이끌고 제후들에게 대접받는 것이 너무 지나치다고 한 제자 彭更의 질문에 仁義를 힘쓴다면 그 功이 크기 때문에 지나친 것이 아니라고 대답한 맹자

≪孟子≫ 〈滕文公 下〉 4장

卿相의 지위에 올라도 마음을 움직이지 않을 수 있겠냐는 질문에 자신은 40세에 이미 마음이 동요되지 않았으며, 남의 말을 잘 이해하고 浩然之氣를 잘 기른다고 대답한 맹자

≪孟子≫ 〈公孫丑 上〉 2장

맹자가 卿이 되어 滕나라로 조문을 떠났는데, 수행한 王驩을 탐탁지 않게 여겨 使行에 관한 일을 그와 함께 논의하지 않은 고사 《孟子》〈公孫丑 下〉 6장

滕 文公이 世子였을 때 맹자를 만났는데, 맹자가 사람의 본성이 善함을 말하면서 말할 때마다 堯舜을 언급한 고사 ≪孟子≫〈滕文公 上〉1장

제자 充虞가 맹자의 모친상 때 관으로 쓴 재목이 너무 좋았다고 하자, 보기 아름답게 하려고 그런 것이 아니라 그렇게 해야 자식의 마음에 흡족하다고 한 고사

≪孟子≫〈公孫丑 下〉7장

齊나라 王이 萬鍾의 祿을 주어 떠나려는 맹자를 머물게 하려 했으나, 이익에 따라 행동하지 않았던 맹자가 이를 거부하였던 고사

≪孟子≫〈公孫丑 下〉10장

齊나라를 떠날 때 充虞가 맹자에게 기쁘지 않은 기색이 있는 듯하다고 하자, 맹자는 하늘이 천하를 다스리려고 한다면 자신에게 맡길 것이라며 기쁘지 않을 이유가 없다고 하였던 고사

≪孟子≫ 〈公孫丑 下〉 13장

孟子가 논쟁하길 좋아한다고 사람들이 오해하는 것에 대해 聖人의 道를 계승하기 위해 부득이하게 그런 것이라고 설명한 고사 ≪孟子≫〈滕文公 下〉9장

王驩이 公行子 아들의 喪에 조문을 갔는데 맹자가 함께 말을 나누지 않아 불쾌해 하자, 이를 들은 맹자가 예법을 지키기 위해 그렇게 했다고 설명한 고사

≪孟子≫ 〈離婁 下〉 27장

魯나라에서 樂正子에게 정치를 맡기려 한다는 소식에 맹자가 기뻐하였는데, 공손추가 그 이유를 묻자 악정자가 善을 좋아하기 때문에 잘 다스릴 수 있을 것이라고 답한 고사

≪孟子≫ 〈告子 下〉 13장

4. 戰國七雄圖

* QR코드를 스캔하면 더 선명한 지도를 볼 수 있습니다.

(≪中國歷史地圖≫ 上冊 (程光裕・徐聖謨 主編, 中國文化大學出版部, 1980)에서 轉載)

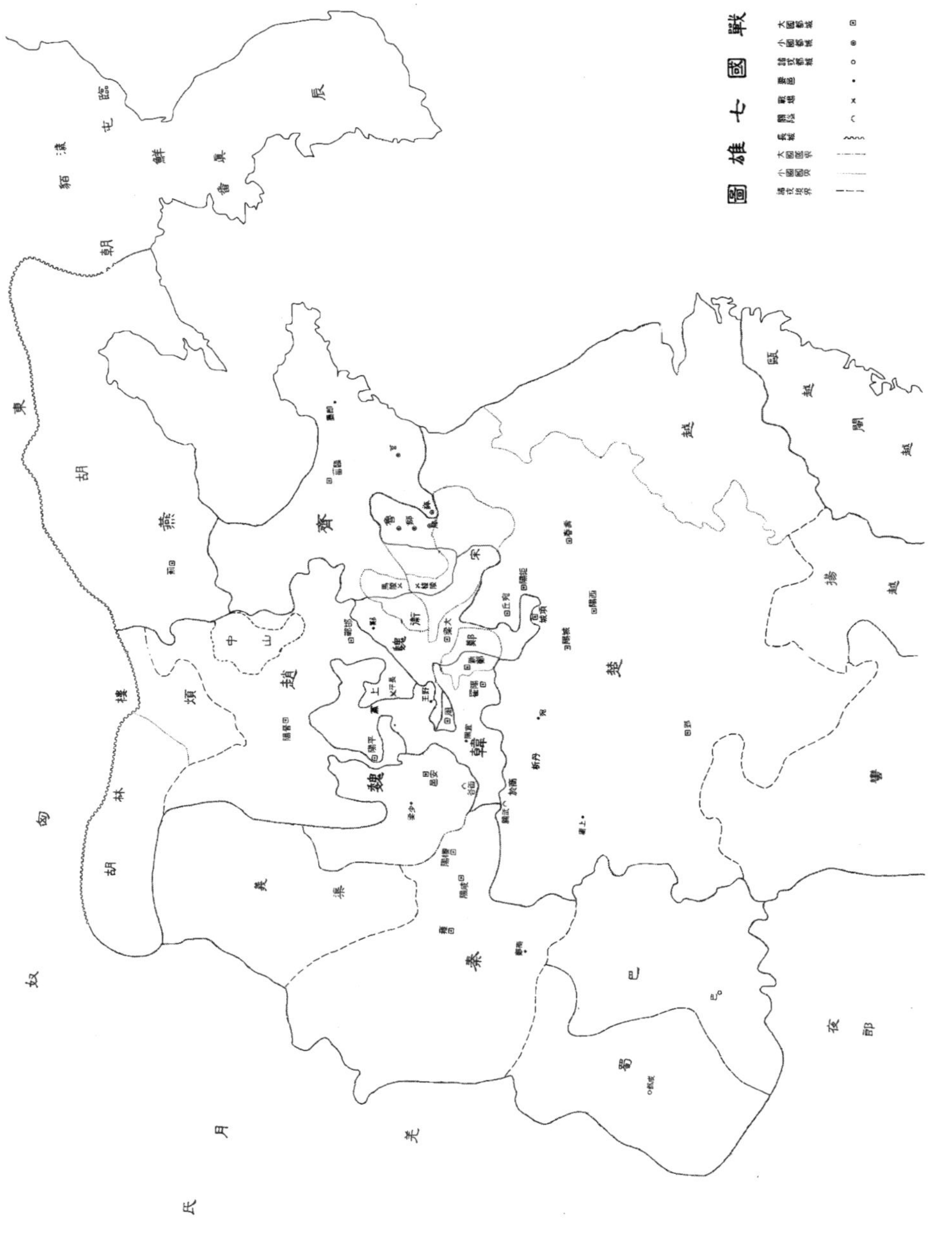

5. ≪孟子≫ 관련 參考資料

* QR코드를 스캔하면 ≪孟子≫와 관련한 본회의 강의자료 및 도서 정보 등을 확인할 수 있습니다.

共同飜譯

崔彩基

서울大學校 교육학과 졸업

成均館大學校 大學院 文學博士

民族文化推進會 國譯硏修院(연수부, 상임연구부) 졸업

韓國古典飜譯院 首席硏究委員(現)

論文 및 譯書

〈退溪 李滉의 朱子書節要 編纂과 그 刊行에 관한 硏究〉, 〈圃隱集의 編纂과 刊行에 관한 硏究〉, 〈한국에서의 朱子文集 수용방식〉 등

≪拙藁千百≫, ≪記言≫(공역), ≪明齋遺稿≫(공역), ≪弘齋全書≫(공역), ≪星湖全集≫(공역) 등

梁基正

高麗大學校 한문학과 졸업

成均館大學校 大學院 박사과정 수료

民族文化推進會 國譯硏修院 연수부 졸업

韓國古典飜譯院 責任硏究員(現)

論文 및 譯書

〈禮記類編의 編刊과 毁板·火書에 관한 연구〉, 〈正祖의 當代 臣僚 文集 命刊에 대한 연구〉, 〈한국고전번역원 출간 한문번역 관련 공구서 현황과 과제〉 등

≪明齋遺稿≫(공역), ≪星湖全集≫(공역), ≪樊巖集≫(공역), ≪南冥集校注≫ 등

十三經注疏

譯註 孟子注疏 1　　　　정가 30,000원

2017년 12월 30일 초판 발행
2019년 12월 10일 초판 2쇄

共同飜譯　崔彩基 梁基正
潤文校訂　朴勝珠 南賢熙 李孝宰 田炳秀 金曉東
編　　輯　東洋古典飜譯編輯委員會
發 行 人　李啓晃
發 行 處　社團法人 傳統文化硏究會

서울시 종로구 삼일대로 428 낙원빌딩 411호
전화 : (02)762-8401　전송 : (02)747-0083
전자우편 : juntong@juntong.or.kr
홈페이지 : juntong.or.kr
사이버書堂 : cyberseodang.or.kr
온라인서점 : book.cyberseodang.or.kr
등록 : 1989. 7. 3. 제1-936호

인쇄처 : 한국법령정보주식회사(02-462-3860)
총　판 : 한국출판협동조합(070-7119-1750)

ISBN 979-11-5794-166-7 94140
978-89-91720-93-0(세트)

※ 이 책은 2017년도 교육부 고전문헌 국역지원사업 지원비에 의해 초판(비매품) 간행.